"十四五"国家重点出版物出版规划项目

陕西师范大学"长安与丝路文化传播"专项科研项目
"由'都城'到'地方':北朝隋唐维摩诘图像及信仰的传播
及演变"(YZJDB09)阶段性成果

高等学校学科创新引智基地计划资助(Supported by the
Project 111)"长安与丝路文化传播学科创新引智基地"
(B1803)

本书由"陕西师范大学历史文化学院优秀学术著作
出版基金"资助出版

魏健鹏，甘肃敦煌人，现为陕西师范大学历史文化学院师资博士后、助理研究员。主要从事美术考古、佛教考古、敦煌学等相关领域研究，主持国家社科基金冷门绝学研究专项学术团队项目子课题、中国博士后科学基金面上资助、陕西师范大学"长安与丝路文化传播"专项科研项目各1项。在《敦煌学辑刊》《藏学学刊》《艺术设计研究》《丝绸之路研究集刊》《西藏研究》等刊物发表论文数篇。

石窟考古专题丛书

沙武田　主编

图像与文本
敦煌石窟维摩诘经变研究

魏健鹏　著

甘肃文化出版社

图书在版编目（CIP）数据

图像与文本：敦煌石窟维摩诘经变研究 / 魏健鹏著
. -- 兰州：甘肃文化出版社，2023.7
（石窟考古专题丛书 / 沙武田主编）
ISBN 978-7-5490-2550-3

Ⅰ．①图… Ⅱ．①魏… Ⅲ．①《维摩诘经》—研究
Ⅳ．①B942.1

中国版本图书馆CIP数据核字(2022)第152512号

图像与文本：敦煌石窟维摩诘经变研究
TUXIANG YU WENBEN：DUNHUANG SHIKU WEIMOJIEJINGBIAN YANJIU

魏健鹏 ┃ 著

项目策划 ┃ 郇军涛
责任编辑 ┃ 党　昀
封面设计 ┃ 大雅文化

出版发行 ┃ 甘肃文化出版社
网　　址 ┃ http://www.gswenhua.cn
投稿邮箱 ┃ gswenhuapress@163.com
地　　址 ┃ 兰州市城关区曹家巷 1 号 ┃ 730030（邮编）

营　　销 ┃ 贾　莉　王　俊
电　　话 ┃ 0931-2131306

设计制版 ┃ 兰州大雅文化艺术有限公司（0931-4679978）
印　　刷 ┃ 天津图文方嘉印刷有限公司
开　　本 ┃ 787 毫米 ×1092 毫米　1/16
字　　数 ┃ 506 千
印　　张 ┃ 27.5
版　　次 ┃ 2023 年 7 月第 1 版
印　　次 ┃ 2023 年 7 月第 1 次
书　　号 ┃ ISBN 978-7-5490-2550-3
定　　价 ┃ 238.00 元

石窟考古专题丛书

沙武田

佛教石窟是祖先留给我们的宝贵历史遗产，是中华优秀传统文化的重要载体，弥足珍贵。石窟寺在全国分布之广、保存数量之多、历史朝代延续之绵长、内容之丰富，蔚为大观，是世界历史和文化艺术之奇观，也是呈现伟大中华文明的独特形式，为中华文明在世界文明史上的地位和贡献提供了强有力的诠释。进入新时代以来，石窟寺的保护、研究和利用，对于弘扬中华优秀传统文化，提升民族文化自信和自豪感，加强文化软实力建设等，有着极为重要的意义。作为中华悠久历史的重要载体，石窟寺的考古价值、文化艺术价值和教育教化功能无可替代。但是因为历史、自然、人为等各种因素，我国各石窟寺的保存状况令人担忧，保护好、研究好、弘扬好、传承好石窟寺遗产，已成为全社会的共识。作为石窟研究者，我们更有责任和义务为石窟寺的保护、研究、传承和弘扬

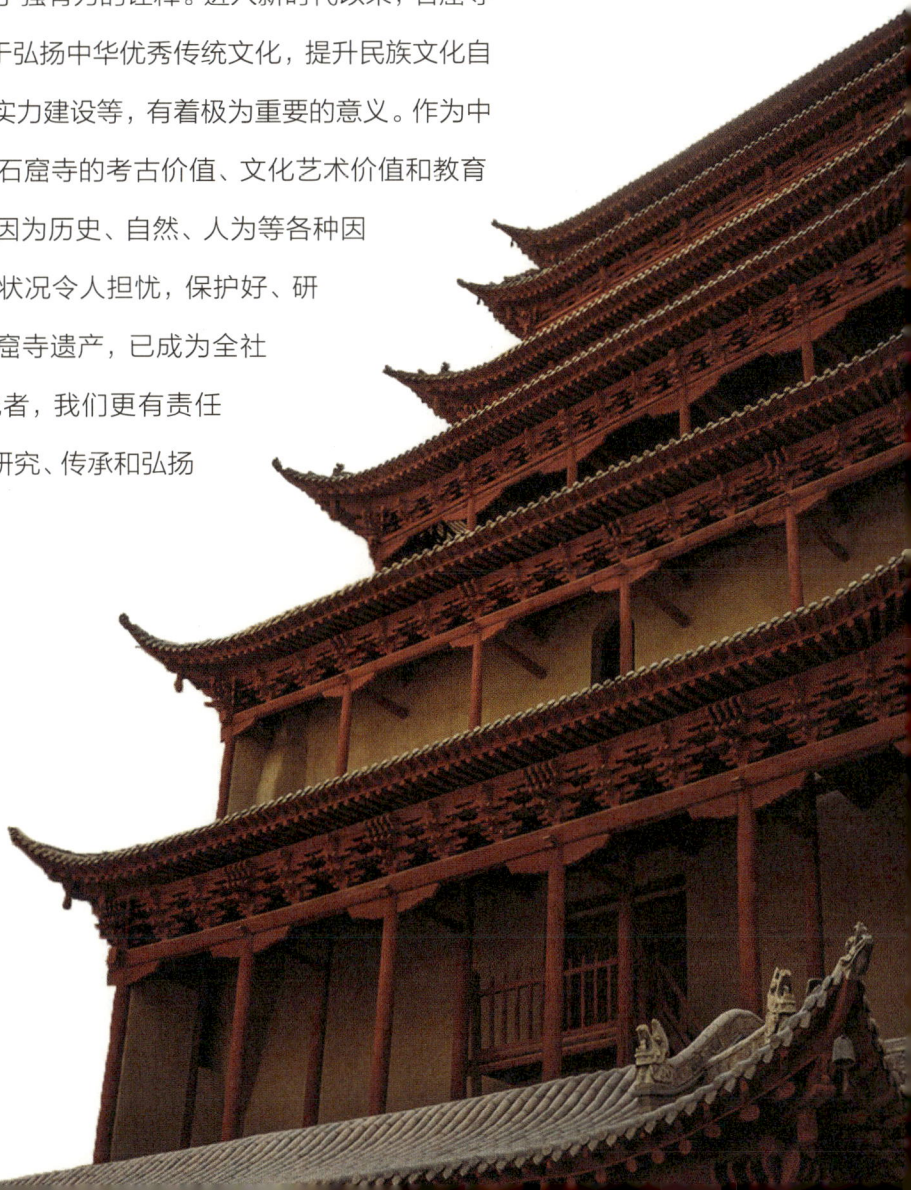

增砖添瓦，尽一份绵薄之力。

丰富的石窟寺文化艺术遗产，无疑是从事历史、考古、民族、宗教、艺术等研究的宝库，是难得的"形象史学"的富矿。蕴涵丰厚的石窟寺及其文化遗产，更是一些特色学科如敦煌学、西夏学、藏学、丝路学等的资料宝库。如何在学术研究中利用好这一弥足珍贵的文化遗产，成为我们新时代学人的共同任务。在石窟寺研究的征程上，"路漫漫其修远兮"，但我们一定要有"为往圣继绝学"的志向和追求，力求开石窟研究之新风。

就世界上规模最大、延续时间最长、保存最完好、历史信息最丰富、文化担当功能最强大、国际影响最深远的敦煌石窟而言，学术成果极为丰硕，堪称"汗牛充栋"，为我们今天的研究打下了无比坚实的基础。但敦煌石窟研究的空间之大，其所承载的历史信息之多，所涉及的学术课题之庞杂，远超我们的想象，故敦煌一直被称为"学术的海洋"。正因为此，敦煌石窟总会让人有情不自禁的学术热情；也正因为此，敦煌石窟的研究任重道远。但我们始终相信，这是一条充满阳光的学术之路，值得每个人全身心投入其中。

鉴于此，借陕西师范大学人文社会科学高等研究院和历史文化学院的平台，我们推出"石窟考古专题丛书"，希望借学术同仁之力量，共同推动石窟考古与敦煌学研究。任何能够反映石窟考古新成果的作品，都是我们希望纳入的璀璨珍珠，虽属涓涓细流，但总希望汇入石窟考古的汪洋大海之中。

前　言

　　作为敦煌壁画中的常见题材之一，维摩诘图像自出现时起，便贯穿敦煌石窟营建历史的主要发展阶段。因而，对维摩诘图像不同阶段绘制历史和相关信仰的关注，也可作为敦煌石窟及佛教发展历史中的个案参考。学界以往关于维摩诘图像的相关研究在涉及敦煌石窟的维摩诘图像时，多关注于图像个案，或以各品为单位纵向梳理图像变化，对整体图像及背后信仰的阶段性变化特征则关注较少。有鉴于此，我们尝试从图像绘制的位置和内容结构的演变入手，结合文本抄写与图像绘制的关系，主要通过以下几个方面对敦煌石窟维摩诘图像及相关信仰进行梳理。

1.中原范式主导与区域属性的形成

　　依据图像在不同时期的表现特征及其与中原关联的变化，敦煌石窟维摩诘经变的演变可分为两个大的时段，即北朝隋至唐前期和中晚唐至五代宋。北朝隋至唐前期，敦煌石窟维摩诘图像受中原范式的影响明显，因而图像的内容结构与川、渝、山西等地不同时段的同类作品有较多相似之处，这也成为以往各地维摩诘图像与敦煌石窟唐前期作品进行共性研究比对的基础。

　　中晚唐至五代宋，敦煌维摩诘图像绘制进入相对独立的发展阶段。中唐以后，吐蕃自东向西攻占河西，大量人口流入敦煌，加上此后相对封闭的社会环境，敦煌成为河西地区人口和文化的汇聚点，这些都为包括维摩诘经变在内的壁画绘制注入了新的活力。这一时期维摩诘经变在情节、数量和描绘形式上都有了很大改变，除了维摩诘身体重心后移的新坐姿出现于中原传世绘画中以外，其余变化多为敦煌所特有，呈现明显的区域性发展特征。

2.图像绘制位置的演变与信仰的变迁

由于敦煌石窟主体建筑结构完整，从北朝隋至五代宋，维摩诘图像的绘制几乎遍布窟内除甬道和藻井的所有位置。鉴于绘制位置的变化会在一定程度上影响观看效果，同时也反映了图像背后思想信仰的变化。因此，依据图像绘制位置及观看方式的变化，我们将图像分为两种类型：一是图像内容与佛龛或窟门结合的分隔式对称；二是以较为完整壁面作为图像绘画单元的单幅式对称。

尽管单幅式对称构图可以表现更为完整和丰富的图像内容，敦煌石窟70余处维摩诘图像中还是有近50处为分隔式对称。中唐以前，维摩诘图像的绘制位置以佛龛周围为中心，北朝隋时期主要以佛龛内主尊为对称中心，唐前期开始出现背对主尊面朝龛外的对称方式，与窟门两侧的布局方式一起，使图像的对称中心转变为龛前或出入窟门的人。对称中心由佛向人的转变，表明图像背后信仰的核心开始由尊像崇拜向入世度人的居士精神转变。中唐以后，维摩诘经变中毗耶离城的城门常被一分为二绘于窟门两侧，进而赋予了进入窟门便进入毗耶离城的象征意义。五代至宋，维摩诘经变分隔式对称又有新的变化，中心位置由主室东壁窟门两侧向外转移至前室西壁窟门两侧，进一步强化了窟门"毗耶离城入口"的象征意义，暗示着进入洞窟即进入毗耶离城。以上这些均表明，敦煌石窟的维摩诘相关信仰的表达，更注重通过图像与佛龛、窟门一类建筑空间的结合来实现，而非单纯依靠具体的图像内容结构。

3.文本抄写活动对维摩诘信仰的体现及其对图像绘制的影响

通过对藏经洞出土敦煌遗书中《维摩诘经》相关抄本的梳理，我们认为中唐以前能体现维摩诘信仰的文本抄写活动十分有限。抄写题记中的功德诉求多为祈愿亡者往生净土和生者延年益寿，因而文本抄写活动并未对图像绘制产生实质影响。中唐以前文本抄写与图像绘制的交集大致有两处：一是元荣抄写《维摩疏》与莫高窟西魏第249窟西披维摩诘图像的绘制；二是初唐玄奘回国经过敦煌停留，可能受其事迹影响，敦煌出现玄奘译本《说无垢称经》的抄写活动，并影响到初唐维摩诘经变的榜题内容。

8世纪以后，敦煌遗书中有纪年题记的《维摩诘经》相关注疏和讲经文抄本明显增加，反映出面向僧俗不同群体讲经活动的流行，使得僧俗众人对维摩诘信仰接受程度进一步提高。然而，敦煌较为流行的《维摩诘经》注疏本和讲经文却不见于《大正藏》以前的历代《大藏经》，在传世文献中也甚少被提及，这反映了中唐以后，敦煌地区有关《维摩诘经》信仰的讲经活动和图像绘制，都共同游离于中原王朝的影响之外。

目 录

Catalog

图版目录

绪 论

　　自晋至宋元，维摩诘相关的精神和信仰几度变化，自炳灵寺西秦第 169 窟以来，维摩诘造像几乎未曾中断，从云冈、龙门到敦煌、四川，都有一定数量的维摩诘造像填补了各自地域的空白，在一定程度上构成了纵向坐标的平衡性。与时间坐标的平衡性相对，横向的空间分布上又出现了极为明显的不平衡性。整体而言，维摩诘相关造像或图像形成两大中心制作区域：北朝时期以中原的云冈和龙门石窟为主，辅之以各地单体造像或造像碑等；北朝以后的隋至宋西夏时期，以敦煌石窟为主，辅之以川渝等地的摩崖石刻和传世绘画品等。

　　敦煌石窟具有营建位置集中、建筑结构较为完整、图像绘制内容丰富、延续时间较长的特点，为学者认识维摩诘相关图像及相应信仰的发展提供了独一无二的环境。同时，维摩诘相关图像在敦煌石窟自出现以后，作为敦煌壁画中的常见题材之一，其发展历程基本伴随着敦煌石窟营建历史的始终，对其不同发展阶段历史的关注，亦可作为关于敦煌石窟及佛教发展历史的个案研究。因此，有必要将敦煌石窟的维摩诘经变和藏经洞出土的敦煌遗书《维摩诘经》中的相关各类写本作为一个整体，纵向对其源流发展、横向对其与相近时代区域的传播关系进行探讨，以明确维摩诘图像和文本及相应信仰在敦煌的发展历史及定位。

一、学术史回顾

　　以往学者关于维摩诘图像的研究史做了充分的梳理工作，邹清泉先生大概分为 20 世纪 80 年代以前、20 世纪 80 年代至 2000 年、2000 年以后三个阶段，介绍了维摩诘经变相关研究观点的变化并做了述评。①简佩琦女士也是以时间线，分 2000 年以前、2000—2011 年和 2011 年以后三个阶段，对维摩诘相关图像的研究史和研究特点进行了梳理。②严胜英女士对《维摩诘经》研究的综述，第四部分图像研究将维摩诘图像相关的重要研究分综论和专题两个部分做了概要性介绍。③这些梳理工作，为我们了解维摩诘图像和文本的研究状态提供了学术依据。

维摩诘图像相关的专题研究约肇始于 1937 年松本荣一先生的《敦煌画の研究》，1937—2020 年，不断有学者加入相关领域的研究队伍当中。2019 年，松本先生大作被林保尧、赵声良先生和李梅女士译为中文并出版，④恰好成为我们关注维摩诘图像专题研究历史的一个新的开始。

总而言之，以维摩诘图像为主题的学术研究长盛未衰，以往关于维摩诘主题的研究，除相关的文学、文字学、名物和历史背景研究以外，图像相关专题的研究方式主要有以下几类：

1.以文献为主要材料，图像为辅助，对维摩诘信仰的发展演变过程进行探讨

何剑平：《中国中古维摩诘信仰研究》

何剑平先生对南北朝至唐代，中国及周边韩国、日本的维摩诘信仰进行整体研究，研究对象以传世佛教文献及藏经洞出土敦煌文献为主，仅就隋代和唐代中后期维摩诘信仰两部分，分别对维摩诘经变概况做了梳理。隋代维摩诘图像在敦煌给出解释为，以凉州为中心的佛教信仰异于中原，在一定程度上阻碍了维摩诘图像的向西传播。⑤事实上，隋代以前的维摩诘造像在中原以外的地区，仅有零星出现，隋代以后仍然是类似的局面，这种空间分布上的不均衡几乎伴随维摩诘图像绘制历史的始终。

---

① 邹清泉：《维摩诘变相研究述评》，《文艺研究》2010 年第 5 期，第 127—132 页。
② 简佩琦：《敦煌维摩诘经变之研究进程与方法》，《观念·技术视野·视角——敦煌石窟研究方法论国际学术研讨会论文集》，敦煌：敦煌研究院，2018 年，第 117—134 页。
③ 严胜英：《近百年来〈维摩诘经〉研究综述》，《哈尔滨工业大学学报》（社会科学版）2016 年第 2 期，第 95—102 页。
④ 松本荣一著，林保尧、赵声良、李梅译：《敦煌画研究》，杭州：浙江大学出版社，2019 年。
⑤ 何剑平：《中古中国维摩诘信仰研究》，成都：巴蜀书社，2009 年，第 323—325 页。

莫高窟隋代第 276 窟，佛龛两侧的维摩诘与文殊像为立姿，维摩诘像旁有榜题："戒香、定香、慧香、解脱香、解脱知见香，光明云台遍法界。供养十方无量佛，见闻普贤熏证寂灭。一切众生亦如是。"，何剑平先生在前人相关分析的基础上，指出该题记是讲经仪式上的颂偈，该洞窟作为传道和诵经的场所，维摩诘和文殊的立像是讲经师对僧俗进行说法的视觉辅助物，暗示了《维摩诘经》的通俗讲唱与图像之间的联系。①

除唐代维摩诘经变的概要说明之外，何剑平先生指出曹氏归义军时期，在讲唱文学的影响下，维摩诘经变的叙事性有两点特别值得注意：一是画面通过榜题的增加来明确故事内容；二是通过恢复长卷连环来强调故事。② 2018 年，何剑平先生通过对莫高窟第 9 窟北壁维摩诘经变《弟子品》阿难乞乳情节榜题的释读，指出该榜题和图像所绘内容依据是敦煌流行的《维摩诘经》通俗注疏中所抄录的《乳光经》，说明敦煌壁画中的画面场景受到讲唱文学相关的讲经文或相关通俗注疏的影响。③

总而言之，何剑平先生对维摩诘信仰及晚期维摩诘经变与讲唱文学关联的讨论、对维摩诘图像与藏经洞出土遗书之间互动关系的研究，以及对本文相关专题研究具有重要的启发意义。

2. 以时间演进为线索，研究维摩诘图像的风格演变，涉及维摩诘相关信仰时，表现出明显倚重文献的特点

（1）松本荣一：《敦煌画の研究》第一章第六节《维摩经变相》

松本荣一先生基于伯希和所摄敦煌石窟图片，以《维摩诘经》各品为单位，对敦煌石窟维摩诘经变各品的纵向发展史进行梳理，并对北朝中原石窟的维摩诘造像、造像碑如北魏孝昌三年蒋伯仙等造像碑出现的维摩诘经变，以及唐宋如《贞观公私画史》《历代名画记》《图画见闻志》《益州名画录》中记载的维摩诘经变材料进行整理。松本先生涉及研究资料之范围，以及以各品为单位对图像发展史进行纵向梳理的研究方法，基本搭建起了此后学者进行敦煌维摩诘图像相关研究的基本框架。④

---

① 何剑平：《中古中国维摩诘信仰研究》，第 329—339 页。
② 何剑平：《中古中国维摩诘信仰研究》，第 874—890 页。
③ 何剑平：《维摩诘变相与讲经文及通俗佛经注疏之关系新证——以莫高窟第 9 号窟的阿难乞乳图的榜题为中心》，《宝鸡文理学院学报》2018 年第 3 期，第 49—56 页。
④ 松本荣一：《燉煌畫の研究・图像篇》，东京：东方文化学院东京研究所，1937 年，第 143—165 页。

（2）金维诺：《敦煌壁画维摩变的发展》《敦煌晚期的维摩变》

在讨论敦煌维摩诘经变与中原地区同类造像渊源的基础上，指出与中原相比，敦煌维摩诘经变出现时间较晚，制作水平也较差，因此说明这一图像是中原创造，并非由西域传来。此后，从形象、色彩等方面对敦煌维摩诘图像自隋至宋的发展演变轨迹做了梳理，重点对莫高窟第 61 窟东壁的维摩诘经变情节分布进行了说明，并对榜题进行识读。[①]

（3）贺世哲：《敦煌莫高窟壁画中的〈维摩诘经变〉》

贺先生是最早开始系统关注图像内部结构变化的，并对维摩诘图像的表现形式进行分类，依据图像的出现位置和情节结构的变化，对隋至宋维摩诘经变各品的出现次序和内容演变历程进行梳理。他指出唐前期第 220 窟维摩诘经变新变化的出现，与 640 年侯君集平高昌重新开通丝绸之路有关，使得中原新的唐文化随之传来。贺先生关于经变中出现中原国王和其他诸王听法图的叙述，并引入相关的历史背景，指出中原国王的出现和该框架得以在后来不断延续，原因在于图像把神权和皇权结合了起来，符合僧俗统治者的共同利益，而其他诸王的出现，则是来唐国贡各朝使节的写实。贺先生另指出中唐时期诸王听法图中出现蕃装人物，是佛教艺术从属于民族斗争需要的表现。[②]宁强先生在此基础上进一步指出，第 220 窟维摩诘经变中出现中原帝王和其他诸王听法图组合，正是 7 世纪中叶侯君集攻打高昌、唐统治西域的标志，同时也是翟氏家族向唐廷宣示忠心的反映。[③]此外，贺先生在附录中对第 61 窟东壁门两侧的维摩诘经变榜题，以各品为单位，做了新的抄录与标注。

（4）吴文星：《敦煌莫高窟壁画中的维摩诘经变研究——莫高窟维摩诘经变对〈维摩诘经〉的文化选择与时代解读》

吴文星女士在对莫高窟的维摩诘经变的研究中，首先分析维摩诘经变在文本依据上选择鸠摩罗什译本的原因，认为除译本更为通畅易懂以外，可能也因为鸠摩罗什破戒后，以居士之行践菩萨之道，实践《维摩诘经》中"出家在家不二"的精神；其次以《维摩诘经》各品为单位，对维摩诘经变各品内容在不同时代的侧重表现方式及意义进行解读，对《嘱

---

① 金维诺：《敦煌壁画维摩变的发展》，《文物》1959 年第 2 期，第 3—9 页；《敦煌晚期的维摩变》，《文物》1959 年第 4 期，第 54—60 页。

② 贺世哲：《敦煌莫高窟壁画中的〈维摩诘经变〉》，《敦煌研究》试刊第 2 期，1982 年，第 62—71 页。

③ Ning Qiang: *Art, Religion and Politics in Medieval China: The Dunhuang Cave of the Zhai Family*, Honolulu: University of Hawaii Press, 2004, pp57—60.

累品》维摩诘经变的存在方式进行探讨，认为《嘱累品》主要是释迦嘱咐弥勒在佛灭后令该经广为流布，莫高窟隋代第 423、433 窟维摩诘和文殊隔弥勒说法图对坐，即《嘱累品》的图像表现，但由于其中包括末世思想色彩和三阶教特征，在此后即逐渐消失；最后也关注到莫高窟第 249 窟覆斗顶西披维摩诘经变的相关问题，认为具有头光的菩萨装维摩诘形象的出现，可能是敦煌本土创造，也可能是在不同粉本传入时，画师依照自己的理解来进行样式选择。①

（5）Fan Lin: *Visual Images of Vimalakirti in the Mogao Caves*（581–1036）

Fan Lin 女士以隋至西夏时期的敦煌维摩诘经变为研究对象，全文分为三个部分：第一章对隋代以前的南北朝维摩诘造像发展情节进行介绍，作者指出南朝维摩诘造像的媒介主要为墙体和纸张，供养人以寺院为主，对大众开放，大量画家将维摩诘题材引入其绘画主题当中；在北朝地区，维摩诘造像的媒介则转变为窟龛和造像碑，前者的供养人主要为上层贵族，后者则为低阶层的社会群体，不同于南朝，这些造像仅对特定群体的人开放。

第二章对隋至宋时期，分隋、初唐、吐蕃统治时期和归义军时期四个时期，对敦煌维摩诘经变的基本情况进行介绍，主要涉及洞窟编号等初级阶段内容，对若干绘有维摩诘经变的重要洞窟，诸如第 61、98 窟进行介绍，作者指出通过对已知明确供养人洞窟的调查，维摩诘经变在敦煌受到居士供养人的喜爱，但对于僧人则不然。但这一论断对于归义军时期第二任都僧统翟法荣营建的莫高窟第 85 窟并不吻合，该窟东壁门北侧绘有一铺维摩诘经变。

第三章主要通过社会史视角对维摩诘经变进行分析。从图像绘制在洞窟空间的安排出发，分析了供养人、工匠和僧人对敦煌佛教艺术的影响，以及文献与图像的关系。这一部分采用了一些西方美术史研究中的方法，对于关注和分析该类图像具有指导意义。同时，作者也指出，由于资料公布的有限性，关于维摩诘图像的仪式和空间布局的讨论，则有必要进行实地研究。②

整体而言，该文对维摩诘经变在敦煌发展等各方面的讨论多处于介绍层面，但在关

---

① 吴文星：《敦煌莫高窟壁画中的维摩诘经变研究——莫高窟维摩诘经变对〈维摩诘经〉的文化选择与时代解读》，华南师范大学美术学硕士学位论文，2002 年。

② Fan Lin: *Visual Images of Vimalakirti in the Mogao Caves*（581—1036），Magill University, Montreal, Canada, 2006.

于今后这一图像的美术史的图像分析方法和若干研究展望方面具有较高的参考价值。

（6）邹清泉：《虎头金粟影——维摩诘变相研究》

邹清泉先生从对《维摩诘经》抄写考察入手，基于传世的石刻、画卷，以及敦煌的维摩诘经变等材料，对维摩诘相关图像的演变过程进行了讨论。[①]在附录部分，他对敦煌遗书中的 1173 件与维摩诘相关各类写本进行了统计，但仅列出卷号和品次两部分内容。该工作对于我们梳理敦煌遗书中各类维摩诘写本与图像在不同时代的互动关系，提供了便捷的指引。附录中还对敦煌石窟维摩诘经变分窟号、年代、洞窟形制、位置和壁画内容五个方面进行了统计，壁画内容部分为抄录《敦煌石窟内容总录》内容，反映出可能并未对敦煌的维摩诘图像进行具体的释读调查。

（7）肖建军：《图像与信仰——中古中国维摩诘变相研究》

肖建军先生对维摩诘经变在各个时代的发展特点做了选择性的探讨，论及部分大致为相应时代较重要的方面，反映出维摩诘图像自北朝迄宋的基本发展历程。[②]肖建军先生对图像相关佛教义理方面的讨论较多，主要集中于维摩诘与般若、法华和净土思想之间的关系，对义理思想的发展沿革着力较多，但相对忽略了图像与义理之间关联方面的讨论。在涉及唐以后的维摩诘图像时，作者的着力点主要是对莫高窟第 220、335 窟等代表性洞窟的分析研究，所涉及的方面大致有维摩诘信仰与法华及净土的关系，以及帝王问疾图的历史信息等方面。

（8）卢少珊：《佛教寺院维摩诘经图像研究》

卢少珊女士关于维摩诘图像的研究主要体现在三个方面：首先是对维摩诘经变中《佛国品》等七品情节图像的内容进行了细节的辨认，尤其《佛国品》《不思议品》《法供养品》内容的识读和分析，对前人研究的补充较多；其次对维摩诘经变与洞窟中其他经变诸如千佛、西方净土经变、药师经变、劳度叉斗圣变等题材的组合关系进行了说明；最后对川渝地区维摩诘经造像进行了系统地调查和研究。[③]她在图像调查和内部细节分析方面着力较多，为我们认识该类图像提供了极大便利，但似乎并未注意到中晚唐以后敦煌与四川地区维摩诘图像差异形成的原因，仅偏重于将中晚唐时期的四川维摩诘经图

① 邹清泉：《虎头金粟影——维摩诘变相研究》，北京：北京大学出版社，2013 年。
② 肖建军：《图像与信仰——中古中国维摩诘变相研究》，成都：巴蜀书社，2015 年。
③ 卢少珊：《佛教寺院维摩诘经图像研究》，清华大学艺术学博士学位论文，2014 年。

像与敦煌唐前期的图像细节进行比对，该问题同样存在于此前的川渝维摩诘造像研究中。

就基本方法而言，以上研究都主要以时间为线，对隋至宋夏敦煌维摩诘经变的位置和各品的演变历史进行梳理，重在描述现象的变化过程，以及对背后原因进行说明，多侧重于内部细节分析。对经变中各品之间的组合配置及在不同时期演变历程方面的分析较欠缺，未在整体上形成各期图像的发展演变认识。在维摩诘经变与其他图像组合关系方面，重在现象说明，对背后原因和思想方面的探讨虽有涉及，但相对较为薄弱。另外，对图像与文本之间的联系方面虽有关注，但多集中于文本选择或以文本解释图像内容，对于图像与文本之间的互动关系相对关注较少，这也是本文尝试延伸的部分。

3.其他敦煌维摩诘经变相关的部分专题研究

陈清香先生就维摩诘文本与变相的流传及变相在壁画和塑像的表现做了分析，并以莫高窟第 335 窟北壁维摩诘经变为代表进行了解读。① 余熙先生对莫高窟的维摩诘形象自初创至其在不同时期向中国化演绎的历程进行了梳理。② 宁强先生对莫高窟第 249 窟窟顶画面进行解读，认为西披东西两侧下部对坐人物构成了敦煌最早的维摩诘经变，伴随着南朝艺术西传而来到敦煌。③ 项一峰先生以《维摩诘经》和经变关系为中心，结合麦积山石窟第 127 窟对《维摩诘经》的宣扬、传译及由文本向图像的过渡和影响等问题进行了全面探讨。④ 沙武田先生以英藏S.P.76 为中心，通过对敦煌壁画中维摩诘经变的考察，认为此稿是莫高窟第 98 窟东壁维摩诘经变之底稿，亦可能为曹氏归义军时期相关壁画绘制的底稿。⑤ 王小盾先生以莫高窟第 61 窟维摩诘经变为中心，对经变与讲经文

---

① 陈清香：《维摩诘经变相》，张锡坤主编《佛教与东方艺术》，长春：吉林教育出版社，1989 年，第 434—448 页。原载陈清香：《佛经变相美术创作之研究》，台湾中华丛书编审委员会，1977 年。

② 余熙：《一位思辨神灵的历史沉积相——从〈维摩诘经变〉看敦煌艺术的民族性》，《江汉大学学报》（社会科学版）1986 年第 1 期，第 103—108 页。

③ 宁强：《上士登仙图与维摩诘经变——莫高窟第 249 窟窟顶壁画再探》，《敦煌研究》1990 年第 1 期，第 30—37 页。

④ 项一峰：《〈维摩诘经〉与维摩诘经变——麦积山 127 窟维摩诘经变壁画试探》，《敦煌学辑刊》1998 年第 2 期，第 94—102 页。

⑤ 沙武田：《S.P.76〈维摩诘经变稿〉试论——敦煌壁画底稿研究之四》，《敦煌研究》2000 年第 4 期，第 10—20 页。另见于沙武田：《敦煌画稿研究》，北京：民族出版社，2006 年，第 161—176 页。

的关系、维摩诘经变结构的历史内涵，以及讲经文的体制等方面做了探讨。①

许忠陵先生考证了故宫博物院藏《维摩演教图》的时代和作者，认为该画作并非李公麟作品，而是宋人的临摹品，并将之于美国大都会博物馆藏元代王振鹏临《维摩不二图》进行比对，指《维摩不二图》可能是元府内收藏李公麟《画维摩不二图》的临摹本。②蒋方亭先生也指出故宫藏《维摩演教图》的创作时代晚于宋代，其作者应当不是李公麟，理由是该画作的钤印与传世文献著录存在不一致性，且画心与跋尾文字及卷首题签可相互独立，"李公麟《维摩演教图》之名"始于其入藏于清内府重新装裱以后。③王中旭先生对《维摩演教图》的图本样式做了细致研究，指出该图像是在传统《维摩变》的基础上融合《新样文殊》的图本创作而成，表现的重点由维摩诘文殊辩论互动，转变为维摩诘演示、说教不二法门，维摩诘形象更加接近宋人对高士像的表现方式，并对比敦煌壁画、绢画《新样文殊》图像后，考证了文殊一侧随行者的身份，文殊左前方合掌童子为善财童子，最后侧合掌比丘为佛陀波利，老人为文殊化现老人，最后方的异族老者为于阗王，于阗王形象的护法神化是为了与维摩诘后方北方天王对应的需要。④

罗世平先生将敦煌石窟的维摩诘经变按照历史语境的不同，分为"贞观样""吐蕃样"和"归义军样"，指出"贞观样"的构图应当来自长安，文殊与中原帝王多绘于门北，为北面南向的君位，维摩诘与各王子绘于门南，为南面向北的臣位，表达的是万国来朝的语境；"吐蕃样"则在方位不变的情形下，在维摩诘下方增加吐蕃赞普及侍从，既与唐蕃地理方位有关，也表达尊唐为正朔，唐蕃永结舅甥之好的语境；"归义军样"中文殊与维摩诘阵营方位的对调，则与归义军时期的历史和地缘政治有关，表达了曹氏归义军政权示好西域强族的立场和自保策略。⑤

---

① 王小盾：《从莫高窟第 61 窟维摩诘经变看经变画和讲经文的体制》，《2000 年敦煌学国际学术讨论会文集——纪念敦煌藏经洞发现暨敦煌学百年·石窟考古卷》，兰州：甘肃民族出版社，2003 年，第 173—210 页。

② 许忠陵：《〈维摩演教图〉及相关问题讨论》，《故宫博物院院刊》2004 年第 4 期，第 120—129 页。

③ 蒋方亭：《故宫藏〈维摩演教图〉创作年代小考》，《文物鉴定与鉴赏》2012 年第 4 期，第 28—34 页。

④ 王中旭：《故宫博物院藏〈维摩演教图〉的图本样式研究》，《故宫博物院院刊》2013 年第 1 期，第 97—119 页。

⑤ 罗世平：《谁主沉浮：敦煌莫高窟〈维摩变〉的图式与语境》，《长江学术》2020 年第 1 期，第 61—71 页。

二、研究方法

以往关于敦煌维摩诘图像的专题研究，自 1937 年松本荣一先生开始，在方法上采用以《维摩诘经》各品为单位，对图像内容进行纵向梳理，后来研究者如前述吴文星、卢少珊女士等，涉及图像内容结构分析时，多沿用此思路。更多学者诸如金唯诺、陈清香、Fan Lin、邹清泉、肖建军等先生，抛开各品的纵向梳理，以若干洞窟个案为代表，侧重探讨相应时代图像的内容与风格。以上两种方法，前者便于理解图像个体情节的纵向发展演变过程，但也易于割裂同一时代或同一作品图像情节之间的联系，后者则便于把握图像的时代风格，但难以对图像情节的演变过程产生具体的认识。

有鉴于此，我们尝试首先将维摩诘经变的画面情节分为三个部分：维摩诘方丈室内、方丈室外、诸佛国土，在图像分析中，尽量以各部分为整体，关注其纵向发展及各部分之间的关联。对画面的重新划分，使我们关注了以往研究中被忽略的山林、城墙等环境要素，认为其出现应为表现《维摩诘经·不思议品》中，维摩诘施展不可思议解脱法门，使其方丈室内可以容纳毗耶离城乃至四天下等。因此，以维摩诘和文殊对坐为主要内容的画面，除了表现《文殊师利问疾品》以外，更强调通过周围的环境要素，表达《不思议品》中不可思议解脱法门的含义。此外，在诸佛国土部分，我们对《佛国品》与《菩萨行品》的关联，也在以往学者研究的基础上做了新的解释，认为此二品内容在经变中常以相邻的方式出现，是出于借用释迦说法场景的需要，并非依据讲经文或变文等相关材料绘制而来，详见本文第二章相关部分。

在探讨图像内部结构的演变以外，以往研究者相对较少关注维摩诘图像绘制位置与洞窟营建思想影响的关联。本文尝试从不同时代图像主流绘制位置变化对观看方式的影响入手，分析不同时代图像的位置变化，反映洞窟使用者的信仰或观念的变化过程。

在图像与文本的关联方面，以往的相关研究多处于以佛经文本解释图像内容的层面，相对较少关注《维摩诘经》的文本抄写活动与图像绘制之间关联的研究。《维摩诘经》相关文本在敦煌的抄写活动最晚在前秦甘露二年（360）即出现，而图像在西魏第249 窟出现一次以后，直至隋代才开始大量出现，已是其在中原地区的光辉都不在之时。北朝以后，长安及中原周边地区的维摩诘相关造像和绘画遗存保留较少，反映出大量制作图像或造像行为已经趋于减少。因此，我们尝试梳理敦煌遗书中《维摩诘经》相关文本抄写活动的阶段性特点对其与图像绘制的关联度进行考察。

　　整体而言，以往关于维摩诘图像方面的研究，多着力于时间线上的序列演进，展开艺术风格和精神方面的讨论。北朝时期主要通过对造像排列方式研究来反映维摩诘主题的相关信仰。隋唐以后的维摩诘造像研究，整体表现出明显倚重文献的特点，造成这种局面的原因，可能主要有两个方面：

　　第一，隋代大量相关注疏的出现，诸如智顗大师撰《维摩经玄疏》《维摩经义疏》，吉藏大师撰《净名玄论》《维摩经略》等，天台、净土和三论宗等宗派在发展过程中，对维摩诘思想和信仰进行了全新的弘扬和研究，为隋唐以后维摩诘主题相关研究提供了丰厚的文献基础。

　　第二，隋唐以后中原地区维摩诘造像活动几乎销声匿迹，现有遗存主要分布于敦煌石窟，个别位于西南地区的四川、重庆和云南等地。敦煌石窟的维摩诘经变，自隋至西夏绘制有近70幅之多，占据了隋代以后维摩诘造像总数的八成以上。目前关于隋代以后维摩诘造像的相关研究，主要集中于敦煌莫高窟第220、332、335、103、231、237、159、9、61诸窟的个案，更多的相关图像则分散在不同时代的50余个洞窟，至今仍然没有形成整体的调查和分析研究。

　　以上两个因素的共同作用，可能制约了此前关于维摩诘造像和信仰研究的进一步深入，主要局限于个别图像的风格阐释和传世文献所反映的精神信仰领域。文献记载的精神信仰在实践活动中的具体反映，则有赖于对敦煌现有维摩诘造像的整体调查和研究，对这些承载具体实践活动的洞窟进行直观的分析和认识，对于拓展和加深维摩诘主题的相关研究具有重要的意义。

三、研究思路

　　鉴于以上分析，本文拟定研究思路如下：

1.图像的类型与分期

　　根据既往调查，对敦煌石窟维摩诘经变的分布情况进行资料整理并分期分类，按照图像绘制与洞窟空间结合方式的不同，将其分为分隔式对称和单幅式对称两类。根据敦煌维摩诘图像受中原影响程度的不同，将其分为北朝隋至唐前期和中晚唐至五代宋两个大的时段。

2.中原范式主导：北朝至唐前期的敦煌维摩诘图像

以前述分期的第一时段为界，围绕敦煌维摩诘图像在不同时期洞窟主流绘制位置、图像内容和结构的变化，结合中原北朝维摩诘造像传统的影响、画史画论等文献的记载，以及川渝、山西等相近图像的变化，对敦煌北朝隋至唐前期的维摩诘图像及相应信仰思想的变化与中原的关联度进行考察。

3.地域属性加强：中唐及以后的敦煌维摩诘经变

以前述分期的第二时段为界，继续以图像在不同时期洞窟主流绘制位置的变化与相应思想演变的关联度，以及图像内容和结构的变化，结合其他地区传世绘画品的变化特征，对中唐以后敦煌维摩诘图像和相应信仰出现的区域性的新变化，以及原因和背景进行分析。

4.北朝隋至唐前期文本的流传变化与图像结构演变的互动

考察藏经洞出土北朝隋至唐前期《维摩诘经》各类写本的抄写情况，并对其与壁画维摩诘经变之间的关联或影响进行考察，重点对北魏末期东阳王元荣抄写百部《维摩疏》与莫高窟第249窟覆斗顶西披的维摩诘经变之间的关联进行探讨。

5.中唐以后文本的流传变化与图像结构演变的互动

考察藏经洞出土中唐以后《维摩诘经》各类写本与经变的关联度，由于中唐以后敦煌维摩诘经变内容变化较多，发展状态逐步进入区域化属性，因此重点关注新出注疏及相关讲经文等俗文学文本对图像的影响。另外，藏经洞出土的8件藏文《维摩诘经》在以往并未受到足够关注，因此对其介绍及其与维摩诘经变中蕃装人物等要素之间的关联度，也是这一部分探讨的重点。

6.图像与文本层面反映的敦煌维摩诘信仰历史变迁

在前述材料分析基础上，展现了敦煌石窟维摩诘经变和藏经洞出土《维摩诘经》各类写本呈现的不同时期维摩诘信仰的发展状态。

四、本文相关概念界定

本文研究对象为敦煌地区以《维摩诘经》为依据绘制的相关图像，以及藏经洞出土的《维摩诘经》相关各类文本。图像涉及时间范围为 6 世纪末至 12 世纪，在中原王朝发展序列中，相当于北朝至北宋、西夏时期。文本涉及时间范围为 5 世纪至 11 世纪初。部分内容的讨论在时空范围可能有所拓展，时间可能上溯至北朝，空间可能扩展至川渝、云南等地区的摩崖造像和传世绘画品。由于维摩诘相关图像和文本在历史上使用时间跨度较长、图像发生过数次变化、文本亦经历多次翻译，并涉及散藏各地的敦煌遗书，因此，我们将本文涉及的相关概念简要说明如下：

1.敦煌相关历史阶段表述方式说明

（1）十六国时期

主要指前凉和北凉时期（366—439）。

（2）北朝

主要指中原王朝北魏（439—534）、西魏（535—556）、北周时期（557—580），这一时期敦煌社会稳定，包括佛教在内的各类文化事业持续发展，因而统称为北朝时期。

（3）隋

与中原纪年相同（581—618）。

（4）唐前期

指唐建立以后至吐蕃攻打敦煌以前，中间又可细分为初唐和盛唐两个时段，前者指从唐朝建立到武则天时期（618—705），后者指中宗以后至吐蕃攻打敦煌以前，以莫高窟第 148 窟营建完工的大历十一年（776）八月为下限。

（5）中唐吐蕃统治时期

中唐指对应中原唐代初盛中晚四期划分，但与中原中唐（766—835）时间上下限划分不同，敦煌历史上的中唐主要指吐蕃统治时期，从约 786 年敦煌抗蕃领导者阎朝与吐蕃"勿徙他境"为盟降于吐蕃以后，至 848 年张议潮结束吐蕃统治建立归义军政权。吐蕃统治时期，虽在敦煌推行藏文及相关文化教育，但从敦煌石窟壁画和藏经洞出土相关遗书看出，吐蕃统治时期敦煌仍然是以唐文化为主导，壁画题材受吐蕃佛教影响极为个别。因此，一般将这一时期称为中唐吐蕃统治时期或中唐时期。

（6）晚唐张氏归义军统治时期

始于 848 年张议朝率众结束吐蕃统治建立归义军政权，至 914 年张承奉卒后西汉金山国灭亡。

（7）五代宋·曹氏归义军统治时期

自 914 年曹义金执掌归义军节度使以来，至 1036 年西夏占领敦煌，归义军政权结束。

（8）西夏

指 1036 年西夏占领敦煌以后，至 1226 年蒙古结束西夏统治。

2.《维摩诘经》相关图像表述方式说明

（1）维摩诘图像

概称各类以绘画方式制作的各类维摩诘题材的作品，包括壁画和传世绘画品等形式。

（2）维摩诘造像

概称各类以雕塑、摩崖石刻中制作的各类维摩诘题材的作品。

（3）维摩诘、文殊对坐图/像

以维摩诘和文殊对坐为主要表现内容的绘画或造像。

（4）维摩诘经变

在维摩诘和文殊对坐图的基础上，表现《维摩诘经》超过三品或三品以上内容的各类图像、造像作品。

3.《维摩诘经》相关文本表述方式说明

（1）《维摩诘经》

概称所有维摩诘主题的佛经译本，多数语境下代指鸠摩罗什译本《维摩诘所说经》。

（2）《维摩诘所说经》

后秦鸠摩罗什译本《维摩诘所说经》。

（3）《说无后称经》

唐代玄奘译本《说无垢称经》。

（4）《佛说维摩诘经》

三国吴时期支谦译本《佛说维摩诘经》。

（5）藏文《维摩诘经》

指 9 世纪初左右，ཆོས་ཉིད་ཚུལ་ཁྲིམས། （法性戒）译本《འཕགས་པ་དྲི་མ་མེད་པར་གྲགས་པས་བསྟན་པ་ཞེས་བྱ་བ་ཐེག་པ་ཆེན་པོའི་མདོ།》（《圣者无垢称/净名所说大乘经》）。

4.各地藏敦煌遗书编号说明

本文所采用各地藏敦煌遗书编号说明如下：

（1）中国

① 国家图书馆：北敦，首写字母BD，如BD.00009；

② 敦煌研究院：敦研，如敦研 008；

③ 甘肃省博物馆：甘博，如甘博 054；

④ 天津艺术博物馆：津艺，如津艺 025；

⑤ 上海博物馆：上博，如上博 01；

⑥ 上海图书馆：上图，如上图 035；

⑦ 北京大学图书馆：北大D，如北大D060；

⑧ 台湾傅斯年图书馆：傅斯年图书馆，如傅斯年图书馆 188093；

⑨ 甘肃中医学院：中医学院，如中医学院 003。

（2）国际

① 英国：

A.英国国家图书馆藏汉文遗书：斯坦因（Stein）首字母S，如S.0012；

B.印度事务部图书馆藏敦煌藏文写本：以该图书馆英文名India Office Library首字母组合IOL+Tib开头，Tib表示藏文，如IOL.Tib.J.VOL.12；

C.英国国家博物馆藏敦煌遗画：以千佛洞（chien-fo-tung）的首字母ch开头，如ch.00350。

② 法国：

A.法国国家图书馆藏汉文敦煌遗书：伯希和（Pelliot）首字母P，如P.2008；

B.法国国家图书馆藏藏文敦煌遗书：Pelliot tibetan，缩写为P.t.，如P.t.610；

C.法国集美亚洲艺术博物馆藏敦煌遗画：MA开头，如MA.6227。

③ 俄罗斯科学院东方研究所圣彼得堡分所：

A.弗鲁格编号，整卷为主：以整理者K.K.弗鲁格（Flug）首字母F俄文字母Ф编号，如Ф.098；

B.敦煌编号，残卷为主：以俄文敦煌（Дунь хуанского）首字母Dh的俄文字母Дx编号，如Дx.00034；

④ 日本：分别以各收藏者、收藏单位名称后加序号进行编号，如中村不折066；

（3）其他说明

① 以上遗书主编号之后，用V（英文"背面"Verso首字母）表示背面；

② 同卷包含多个页面者，用带圈数字①②③或ABC，标示相关页面。

第一章 敦煌石窟维摩诘图像的类型与分期

维摩诘造像的流行时间大致从 5—20 世纪，相当于历史上南北朝至宋夏金时期。造像的发展具有明显的时空不平衡性，以隋为界，前后形成中原和敦煌两大流行区域。

敦煌是隋以后维摩诘图像的主要分布区域，据画史记载，同时期的关中和巴蜀等地区也曾有维摩诘图像绘于寺院壁面，但多未保存下来，现存敦煌以外的维摩诘造像数量较少且分散。本文的遗存分类和分期主要针对敦煌石窟，在其余各章相关部分讨论中辅之以相近时代其他地区相关造像和传世绘画品，对区域特性和传播路线等问题进行初步探讨。

本章拟对敦煌石窟中维摩诘图像遗存的分布与类型进行梳理。依据图像的表现内容，我们在行文表述上将敦煌的维摩诘图像分为维摩诘文殊对坐图和维摩诘经变两类。维摩诘文殊对坐图以表现《文殊师利问疾品》中维摩诘和文殊对坐像为主要内容，主要出现于隋代，在功能上应当属于对二元主角的尊像崇拜；维摩诘经变则在前者尊像崇拜的基础上，将《维摩诘经》若干品内容以图像的形式表现出来，作为经典文本的图像转化形式，图像在功能上应当属于经典文本和相应信仰的整体象征，唐前期及以后的维摩诘图像基本都属于经变的范畴。

以中唐为界，维摩诘图像在敦煌的发展大体经历了两个重要时期，中唐以前的隋代和唐前期，维摩诘图像在形式上表现出受中原影响为主导的发展特点，中唐以后则在接受中原影响的同时，迅速开始自身特色体系的构建，并最终表现出不同于同时期其他地区的图像表现形式。

在具体图像内容的呈现方式上，我们主要列举各类型各时期较为典型的图像，以示意图的方式，对具体情节在图像中的位置进行示意，并进行相关的文字说明，必要时配以彩图或线描图，力求对材料遗存进行全面展示。

相关图示标注中，采用阿拉伯数字和带圈字符组合的方式。

以阿拉伯数字代表各品序号：1 佛国品；2 方便品；3 弟子品；4 菩萨品；5 文殊师利问疾品；6 不思议品；7 观众生品；8 佛道品；9 入不二法门品；10 香积佛品；11 菩萨行品；12 见阿閦佛品；13 法供养品；14 嘱累品。

带圈字符编号代表相关内容在各品的出现次序。对文中首次出现的图像内容，我们简要对相关的经典依据进行说明。

第一节　敦煌石窟维摩诘图像类型分期依据说明

敦煌石窟维摩诘图像出现于隋代，最晚延续至西夏时期，多数内容保存完好，先后绘制在洞窟除甬道和藻井以外几乎所有位置。不同于摩崖石刻，洞窟作为立体的建筑空间，图像在不同位置的布局和内部结构的变化，对其自身的功能性质乃至整体洞窟的营建思想都可能产生直接影响。因此我们对敦煌石窟维摩诘图像的分类，主要以图像在洞窟布局位置变化为主线，辅之以图像内部结构的变化形式，并对维摩诘图像在敦煌的发展历史进行梳理。根据图像外部布局位置和内部构图的变化，我们将敦煌壁画中的 70 余处维摩诘图像分为分隔式对称和单幅式对称两大类。

一、分隔式对称

分隔式对称指利用洞窟的佛龛和窟门等对称结构，将图像中的二元主角维摩诘和文殊等相关情节进行对称分布，共 49 处。我们依据不同的绘制位置将之分为四种形式：主室西壁龛外两侧、主室西壁龛内两侧、主室东壁门两侧和前室西壁门两侧。整体而言，随着时代的演进，该类图像在绘制位置或对称方向的设计上，表现出越来越明显考虑观者观看或互动的倾向。另有主室东壁门上和前室南北壁的布局各一例，与分隔式对称内涵有相近之处，也列入该分类中。敦煌维摩诘图像分隔式对称分布情况如表 1-1 所示：

表 1-1　敦煌石窟分隔式对称维摩诘图像分布统计

时代位置	主室				前室	
	龛外两侧	龛内两侧	门两侧	门上	门两侧	南北壁
隋	206、276、277、314、380、417、419、420					
唐前期	203、322	68、242、334、341、342	220、103			
中　唐	240		133、159、236、237、359、360			
晚　唐			18		141	
五　代			5、6、22、61、98、100、108、121、133、146、369		261、334	
宋			7、454		172、203、264、335、437	202
西　夏				榆 3		
总　计	11	5	22	1	9	1

数据来源：（1）敦煌研究院编：《敦煌石窟内容总录》,北京:文物出版社,1996 年。（2）实地调查。

1.主室西壁龛外两侧

共 11 处，流行于隋，在唐前期和中唐亦有出现。

龛外两侧是维摩诘图像在敦煌最早流行的绘制位置，以维摩诘和文殊对坐图为主要表现内容，多为尚未形成经变或处于经变形成的萌芽状态。隋代 8 处全部以维摩诘和文殊对坐或对立图为主要表现内容；唐前期 2 处出现《观众生品》天女散花戏舍利弗和《香积佛品》香积菩萨敬献和倾倒香饭的场景，开始具备经变的雏形；中唐吐蕃统治时期则仅第 240 窟 1 处是完全意义上的经变画。

2.主室西壁龛内两侧

共 5 处，全部在初唐时期。

图像的对称方式不同于此前龛外两侧面向主尊的闭合构图模式，文殊菩萨和维摩诘居士各朝向龛外，以二元主角为中心的相关情节也随之全部面向龛外布局。以第 334 窟西壁龛内维摩诘经为例，文殊居南，同侧绘以天女戏舍利弗为主要表现内容的观众生品，维摩诘居北，同侧绘表现不思议品的借灯王座和敬献香饭的香积佛品等情节，它们具备了经变画的基本图像特征。

3.主室东壁门两侧

共 22 处,自初唐至宋持续出现,流行于中唐吐蕃统治时期和五代曹氏归义军前时期。

以甬道口主室窟门为对称中心,将维摩诘、文殊和相关情节绘于门两侧,方向全部朝向窟门的空间。在唐前期直到吐蕃统治到来的一个半世纪,敦煌石窟将维摩诘经变绘于东壁门两侧的做法,仅有初唐第 220 窟和盛唐第 103 窟两处,反映了这种精神在敦煌酝酿仍然经历了长期的过程。

4.前室西壁门两侧

共 9 处,在晚唐及五代个别洞窟出现,流行于宋代。

以甬道口前室窟门为对称中心,将维摩诘和文殊等情节绘于门两侧,方向仍然是朝向窟门空间。前室西壁门两侧绘制的维摩诘经变,主要出现于宋代曹氏归义军中后期重修的前代洞窟中,仅有晚唐一处为初建洞窟时的原作,现已基本毁坏。

二、单幅式对称

单幅式对称的构图继承了传统经变画的布局方式,将维摩诘图像作为一个整体,绘于主室或前室的单一壁面或窟门一侧等位置,共 23 处。我们仍然依据不同的绘制位置,将之主要分为三种形式:主室西壁佛龛上方窟顶、主室南北一壁和主室窟门一侧。另有前室南北一壁的布局方式两处,也列入封闭对称类。敦煌单幅式对称维摩诘图像的整体分布情况如表 1-2 所示:

表 1-2　敦煌石窟单幅式对称维摩诘图像分布统计

位置 时代	主室			前室	
	龛上	南北一壁	门一侧	南北一壁	窟顶
西魏	249				
隋	262、423、433				425
唐前期		332、335、194		44	
中唐		186	231		
晚唐		150、9、139	138、12、85、156		
五代		53、342、榆 32			

续表

位置	主室			前室	
时代	龛上	南北一壁	门一侧	南北一壁	窟顶
宋		25			
西夏		庙 2			
总计	12		5	5	

数据来源：（1）敦煌研究院编：《敦煌石窟内容总录》，北京：文物出版社，1996 年。（2）实地调查。

1.主室西壁龛上方窟顶

共 4 处，西魏出现 1 处，隋代出现 3 处。

主室西壁龛上方的窟顶处是早期维摩诘图像在龛外两侧的又一种主要绘制位置。最早出现于西魏第 249 窟覆斗顶西披，隋代第 262、423 和 433 窟绘于西壁佛龛上部的洞窟平顶处。第 249、262 窟的维摩诘和文殊之间相隔《见阿閦佛品》中的阿修罗护卫须弥山的情节，开始具备经变画的特点。第 423、433 窟则仍为维摩诘和文殊对坐图。

2.主室南北一壁

共 12 处，自唐前期至西夏各时期均有零星绘制。

维摩诘经变在主室南北一壁布局最早出现于莫高窟第 332、335 窟。闭合型构图模式可以使经变图像较少地受到壁面空间的约束，对经变情节的表现更为生动和完整。诸如唐前期第 332、335 窟，在表现香积佛品部分时，首次增加了化菩萨在香积佛国礼敬香积如来和香积世界九百万菩萨随化菩萨至维摩诘舍听法的场景，另在对菩萨行品的表现中，采用维摩诘掌擎大众和众人礼佛的场景，都为后来所沿袭，这些内容在同期西壁龛内和东壁门两侧的布局中都未出现，但在中唐时期则开始大量出现，成为较为固定的表现情节。晚唐第 9 窟北壁的维摩诘经变更是吸收劳度叉斗圣变构图的影响，将中唐时期常绘制于屏风内的方便品、弟子品等内容，都解放出来，绘于主体情节的边角部位，使画面整体表现内容更加丰富，同时也影响了此后五代、宋时期隔门对称等各类方式维摩诘经变的图像结构。因此，这类布局堪称各个相应时期在图像内部结构的集大成者，同时也成为维摩诘经变在下一阶段更为细致布局的新起点。

3.主室窟门一侧

共 5 处，仅出现于中晚唐时期，中唐 1 处，晚唐 4 处。

中唐吐蕃统治时期，洞窟壁画的布局开始出现多幅共绘于一个壁面的情形，打破了过去一个壁面只绘制一幅经变的传统。维摩诘经变绘于东壁门一侧最早出现于中唐第231窟，敦煌遗书P.4638《大番故敦煌郡莫高窟阴处士公修功德记》为该窟功德记录文，该功德记将各壁内容记述为："南墙画西方净土、法花（华）、天请问、宝（报）恩变各一铺。北墙［画］药师、净土、花（华）严、弥勒、维摩变各一铺。"①其中"南墙、北墙"涵盖了南壁及东壁门南侧和北壁及北壁门南侧，东壁并未被视作一个整体，而是作为南北壁面的延伸而存在。各类洞窟功德记涉及壁面方位的称法出现较为有限，"南墙、北墙"之概念目前仅发现于第231窟功德记，相对而言，用"南壁、北壁、东壁、西壁"指代四壁更为常见。晚唐时期将维摩诘经变绘于东壁门一侧的诸窟，第12、85窟有功德记保留，但仅简述窟内所绘内容，并不涉及壁面方位。因此我们推测，将维摩诘经变绘于东壁门两侧或一侧的做法可能反映了营建者或功德主看待洞窟结构的差异所在。一类将东壁视作一个整体；一类将东壁以门为界，分别视作南北壁的延续。将维摩诘绘于东壁门一侧的做法，可能属于后者。

三、敦煌维摩诘图像的分期

我们依据图像在洞窟布局位置和内部结构的变化，以中唐为界，将敦煌的维摩诘图像演变分为前后两个主要时段。中唐以前，主要包括北朝隋和唐前期两个时期；中唐以后，则主要包括中晚唐和五代宋两个时期。

1.北朝隋和唐前期

整体而言，前一个时段，敦煌的维摩诘图像发展以中原地区的影响为主导，区域性创作为辅助力量。

（1）绘制位置

图像在洞窟的绘制位置方面，主室正壁的佛龛体现了强大的影响力，唐以前的13处维摩诘图像有12处绘于龛外两侧或龛上的窟顶位置。唐前期2处西壁龛外和5处西壁龛内两侧绘制的维摩诘经变虽然在构图形式上较前代出现很大不同，但在位置选择上仍然体现佛龛和主尊佛像作为传统维摩诘图像位置的强大影响。即使在唐前期多元位置选择尝试的大背景下，13处维摩诘经变中有7处绘于佛龛周围，表明维摩诘经变开始处于多种尝试酝酿当中，但图像传统的出现位置仍存在强大的影响力。

---

① 郑炳林、郑怡南：《敦煌碑铭赞辑释》，上海：上海古籍出版社，2019年，第224页。

（2）内部结构

图像的内部结构演变方面，北朝隋维摩诘图像的发展以维摩诘和文殊对坐图为主，与中原地区云冈石窟和龙门石窟北朝以来的维摩诘造像传统保持一致。入唐以后，敦煌的维摩诘图像发展主要以经变图像为主，虽然同时期敦煌以外现存世的维摩诘图像凤毛麟角，但考察川渝等地维摩诘图像的发展史，不难发现其多与安史之乱后唐王室及文化阶层大量入蜀相关。因此，川渝地区的维摩诘造像虽然在时代上属于中唐以后，但相关图像结构仍然属于安史之乱以前的面貌。因此，敦煌唐前期维摩诘经变与川渝等地中晚唐乃至宋代的维摩诘经变有较多相似之处。这些属于经变性质图像的共同特点，应当在此前维摩诘和文殊对座的基础上，增加了《不思议品》表现借座灯王、《香积佛品》敬献和倾倒香饭、《方便品》前来听法世俗众人等主体情节。相关内容我们将在第二章详述。

2.中晚唐至西夏时期

后一个时段，即中唐吐蕃统治时期、晚唐张氏归义军统治时期、五代宋曹氏归义军统治时期和西夏时期，这一时段敦煌维摩诘图像的发展，开始在继续受到中原影响的基础上，较多强化了区域性创作的主导地位。

（1）绘制位置

在洞窟的绘制位置方面，此前主室正壁佛龛的影响已经基本消失，仅有中唐吐蕃统治时期第 240 窟仍绘于佛龛两侧，但在内容结构上已经完全属于经变的性质，与此前龛外两侧出现的对坐图有本质的不同。中唐至宋代窟门两侧成为维摩诘图像的主流绘制位置，这种布局位置虽然亦见于此前的云冈、龙门和炳灵寺等石窟中，但仅为个别现象，中唐以后敦煌的 46 处维摩诘经变有 29 处绘于窟门两侧，占据了近三分之二的比例，与中唐以前受中原布局位置传统影响的局面形成较大反差。中唐时期敦煌的 9 处维摩诘经变有 6 处绘于主室东壁门两侧；晚唐则仅有 1 处，另有 4 处绘于主室东壁门一侧；五代时期 17 处维摩诘经变有 11 处绘于主室东壁门两侧、2 处绘于前室西壁门两侧；宋代则 2 处绘于主室东壁门两侧，前室西壁门两侧出现 6 处，成为维摩诘经变在敦煌发展演变最后的主流绘制位置。

（2）内部结构

在图像的内部结构演变方面，中唐以后敦煌维摩诘经变最大的特点即大量《方便品》《弟子品》《菩萨品》等细节内容的出现，相关个别内容在唐前期诸如第 334、103 等窟亦有出现，但仅为局部个别，至中唐以后，则成为普遍现象。这种图像结构表现方式不见于敦煌以外的地区，应当属于中晚唐以后敦煌维摩诘图像区域性创造的体现。中晚唐时期主要在经变下方以屏风画的形式将大量细节内容画于其中，作为对主体经变的补充，以中唐第 231、237、159 等窟和晚唐第 85 窟等为代表；晚唐后期至五代宋时期，则开始将相关细节内容填充在经变的各处空白，晚唐第 9 窟和五代第 61 窟则分别是这种形式的首创者和集大成者。

　　中唐以后，敦煌维摩诘图像与中原的联系应当主要体现在维摩诘和文殊形象的变化上。中唐以后，维摩诘图像中的二元主角形象与唐前期出现较为明显不同，与传世的《维摩教演图》《维摩不二图》等相关形象较为接近，表明二者之间存在较为直接关联。这些传世绘画作品的整体图像结构与唐前期敦煌或中唐以后川渝的维摩诘经变并无重大区别。鉴于中原和敦煌影响力的差异，我们推测，中原地区维摩诘图像可能在中唐以后先发生了变化，主要体现在维摩诘和文殊的形象方面，不久便影响到敦煌，但在图像结构方面，则应当再未出现新的变化，相关内容我们将在第二、第三章进行具体说明。

　　以上，我们对敦煌石窟维摩诘图像的分类和分期依据进行说明，我们依据绘制位置的不同，将维摩诘图像分为分隔式对称和单幅式对称两个大类。分隔式对称类型在多数时代都占有数量优势，北朝隋和唐前期维摩诘图像的分隔式对称主要围绕佛龛绘制，主尊佛像成为主要对称中心，中晚唐至五代宋，分隔式对称主要围绕窟门绘制，出入的人成为对称中心，图像的绘制与洞窟建筑空间结合，赋予窟门更多的象征意义。单幅式对称虽然数量较少，但在不同时期的绘制始终未曾中断，由于画面空间更为广阔和完整，单幅式对称类型的维摩诘经变在图像内容上出现更丰富的表现方式，多数都对各自时代维摩诘图像内容及结构进行总结，并影响下一时期分隔式对称类型，诸如莫高窟初唐第 332、335 窟、盛唐第 194 窟，以及晚唐第 9 窟，都是这一类型在各自时期最具代表性的作品。在维摩诘经变绘制历史上，分隔式对称类型在数量上多于单幅式对称，这既是维摩诘图像二元对称结构影响的结果，也表明在图像绘制和相关信仰实践中，对其与建筑空间结合功能性需求的关注要甚于图像内容本身。

第二节　北朝隋至唐前期敦煌石窟维摩诘图像的类型与分期

根据樊锦诗、关友惠、刘玉权先生《莫高窟隋代洞窟分期》将隋窟分为三期，绘有维摩诘经变的洞窟多被列入第二、三期，即开皇九年隋平陈以后至唐初，因此维摩诘图像在敦煌的出现，可能与隋代完全大一统的背景有关。第262、423、433、417、419、420、425窟列入第二期，相当于开皇九年至大业九年（589—613）；第276、277、314窟列入第三期，相当于大业九年（613）至唐初，第206、380窟未列入具体分期中。[①]隋代敦煌维摩诘图像基本沿袭中原北朝以来围绕主尊布局的造像传统。布局位置以佛龛周围为主，12处维摩诘图像有8处位于主室西壁龛外两侧，4处位于佛龛上部，仅有1处位于前室窟顶，其中后两种布局方式主要出现于前述分期中的第二期。

唐前期指唐代建立（618）至大历十一年（776）吐蕃攻打敦煌为止，在一个半世纪里，敦煌石窟共绘制了13处维摩诘经变：第203、322窟延续了隋代以来绘于龛外两侧的做法；第220、103窟绘于东壁门两侧；第332、335、194窟在洞窟北壁采用了传统经变画的构图方式，以封闭的结构对各品内容进行排列；第44窟将维摩诘经变画在了前室南壁，较为另类；相对而言，第68、242、334、341、342窟五例在西壁龛内的布局方式，代表了这一时期维摩诘经变的主流位置选择。参考樊锦诗、刘玉权先生关于莫高窟唐前期洞窟的分期，这些绘有维摩诘经变的洞窟，第203、322窟被划入第一期，大致相当于唐代建立后的前五十年；第220、332、335、68、242、334、341、342窟都属于第二期，大致相当于7世纪后半叶左右；第103窟属于第三期，相当于开元十四年（726）以前；第194窟属于第四期，相当于建中二年（781）敦煌陷蕃以前。[②]维摩诘经变在短期内集中出现并形成了众多布局方式，也是唐初敦煌经变画尝试和创新的缩影。

我们依据位置不同，将北朝隋时期龛外两侧对坐、对立布局的维摩诘文殊像列入分隔式对称类型，龛上对坐列入单幅式对称类型进行标注和说明。唐前期的维摩诘经变则将西壁龛外两侧、龛内两侧和东壁门两侧的布局方式共同列入分隔式对称类型，主室南

---

① 樊锦诗、关友惠、刘玉权：《莫高窟隋代洞窟分期》，敦煌文物研究所编著：《中国石窟·敦煌莫高窟》第二卷，北京：文物出版社，1984年，第171—185页。

② 樊锦诗、刘玉权：《敦煌莫高窟唐代前期洞窟分期》，敦煌研究院编：《敦煌研究文集·敦煌石窟考古篇》，兰州：甘肃民族出版社，2000年，第149、158、171、181页。

北壁绘制的维摩诘经变则列入单幅式对称类型。

一、分隔式对称

1.龛外两侧对坐

北朝隋至唐前期以龛外两侧对坐方式绘制的维摩诘经变共有 8 处，其中隋代 6 处，唐前期 8 处。隋窟第 417、419、420 窟为前述第二期，第 314 窟为第三期，第 206、380 窟未列入明确分期。第 417 窟维摩诘图像保存状态不佳，第 419、420 窟表现方式接近，皆为维摩诘与文殊坐于歇山顶帐内，随行者立于周围。唐前期第 203 和 322 窟的维摩诘图像仍然保持了隋以来的主流布局方式，第 322 窟的维摩诘图像继续以维摩诘和文殊对坐图为主，第 203 窟则在内容上已经增加较多内容，成为完全经变意思上的图像。因此，我们分别将第 420、314 窟和第 203 窟作为本布局类型在隋和唐前期维摩诘图像的代表，对相关内容进行示意。

① 隋代第 420 窟（C209 P136E）

第 420 窟为中型殿堂窟，主室东西长 6.3 米，南北宽 5.9 米，西、南、北壁三面开龛。维摩诘图像位于西壁龛外两侧上半部分（图 1–1、图 1–2），维摩诘居龛北，文殊居龛南（图 1–3）。龛外两侧维摩诘、文殊对坐图以下各绘三层九身弟子和菩萨像，与对坐图像无关。

2① 世俗人等前来问疾听法，画面中无人物身份区分，跪于维摩诘和文殊帐下，听

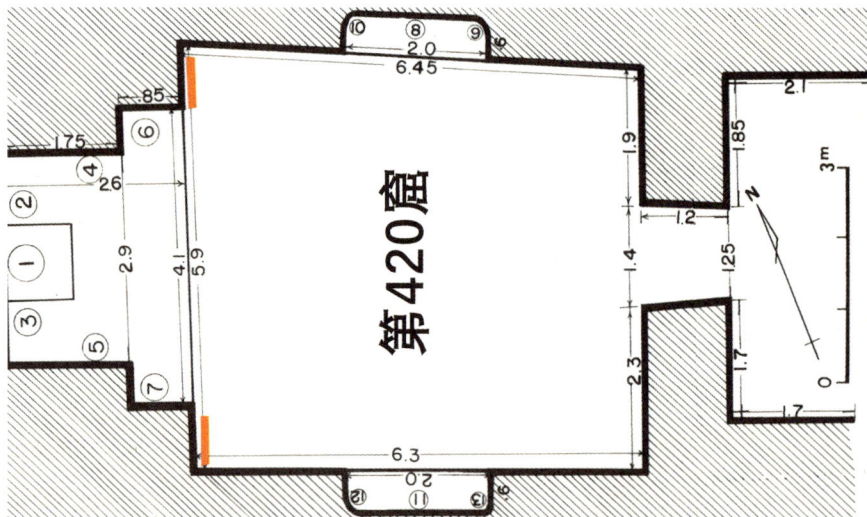

图 1-1　莫高窟第 420 窟平面图·维摩诘图像位置示意

标注自 石璋如：《莫高窟形》(二)，台北："中研院"历史语言研究所，1986 年，第 135 页

图 1-2 莫高窟隋代第 420 窟西壁龛外两侧·维摩诘文殊对坐图（自绘）

图 1-3 莫高窟隋代第 420 窟西壁龛外两侧·维摩诘文殊对坐图

采自 贺世哲主编：《敦煌壁画全集·法华经画卷》，上海：上海人民出版社，2000 年，第 191 页二人辩论。相关内容出自《方便品》，记载国王大臣、长者居士前往维摩诘处问疾，与文殊问疾无关。因此，这一画面应当是将《方便品》内容融入《文殊师利问疾品》的画面。文本依据如下：

> "其以方便，现身有疾。以其疾故，国王大臣、长者居士、婆罗门等，及诸王子并余官属，无数千人，皆往问疾。其往者，维摩诘因以身疾广为说法。"[1]

5① 文殊师利问疾，文殊居南，维摩诘居北；

5② 文殊问疾之随行者。文本依据见第420窟5②；文本依据如下：

> "于是众中诸菩萨、大弟子、释、梵、四天王等，咸作是念：今二大士文殊师利、维摩诘共谈，必说妙法！实时八千菩萨、五百声闻、百千天人皆欲随从。于是文殊师利与诸菩萨、大弟子众及诸天人，恭敬围绕，入毗耶离大城。"[2]

②隋代第314窟（C101 P137K）

第314窟为小型殿堂窟，主室东西长1.2米，南北宽2.25米，西面开龛。维摩诘图像位于西壁龛外两侧上半部分（图1-4），维摩诘居龛北，文殊居龛南（图1-5）。维摩诘和文殊对坐像上方各画两排千佛，下方各画思惟菩萨像一身，都与对坐图无关。

2① 世俗人等前来问疾听法，跪于维摩诘和文殊帐下，听文殊及维摩诘辩论，文本

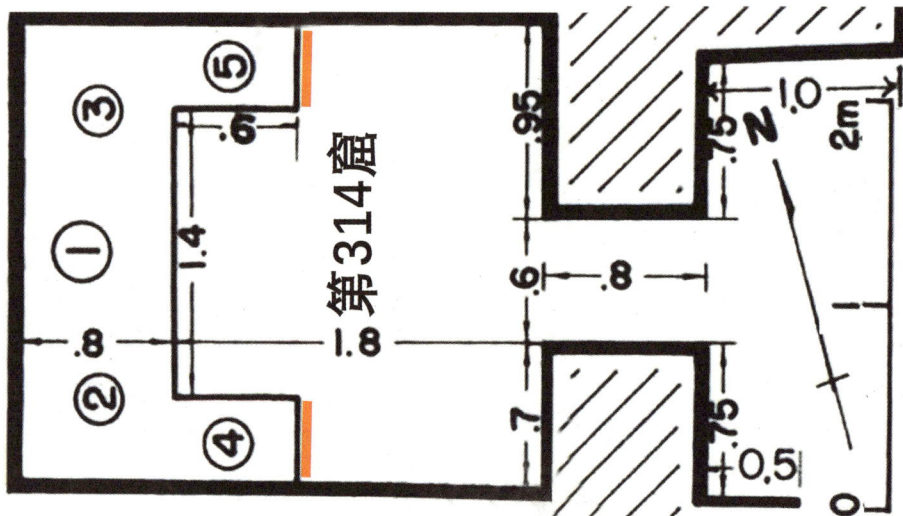

图1-4　莫高窟第314窟平面图·维摩诘图像位置示意

标注自 石璋如：《莫高窟形》（二），第79页

---

[1]（后秦）鸠摩罗什译：《维摩诘所说经》，《大正新修大藏经》第14册，第539页中。

[2]（后秦）鸠摩罗什译：《维摩诘所说经》，《大正新修大藏经》第14册，第544页中。

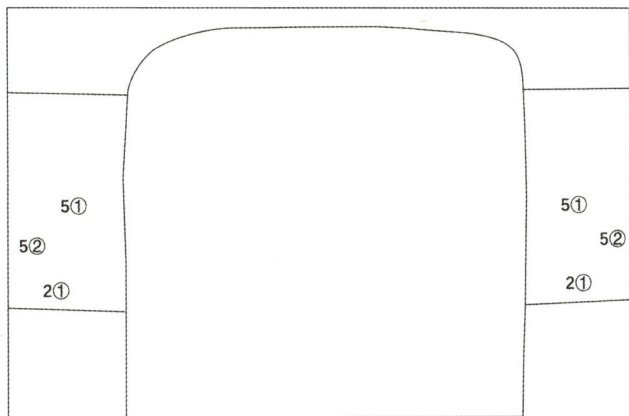

图 1-5　莫高窟隋代第 314 窟西壁龛外两侧·维摩诘文殊对坐图情节示意（自绘）

依据见第 420 窟 2 ①；

　　5 ① 文殊师利问疾，文殊居南，维摩诘居北；

　　5 ② 文殊问疾之随行者。文本依据见第 420 窟 5 ②；

　　初唐第 203 窟（C275 P067）

　　第 314 窟为小型殿堂窟，主室东西长 1.2 米，南北宽 2.25 米，西面开龛（图 1-6）。维摩诘图像位于西壁龛外两侧上半部分（图 1-7），维摩诘居龛北，文殊居龛南（图 1-8）。

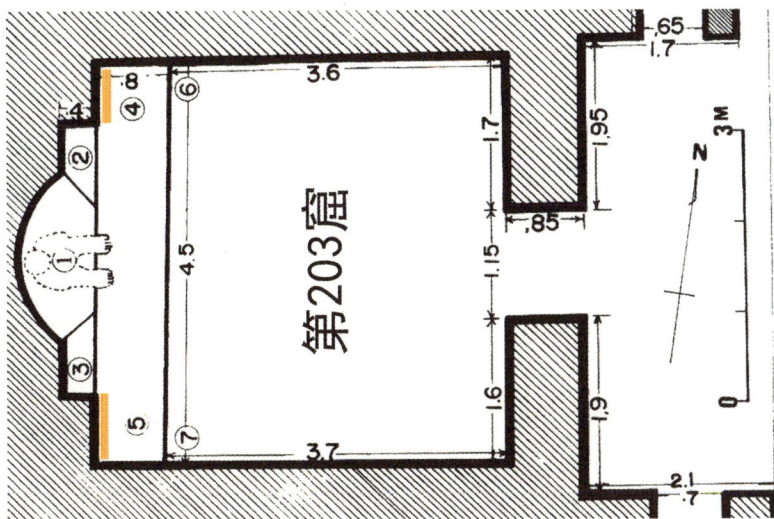

图 1-6　莫高窟第 203 窟平面图·维摩诘图像位置示意

标注自 石璋如：《莫高窟形》（二），第 180 页

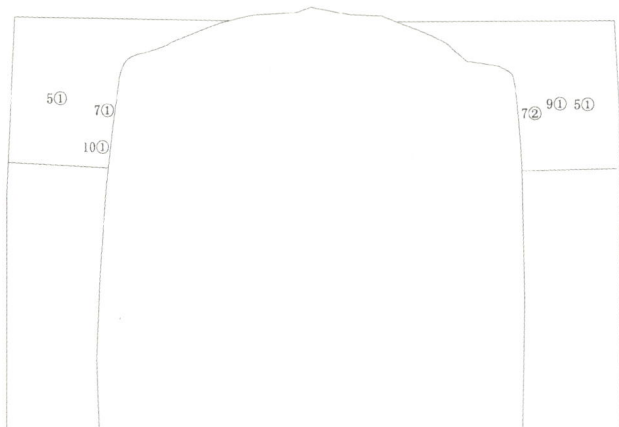

图 1-7　莫高窟隋代第 203 窟西壁龛内 · 维摩诘文殊对坐图情节示意（自绘）

图 1-8　莫高窟初唐第 203 窟西壁龛外两侧 · 维摩诘经变

采自 段文杰、樊锦诗主编：《中国敦煌壁画全集 · 初唐卷》，沈阳：辽宁美术出版社，2006 年，第 18 页

维摩诘和文殊对坐像上方各画两排千佛，下方各画思惟菩萨像一身，都与对坐图无关。

　　5① 文殊师利问疾，维摩诘居南，卧于帷帐中，文殊居北，跪坐于华盖下方的台座上；

　　5② 文殊问疾之随行者。文本依据见第 420 窟 5②；

　　7① 天女执扇立于维摩诘前方，上有花瓣散落，不落天女身上；

　　7② 舍利弗立于文殊前方，上有花瓣散落，落于袈裟之上；文本依据如下：

　　　　"时维摩诘室有一天女，见诸大人闻所说法，便现其身，即以天花散诸菩萨、大弟子上。花至诸菩萨，即皆堕落，至大弟子，便着不堕。一切弟子神力去华，不能令去。尔时天女问舍利弗：何故去花？答曰：此花不如法，是以去之。天曰：

勿谓此华为不如法。……结习未尽，花着身耳！结习尽者，花不着也。"①

9① 文殊菩萨右手食佛和中指上扬，象征不二法门；

10① 化菩萨倾饭。文本依据如下：

"时维摩诘语舍利弗等诸大声闻：仁者可食。……有异声闻念：是饭少，而此大众人人当食。化菩萨曰：勿以声闻小德小智称量如来无量福慧！四海有竭，此饭无尽！"②

2.龛外两侧对立

第276、277窟在龛外两侧绘单身维摩诘和文殊立于树下，周围再无其他人员。第276窟图像保存完好，第277窟龛外南侧维摩诘图像基本不可辨识。我们以第276窟的维摩诘和文殊对立图像为例，对相关内容进行示意。

隋代第276窟（张大千、伯希和未编号）

第276窟为小型殿堂窟，维摩诘立于龛北，文殊立于龛南（图1-9、图1-10）。维摩诘与文殊下方为供养人像，与对立像内容无关。维摩诘前方靠近龛沿处有两行朱书竖写

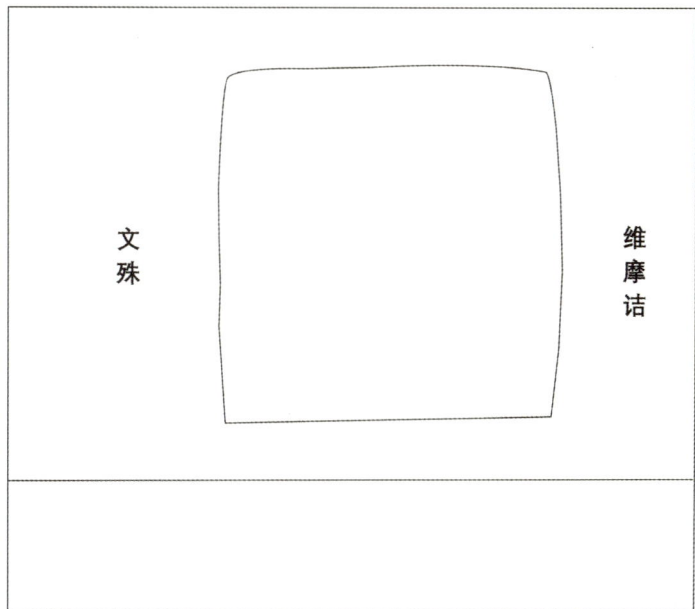

图1-9 莫高窟第276窟西壁龛外两侧·维摩诘文殊对立图情节示意（自绘）

---

① (后秦) 鸠摩罗什译：《维摩诘所说经》，《大正新修大藏经》第14册，第547页下。
② (后秦) 鸠摩罗什译：《维摩诘所说经》，《大正新修大藏经》第14册，第552页下。

图 1-10　莫高窟隋代第 276 窟西壁龛外两侧·维摩诘文殊对立图

采自 贺世哲主编：《敦煌壁画全集·法华经画卷》，第 192 页榜题："戒香、定香、惠香、解脱香、解脱知见香，光明云台遍法界。供养十方无量佛，见闻普熏证寂灭。一切众生亦如是。"该内容不见于《维摩诘经》，贺世哲先生指出与敦煌遗书S.440《行香说偈文》完全相同，[①] 何剑平先生指出该榜题中的五分香与《维摩诘经》中五分法身在教理上存在关联，榜题内容是佛前上香的偈文或布萨仪轨的唱偈，亦有可能为《维摩诘经》讲经仪式上的颂偈，维摩诘立像是维摩诘信仰和宗教仪式的结合。[②]

3.龛内两侧

以往维摩诘经变相关研究对初唐时期西壁龛内的这种布局形式较为忽视，唐前期维摩诘经变的诸种布局方式中，以西壁龛内数量最多，而且表现出较多共性。值得关注的特点大致有两个方面：一是面朝龛外的对称方向；二是由个别洞窟题记反映了玄奘译本的影响。相关洞窟有莫高窟第68、242、334、341、342窟，除第242窟以外，其他洞窟内容保存较为完整，尤其第334窟经变情节绘制的数量和质量，以及保存现状，都可作为唐前期该类维摩诘布局方式中的代表作。第68、242窟出现维摩诘前方出现榜题"无垢称菩萨"，表明该类图像绘制可能受到玄奘译本《说无垢称经》影响。相较而言，有"无垢称菩萨"榜题的两个洞窟中，第68窟保存更为完整。因此我们以第334和68窟为代表，在此处于进行相关情节示意。

① 初唐第334窟（C136 P148）

第334窟为中型殿堂窟，东西长6.1米，南北宽6米（图1-11），营建于初唐时期，根据该段崖面附近洞窟题记，第332窟前室原立有《李君莫高窟佛龛碑》（圣历碑），记载该窟完工于圣历元年（698）五月十四日。第335窟东壁门上有垂拱二年（686）题记、西壁龛北侧下部有长安二年（702）题记，表明第332—335窟营建过程发生中断，可能在相近的时间内完工，我们推测第334窟的维摩诘经变应当绘于洞窟开凿后不久至垂拱二年以前。[③] 维摩诘经变绘于西壁龛内，维摩诘居于龛北偏上，文殊居于龛南偏上，二元主角面朝龛外，其他相关情节也全部都背朝佛像面向龛外布局，这也是5例唐前期西壁龛内布局维摩诘经变的基本图像结构（图1-12）。龛内塑像组合为一佛二弟子四菩萨；龛顶绘一倚坐佛说法图；龛内其余位置穿插绘维摩诘经变各品（图1-13）。

---

① 贺世哲：《敦煌壁画中的维摩诘经变》，《敦煌研究》试刊第2期，1982年，第64—65页。
② 何剑平：《中国中古维摩诘信仰研究》，成都：巴蜀书社，2009年，第330—342页。
③ 详见于本文第二章第二节。

图 1-13　莫高窟初唐第 334 窟西壁龛内·维摩诘经变

采自　松本荣一著，林保尧、赵声良、李梅译，《敦煌画研究》下

册，浙江大学出版社 2020 年版，第 88 页

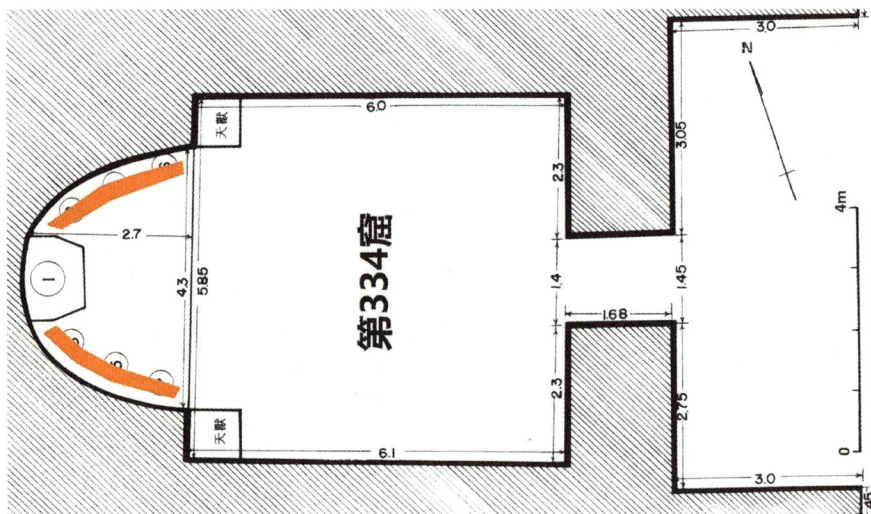

图 1-11　莫高窟初唐第 334 窟平面图·维摩诘经变位置

标注自 石璋如：《莫高窟形》（二），第 97 页

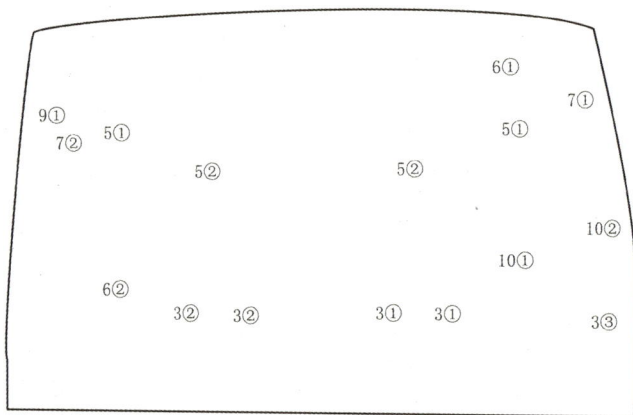

图 1-12　莫高窟初唐第 334 窟西壁龛内·维摩诘经变情节示意（自绘）

以下所列经典内容以鸠摩罗什译本《维摩诘所说经》为主，就图像表现而言，玄奘译本《说无垢称经》所示内容完全一致，因此不再单独列出。

3① 舍利弗（舍利子）树下坐禅，受维摩诘训诫正确坐禅方式；[①]文本依据：

[①] 此处画面亦有可能为表现阿那律为梵天回答天眼所见，受维摩诘训诫唯释迦佛有真正的天眼。五代第 61 窟东壁门南侧靠近顶部有类似画面，相关画面榜题"阿那律□□从于一处经（行）说时，维摩诘向仁者，释迦牟尼（佛）□（眼）……常在三昧。"

"舍利弗白佛言:……忆念我昔,曾于林中宴坐树下,时维摩诘来谓我言:……夫宴坐者,不于三界现身、意,是为宴坐;……时我,世尊!闻说是语,默然而止,不能加报,故我不任诣彼问疾。"①

3②迦叶贫巷乞食,受维摩诘训诫乞食方法;文本依据:

"迦叶白佛言:世尊!我不堪任诣彼问疾。所以者何?忆念我昔,于贫里而行乞,时维摩诘来谓我言:唯,大迦叶!有慈悲心,而不能普舍豪富从贫乞……时我,世尊!闻说是语,得未曾有,即于一切菩萨深起敬心,……是故不任诣彼问疾。"②

3③须菩提至维摩诘舍乞食,受训接受食物之方式;文本依据:

"须菩提白佛言:世尊!我不堪任诣彼问疾。所以者何?忆念我昔,入其舍从乞食,时维摩诘取我钵盛满饭,谓我言:唯,须菩提!若能于食等者,诸法亦等,诸法等者,于食亦等;如是行乞,乃可取食。……时我,世尊!闻此语茫然,不识是何言?不知以何答?便置钵欲出其舍。……故我不任诣彼问疾。"③

5①文殊师利问疾,文殊居南,维摩诘居北;

5②文殊问疾之随行者。文本依据见第420窟5②;

6①维摩诘从须弥相(山幢)国借狮子座降临室内;文本依据:

"尔时长者维摩诘问文殊师利:仁者游于无量千万亿阿僧祇国,何等佛土有好上妙功德成就师子之座?文殊师利言:居士!东方度三十六恒河沙国,……其师子座高八万四千由旬,严饰第一。于是长者维摩诘现神通力,实时彼佛遣三万二千师子座,高广严净,来入维摩诘室……"④

6②声闻弟子礼敬须弥灯王(山灯王)佛,请加神力升狮子座;文本依据:

"尔时维摩诘语舍利弗:就师子座!舍利弗言:居士!此座高广,吾不能升。维摩诘言:唯,舍利弗!为须弥灯王如来作礼,乃可得坐。于是新发意菩萨及大弟子即为须弥灯王如来作礼,便得坐师子座。"⑤

①(后秦)鸠摩罗什译:《维摩诘所说经》,《大正新修大藏经》第14册,第539页下。
②(后秦)鸠摩罗什译:《维摩诘所说经》,《大正新修大藏经》第14册,第540页上。
③(后秦)鸠摩罗什译:《维摩诘所说经》,《大正新修大藏经》第14册,第540页中。
④(后秦)鸠摩罗什译:《维摩诘所说经》,《大正新修大藏经》第14册,第546页中。
⑤(后秦)鸠摩罗什译:《维摩诘所说经》,《大正新修大藏经》第14册,第546页中。

7①天女执扇立于维摩诘前方，上有花瓣散落，不落天女身上；

7②舍利弗立于文殊前方，上有花瓣散落，落于袈裟之上。文本依据见初唐第203窟7②；

9①舍利弗右手食佛和中指上扬，象征不二法门；

10①化菩萨献香饭；文本依据：

"于是维摩诘不起于座，居众会前化作菩萨……而告之曰：汝往上方界分，……有国名众香，……汝往到彼，如我辞曰：……愿得世尊所食之余，当于婆婆世界施作佛事，……时化菩萨……到众香界，礼彼佛足……于是香积如来以众香钵盛满香饭，与化菩萨。……化菩萨以满钵香饭与维摩诘，饭香普熏毗耶离城及三千大千世界。"①

10②化菩萨倾香饭。文本依据参见初唐第203窟10①。

②初唐第68窟（C072 P112B）

第68窟为中型殿堂窟，东西长6.4米，南北宽5.85米，营建于初唐时期，维摩诘经变绘于西壁龛内，维摩诘居龛内北部偏上，文殊居龛内南部偏上（图1-14）。维摩诘前

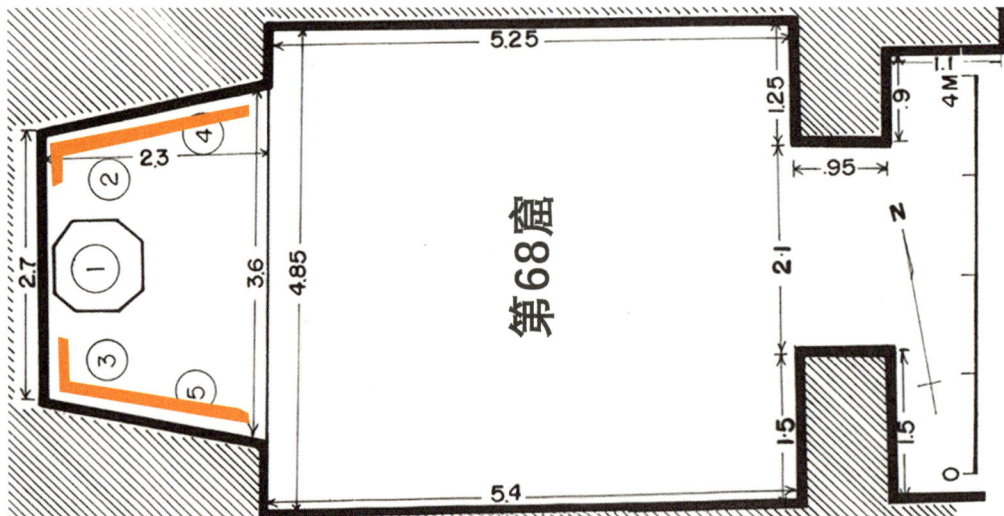

图1-14　莫高窟初唐第68窟平面图·维摩诘经变位置

标注自 石璋如：《莫高窟形》（二），第63页

---

①（后秦）鸠摩罗什译：《维摩诘所说经》，《大正新修大藏经》第14册，第552页中。

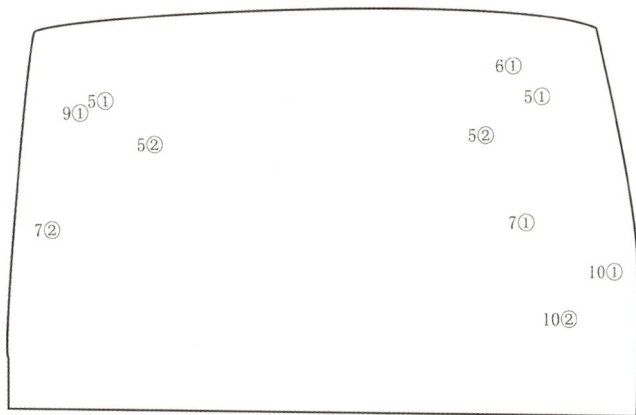

图 1-15　莫高窟初唐第 68 窟西壁龛内·维摩诘经变情节示意（自绘）

方靠近龛沿处有榜题"无垢称菩萨"，该榜题同样出现于第 341 窟，表明西壁龛内乃至整个唐前期维摩诘经变的出现，可能与《维摩诘经》的玄奘译本《说无垢称经》有关。龛内塑像组合为一佛二弟子二菩萨，另在龛壁南北各绘有 4 身弟子像；龛顶绘《法华经·见宝塔品》二佛并坐画面；龛内其余位置绘维摩诘经变各品（图 1-15）。

5① 文殊师利问疾，文殊居南，维摩诘居北，维摩诘前方靠近龛沿处有榜题"无垢称菩萨"；

5② 文殊问疾之随行者。文本依据见第 420 窟 5②；

6① 维摩诘从须弥相国借狮子座降临室内，见第 334 窟 6①；

7①、7② 天女散花戏舍利弗，见第 334 窟 7①、7②；

9① 文殊与同侧舍利弗右手食佛和中指上扬，象征不二法门；

10①、10② 化菩萨献香饭和倾香饭，见第 334 窟 10①、10②。

4.主室窟门两侧

主室窟门两侧的布局方式，虽然是敦煌石窟维摩诘经变的主流布局模式，但在整个唐前期，仅有两处洞窟绘制，莫高窟第 220、103 窟分别为初唐和盛唐该类布局的唯一作品。

①初唐第 220 窟（C270 P064）

第 220 窟为中型殿堂窟，东西长 5.3 米，南北宽 5.6 米（图 1-16），营建于初唐时期。洞窟整体营建时间可能持续较长，甬道南壁小龛西侧外部有题记称至龙朔二年（662）此

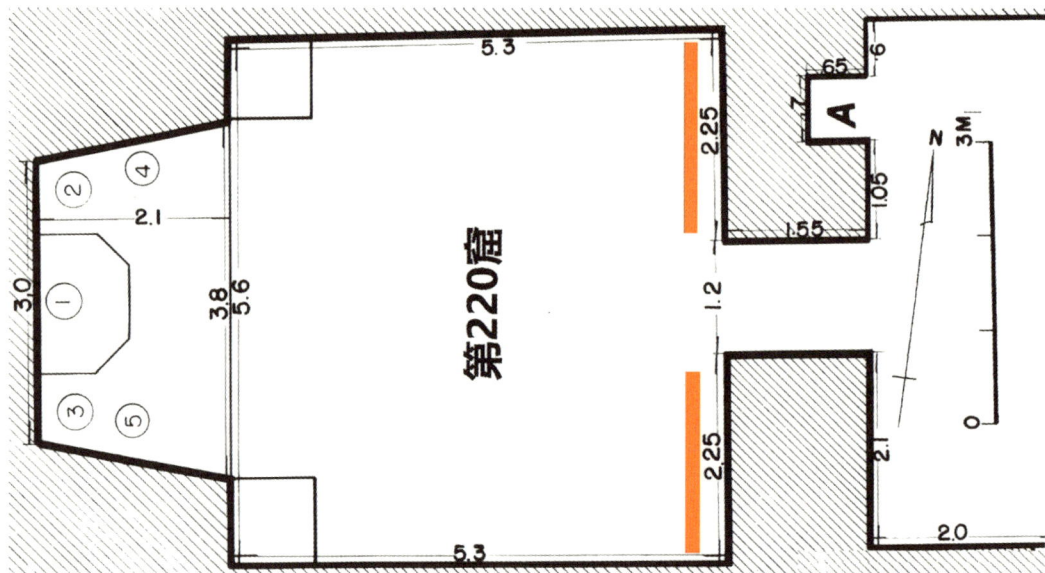

图 1-16　莫高窟初唐第 220 窟平面图·维摩诘经变位置

标注自 石璋如:《莫高窟形》(二),第 176 页

窟建成。[1]东壁可能历经数次绘制,门上绘 3 身佛说法图,中间佛像下有该组造像的方形功德记,"昭武校尉柏堡镇将……/工……玄迈敬造释迦……/……铺",[2]尾题为"贞观十有六年敬造"。该组说法图用色及风格与维摩诘经变基本一致,另在北壁药师经变下方中部亦有"贞观十六年"榜题,因此一般认为贞观十六年(642)东壁和北

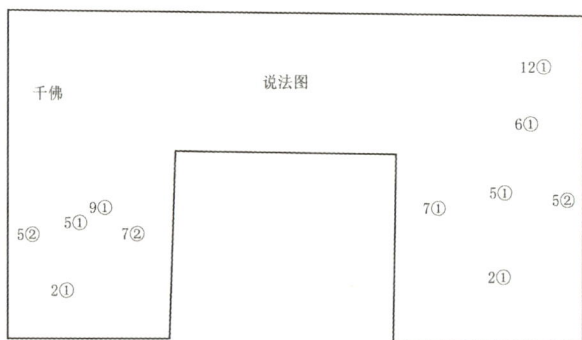

图 1-17　莫高窟初唐第 220 窟主室窟门两侧·维摩诘经变情节示意(自绘)

① 敦煌研究院编:《敦煌莫高窟供养人题记》,北京:文物出版社,1986 年,第 101 页。

② 敦煌研究院编:《敦煌莫高窟供养人题记》,第 101 页。

图 1-18　莫高窟初唐第 220 窟主室窟门两侧·维摩诘经变

采自 数字敦煌：www.e-dunhuang.com

壁已经绘制完成。维摩诘经变绘于东壁门南北两侧，维摩诘居门南，文殊居门北（图 1-17、图 1-18）；门北上方为部分千佛图案，与周边说法图或维摩诘经变无叠加打破或避让关系，绘制时间可能早于维摩诘经变。

2 ① 国王、大臣、长者、王等前来问疾听法，中原国王及侍从立于门北，其他诸王及王子等立于门南，文本依据见第 420 窟 2 ①；

5 ① 文殊师利问疾，文殊居门北，维摩诘居门南；

5 ② 文殊问疾之随行者。文本依据见第 420 窟 5 ②；

6 ① 维摩诘从须弥相国借狮子座降临室内。

7 ① 天女戏舍利弗，以将舍利弗变为女身为主要表现内容；文本依据：

"舍利弗言：汝何以不转女身？……实时天女以神通力，变舍利弗令如天女，天自化身如舍利弗，……天曰：舍利弗！若能转此女身，则一切女人亦当能转。……是故佛说一切诸法非男、非女。"①

7 ② 天女散花戏舍利弗，文殊一侧舍利弗身上未落下的花瓣，见第 334 窟 7 ①；

①（后秦）鸠摩罗什译：《维摩诘所说经》，《大正新修大藏经》第 14 册，第 548 页中。

9① 文殊右手食佛和中指上扬，象征不二法门；

12① 维摩诘断取妙喜世界；文本依据：

　　"是时大众渴仰，欲见妙喜世界无动如来，及其菩萨、声闻之众。……于是维摩诘……以其右手断取妙喜世界，置于此土。"①

②**盛唐第 103 窟**（C284 P054）

第 103 窟为中型殿堂窟，主室东西长 3.95 米，南北宽 3.95 米（图 1-19），营建于盛唐时期。维摩诘经变绘于东壁门南北两侧，维摩诘居门南，文殊居门北（图 1-20、图 1-21）。

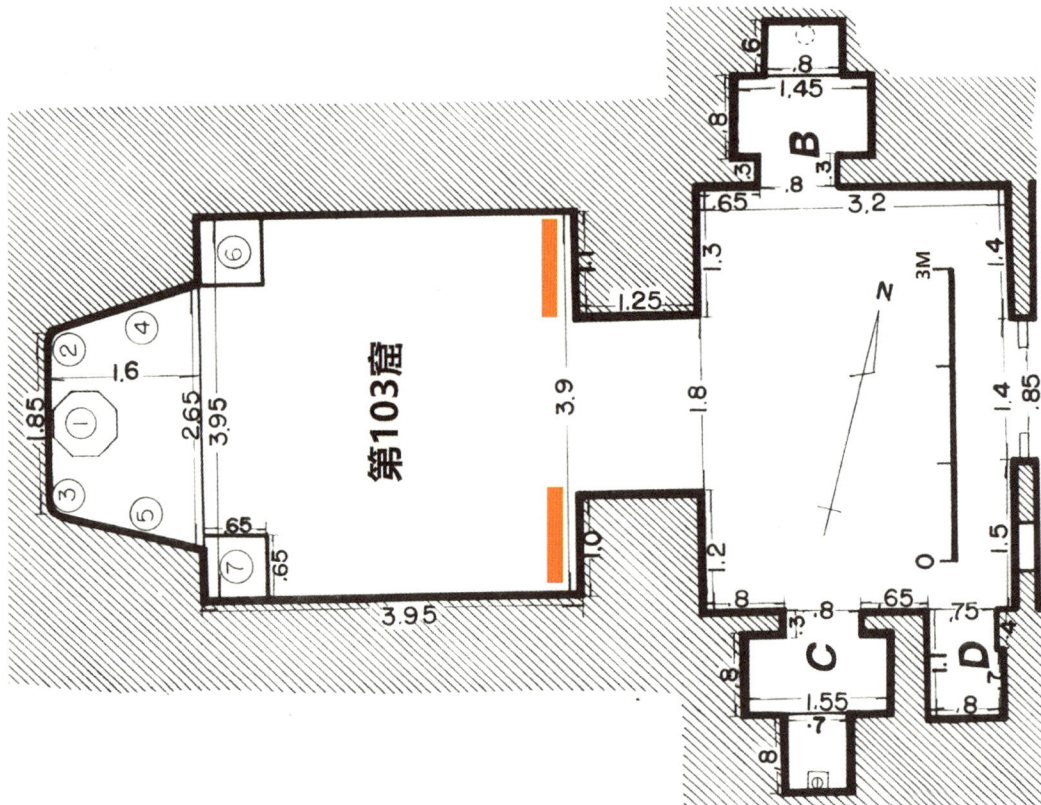

图 1-19　莫高窟初唐第 103 窟平面·维摩诘经变位置

标注自 石璋如：《莫高窟形》(二)，第 187 页

---

① (后秦) 鸠摩罗什译：《维摩诘所说经》，《大正新修大藏经》第 14 册，第 555 页中。

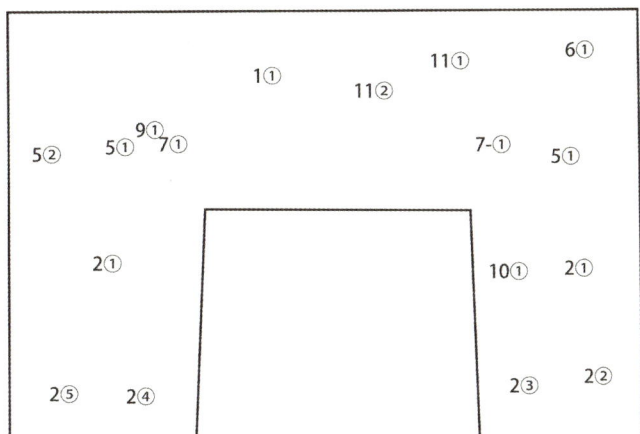

图 1-20　莫高窟初唐第 103 窟主室窟门两侧·维摩诘经变情节示意（自绘）

图 1-21　莫高窟初唐第 103 窟主室窟门两侧·维摩诘经变

采自 数字敦煌：www.e-dunhuang.com

1① 长者子宝积与五百长者子以七宝盖供养佛，佛使众盖合一，遍覆世界；文本依据：

　　"尔时毗耶离城有长者子，名曰宝积，与五百长者子，俱持七宝盖来诣佛所，头面礼足，各以其盖共供养佛。佛之威神，令诸宝盖合成一盖，遍覆三千大千世界，而此世界广长之相悉于中现。"[1]

----

[1] (后秦) 鸠摩罗什译：《维摩诘所说经》，《大正新修大藏经》第 14 册，第 537 页中。

2①国王、大臣、长者、王等前来问疾听法。文本依据见第420窟2①；

2②—2⑤可辨识图像，但榜题漫漶，皆为二人在不同场合拜于维摩诘前，结合中晚唐五代维摩诘经变类似画面，应为方便品，维摩诘为长者、大臣、婆罗门、宫女等说法场景；文本依据：

> "若在长者，长者中尊，为说胜法；若在居士，居士中尊，断其贪着；……若在大臣，大臣中尊，教以正法；若在王子，王子中尊，示以忠孝；若在内官，内官中尊，化政宫女……"①

2②维摩诘立于一房舍外，内有二人跪于榻上，朝向维摩诘；

2③二人于树下拜于维摩诘前；

2④二人拜于维摩诘前；

2⑤二人拜于维摩诘前；

5①文殊问疾，文殊居门北，维摩诘居门南；

5②文殊问疾之随行者。文本依据见第420窟5②；

6①维摩诘从须弥相国借狮子座降临室内，见第334窟6①；

7①天女戏舍利弗，见第220窟7①；

9①文殊右手食佛和中指上扬，象征不二法门；

10①化菩萨献香饭，见第334窟10①；

11①维摩诘掌擎大众至释迦佛所；文本依据：

> "于是维摩诘语文殊师利：可共见佛，与诸菩萨礼事供养。……维摩诘即以神力持诸大众并师子座，置于右掌，往诣佛所。"②

11②维摩诘和众人礼佛后，侍立于一面；文本依据：

> "到已着地，稽首佛足，右绕七匝，一心合掌，在一面立。"③

---

①（后秦）鸠摩罗什译：《维摩诘所说经》，《大正新修大藏经》第14册，第539页上。

②（后秦）鸠摩罗什译：《维摩诘所说经》，《大正新修大藏经》第14册，第553页中。

③（后秦）鸠摩罗什译：《维摩诘所说经》，《大正新修大藏经》第14册，第553页中。

二、单幅式对称

1.龛上

西魏第 249 窟的维摩诘图像绘于西壁佛龛上方的覆斗顶西披，隋代第 262、423、433 窟的维摩诘图像绘于主室西壁龛上与窟顶相连处。第 249、262 窟维摩诘和文殊对坐中间绘有阿修罗手托日月立须弥山前。第 423 窟绘维摩诘与文殊对坐于室内，内容较为简单。第 433 窟维摩诘与文殊对坐之间绘有 1 佛 2 菩萨坐于殿内。我们以第 262、433 窟的维摩诘图像为代表，对相关内容进行示意。

①**隋代第 262 窟（张大千、伯希和未编号）**

第 262 窟为小型殿堂窟，维摩诘图像绘于佛龛上方的洞窟平顶部分（图 1-22）。画面漫漶严重，维摩诘居北侧，文殊居南侧，中间为阿修罗手托日月立于弥须山前，山上有宫殿。类似画面在此前见于第 249 窟覆斗顶西披，因此有学者认为该图系敦煌最早的维摩诘经变，作为信仰《维摩诘经》中妙喜世界净土的体现，亦有学者持怀疑态度。在五代时期榆林窟第 32 窟的维摩诘经变中，将《见阿閦佛品》阿修罗手托日月立于须弥山前绘于画面正中，与第 262 窟维摩诘图像构图类似，反映了该种构图的延续性，相关内容我们在本文第四章第三节展开说明。

阿修罗画面南侧有一人似乎有持物跪拜于文殊前方，北侧有长飘带天女降下，维摩诘帐前立有一人朝向维摩诘，这一画面组合起来似乎为《香积佛品》中化菩萨至维摩诘室内、化菩萨向文殊敬献香饭、在维摩诘一侧倾香饭的画面（图 1-23）。

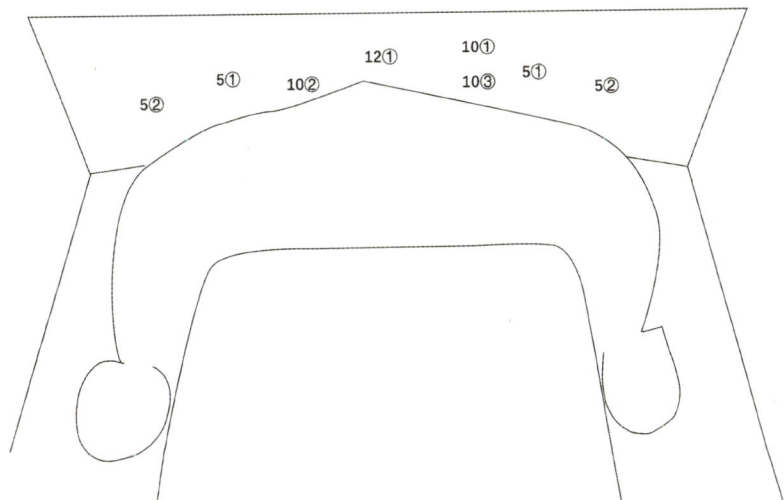

图 1-22　莫高窟初唐第 262 窟主室窟门两侧·维摩诘经变情节示意（自绘）

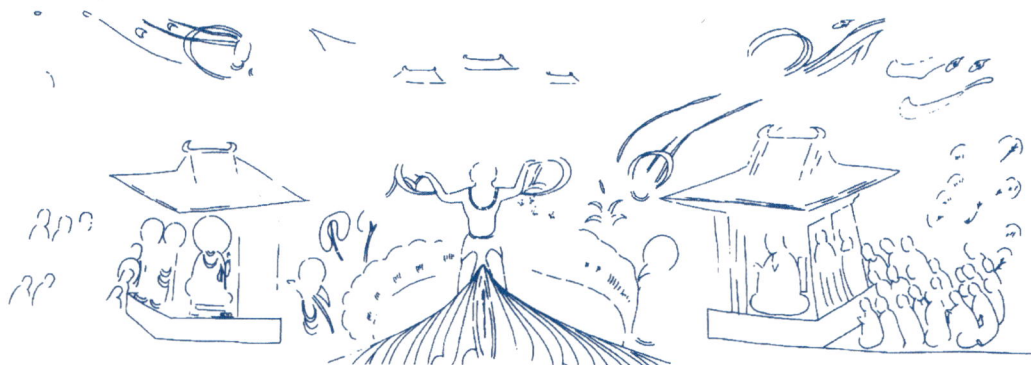

图 1-23　莫高窟隋代第 262 窟西壁龛上方·维摩诘经变线图

采自 贺世哲主编：《敦煌壁画全集·法华经画卷》，第 190 页

5① 文殊师利问疾，文殊居南，维摩诘居北；

5② 文殊问疾之随行者。文本依据见第 420 窟 5②；

10① 化菩萨至香积世界化得香饭后回至维摩诘舍。文本依据：

"于是香积如来以众香钵盛满香饭，与化菩萨。……时化菩萨既受钵饭，与彼九百万菩萨俱，承佛威神及维摩诘力，于彼世界忽然不现，须史之间至维摩诘舍。"①

10② 化菩萨献香饭。文本依据：

"于是维摩诘不起于座，居众会前化作菩萨……而告之曰：汝往上方界分，……有国名众香，……汝往到彼，如我辞曰：……愿得世尊所食之余，当于娑婆世界施作佛事，……时化菩萨……到众香界，礼彼佛足……于是香积如来以众香钵盛满香饭，与化菩萨。……化菩萨以满钵香饭与维摩诘，饭香普熏毗耶离城及三千大千世界。"②

10③ 化菩萨倾香饭。文本依据见初唐第 203 窟 10①；

12① 阿修罗手托日月，立于须弥山前，山上有宫殿等建筑。应为表现维摩诘断取妙喜世界的画面，但仅绘出妙喜世界，未对维摩诘断取世界的场景进行描绘，文本依据：

①（后秦）鸠摩罗什译：《维摩诘所说经》，《大正新修大藏经》第 14 册，第 522 页中。
②（后秦）鸠摩罗什译：《维摩诘所说经》，《大正新修大藏经》第 14 册，第 552 页中。

"是时大众渴仰,欲见妙喜世界无动如来,及其菩萨、声闻之众。于是维摩诘心念:吾当不起于座,接妙喜国铁围山川、溪谷江河、大海泉源、须弥诸山及日月星宿⋯⋯以右手断取,如陶家轮,入此世界,犹持华鬘,示一切众。作是念已,入于三昧现神通力,以其右手断取妙喜世界,置于此土。"[1]

② **隋代第 433 窟(C215 耳 伯希和未编号)**

第 433 窟为小型殿堂窟,东西长 1.5 米,南北宽 1.5 米(图 1-24),维摩诘居北,文殊居南(图 1-25),隔弥勒上生说法图在西壁龛上的平顶处对坐(图 1-26)。

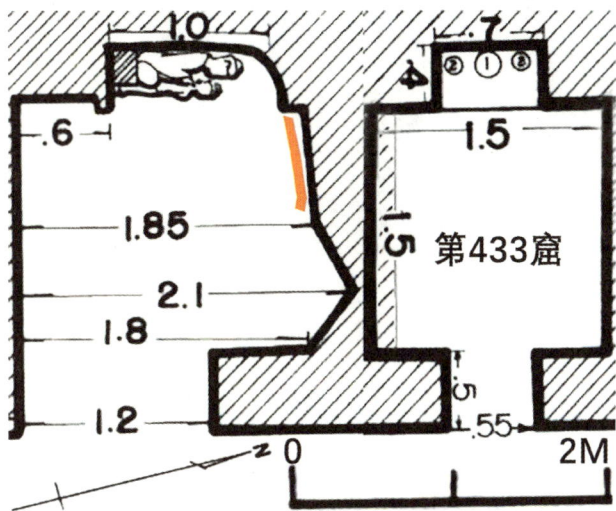

图 1-24 莫高窟第 433 窟平剖面图·维摩诘图像位置示意

标注自 石璋如:《莫高窟形》(二),第 141 页

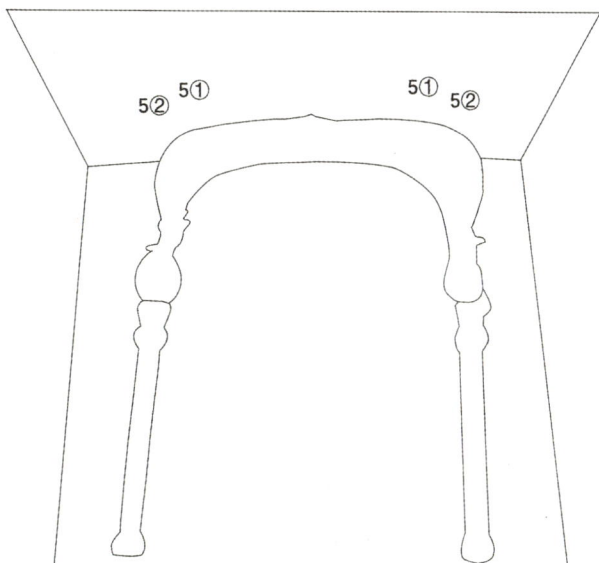

图 1-25 莫高窟隋代第 433 窟西壁龛上平顶·维摩诘文殊对坐图(自绘)

①(后秦)鸠摩罗什译:《维摩诘所说经》,《大正新修大藏经》第 14 册,第 555 页中。

图 1-26　莫高窟隋代第 433 窟西壁龛外两侧·维摩诘文殊对坐图

5 ① 文殊师利问疾，文殊居南，维摩诘居北；

5 ② 文殊问疾之随行者。文本依据见第 420 窟 5 ②。

2.主室南北一壁

唐前期以单幅式对称绘制的维摩诘经变有 3 处，位于主室南北一壁，包括莫高窟第 332、335、194 窟，整体内容都保存较为完整。我们以初唐第 335 窟和盛唐第 194 窟为例进行示意。

① 初唐第 335 窟（C137 P149）

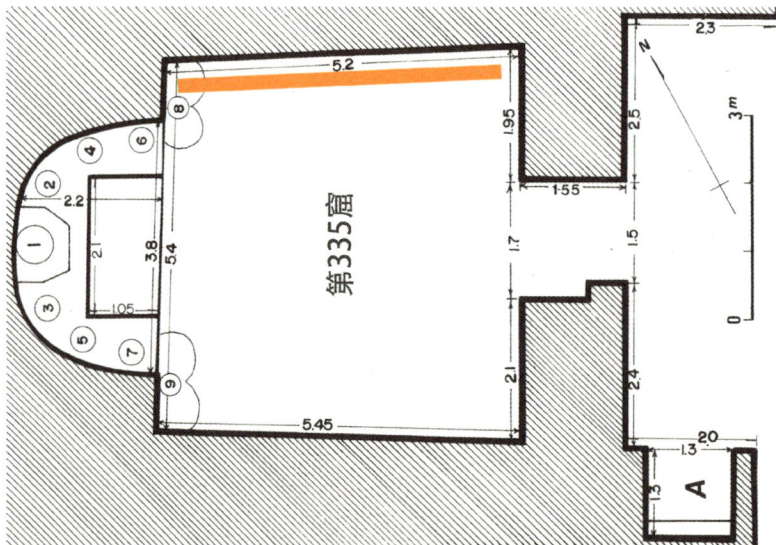

图 1-27　莫高窟第 335 窟平面图·维摩诘经变位置

图 1-28 莫高窟初唐第 335 窟主室北壁·维摩诘经变情节示意

标注自 段文杰、樊锦诗主编:《中国敦煌壁画全集·初唐卷》,第 102 页

　　2①国王、大臣、长者、王等前来问疾听法,中原国王及侍从立于门北,其他诸王及王子等立于门南。文本依据见第 420 窟 2①;

　　5①文殊师利问疾,文殊居门北,维摩诘居门南;

　　5②文殊问疾之随行者。文本依据见第 420 窟 5②;

　　6①维摩诘从须弥相国借狮子座降临室内;

　　7①天女散花戏舍利弗,天女在维摩诘一侧,为散花状,舍利弗在文殊一侧;

　　10①化菩萨在香积世界顶礼香积如来;

　　10②化菩萨托钵飞离香积世界;

　　10③香积世界九万菩萨随化菩萨至维摩诘舍;

　　10④化菩萨献香饭;

　　10⑤化菩萨倾香饭;

　　11①维摩诘掌擎大众至释迦佛所;

　　11②维摩诘和众人礼佛后,侍立于一面;

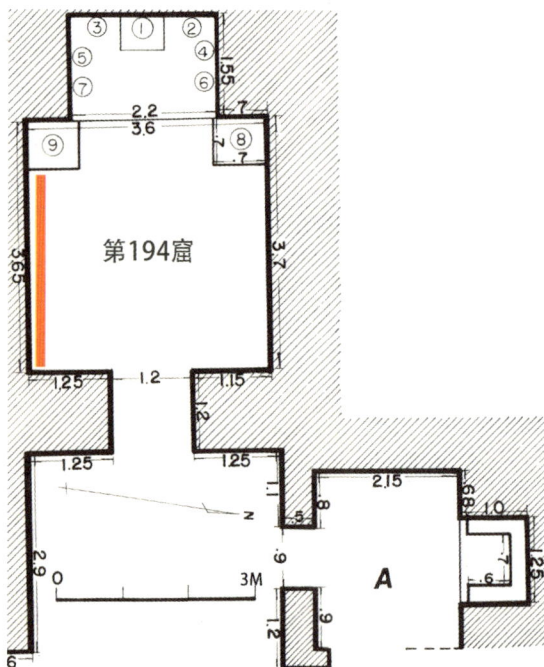

图 1-29　莫高窟第 194 窟平面图·维摩诘经变位置

标注自 石璋如:《莫高窟形》(二),第 186 页

12① 维摩诘断取妙喜世界。

②盛唐第 194 窟(C282 P051E)(图 1-29、图 1-30)

2① 国王、大臣、长者、王等前来问疾听法,中原国王及侍从立于门北,其他诸王及王子等立于门南。文本依据见第 420 窟 2①;

5① 文殊师利问疾,文殊居门北,维摩诘居门南;

5② 文殊问疾之随行者。文本依据见第 420 窟 5②;

7① 天女戏舍利弗,将舍利弗转为女身;

9① 维摩诘一侧舍利弗左手食佛和中指上扬,象征不二法门;

10① 化菩萨献香饭;

10② 化菩萨倾香饭;

图 1-30　莫高窟盛唐第 194 窟主室南壁·维摩诘经变情节示意

标注自 数字敦煌:www.e-dunhuang.com

北朝隋时期敦煌石窟的维摩诘图像在类型上以分隔式对称为主，主要绘于主室西壁佛龛外部两侧。入唐以后，维摩诘图像在类型上仍然以分隔式为主，虽然继续出现 2 处位于西壁龛外布局方式，但主流类型已经转变到西壁龛内两侧，同时也出现 2 处主室东壁门两侧的布局类型。在这一时段，佛龛对于维摩诘图像的位置选择具有重要影响，其渊源，应当由于北朝时期中原石窟维摩诘相关造像围绕佛龛布局的传统。

整体而言，自北朝隋至唐前期，除图像在洞窟的位置选择上受中原造像传统影响以外，敦煌石窟的维摩诘图像不论是维摩诘文殊对坐图，还是维摩诘经变，主要情节皆可在中原北朝石窟或石刻的维摩诘相关造像中找到渊源，同时亦与敦煌外其他地区的同类造像保持相近的形态。因此，这一时期敦煌石窟维摩诘图像的绘制处于中原范式的主导之下，相关内容我们将在本文第二章进行具体说明。

第三节　吐蕃统治时期及以后敦煌石窟维摩诘经变的类型与分期

中唐吐蕃统治时期，由于吐蕃的相对封闭统治，以及河西民众及文化在敦煌凝聚并融合，维摩诘经变在此前受中原影响的结构基础上，逐步形成具有区域特色的位置布局和结构特征。

分隔式对称中的隔窟门对称，成为中唐以后维摩诘经变绘制的主流布局类型，其出现可能与中唐及以后维摩诘经变绘制将建筑图像与洞窟建筑结合的表现方式有关。中唐开始在图像中对建筑庭院描写较多，唐前期仅盛唐第 194 窟在维摩诘与文殊之间，绘有表示毗耶离城的城墙和角楼等建筑，角楼下有一门，问疾听法者由此进入毗耶离城或维摩诘方丈室内。可能受类似画面中将毗耶离城城门作为听法者入口表现方式的影响，中唐时期则开始通过大量建筑画面构建文本中的毗耶离城或维摩诘方丈室内，维摩诘和文殊全部处于围墙之内，在画面中间和两侧都出现角楼，角楼下各有门，在隔窟门对称绘的维摩诘经变中，毗耶离城中间角楼入口多被分别绘于窟门南北两侧，似乎是有意赋予类似第 194 窟由此进入毗耶离城城门的含义，类似的表现方式不见于唐前期分隔式对称的维摩诘经变，但在中唐以后，几乎所有分隔式对称的维摩诘经变都在窟门两侧各绘有毗耶离城城门的半个部分。中唐和五代时期主要流行隔主室窟门两侧对称，至宋代隔空对称则主要绘于前室西壁窟门两侧，这一转变可能反映了维摩诘信仰中，借窟门进入毗耶离城象征意义的需求被强化，相关内容，我们将在本文第二章第一节具体展开。

在具体图像结构上，中唐时期由于洞窟壁画下部屏风画的流行，《方便品》《弟子品》等故事性较强的情节，开始在主体内容下方的屏风中大量绘出，类似的内容最早出现于盛唐第 103 窟，仅描绘个别疑似《方便品》情节，在中唐时期则变成较为普遍的现象。晚唐多数维摩诘经变基本延续了中唐时期的构图，至 9 世纪 90 年代以后，随着劳度叉斗圣变图像结构的完善，维摩诘经变开始吸收劳度叉斗圣变在图像边角位置布局斗法前画面的做法。第 9 窟北壁的维摩诘经变是这一影响的最终成果，该窟南壁绘有劳度叉斗圣变，受其影响，在维摩诘经变主体画面底层和边角部位，穿插绘制了问疾以前的《方便品》《弟子品》《菩萨品》等内容，将这些中唐时期仅出现于屏风画中的内容，正式融入了主体图像中。此后，维摩诘经变与劳度叉斗圣变开始成为稳定的图像对置组合。五代宋时期在画面边角位置绘各品细部情节成为较常见的现象，第 61 窟东壁门两侧，对维摩诘经变的内容表达到了前所未有的细致程度，在经变主体情节之间的空白处、靠近窟顶、南北壁，以及窟门附近的边缘位置，排列了除第十四品《嘱累品》以外的其他各品的相关情节。

一、分隔式对称

中唐吐蕃统治时期和五代时期，以主室东壁门两侧作为主流布局类型，中唐 9 处维摩诘经变有 6 处绘于主室东壁门两侧，1 处绘于东壁门一侧，1 处绘于北壁，1 处绘于窟龛两侧；五代 17 处维摩诘经变中有 11 处位于主室东壁门两侧，2 处位于前室西壁门两侧，3 处位于主室南北一壁，1 处位于前南北一壁，主流位置延续了中唐流行绘于主室窟门两侧的布局类型。至宋代，维摩诘经变虽然仍以分隔式对称为主，但主流位置从主室窟门两侧转移至前室西壁窟门两侧，9 处维摩诘经变中有 5 处绘于前室西壁门两侧，1 处绘于前室南北壁，2 处绘于主室东壁门两侧，仅 1 处以单幅式对称的方式绘于洞窟北壁。

1.主室东壁窟门两侧

中唐吐蕃统治时期，维摩诘经变的绘制主要位于主室窟门两侧，有第 133、159、236、237、359、360 窟。第 133、359 窟分别为中唐早期和晚期后段的唯一作品，第 159 窟维摩诘经变的保存程度和内容完整性，尤其维摩诘经变中蕃装人物绘制的精美程度，都在整个中唐较具代表性，因此，我们选择以第 133、159、359 窟，分别作为中唐早期和晚期前、后段的代表作品进行示意。

晚唐张氏归义军时期采用分隔式对称类型的维摩诘经变，仅第18窟1处。五代曹氏归义军初期分隔式对称主要包括主室窟门两侧和前室窟门两侧，以前者为主，共有11例，在各期数量排列中仅次于中唐，后者有2例，保存状况不佳，难以对具体情节进行说明。我们对五代绘于主室窟门两侧的维摩诘经变主要选取莫高窟第98、61窟，分别作为五代早期和晚期的代表作品，第98窟为曹氏归义军首任节度使曹议金功德窟，第61窟为第三任节度使曹元忠功德窟。宋代，相当于曹氏归义军中后期，主室窟门两侧对称布局的维摩诘经变仅有第7和454窟两例，第454窟为曹氏归义军第五任节度使曹延恭的功德窟，我们选取其作为宋代该布局类型的代表作品。

①中唐第133窟（C003 P001B）

第133窟为小型殿堂窟，东西长1.8米，南北宽2.1米（图1–31），营建于中唐统治前期，是中唐最早将维摩诘经变布局于东壁门两侧的作品。东壁窟门以上高度的壁面皆无画面保存。门南为维摩诘，下画屏风两扇，内画弟子品相关内容；门北为文殊，下画屏风两扇，内画《方便品》相关内容（图1–32）。

2①国王、大臣、长者、王等前来问疾听法，中原国王及侍从立于门北，其他诸王及

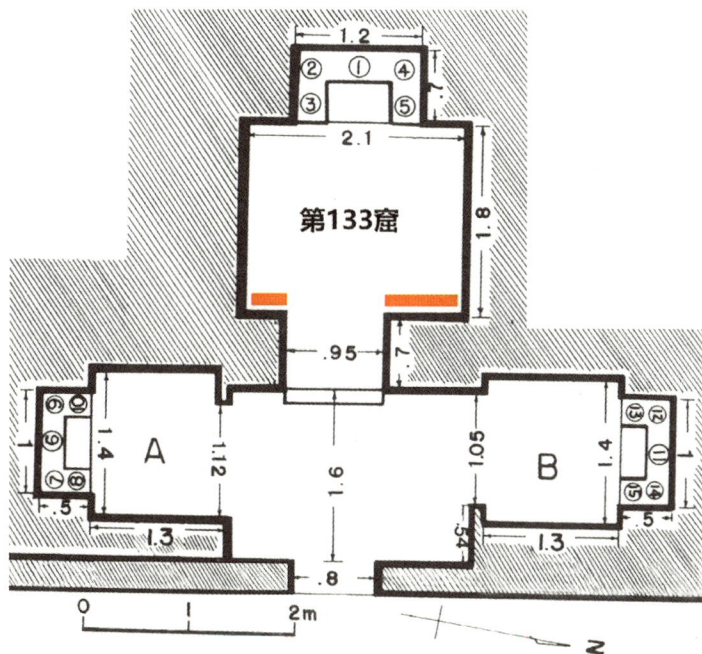

图1–31 莫高窟中唐第133窟平面图·维摩诘经变位置

标注自 石璋如：《莫高窟形》（二），第23页

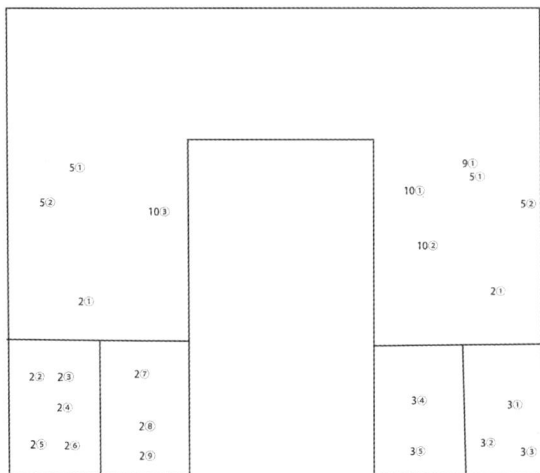

图 1-32　莫高窟中唐第 133 窟主室窟门两侧·维摩诘经变情节示意（自绘）

王子等立于门南。文本依据见第 420 窟 2 ①；

东壁门北侧下部北起第一、二扇屏风，榜题无文字保留，画面内容多为二人拜于一人之前，类似画面在第 103 窟维摩诘经变下部，以及中唐晚期和晚唐五代宋洞窟，类似画面榜题为"若在长者，长者中尊"等，因此两扇屏风整体表现内容应是维摩诘为长者、大臣、婆罗门、宫女等说法场景。

2 ② 二人跪于维摩诘前；

2 ③ 二人跪于维摩诘前；

2 ④ 二人对坐于室内，中间似有一方形桌，或为弈棋。

2 ⑤ 二人跪于维摩诘前；

2 ⑥ 画面漫漶不清，可能为二人跪于维摩诘前；

2 ⑦ 二人坐于高座之上，维摩诘立于两座之间，座下跪有四人；

2 ⑧ 维摩诘在室内与二人对坐；

2 ⑨ 内容不清；

东壁门南侧南起第一、二扇屏风画面多数不清，仅有南侧第一扇屏风上部画面较为清楚，可能是《弟子品》表现维摩诘训练舍利弗禅坐的场景，推测门南下部二扇屏风应当为《弟子品》相关内容。

3 ① 一僧人坐于树下，维摩诘在其对面站立，当为舍利弗树下禅坐，受维摩诘训诫的场景，见第 334 窟 3 ①；

3 ② 一人跪于维摩诘前；

3③ 仅一人孤坐，内容不明；

3④ 维摩诘立于榜题南侧，榜题北侧画面不明，仅存人物痕迹；

3⑤ 仅可见维摩诘坐于一处，其他画面不明；

5① 文殊师利问疾，文殊居门北，维摩诘居门南；

5② 文殊问疾之随行者。文本依据见第 420 窟 5②；

6① 维摩诘从须弥相国借狮子座降临室内，见第 334 窟 6①；

7① 天女戏舍利弗，以将舍利弗变为女身，见第 220 窟 7①；

9① 维摩诘右手食佛和中指上扬，象征不二法门；

10① 香积世界九百万菩萨随化菩萨至维摩诘舍。文本依据：

"于是香积如来以众香钵盛满香饭，与化菩萨。时彼九百万菩萨俱发声言：我欲诣娑婆世界供养释迦牟尼佛，并欲见维摩诘等诸菩萨众。……时化菩萨既受钵饭，与彼九百万菩萨俱，承佛威神及维摩诘力，于彼世界忽然不现，须史之间至维摩诘舍。"①

10②、10③ 化菩萨献香饭和倾香饭，见第 334 窟 10①、10②。

②中唐第 159 窟（C302 P21B）

第 159 窟为中型殿堂窟，主室东西长 4.7 米，南北宽 5 米（图 1-33），营建于吐蕃统

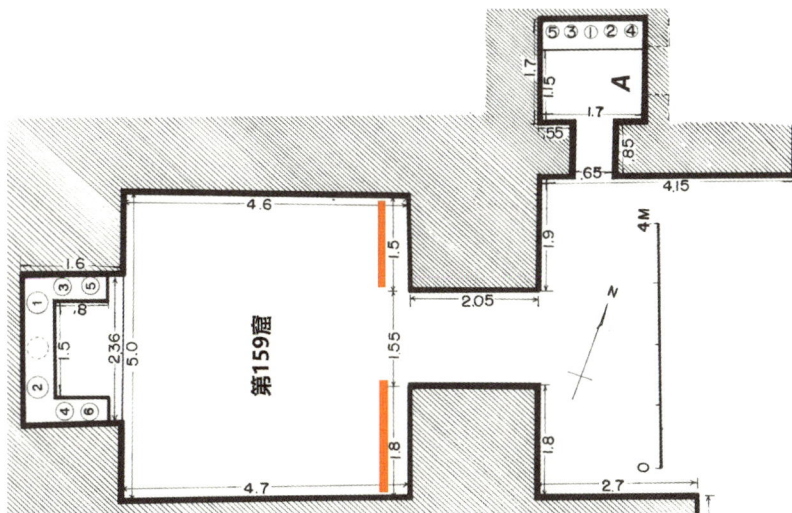

图 1-33　莫高窟中唐第 159 窟平面图·维摩诘经变位置

标注自 石璋如：《莫高窟形》（二），第 201 页

①（后秦）鸠摩罗什译：《维摩诘所说经》，《大正新修大藏经》第 14 册，第 522 页中。

图 1-35   莫高窟中唐第 159 窟主室窟门两侧·维摩诘经变

采自 贺世哲主编：《敦煌壁画全集·法华经画卷》，第 228 页

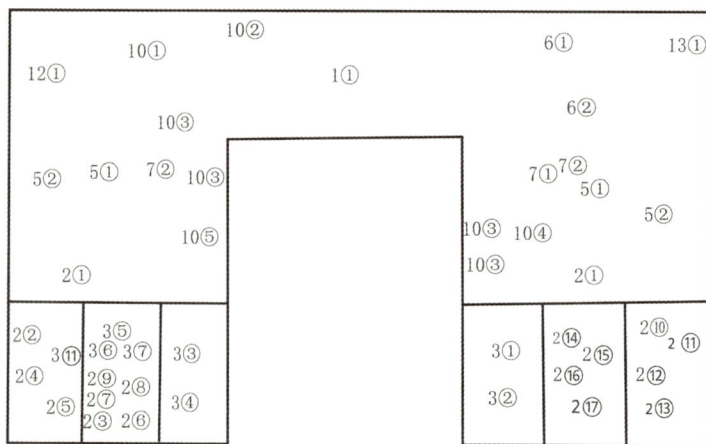

图 1-34   莫高窟中唐第 159 窟主室窟门
两侧·维摩诘经变情节示意（自绘）

治晚期前段，即 8 世纪初至 840 年左右，是中唐时期维摩诘经变中绘制蕃装人物最精美的洞窟。主体内容保存完好，门南为维摩诘，下画屏风三扇，内画有《方便品》《弟子品》等内容；门北为文殊，下画屏风三扇，所画内容仍然以《方便品》和《弟子品》为主（图 1-34、图 1-35）。

1① 长者子宝积与五百长者子以七宝盖供养佛，佛使众盖合一。见第 103 窟 1①；

2① 国王、大臣、长者、王等前来问疾听法，中原国王及侍从立于门北，其他诸王及王子等立于门南。文本依据见第 420 窟 2①；

2② 维摩诘与四人席地围坐于一矮桌前，仅一人面前有蓝色圆形器物，其余人皆为观看状，应当为维摩诘出入博弈处教化众生。

"若至博弈戏处，辄以度人。"①

2④—2⑨ 皆为表现不同场所维摩诘受一人、二人礼拜的场景，应为表现维摩诘为长者、居士、婆罗门、大臣、王子、庶民等说法。文本依据：

"若在长者，长者中尊，为说胜法。若在居士，居士中尊，断其贪着。若在刹利，刹利中尊，教以忍辱。若在婆罗门，婆罗门中尊，除其我慢。若在大臣，大臣中尊，教以正法。若在王子，王子中尊，示以忠孝。若在内官，内官中尊，化政宫女。若在庶民，庶民中尊，令兴福力。"②

2④ 维摩诘与二人对坐于室内；

2⑤ 维摩诘与一男一女对坐于室内；

2⑥ 二人拜于维摩诘前；

2⑦ 二人拜于维摩诘前；

2⑧ 一人双手合十立于维摩诘前；

2⑨ 二人拜于维摩诘前；

2③ 画面漫漶，维摩诘与五人左右席地围坐于一矮桌，右下角一人似端有杯碗状物，右上角一人似在演奏笛类乐器，该画面应当为表现维摩诘入诸酒肆，为人们确立正念。文本依据："入诸酒肆，能立其志。"③

2⑩ 一人立于镜子前，可能为《方便品》中"是身如影，从业缘现。"④的图像表现。第 61 窟类似图像榜题为"是时维摩诘游诸世界（里？）。人无□□像，从叶（业？）缘现，□□镜□。"

2⑪一男子着长脚幞头立于树下，附近有云气。文本依据：

"是身如浮云，须臾变灭。"①

2⑫一人面向火跪拜。文本依据："是身无我，为如火。"②

2⑬内容漫漶，可见一水坛和一类似水盆容器，水盆沿上有毛巾状物品搭置。文本依据：

"是身不净，秽恶充满。是身为虚伪，虽假以澡浴衣食，必归磨灭。"③

2⑭一人面向水池跪拜。文本依据："是身无人，为如水。"④

2⑮一人面向山跪拜，有线条由山指向跪拜者，疑为表现风。文本依据："是身无寿，为如风。"⑤

2⑯一人面向绿色植物跪拜。文本依据："是身无知，如草木瓦砾。"⑥

2⑰内容不明，似为一人受困于三角形围墙院中，在院落右角将双臂伸出墙外，一人站于墙外左角处观看，另有一人在院落上方角落处爬于杆上。暂不能从经典或相关文中找到其所指内容。

3①阿难至婆罗门家乞乳，受维摩诘训诫如来为法身，没有病痛。文本依据：

"阿难白佛言：世尊！我不堪任诣彼问疾。所以者何？忆念昔时，世尊身小有疾，当用牛乳，我即持钵，诣大婆罗门家门下立。时维摩诘来谓我言：唯，阿难！何为晨朝持钵住此？我言：居士！世尊身小有疾，当用牛乳，故来至此。维摩诘言：止，止！阿难！莫作是语！如来身者，金刚之体，诸恶已断，众善普会，当有何疾？当有何恼？……时我，世尊！实怀惭愧，得无近佛而谬听耶？即闻空中声曰：阿难！如居士言。但为佛出五浊恶世，现行斯法，度脱众生。行矣，阿难！取乳勿惭。世尊！维摩诘智慧辩才，为若此也！是故不任诣彼问疾。"⑦

阿难乞乳的画面共分为四个部分：一妇人挤奶；左侧一人拉住牛犊；下方有一院落，

---

①（后秦）鸠摩罗什译：《维摩诘所说经》，《大正新修大藏经》第14册，第539页中。
②（后秦）鸠摩罗什译：《维摩诘所说经》，《大正新修大藏经》第14册，第539页中。
③（后秦）鸠摩罗什译：《维摩诘所说经》，《大正新修大藏经》第14册，第539页中。
④（后秦）鸠摩罗什译：《维摩诘所说经》，《大正新修大藏经》第14册，第539页中。
⑤（后秦）鸠摩罗什译：《维摩诘所说经》，《大正新修大藏经》第14册，第539页中。
⑥（后秦）鸠摩罗什译：《维摩诘所说经》，《大正新修大藏经》第14册，第539页中。
⑦（后秦）鸠摩罗什译：《维摩诘所说经》，《大正新修大藏经》第14册，第542页上。

门口一人持钵于阿难；阿难接钵，身后立维摩诘。何剑平先生依据莫高窟晚唐第 9 窟维摩诘经变阿难乞乳情节的榜题，指出该画面表现内容超出《维摩诘所说经》，应源于阿难乞乳故事之源本《乳光经》，说明变相的创作偏离了原始经文而接近相关讲经文或通俗注疏。[1] 第 159 窟阿难乞乳图像内容表明，这一情节，至晚在 9 世纪初的中唐后期已出现。

3 ② 一僧人跪于一佛二菩萨前，维摩诘立于僧人身后，所指情节不明；

3 ③ 一男子头上戴冠，上方有华盖，跪于一佛二弟子二菩萨前，周围立有四身侍从和一身着铠甲兵士。所指内容不明，可能为药王如来向月盖王子讲述法供养之含义及功德；

3 ④ 一长者坐于城中房内榻上，一男子进城，一男子骑马出城，左侧有侍者持椭圆形团扇，该团扇式样同样见于主体经变文殊下方的中原帝王身后，因此屏风中疑为表现中原帝王出城前往维摩诘处问疾听法；

3 ⑤ 二人双手合十跪于佛前，内容所指不明；

3 ⑥ 一人双手持圆盘跪于立菩萨前，盘中盛有一宝珠或球状物，菩萨双手呈推辞态，所指内容不明；

3 ⑦ 一人双手持方形物，跪于菩萨前，菩萨双手合十，内容不明；

5 ① 文殊问疾，文殊居门北，维摩诘居门南；

5 ② 文殊问疾之随行者。文本依据见第 420 窟 5 ②；

6 ① 须弥相国，6 ② 维摩诘从须弥相国借狮子座降临室内，见第 334 窟 6 ①；

7 ① 天女戏舍利弗，将舍利弗变为女身，见第 220 窟 7 ①；

7 ② 天女散花戏舍利弗，见第 334 窟 7 ②；

9 ① 维摩诘、天女、舍利弗皆右手食佛和中指上扬，象征不二法门；

10 ① 化菩萨在香积世界顶礼香积如来。文本依据：

"时化菩萨即于会前，升于上方。举众皆见其去，到众香界，礼彼佛足，又闻其言：维摩诘稽首世尊足下！致敬无量，问讯起居，少病少恼，气力安不？愿得世尊所食之余，欲于娑婆世界施作佛事，使此乐小法者得弘大道，亦使如来名声普闻。"[2]

---

① 何剑平：《维摩诘变相与讲经文及通俗佛经注疏之关系新证——以莫高窟第 9 号窟的阿难乞乳图的榜题为中心》，《宝鸡文理学院学报》（社会科学版），2018 年第 3 期，第 49—56 页。

② (后秦) 鸠摩罗什译：《维摩诘所说经》，《大正新修大藏经》第 14 册，第 552 页中。

　　10②、10③化菩萨托钵飞离香积世界，香积世界九万菩萨随化菩萨至维摩诘舍，见第 133 窟 10①；

　　10④、10⑤化菩萨献香饭和倾香饭，见第 334 窟 10①、10②；

　　11① 维摩诘掌擎大众至释迦佛所，见第 103 窟 11①；

　　12① 维摩诘断取妙喜世界，见第 220 窟 12①；

　　13① 图像为五人拜于一佛二菩萨前，旁有象、马，应当为《法供养品》所述过去有转轮王宝盖，七宝俱足，供养药王如来五劫。文本依据：

　　　　"是时有转轮圣王，名曰宝盖，七宝具足，主四天下。……尔时宝盖与其眷属，供养药王如来，施诸所安，至满五劫。"①

③中唐第 359 窟（C169 P166E）

　　第 359 窟为小型殿堂窟，主室东西长 2.85 米，南北宽 3 米（图 1-36），营建于吐蕃统治晚期后段，即吐蕃敦煌的最后十年。主体内容保存完好，门南为维摩诘，下画女供养人；门北为文殊，下画男供养人（图 1-37）；门上画供养人夫妇对坐像。

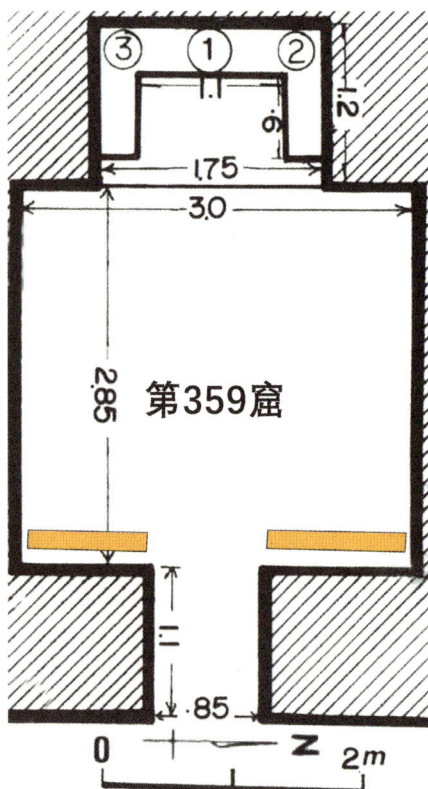

图 1-36　莫高窟中唐第 359 窟平面
图·维摩诘经变位置

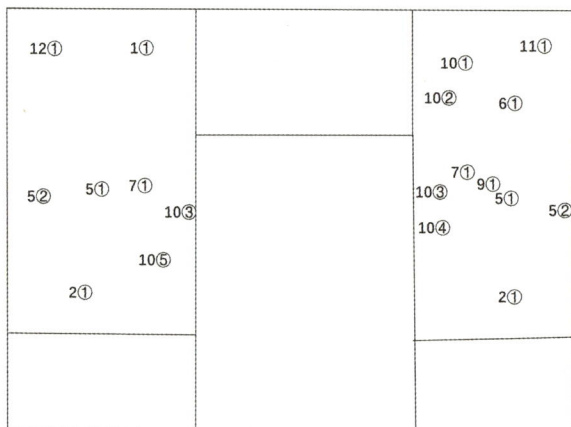

图 1-37　莫高窟中唐第 359 窟主室窟
门两侧·维摩诘经变情节示意（自绘）

---

① （后秦）鸠摩罗什译：《维摩诘所说经》，《大正新修大藏经》第 14 册，第 556 页中。

1① 长者子宝积与五百长者子以七宝盖供养佛，佛使众盖合一，见第103窟1①；

2① 国王、大臣、长者、王等前来问疾听法，中原国王及侍从立于门北，其他诸王及王子等立于门南。文本依据见第420窟2①；

5① 文殊问疾，文殊居门北，维摩诘居门南；

5② 文殊问疾之随行者。文本依据见第420窟5②；

6① 维摩诘从须弥相国借狮子座降临室内，见第334窟6①；

7① 天女戏舍利弗，将舍利弗变为女身，见第220窟7①；

9① 维摩诘和同侧天女皆右手食佛和中指上扬，象征不二法门；

10① 化菩萨在香积世界顶礼香积如来，见第159窟10①；

10②、10③化菩萨托钵飞离香积世界，香积世界九万菩萨随化菩萨至维摩诘舍，见第133窟10①；

10④、10⑤化菩萨献香饭和倾香饭，见第334窟10①、10②；

11① 维摩诘掌擎大众至释迦佛所，见第103窟11①；

12① 维摩诘断取妙喜世界，见第220窟12①；

④晚唐第18窟（C150 P162）

第18窟为小型殿堂窟，主室东西长2.8米，南北宽2.8米，是晚唐时期唯一的隔空对称型布局的维摩诘经变（图1-38）。主体内容保存完好，下方屏风榜题漫漶，可辨识出人物情节，但具体所指不明。门南为维摩诘，下画屏风2扇；门北为文殊，下有画屏风2扇（图1-39）。

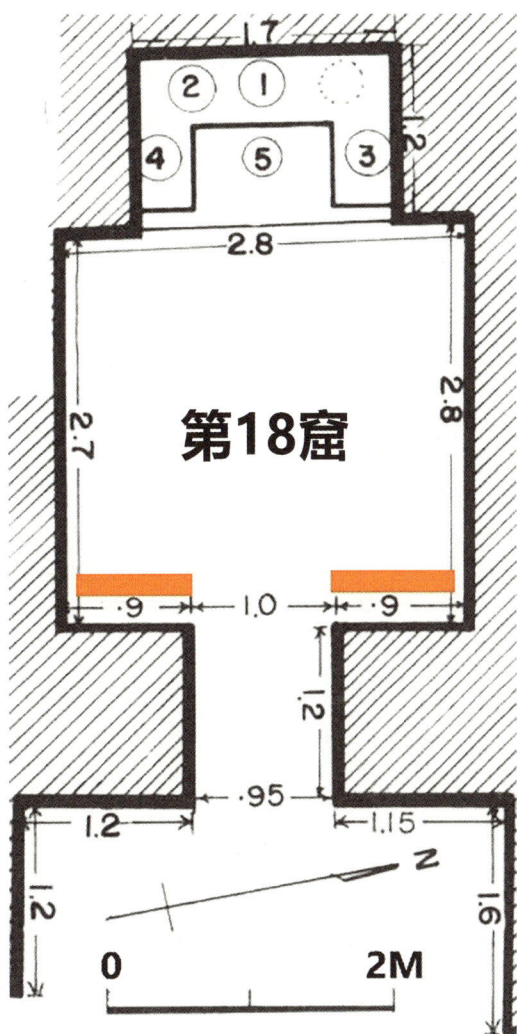

图 1-38 莫高窟晚唐第18窟平面图·维摩诘经变位置

标注自 石璋如：《莫高窟形》（二），第106页

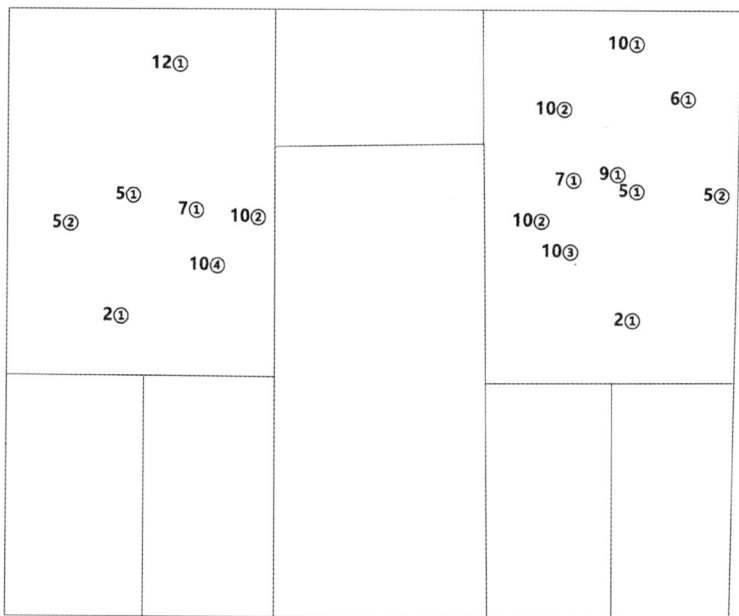

图 1-39　莫高窟晚唐第 18 窟主室窟门两侧·维摩诘经变情节示意（自绘）

1① 长者子宝积与五百长者子以七宝盖供养佛，佛使众盖合一，遍覆世界；

2① 国王、大臣、长者、王等前来问疾听法，中原国王及侍从立于门北，其他诸王及王子等立于门南。文本依据见第 420 窟 2①；

5① 文殊问疾，文殊居门北，维摩诘居门南；

5② 文殊问疾之随行者。文本依据见第 420 窟 5②；

6① 维摩诘从须弥相国借狮子座降临室内；

7① 天女戏舍利弗，将舍利弗变为女身；

9① 维摩诘右手食佛和中指上扬，象征不二法门；

10① 疑似化菩萨在香积世界顶礼香积如来；

10② 香积世界九万菩萨随化菩萨至维摩诘舍；

10③ 化菩萨献香饭；

10④ 化菩萨倾香饭；

12① 维摩诘断取妙喜世界。

下部 4 扇屏风内容漫漶，具体所指不清。

⑤**五代第 98 窟**（C042 P074）

第 98 窟为大型中心佛坛窟，主室东西长 15 米，南北宽 12.6 米（图 1-40），窟主为曹氏归义军首任节度使曹议金，邵强军先生对该窟维摩诘经变有专题研究。①经变内容保存完好，维摩诘居门北，文殊居门南，门上绘《方便品》相关内容（图 1-41）。

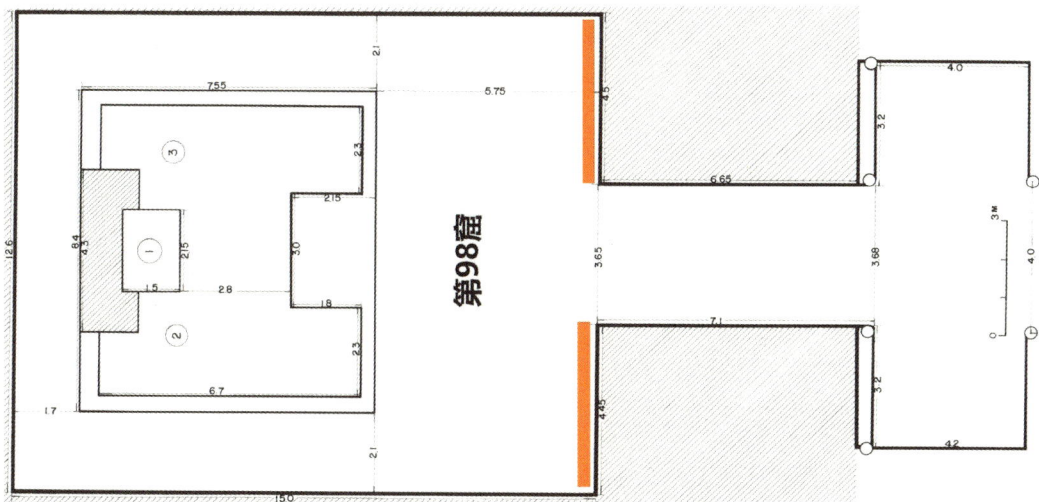

图 1-40　莫高窟晚唐第 98 窟平面图·维摩诘经变位置

标注自 石璋如：《莫高窟形》（二），第 46 页

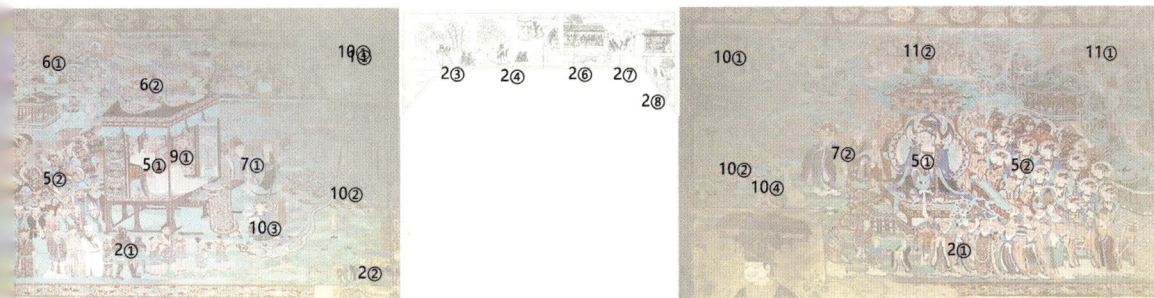

图 1-41　莫高窟晚唐第 98 窟主室窟门两侧·维摩诘经变情节示意

标注自 敦煌研究院编：《敦煌石窟鉴赏丛书》第一辑第 9 分册，兰州：甘肃人民美术出版社，1990 年，图版 9、10；邵强军：《莫高窟第 98 窟维摩诘经变新探》，《敦煌学辑刊》2017 年第 1 期，第 71 页

---

① 邵强军：《敦煌曹议金第 98 窟研究》，兰州大学中国史（敦煌学）博士学位论文，2017 年，第 134—148 页；邵强军：《莫高窟第 98 窟〈维摩诘经变〉新探》，《敦煌学辑刊》2017 年第 1 期，第 70—76 页。

1① 长者子宝积与五百长者子以七宝盖供养佛，佛使众盖合一，遍覆世界；

2① 国王、大臣、长者、王等前来问疾听法，中原国王及侍从立于门北，其他诸王及王子等立于门南。文本依据见第420窟2①；

2② 维摩诘入诸酒肆，为人们确立正念；

2③ 维摩诘为长者说法；榜题"若在长者，长者中尊，为说胜法，令心惠施，坚求大道。"

2④ 维摩诘为婆罗门说法；榜题"若在婆罗门，婆罗门中尊，以广说□，度诸……"

2⑤ 维摩诘为王子说法；榜题"若在王子，王子中尊，示其忠孝……"

2⑥ 榜题漫漶，贺世哲先生认为可能是维摩诘至学堂启蒙学童；①

2⑦ 维摩诘为大臣说法；榜题"若在大臣，大臣大尊，维摩诘以正法教，理诸人民，无有差□。"

2⑧ 维摩诘为宫女说法；榜题"若在内官，内官中尊，示以正法，化诸宫女，尽得果□。"

5① 文殊问疾，文殊居门北，维摩诘居门南；

5② 文殊问疾之随行者。文本依据见第420窟5②；

6① 须弥相国；

6② 维摩诘从须弥相国借狮子座降临室内；

7① 天女戏舍利弗，将舍利弗变为女身；

7② 天女散花戏舍利弗，花瓣落于舍利弗袈裟之上不掉；

9① 维摩诘、天女、舍利弗皆右手食佛和中指上扬，象征不二法门；

10① 化菩萨在香积世界顶礼香积如来；

10② 香积世界九万菩萨随化菩萨至维摩诘舍；

10③ 化菩萨献香饭；

10④ 化菩萨倾香饭；

11① 维摩诘掌擎大众至释迦佛所；

11② 维摩诘和众人礼佛后，侍立于一面；

12① 维摩诘断取妙喜世界。

⑥**五代第61窟**（C075 P117）

第61窟为大型背屏中心佛坛窟，主室东西长14.4米，南北宽13.75米（图1-42）。

---

① 贺世哲：《敦煌壁画中的维摩诘经变》，《敦煌研究》试刊第2期，1982年，第55页。

亦称文殊堂，营建于五代后期，根据洞窟主室南壁第三身供养人曹元忠夫人的题记"施主敕授浔阳郡夫人翟氏"，再参照S.2867《浔阳郡夫人翟氏布施疏》末署"天福十二年（947）丁未岁十一月"和P.2982《梁国夫人浔阳翟氏疏》末署"显德四年（957 年）九月"的记载，可得知第 61 窟营建于947—957 年。①该窟主室东壁门南北两侧绘有维摩诘经变，为敦煌石窟维摩诘经变绘制内容之最详尽者（图 1-43、图 1-44）。金维诺先生 1954 年对该窟维摩诘经变题记进行了详细登录，并对图像的情节布局进行示意。②邹清泉先生以曹元忠时代佛教文化与视觉形象个案为专题，对第 61 窟进行了专题研究，指出维摩诘经变出现在文殊堂，能主题鲜明的与西壁五台山图相对应，在文殊信仰广泛盛行的曹氏归义军时期，维摩诘经变的视觉主体已由维摩诘转换为文

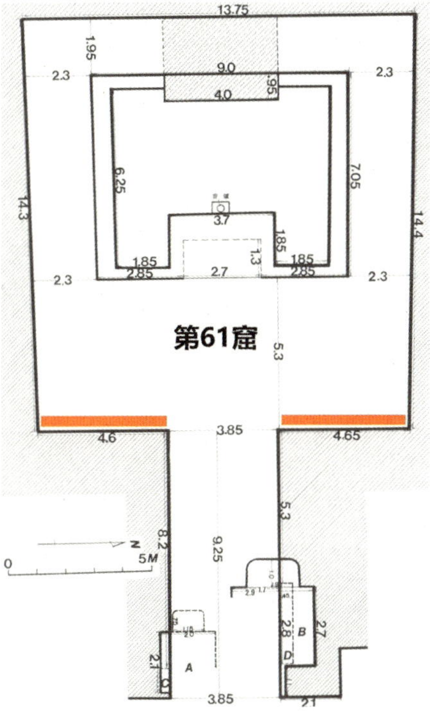

图 1-42　莫高窟五代第 61 窟平面图·维摩诘经变位置

标注自 石璋如：《莫高窟形》（二），第 64 页

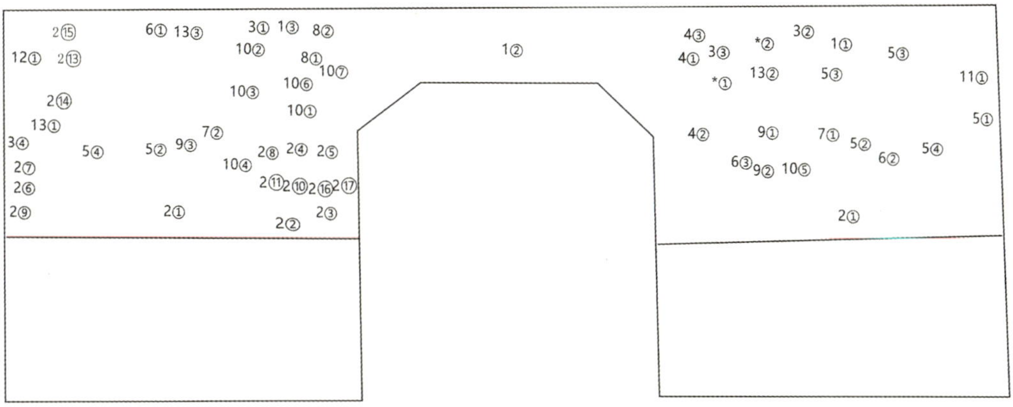

图 1-43　莫高窟五代第 61 窟主室窟门两侧·维摩诘经变情节示意（自绘）

① 贺世哲：《从供养人题记看莫高窟部分洞窟的营建年代》，《敦煌莫高窟供养人题记》，北京：文物出版社，1986年，第 226—227 页。

② 金维诺：《敦煌晚期的维摩变》，《文物》1959 年第 4 期，第 54—60 页。

殊师利菩萨。[1]贺世哲先生亦对此窟维摩诘经变情节进行标注。[2]近年，敦煌研究院实施线上"数字敦煌"项目，可使我们对第 61 窟的维摩诘经变进行更为仔细的观察，在金维诺和贺世哲先生识读的基础上，我们对此维摩诘经变全部细节进行了梳理，并对《法供养品》《佛道品》《方便品》等部分榜题内容进行了新识读。

① 邹清泉：《文殊堂：曹元忠时代佛教文化与视觉形象个案研究》，兰州：甘肃教育出版社，2016 年，第 134、137 页；邹清泉：《莫高窟第 61 窟〈维摩经变〉新识》，《美术学报》2013 年第 2 期，第 49—50 页。
② 贺世哲：《敦煌壁画中的维摩诘经变》，《敦煌研究》试刊第 2 期，1982 年，第 82—87 页。

图 1-44　莫高窟五代第 61 窟主室窟门两侧·维摩诘经变

采自 数字敦煌：www.e-dunhuang.com

1① 长者诸子持供养资具前往释迦佛处的路上。榜题："长者子将资具供养如来。"

1② 长者子宝积与五百长者子以七宝盖供养佛，佛使众盖合一，遍覆世界；

1③ 释迦佛向长者宝积讲解菩萨净土的含义。榜题："菩萨净土，成佛时，国土无有三恶八难。守自戒行不讥彼阙。"

2① 国王、大臣、长者、王等前来问疾听法，中原国王及侍从立于门南，其他诸王及王子等立于门北。文本依据见第 420 窟 2①；

2② 维摩诘入讲论处，为人宣讲大乘佛法。榜题："维摩诘为游诸方所，入讲论处，导以大乘，以宣入佛之理，问答佛境何由。"

2③ 维摩诘入诸酒肆，为人们确立正念。榜题："或入诸店肆，共坐诸□，□教谈章，广为□□□□，□□□□，患……"

2④ 维摩诘教化长者。榜题："若在长者，长者中尊，为说胜法，令心惠施，坚求大道。"

2⑤ 维摩诘教化居士。"若在居士，居士中尊，断其食著，谁妄念思，寻求无想。"

2⑥ 维摩诘教化婆罗门。榜题："若在婆罗门，婆罗门中尊，□广说□度诸……"

2⑦ 维摩诘教化大臣。榜题："若在大臣，大臣中尊，维摩诘以正法教理诸人民无有差□。"

2⑧ 维摩诘教化王子。榜题："若在王子，王子中尊，(示)(以)忠(孝)，……"

2⑨ 维摩诘教化宫女。榜题："若在内宫，内宫中尊，□□正法，化诸宫女，尽得果□。"

2⑩ 维摩诘教化梵王。榜题："若在梵王，梵王中尊，以正德(语？)，宁(？)于教诲，而以为智慧。"

2⑪ 维摩诘教化帝释。榜题："若在帝释，帝释中尊，说真典(经？)，(为)其意者，诲以胜惠。"

2⑫ 维摩诘教化庶民。榜题："若在庶民，庶民中尊，令兴福力。"

2⑬ 维摩诘讲述人的身体，如同浮云般易灭。榜题："维摩诘见诸幻人，是身如梦为虚妄见，身如浮云，须臾变灭，如日之影喻。"

2⑭ 可能为《方便品》中"是身如影，从业缘现"的图像表现。榜题："是时维摩诘游诸世界(里？)。人无□□像，从叶(业？)缘现，□□镜□。"

2⑮ 该画面为二人对坐，北侧一人弹琴，二人中间立有一白色水坛类容器，榜题："维摩诘见诸□□人，妄起所作，是身无知如风，□□□之喻。"维摩诘讲述人的身体本身是无知的，就像风一样；①

2⑯ 维摩诘讲述人的身体本身无我，就像水一样。榜题："是身无人为如水，钩(龟？)不实。四大为空聚虚幻，徒兹妄味。"

---

① 由于《维摩诘经》中似乎并无抚琴画面之相关记述，该画面有一陶罐置于圆盘上，似有可能为维摩诘在讲述不可思议解脱时，以陶工用转轮制陶来譬喻菩萨能断取三千大千世界握在掌中。见《维摩诘经·不思议品》："住不可思议解脱菩萨取三千大千世界，如陶家轮，著右掌中，掷过恒河沙世界之外，其中众生不知己之所往。"

2⑰维摩诘用幻象做比喻，讲述人的身体如同毒蛇一样，令人讨厌。榜题："维摩诘以幻喻，是身如毒蛇，如怨贼、如空阴界诸所共合成，而为患厌。"

3①舍利弗（舍利子）树下坐禅，受维摩诘训诫正确坐禅方式。榜题："舍利弗曾于□□宴坐树下时，维摩诘□□不以是□□□□也夫，宴坐不□□□，现身意，是为□（宴）坐，现诸威仪以□是□"

3②阿那律为梵天回答天眼所见，受维摩诘训诫唯释迦佛有真正的天眼。榜题漫漶："阿那律□□从于一处经经（行）说时，维摩诘向仁者，释迦牟尼（佛）□（眼）……常在三昧。"

3③舍利弗乞讨时，维摩诘问其以何种戒律教化众人。榜题："舍利弗在经行处，化乞之次。维摩诘现，又问彼以何戒化其人所。"

4①维摩诘向光严童子讲解道场的含义。榜题："维摩诘以□人众说菩萨，如来佛□□有道场，□（现）有道场种种譬□。"

4②持世菩萨在住处受到波旬魔王所饰帝释拜访，魔王欲以一万二千天女送之，维摩诘前来解围。榜题："尔时持世菩□（萨）……二千……"

在上方又有榜题："尔时天女头面礼维摩诘足，随魔还宫。"

3④阿难至婆罗门家乞乳时，受维摩诘训诫如来为法身，没有病痛。南侧有榜题，无法识读。

4③长者子善德回忆从前在父舍，设大施会供养婆罗门及贫贱人等，遭遇维摩诘解说法施的情景。然而该画面左侧绿底榜题却释读为入不二法门品开端部分：

"□（于）□（是）文殊菩萨□（以？）诸人众，诣□方丈之室，请说不二真门，各□（随）□（所）□（乐）说之。会中有菩萨名法自在，说言：诸□（仁）□（者），生灭二，法本不，□今不二□□。"

5①文殊菩萨受佛请，前往毗耶离城问疾。榜题："尔时文殊师利菩萨当承佛圣□（旨）诣彼问疾，于是众中诸菩萨、大弟子、释梵四天王、八千菩萨、五百声闻、百千天人皆欲随从入毗耶离大城。"

5②文殊师利问疾，维摩诘居门北，文殊居门南。文殊菩萨华盖南侧上方有榜题：

"文殊师利问维摩言：'是疾何所因起？''菩萨疾者以大悲起。'文殊师利言：'居士此室何以空无侍者？'维摩诘言：'诸佛国土亦复皆空。'"

5③众人持供具前往毗耶离城，听文殊维摩诘辩论。榜题："□□空如来以何□

（问？）……□（送？）入毗耶离。"前方有另一榜题："尔时诸众持诸供具往毗耶城，诣赴文殊、维摩，说身无常，厌离有苦，乐于涅槃。"

5④ 文殊问疾之随行者。文本依据见第 420 窟 5②；

6① 维摩诘从须弥相国借狮子座降临室内。榜题为照抄鸠摩罗什译本《维摩诘所说经·不思议品》：

> 尔时长者维摩诘问文殊师利："仁者游于无量千万亿阿僧祇国，何等佛土有好上妙功德成就师子之坐（座）？"文殊师利言："居士，东方度三十六恒河沙□（国），有世界名须弥相，其佛号须弥登（灯）王，今见（现）在，彼佛身长八万四千由旬，师子坐（座）高八万四千由旬。"时维摩诘现神通力，即时彼佛遣三万二千师子之坐（座），高广严净，来入维摩诘室，诸大弟子、释梵四天王、菩萨等，昔所未现（见）。其室广博，悉包容三万二千师子之坐（座），无所妨，其亦不迫迮，悉见如故。

6② 文殊菩萨随行者，礼敬须弥灯王后升狮子座。榜题："尔时诸大弟子、四万八千声闻、菩萨摩诃萨、天龙八部释梵等众俱持（侍）师子座，奉上文殊，请□维摩不思议之教。"

6③ 文殊前方有榜题："菩萨能以神通，十万世界上中下音皆能变之，令作佛声。现释梵众并诸綵女，降从天来，听不二句。"前一句出自《不思议品》，维摩诘为舍利弗讲解不思议解脱菩萨之神通，后一句不见于经典，画面表现内容与后一句更为接近。

7① 天女散花戏舍利弗，花瓣落于舍利弗袈裟之上不掉。舍利弗与天女之间偏上有一处榜题，内容与本画面无关，系《不思议品》中的一句，榜题："舍利弗，我今略说不可思议解脱之力。"

7② 天女戏舍利弗，将舍利弗转作女身。舍利弗前有榜题："尔时维摩诘语舍利弗言，……（是天女已曾供养）九十二亿（佛），游戏神通……□（住）不退□（转？以？）本□（愿）□（故），随□（意）□（能）□（现），教□（化）□（众）生。"

8① 东壁门北上部靠近甬道处，有一则榜题书写内容为《佛道品》维摩诘向文殊讲述菩萨如何依据种种佛法入道，但周围图像与之无关。榜题："示行嗔恚，于诸众生，无有恚□（阂）；示行愚□（痴痴，而以智惠（慧）调伏其心；示其□（悭）贪，而舍内外所有，不惜生命；示其毁禁，而安住净戒，乃至小罪，犹怀□（大）□（惧）。"

8② 普现色身菩萨问维摩诘家人眷属等问题。榜题："尔时会中有菩萨，名普现色身，问维摩诘言：居士父母、妻子、亲戚、眷属、吏民知识，悉为是谁？奴婢、僮仆、象马、车乘，皆何所在？于是□（维）□（摩）□（诘）……方便以为父，……（一切众导师）无不由是生。"

9① 维摩诘请诸菩萨说回答什么是菩萨入不二法门，诸菩萨纷纷回答自己的见解。榜题："尔时……菩萨普□菩萨俱曰□□二见□□不二□（法）□（门）。"

9② 珠顶王菩萨回答什么是菩萨入不二法门。榜题："珠顶王菩萨曰：正道邪道为二，住正道者，则不分别是邪是正，离此二者，是入不二之法门。"

9③ 维摩诘、天女皆右手食佛和中指上扬，象征不二法门；

10① 香积世界菩萨问香积如来娑婆世界的情形。榜题："大士见凡菩萨，问娑婆世界为在何诸，即以问佛。佛告之曰：下方广如卅二恒沙世界名释迦牟尼。"

10② 香积世界九万菩萨随化菩萨出发。榜题："香积世界香德以诸菩萨乘空下于毗耶离城，观其维摩诘说法之时，并皆蒙益。"

10③ 香积世界菩萨降临至维摩诘舍时。榜题："香积世界菩萨即催三昧，所有巧德悉皆俱足，来往维摩诘城，从空赴室，听闻妙法，叹不可思议矣。"

10④ 化菩萨献饭。榜题："时维摩诘不起于坐，化一菩萨，往上方界分，度如卅二恒沙佛土众香国请饭时。化菩萨既受钵饭，与九百万菩萨承佛威神及维摩力，须史之时，维摩诘舍，饭香普熏毗耶离城，及三千大千世界。婆罗门居士等闻是香气，身意快然，叹未曾有，大不思议。"

10⑤ 化菩萨倾饭。前方有榜题："于是上方香积如来以香钵盛满香饭与化菩萨，将持诣下娑婆世界供养释迦牟尼佛，文殊维摩说法之会，随欲所食，诸大众俱香芬普益，听不思议。"

10⑥ 香积菩萨与维摩诘关于两个世界差异之问答。榜题："众香菩萨问维摩诘：世尊以何说法□诸众生，维摩诘言：此土众生刚强，释迦以一切苦切之言随化如与。"

10⑦ 继续前一部分问答，发挥了经中维摩诘所言"此土人民刚强难化"的内涵。题榜称："尔时世尊，以难化之心如猿猴象马，若干种法制御其心，乃可调伏。如诸象马，乃可调伏加□楚毒，少至众□□后调伏，令以□所具，以□惠……。"

11① 维摩诘掌擎大众至释迦佛所。该画面北侧有榜题，现已无法识读，金维诺先生识读为"尔时文殊师利菩萨赴诸会毗耶离城时"。

12① 维摩诘断取妙喜世界。维摩诘南侧有榜题，多数字漫漶不清"是时大众渴仰，欲见妙喜世界……，……提人亦登上……彼诸天妙喜世界。"

13①　释迦佛告诉帝释天，即使用佛的全身舍利起七宝塔，以一切花香、璎珞、幢幡等物装饰而供养，其功德也不及受持此不可思议解脱法门。榜题："□□□□□或一劫，或减一劫，□（恭）□（敬）奉诸供养□（至）□（诸）□（佛）□（灭）□（后），以一一全身舍利以七宝塔，纵广一四天下，高至梵天，妙刹庄严。"

13②　过去有转轮圣王名为宝盖，七宝俱足，供养药王如来五劫。王子月盖思维"宁有供养殊过此者？"佛以神力在天空中回答"法之供养胜诸供养"。但此处画面和榜题表达为维摩诘向释迦供养象马等七宝，榜题为："尔时维摩诘以释梵天王，持七宝众于阎浮提界，供养释迦如来，请说法化根本因缘，供养释迦如来，请说法化根本因缘，令开情感。""从帝释四神将……持下□□诸……供养象马……。"

13③　王子月盖听药王如来讲述法供养功德后，"解宝衣严身之具，以供养佛"。榜题："尔时王子月盖从药王佛闻如是法，得柔顺忍，即解宝衣严身之具，奉严……而供养。"

*①不可识读，两侧榜题皆不可识读。

*②情节不明，有榜题为："时长者维摩诘以诸菩萨对佛而说偈曰。"金维诺先生认为是《佛道品》相关内容[1]，未明依据。

⑦第454窟（C228 P119）

第454窟营建于宋初，窟主为曹延恭夫妇，[2]曹延恭仅于974—976年任节度使，一般认为该窟大致营建于这一时期（图1-45、图1-46）。

1①　长者子宝积与五百长者子以七宝盖供养佛，佛使众盖合一，遍覆世界；

2①　国王、大臣、长者等人骑马出城，前往维摩诘舍问疾听法。画面中间有一则榜题，但所抄录内容与《见阿閦佛品》相关，详见12①；

2②　国王、大臣、长者、王等前来问疾听法，中原国王及侍从立于门北，其他诸王及王子等立于门南；

① 金维诺《敦煌晚期的维摩变》，《文物》1959年第4期，第57页。

② 郭俊叶：《莫高窟第454窟窟主再议》，《敦煌研究》1999年第2期，第21—24页；沙武田、段小强：《莫高窟第454窟窟主的一点补充意见》，《敦煌研究》2003年第3期，第7—9页；郭俊叶：《莫高窟第454窟窟主及其甬道重修问题》，《敦煌研究》2014年第1期，第30—36页。

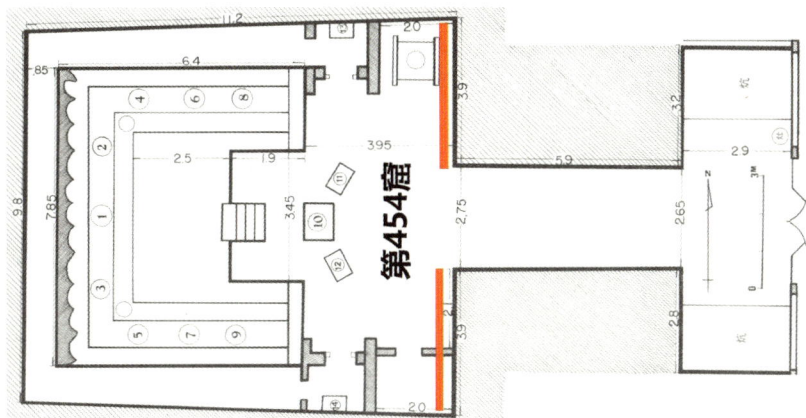

图 1-45　莫高窟宋代第 454 窟平面图·维摩诘经变位置

标注自 石璋如：《莫高窟形》(二)，第 148 页

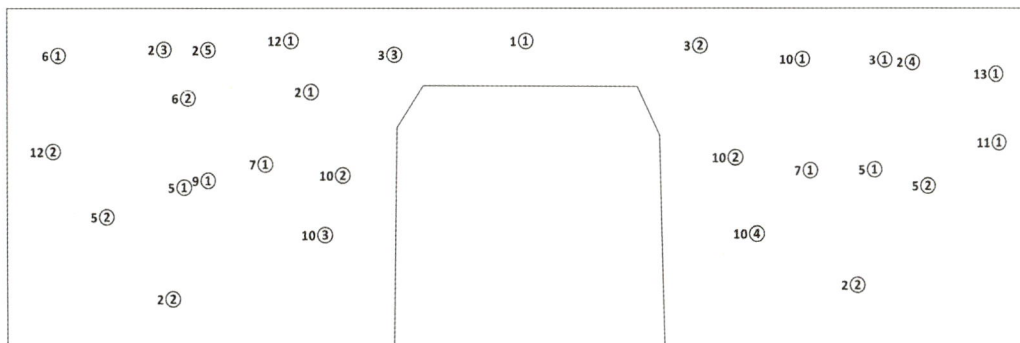

图 1-46　莫高窟宋代第 454 窟主室窟门两侧·维摩诘经变情节示意（自绘）

2③ 维摩诘至博弈场所教化众生。榜题："若至博戏，辄以度人。受诸异道，不毁正信，虽明常乐佛法。"

2④ 维摩诘入诸酒肆，为人们确立正念。榜题："讲论处，导以大乘。入诸学堂，诱开童蒙。入诸婬（淫）舍，示欲之过。入诸酒肆，能立其志。若在长者，长者中尊，为说胜法。若在居士，居士中尊，断其贪着。"

2⑤ 维摩诘为长者说法。榜题："若在长者，长者中尊，为说胜法。"

3① 迦叶贫巷乞食，受维摩诘训诫乞食方法。榜题："迦叶白佛言：世尊！我不堪任诣彼问疾。所以者何？忆念我昔，于贫里而行乞食，时维摩诘来谓我言：唯，大迦叶！有慈悲心，而不能普舍豪富从贫乞，迦叶！住平等法，应次行乞。辩才智慧乃能如是！其谁不发阿耨多罗三藐三菩提心。（我从是来，不复劝人）以声闻、辟支佛行。是故不任诣彼问疾。"

　　3② 阿难至婆罗门家乞乳时，受维摩诘训诫如来为法身，没有病痛。北侧有榜题："佛告阿难：汝行维摩诘问疾。阿难白佛言：世尊！我不堪任诣彼问疾。所以者何？忆念昔时，世尊身小有疾，当用牛乳，我即持钵，诣大婆罗门家门下立。时维摩诘来谓我言：唯，阿难！何为晨朝持钵住此？"

　　3③ 内容不明，画维摩诘与一僧人对立，榜题文字不清。应为《弟子品》相关内容；

　　5① 文殊问疾，文殊居门南，维摩诘居门北；

　　5② 文殊问疾之随行者。文本依据见第420窟5②；

　　6① 须弥相国；

　　6② 维摩诘从须弥相国借狮子座降临室内；

　　7① 天女戏舍利弗，将舍利弗变为女身；

　　9① 维摩诘及同侧天女、舍利弗皆右手食佛和中指上扬，象征不二法门；

　　10① 化菩萨在香积世界顶礼香积如来；

　　10② 香积世界九万菩萨随化菩萨至维摩诘舍；

　　10③ 化菩萨献香饭；

　　10④ 化菩萨倾香饭；

　　11① 维摩诘掌擎大众至释迦佛所；

　　11② 维摩诘和众人礼佛后，侍立于一面；

　　12① 释迦佛讲述妙喜世界之美好。画面北侧有榜题，抄录方向为自右向左三列，出自鸠摩罗什译本《维摩诘所说经·见阿閦弗品》，但由于榜题框空间限制，未抄完整句即停止。榜题："尔时释迦牟尼佛□（告）□（诸）□（大）众，汝等且观妙/喜世界无动如来，其国严饰，菩萨行净，/弟子清白。皆曰：唯然已见。佛言：菩萨欲得如是。"在下方稍偏北处有另一榜题框，继续按同一方向抄录该榜题，但画面表现的应是问疾品人们骑马出城前往维摩诘舍听法。榜题："清净佛土，当学无动如来所行之道。现此妙喜国时，娑/婆世界十四那由他人，发阿耨多罗三藐三菩/提心，皆愿生于妙喜佛土。"

　　12② 维摩诘断取妙喜世界；

　　13① 应为《法供养品》讲述过去有转轮圣王名为宝盖，七宝俱足，供养药王如来五劫。王子月盖思维"宁有供养殊过此者？"佛以神力在天空中回答"法之供养胜诸供养"。画面北部偏上处有关于此画面之榜题，但内容系《维摩诘所说经·菩萨行品》内容，榜题："维摩诘经变，□□罗树□，其地□□广□□□，一切□（会）□（众）□（皆）作金色。阿难白佛言：世尊！以何因缘，有此瑞应？……忽然广博严事，一切众会皆作金色。佛告阿难：是维摩诘、文殊师利，与诸大众恭敬为此瑞应。"画面中出现七宝，且未出现《菩萨行品》中维摩诘和众人围绕释迦的场面，虽然在位置上与一般维摩诘经变菩萨行品接近，但非菩萨行品相关内容。

2.前室西壁窟门两侧

前室窟门两侧对称布局的维摩诘经变有 6 例，是这一时期主流的布局方式，但由于洞窟前期长期暴露于崖面上，多数褪色或剥落严重，保存状况不佳，我们仅以第 172 窟前室西壁门两侧的维摩诘经变为代表进行示意。

第 172 窟（C292 P033）

第 172 窟初建于盛唐，宋代重修前室，在西壁门两侧绘了维摩诘经变（图 1-47），门南为文殊，门北为维摩诘（图 1-48）。门上有宋愿文榜题，但无文字保存，两侧画毗沙

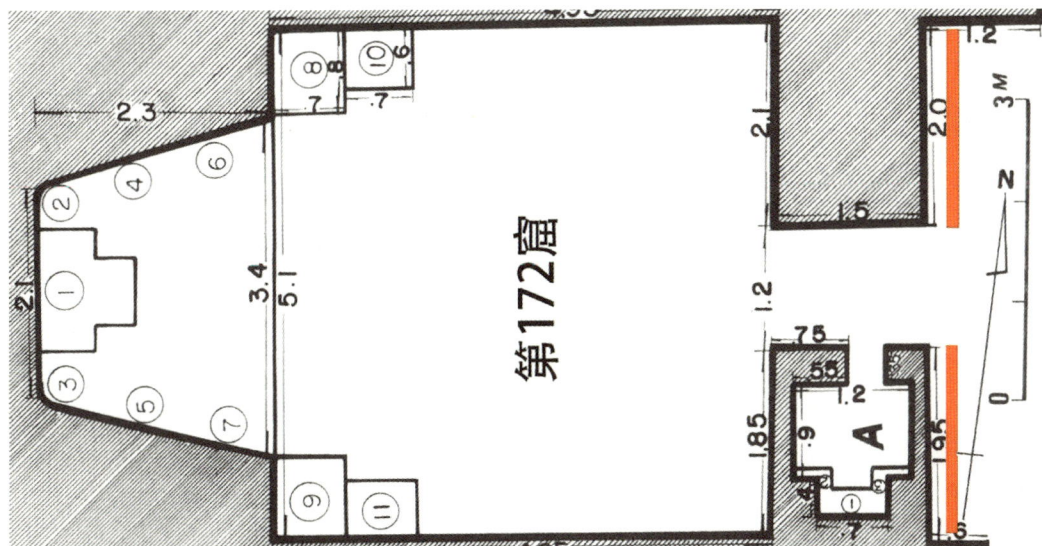

图 1-47　莫高窟第 172 窟平面图·维摩诘经变位置

标注自 石璋如：《莫高窟形》（二），第 193 页

图 1-48　莫高窟第 172 窟前室西壁窟门两侧·维摩诘经变情节示意

标注自 数字敦煌：www.e-dunhuang.com

门天王赴那吒会。

　　1① 长者子宝积与五百长者子以七宝盖供养佛，佛使众盖合一，遍覆世界；

　　2① 国王、大臣、长者、王等前来问疾听法，中原国王及侍从立于门北，其他诸王及王子等立于门南。文本依据见第 420 窟 2①；

　　5① 文殊问疾，文殊居门北，维摩诘居门南；

　　5② 文殊问疾之随行者。文本依据见第 420 窟 5②；

　　6① 须弥相国；

　　6② 维摩诘从须弥相国借狮子座降临室内；

　　7① 天女戏舍利弗，将舍利弗变为女身；

　　9① 文殊一侧天女左手食佛和中指上扬，象征不二法门；

　　10① 化菩萨献香饭；

　　10② 化菩萨倾香饭；

　　12① 维摩诘断取妙喜世界。

二、单幅式对称

单幅式对称仅在晚唐时期成为维摩诘经变的主流布局类型，晚唐9处维摩诘经变中有4处位于主室东壁门一侧，3处位于南北一壁，仅有1处位于主室东壁门两侧，1处位于前室西壁门两侧。正如本章第一节所言，这种做法最早出现于中唐第231窟东壁门北侧，该窟功德记的记述中，将维摩诘经变列于"北墙"，可能反映出在部分营建者的洞窟空间观念中，对东壁概念的弱化。晚唐第150窟维摩诘经变绘于南壁东部，该壁自西向东绘金刚经变和维摩诘经变，东壁门南侧绘西方净土变，这种布局方式作为中唐以来流行的一壁绘多铺经变做法延续，似乎也与东壁门一侧绘维摩诘经变的做法有相通之处。因此，以维摩诘经变为代表的将同一经变绘于东壁一侧或两侧的行为，可能也反映了营建者洞窟空间观念的差异。

1.主室南北一壁

中唐维摩诘经变仅2处以单幅式对称绘制，1处绘于东壁门一侧，1处绘于北壁。由于东壁门一侧的位置成为晚唐时期维摩诘经变绘制的主流布局类型，我们将2处维摩诘经变都进行示意说明。

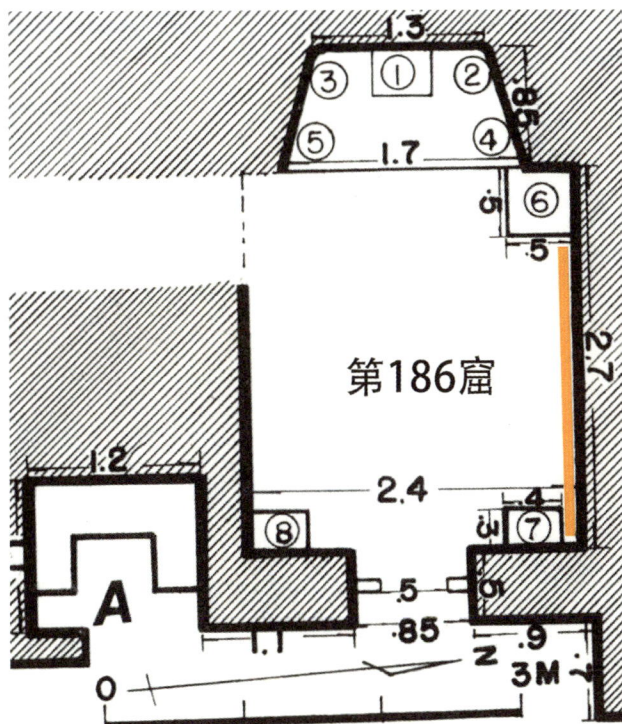

图 1-49　莫高窟第 186 窟
平面图·维摩诘经变位置
标注自 石璋如：《莫高窟形》
(二)，第 188 页

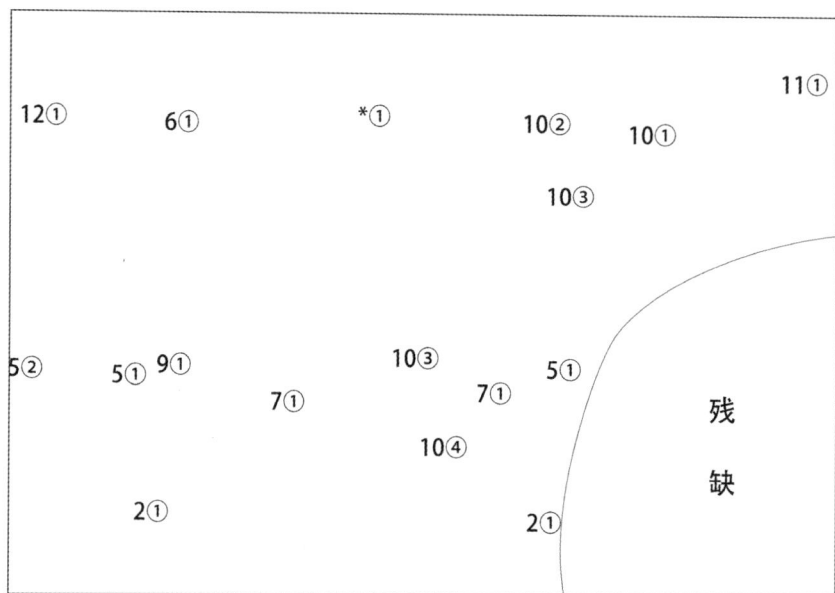

图 1-50　莫高窟中唐第 186 窟主室北壁·维摩诘经变情节示意（自绘）

①中唐第 186 窟（C286 P051A）（图 1-49、图 1-50）

2① 国王、大臣、长者、王等前来问疾听法，中原国王及侍从立于门北，其他诸王及王子等立于门南。文本依据见第 420 窟 2①；

5① 文殊师利问疾，文殊居门北，维摩诘居门南；

5② 文殊问疾之随行者。文本依据见第 420 窟 5②；

6① 维摩诘从须弥相国借狮子座降临室内；

7① 天女戏舍利弗，将舍利弗转为女身；

9① 维摩诘及同侧舍利弗左手食佛和中指上扬，象征不二法门；

10① 化菩萨在香积世界顶礼香积如来；

10② 化菩萨托钵飞离香积世界；

10③ 香积世界九万菩萨随化菩萨至维摩诘舍；

10④ 化菩萨倾香饭；

11① 维摩诘和众人礼佛后，侍立于一面；

12① 维摩诘断取妙喜世界。

*① 不明。一倚坐佛为众菩萨弟子围绕，前方有一跪拜者敬献物品。疑似《法供养

品》王子月盖听药王如来讲述法供养功德后，"解宝衣严身之具，以供养佛"的画面。

②晚唐第150窟（C016 P012）（图1-51、图1-52）

1① 长者子宝积与五百长者子以七宝盖供养佛，佛使众盖合一，遍覆世界；

5① 文殊问疾，文殊居东，维摩诘居西；

5② 文殊问疾之随行者。文本依据见第420窟5②；

6① 须弥相国；

6② 维摩诘从须弥相国借狮子座降临室内；

7① 天女戏舍利弗，将舍利弗变为女身；

7② 天女散花戏舍利弗，花瓣落于舍利弗袈裟之上不掉；

9① 维摩诘和同侧天女、舍利弗皆右手食佛和中指上扬，象征不二法门；

10① 化菩萨在香积世界顶礼香积如来；

10② 香积世界九万菩萨随化菩萨至维摩诘舍；

图 1-51 莫高窟第 150 窟平面图·维摩诘经变位置

标自 石璋如：《莫高窟形》（二），第 33 页

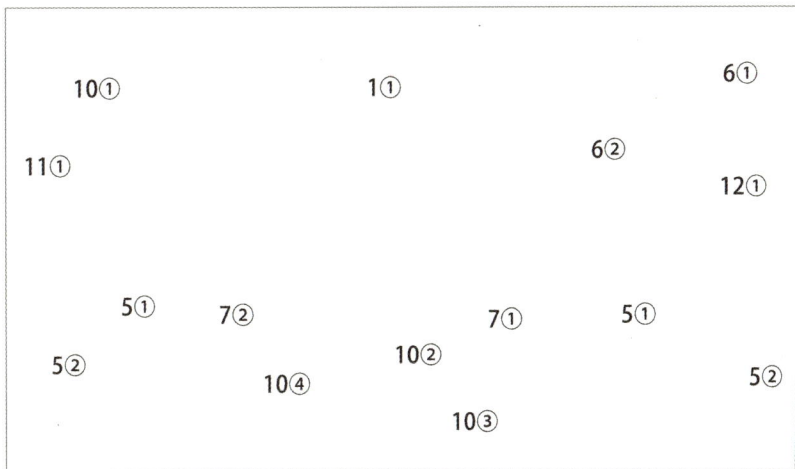

图 1-52 莫高窟晚唐第 150 窟主室南壁东侧·维摩诘经变情节示意（自绘）

10 ③ 化菩萨献香饭；

10 ④ 化菩萨倾香饭；

11 ① 维摩诘掌擎大众至释迦佛所；

12 ① 维摩诘断取妙喜世界。

③晚唐第 9 窟（C155 P167）（图 1-53、图 1-54）

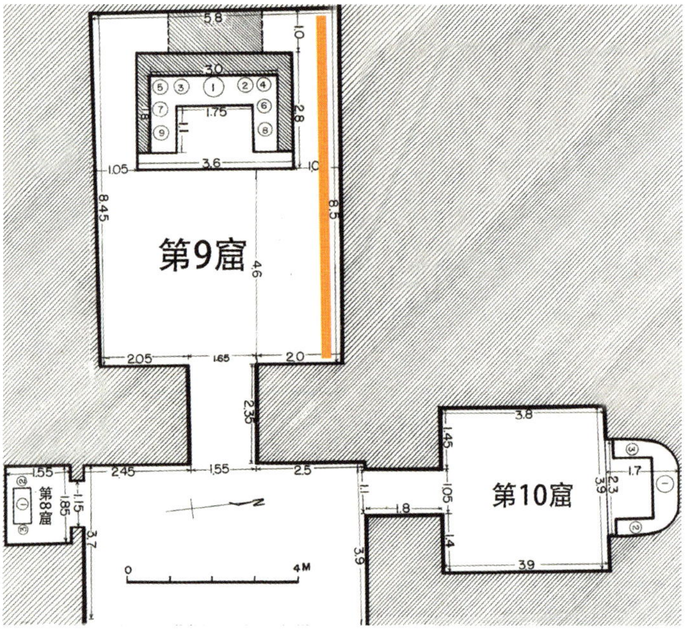

图 1-53 莫高窟第 9 窟平面图 · 维摩诘经变位置

标注自 石璋如:《莫高窟形》(二),第 111 页

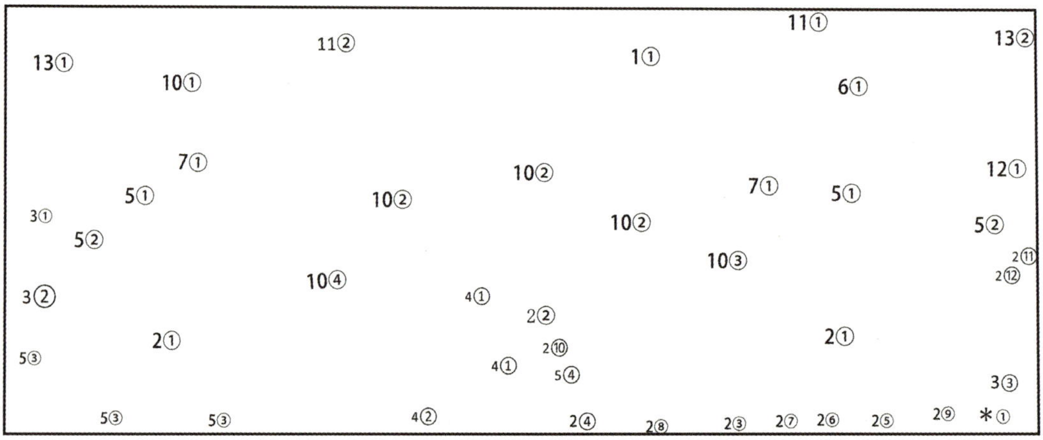

图 1-54 莫高窟晚唐第 9 窟主室北壁 · 维摩诘经变情节示意（自绘）

1① 长者子宝积与五百长者子以七宝盖供养佛，佛使众盖合一，遍覆世界；

2① 国王、大臣、长者、王等前来问疾听法，中原国王及侍从立于门北，其他诸王及王子等立于门南。文本依据见第420窟2①；

2② 维摩诘入讲论处，为人宣讲大乘佛法。第61窟有类似构图的画面，榜题："维摩诘为游诸方所，入讲论处，导以大乘，以宣入佛之理，问答佛境何由。"文本依据："入讲论处，导以大乘。"①

2③ 维摩诘入诸酒肆，为人们确立正念；

2④ 维摩诘至博弈场所教化众生，画面表现为二人下棋，二人围观，维摩诘立于身后。第61窟类似画面榜题为："若至博戏，辄以度人。受诸异道，不毁正信，虽明常乐佛法。"

2⑤ 可能为维摩诘教化长者，画面为二老人拜于维摩诘之前，第61窟类似画面榜题为："若在长者，长者中尊，为说胜法，令心惠施，坚求大道。"

2⑥ 可能为维摩诘教化居士。画为二人拜于维摩诘之前，第61窟类似画面榜题为："若在居士，居士中尊，断其食著，谁妄念思，寻求无想。"

2⑦ 或为维摩诘教化婆罗门，画面二人立于维摩诘前，具体内容不可辨识；

2⑧ 或为维摩诘教化大臣，画面为二人拜于维摩诘面前；

2⑨ 维摩诘教化宫女。参考第61窟类似画面榜题为："若在内宫，内宫中尊，□□正法，化诸宫女，尽得果□。"

2⑩ 可能为《方便品》中"是身如影，从业缘现"的图像表现。第61窟类似图榜题为："是时维摩诘游诸世界（里？）。人无□□像，从叶（业？）缘现，□□镜□。"

2⑪ 维摩诘讲述人的身体本身是无知的，就像风一样。该画面为二人对坐，北侧一人弹琴，二人中间立有一蓝色圆形器物，该画面见于第61窟，相关榜题为："维摩诘见诸□□人，妄起所作，是身无知如风，□□□之喻。"

2⑫ 维摩诘讲述人的身体本身无我，就像水一样。第61窟同一画面有相关榜题："是身无人为如水，钓（龟？）不实。四大为空聚虚幻，徒兹妄味。"

3① 可能为舍利弗（舍利子）树下坐禅，受维摩诘训诫正确坐禅方式。维摩诘左手

① （后秦）鸠摩罗什译：《维摩诘所说经》，《大正新修大藏经》第14册，第539页上。

上指，前坐有一人相望：

3② 可能须菩提（大善现）至维摩诘舍乞食，受训接受食物之方式。画面表现为一持锡杖僧人欲离去时向后张望，维摩诘似手中托有钵。《维摩诘所说经·弟子品》中有"闻此语茫然，不识是何言？不知以何答？便置钵欲出其舍。维摩诘言：唯，须菩提！取钵勿惧。"①

3③ 阿难至婆罗门家乞乳时，受维摩诘训诫如来为法身，没有病痛。画面西部偏下处有榜题："□手扪……两乳，余留与……持戒，今堕畜生中，我自食水，□□□□世尊。"何剑平先生指出该画面表现内容超出《维摩诘所说经》，应源于阿难乞乳故事之源本《乳光经》，说明变相的创作偏离了原始经文而接近相关讲经文或通俗注疏；②

4① 持世菩萨在住处受到波旬魔王所饰帝释拜访，魔王欲以一万二千天女送之，维摩诘前来解围并教化魔女之情节。画面表现为一人坐于亭中，维摩诘立于若干女子之前，女子中有持琵琶和横笛等乐器者；

4② 长者子善德回忆从前在父舍，设大施会供养婆罗门及贫贱人等，遭遇维摩诘解说法施的情景；

5① 文殊问疾，文殊居西，维摩诘居东；

5② 文殊问疾之随行者。文本依据见第420窟5②；

5③ 画面为若干人骑马出城，可能为众人持供具出城前往毗耶离城，听文殊维摩诘辩论。第61窟类似画面附近有榜题："尔时诸众持诸供具往毗耶城，诣赴文殊、维摩，说身无常，厌离有苦，乐于涅槃。"

5④ 画面为一病人坐于榻上，似有东西从口中咳出，对面立有一人。应为《文殊师利问疾品》维摩诘所言："菩萨爱众生如同长者爱独子，其子得病，父母亦病。"

6① 维摩诘从须弥相国借狮子座降临室内；

7① 天女戏舍利弗，将舍利弗变为女身；

10① 化菩萨在香积世界顶礼香积如来；

10② 香积世界九万菩萨随化菩萨至维摩诘舍；

---

① （后秦）鸠摩罗什译：《维摩诘所说经》，《大正新修大藏经》第 14 册，第 540 页中。

② 何剑平：《维摩诘变相与讲经文及通俗佛经注疏之关系新证——以莫高窟第 9 号窟的阿难乞乳图的榜题为中心》，《宝鸡文理学院学报》（社会科学版）2018 年第 3 期，第 49—56 页。

10③ 化菩萨献香饭；

10④ 化菩萨倾香饭；

11① 维摩诘掌擎大众至释迦佛所；

11② 维摩诘和众人礼佛后，侍立于一面；

12① 维摩诘断取妙喜世界；

13① 过去有转轮圣王名为宝盖，七宝俱足，供养药王如来五劫；

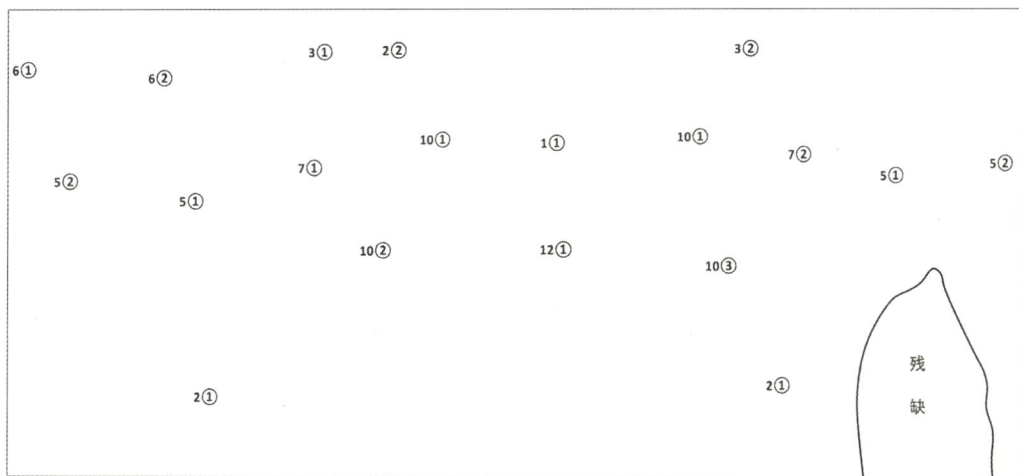

图 1-55　榆林窟五代第 32 窟主室北壁·维摩诘经变情节示意（自绘）

图 1-56　榆林窟五代第 32 窟主室北壁·维摩诘经变

采自 敦煌研究院编：《中国石窟·安西榆林窟》，北京：文物出版社，2012 年，图版 70

13② 疑似《法供养品》王子月盖听药王如来讲述法供养功德后，"解宝衣严身之具，以供养佛"的画面。

*① 内容不明。画面为一有围墙庭院，内外皆有人，画面褪色，不可辨识。

④**榆林窟五代第32窟**（图1-55、图1-56）

1① 长者子宝积与五百长者子以七宝盖供养佛，佛使众盖合一，遍覆世界；

2① 国王、大臣、长者、王等前来问疾听法，中原国王及侍从立于门北，其他诸王及王子等立于门南。文本依据见第420窟2①；

2② 维摩诘至博弈场所教化众生，画面表现为二人下棋，二人围观，维摩诘立于身后。第61窟类似画面榜题为："若至博戏，辄以度人。受诸异道，不毁正信，虽明常乐佛法。"

3① 维摩诘立于一僧人对面，可能为迦叶贫巷乞食，受维摩诘训诫乞食方法；

3② 阿难至婆罗门家乞乳时，受维摩诘训诫如来为法身，没有病痛；

5① 文殊问疾，文殊居西，维摩诘居东；

5② 文殊问疾之随行者。文本依据见第420窟5②；

6① 须弥相国；

6② 维摩诘从须弥相国借狮子座降临室内；

7① 天女戏舍利弗，将舍利弗变为女身；

图1-57   五个庙第3窟平面图·维
　　　　　摩诘经变位置

标注自 张宝玺：《五个庙石窟壁画内容》，《敦煌学辑刊》1986年第1期，第86页

图 1-58　肃北五个庙西夏第 3 窟东壁·维摩诘经变（牛玉生先生临摹）

采自《回到敦煌》系列主题文化展照片，济南荣宝京行艺术馆，2021 年 11 月

7② 天女散花戏舍利弗，花瓣落于舍利弗袈裟之上不掉；

10① 香积世界九万菩萨随化菩萨至维摩诘舍；

10② 化菩萨献香饭；

10③ 化菩萨倾香饭；

12① 维摩诘断取妙喜世界。

⑤西夏五个庙第 3 窟（图 1-57、图 1-58、图 1-59、图 1-60）

2① 国王、大臣、长者、王

图 1-59　肃北五个庙西夏第 3 窟东壁·维摩诘经变线图

采自 张宝玺：《五个庙石窟壁画内容》，《敦煌学辑刊》1986 年第 1 期，第 87 页

等前来问疾听法，中原国王及侍从立于门北，其他诸王及王子等立于门南。文本依据见第 420 窟 2 ①；

5 ① 文殊问疾，文殊居西，维摩诘居东；

5 ② 文殊问疾之随行者。文本依据见第 420 窟 5 ②；

6 ① 维摩诘从须弥相国借狮子座降临室内；

7 ① 天女戏舍利弗，将舍利弗变为女身；

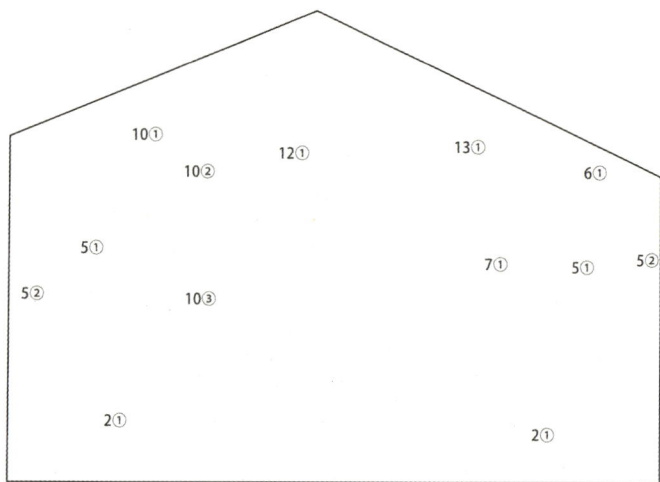

图 1-60　肃北五个庙西夏第 3 窟东壁·维摩诘经变情节示意（自绘）

10 ① 化菩萨在香积世界顶礼香积如来；

10 ② 香积世界九万菩萨随化菩萨至维摩诘舍；

10 ③ 化菩萨倾香饭；

12 ① 维摩诘断取妙喜世界，作为经变的中心，有宝阶从妙喜世界向下延伸至问疾现场，表现经中"三道宝阶从阎浮提，至忉利天，以此宝阶，诸天来下，悉为礼敬无动如来，听受经法。阎浮提人，亦登其阶，上升忉利，见彼诸天。"①

13 ① 过去有转轮圣王名为宝盖，七宝俱足，供养药王如来五劫。

2.主室东壁门一侧

最早出现于中唐吐蕃统治时期的第 231 窟，将维摩诘经变绘于东壁门一侧的 4 个洞窟全部营建于晚唐初期，不晚于 870 年。张议潮营建的第 156 窟为最早，大中五年至十年之间（851—856）。②第 85 窟为第二任都僧统翟法荣营建于咸通三年至八年（862—867）③。第 138 窟为僧人阴海晏营建。第 12 窟为僧人索义辩为亡父母建于 870 年以前，

①（后秦）鸠摩罗什译：《维摩诘所说经》，《大正新修大藏经》第 14 册，第 555 页中。

② 梁红、沙武田：《敦煌石窟个研究——归义军首任节度使张议潮功德窟莫高窟第 156 窟》，2011 年度国家社科基金青年项目报告，2016 年，第 44—45 页。

③ 苏莹辉：《敦煌翟家碑时代考》，《敦煌论集》，台北：学生书局，1983 年，第 432 页。

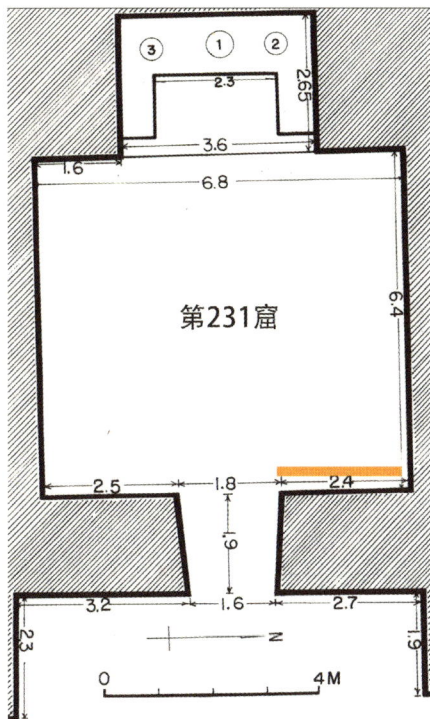

图 1-61　莫高窟第 231 窟平面图·维
摩诘经变位置

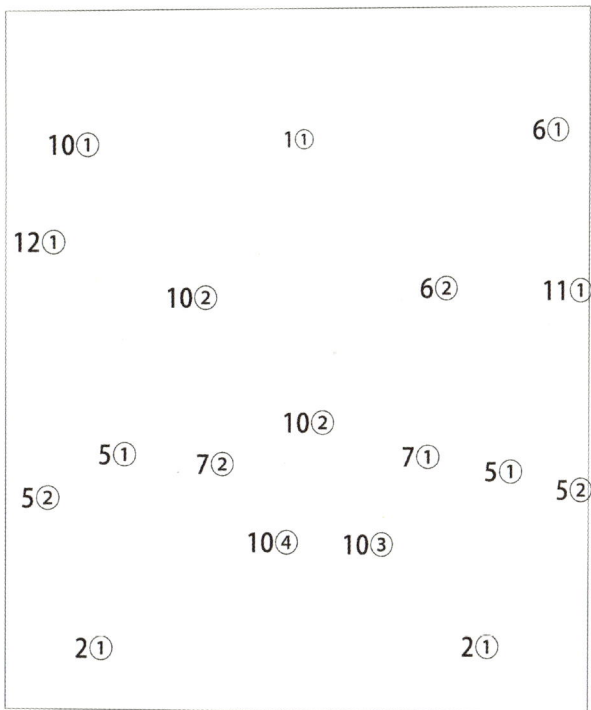

图 1-62　莫高窟中唐第 231 窟主室南壁·维摩诘经变
情节示意（自绘）

标注自 石璋如：《莫高窟形》(二)，第 53 页

因此可能存在短期内互相影响的情形。第 231 窟功德记中，将各壁内容记述为"南墙画
西方净土、法花（华）、天请问、宝（报）恩变各一铺；北墙药师净土、花（华）严、弥勒、
维摩变各一铺。"[1]在洞窟空间认知中，并未将东壁视为整体，仅作为南、北壁的延伸，
因而将维摩诘经变仅绘于门一侧。下文第三章第一节第三部分对此种布局略有讨论。

① 中唐第 231 窟（C047 P081）（图 1-61、图 1-62）

1①　长者子宝积与五百长者子以七宝盖供养佛，佛使众盖合一，遍覆世界；

2①　国王、大臣、长者、王等前来问疾听法，中原国王及侍从立于门北，其他诸王及
王子等立于门南。文本依据见第 420 窟 2①；

5①　文殊师利问疾，文殊居北，维摩诘居南；

---

① 郑炳林：《敦煌碑铭赞辑释》，兰州：甘肃教育出版社，1992 年，第 240 页。

5 ② 文殊问疾之随行者。文本依据见第 420 窟 5 ②；

6 ① 须弥相国；

6 ② 维摩诘从须弥相国借狮子座降临室内；

7 ① 天女戏舍利弗，将舍利弗变为女身；

7 ② 天女散花戏舍利弗，花瓣落于舍利弗袈裟之上不掉；

10 ① 化菩萨在香积世界顶礼香积如来；

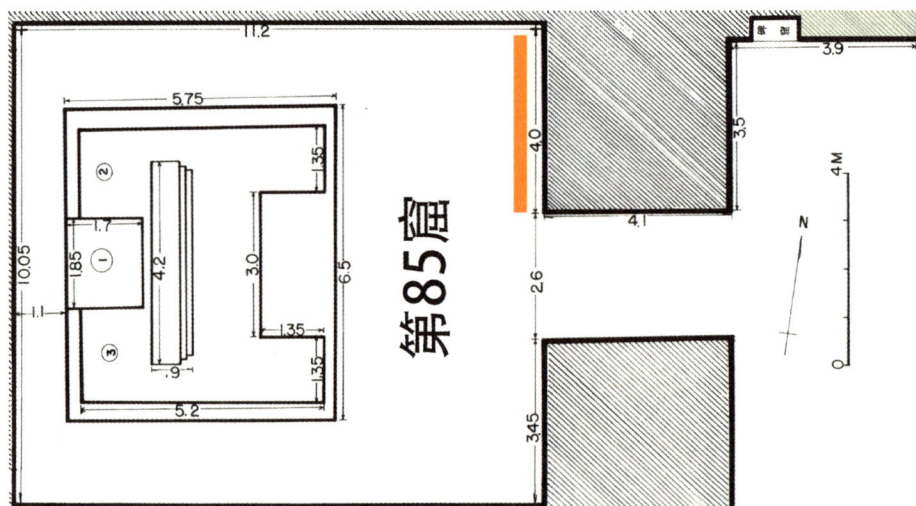

图 1-63　莫高窟第 85 窟平面图·维摩诘经变位置

标注自 石璋如：《莫高窟形》（二），第 59 页

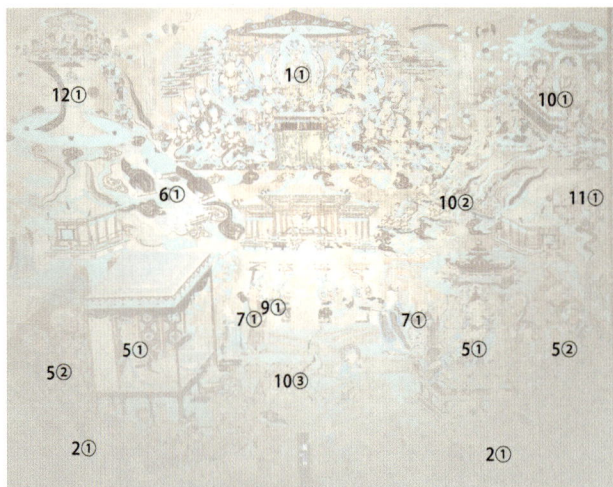

图 1-64　莫高窟晚唐第 85 窟主室东壁门北侧·维摩诘经变情节示意

标注自敦煌研究院编：《敦煌石窟艺术·莫高窟第八十五窟》，南京：江苏美术出版社，1994 年，第 108 页

10② 香积世界九万菩萨随化菩萨至维摩诘舍；

10③ 化菩萨献香饭；

10④ 化菩萨倾香饭；

11① 维摩诘掌擎大众至释迦佛所；

12① 维摩诘断取妙喜世界。

② **晚唐第85窟**（C060 P092）（图1-63、图1-64）

1① 长者子宝积与五百长者子以七宝盖供养佛，佛使众盖合一，遍覆世界；

2① 国王、大臣、长者、王等前来问疾听法，中原国王及侍从立于门北，其他诸王及王子等立于门南。文本依据见第420窟2①；

5① 文殊问疾，文殊居北，维摩诘居南；

5② 文殊问疾之随行者。文本依据见第420窟5②；

6① 维摩诘从须弥相国借狮子座降临室内；

7① 天女戏舍利弗，将舍利弗变为女身；

9① 维摩诘一侧舍利弗左手食佛和中指上扬，象征不二法门；

10① 化菩萨在香积世界顶礼香积如来；

10② 香积世界九万菩萨随化菩萨至维摩诘舍；

10③ 化菩萨献香饭；

10④ 化菩萨倾香饭；

11① 维摩诘掌擎大众至释迦佛所；

12① 维摩诘断取妙喜世界。

③ **晚唐第138窟**（C005 P001）

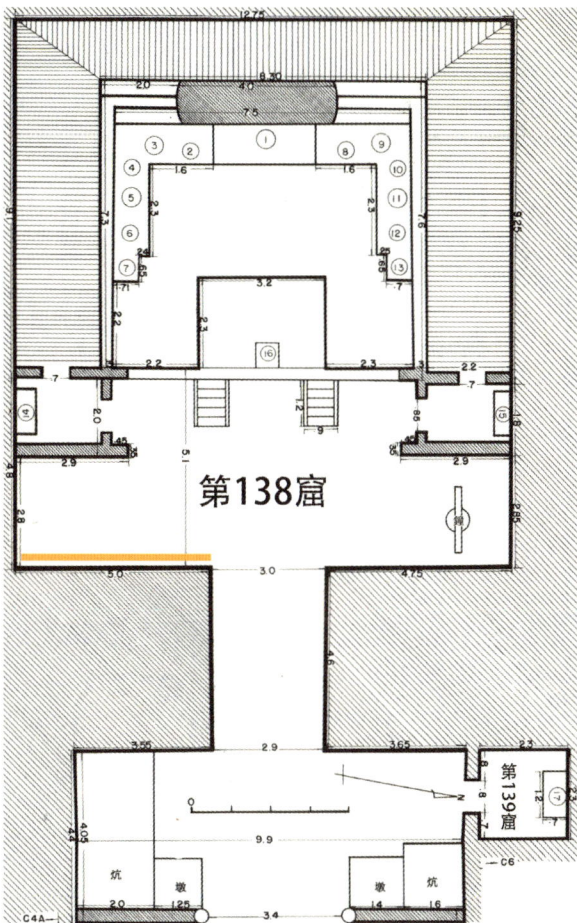

图1-65　莫高窟第138窟平面图·维摩诘经变位置

标注自 石璋如：《莫高窟形》（二），第24页

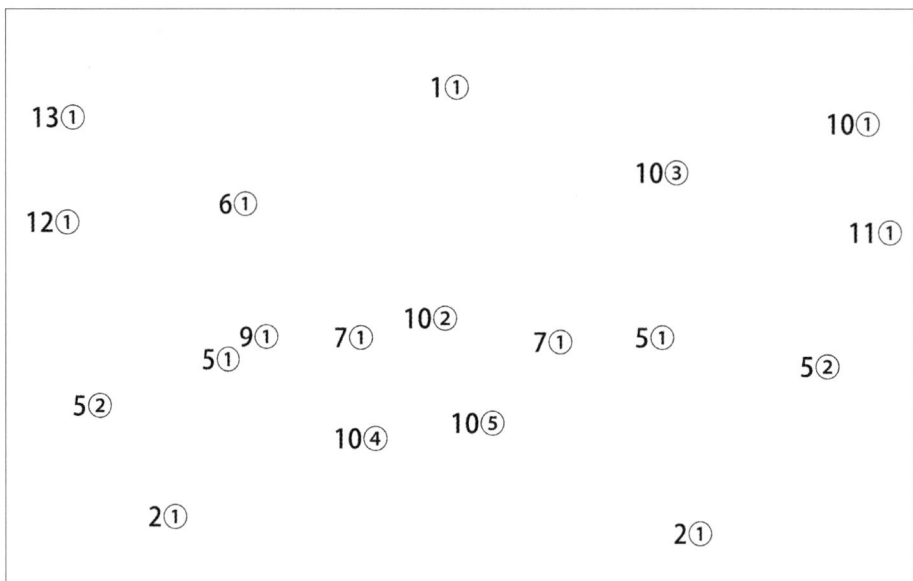

图 1-66　莫高窟晚唐第 138 窟主室东壁门南侧·维摩诘经变情节示意（自绘）

（图 1-65、图 1-66）

　　1①长者子宝积与五百长者子以七宝盖供养佛，佛使众盖合一，遍覆世界；

　　2①国王、大臣、长者、王等前来问疾听法，中原国王及侍从立于门北，其他诸王及王子等立于门南。文本依据见第 420 窟 2①；

　　5①文殊问疾，文殊居北，维摩诘居南；

　　5②文殊问疾之随行者。文本依据见第 420 窟 5②；

　　6①维摩诘从须弥相国借狮子座降临室内；

　　7①天女戏舍利弗，将舍利弗变为女身；

　　9①维摩诘和同侧天女皆右手食佛和中指上扬，象征不二法门；

　　10①化菩萨在香积世界顶礼香积如来；

　　10②化菩萨托钵飞离香积世界；

　　10③香积世界九万菩萨随化菩萨至维摩诘舍；

　　10④化菩萨献香饭；

　　10⑤化菩萨倾香饭；

11 ① 维摩诘掌擎大众至释迦佛所；

12 ① 维摩诘断取妙喜世界；

13 ① 疑似《法供养品》王子月盖听药王如来讲述法供养功德后，"解宝衣严身之具，以供养佛"①的画面。

中唐吐蕃统治时期及以后，敦煌石窟的维摩诘经变继续以分隔式对称为主，与北朝隋至唐前期相比，中唐以后图像的对称中心完全摆脱主尊佛像，开始以窟门中进出的人为新的对称中心。窟门作为分隔式对称中心的转变，一方面是唐前期维摩诘信仰中入世度人思想进一步发展的影响；另一方面，可能与维摩诘经变中毗耶离城城门图像与洞窟窟门建筑实体的结合有关。维摩诘经变中毗耶离城城门的图像被一分为二，分别绘于窟门两侧，赋予窟门进入毗耶离城的象征意义。从中唐至五代时期，维摩诘经变的主流绘制位置为主室东壁门两侧，五代与宋，主流位置开始向外转移至前室西壁门两侧，表明洞窟营建者对窟门作为毗耶离城入口象征意义的需求越来越强烈。

在图像内容结构上，从中唐吐蕃统治时期开始，经变中涉及的图像细节开始增多，主要为发生于文殊问疾前的相关内容，中唐及晚唐前期主要以屏风画的形式出现，作为经变主体画面的补充，晚唐后期及五代宋，细节性内容开始以补白的形式进入经变主体情节之间及上下的空隙之中，虽不作为主要表现内容，但使经变情节表现更为具体完整。与此同时，在经变具体情节的描绘上也较唐前期更为精细化。

上述中唐吐蕃统治以后敦煌石窟的维摩诘经变，在图像绘制的位置选择和内容结构方面出现的新变化，多数皆为敦煌所特有，不见于其他地区的维摩诘相关造像和图像。其出现的历史背景，应当是安史之乱以后，吐蕃自东向西占领河西地区，使敦煌在中唐凝聚了河西地区的人口和文化，因此，中唐以后敦煌石窟维摩诘经变的绘制已经在唐前期以来中原范式的基础上，开始逐步形成区域性特有的图像绘制传统，进入区域属性为主的新阶段，相关内容我们将在本文第三章进行具体说明。

---

① (后秦) 鸠摩罗什译：《维摩诘所说经》，《大正新修大藏经》第 14 册，第 556 页下。

小　结

本章主要对敦煌石窟中的维摩诘经变材料进行分类和分期整理。隋代维摩诘图像多数尚未形成经变，主要以维摩诘和文殊对坐或对立图像为主，在布局位置上继承了北朝以来的传统，位于佛龛周围，包括龛外两侧对坐或对立像、佛龛上方的对坐像等。唐前期13处维摩诘经变中，在洞窟内的位置布局上，2处位于西壁龛外两侧，5处位于西壁龛内两侧，2处位于东壁门两侧，3处位于北壁，1处位于前室南壁。佛龛周围仍然作为主要位置，表明北朝隋以来维摩诘图像布局位置在佛龛两侧的传统仍然具有强大的影响力。

维摩诘的居士身份是联系佛教界与世俗界的纽带，在信仰演进中属于较先受到影响的题材。这种影响在唐前期维摩诘经变中的表现较为明显，在外部空间布局受北朝传统影响的同时，图像内部结构则开始出现改造传统的创新，尤其在作为主流位置选择的西壁龛的布局类型，这种继承与改造的关系表现得更为具体。佛龛内两侧的5处维摩诘经变，统一采用背对主尊、面朝龛外的布局方式，体现出自北朝以来的维摩诘信仰在唐前期开始发生新的变化。图像的设计具有明显考虑观者观看或亲近观者倾向，维摩诘和文殊开始脱离作为尊像崇拜的信仰方式，进入到亲近世人或方便度人的新阶段。图像发展的背后，既有佛教史中大乘佛教发展的强力推动，也有魏晋南北朝以来门阀士族的衰弱和隋唐以后庶族社会的兴起，共同推进了佛教信仰和造像的发展与世人的距离。这一时期维摩诘经变的位置选择也出现东壁门两侧和北壁的做法，应当属于西壁龛内的布局更进一步努力脱离早些佛龛布局传统的体现。值得说明的是，唐前期维摩诘经变西壁龛内的外部空间布局和内部对称结构，共同对初唐第335窟的劳度叉斗圣变产生影响，使之在西壁龛内采取了维摩诘经变的二元对称构图。

中唐吐蕃统治时期的维摩诘变共有9处，多数集中出现于吐蕃统治后期。这一时期的变化主要有两个方面：一是外部空间布局方面，主室窟门南北两侧的布局方式迅速占据主流；二是内部结构开始进入早期的程式化阶段，维摩诘开始出现新的"标准像"，这种形象一直延续到维摩诘经变在五代宋西夏以后消失为止，文殊则在几种主要形象之间交替出现。中原地区现存的维摩诘经变传世绘画品，诸如故宫藏《维摩教演图》当中维摩诘和文殊的形象，也基本和敦煌中唐时期的维摩诘经变中的"标准像"一致。这表明中唐以后敦煌的维摩诘经出现的一些新变化,应当来源于中原地区。

晚唐以后敦煌维摩诘经变的发展基本继承了中唐时期的格局。在外部空间布局方面,直至五代仍然主要流行主室东壁门两侧或一侧的做法。在内部结构上,则由于晚唐时期劳度叉斗圣变的出现和流行,在图像结构方面对维摩诘经变产生影响。维摩诘经变形成对辩论前、中、后的三段式图像叙述方式,开始将辩论前的弟子品、菩萨品、方便品等内容大量绘于下层和边角位置,与劳度叉斗圣变的表现方式一致,这种新的图像结构持续影响了五代宋维摩诘经变的发展。

宋代维摩诘经变的内部图像结构虽然基本再无特别的变化,但在外部空间布局出现重大调整,维摩诘经变由此前流行的主室东壁窟门两侧,转移到前室西壁窟门两侧。这种布局方式在五代时期出现两例,至宋代则完全成为维摩诘经变绝对主流的布局位置。

不同时期维摩诘经变在洞窟建筑空间的变化,正是图像背后的相关信仰在不同时期的变化及其不断推进的结果。从唐前期到中晚唐至五代,维摩诘经变在洞窟的主流布局位置由洞窟主室西壁龛内两侧转移到东壁门两侧,实现了对称中心由龛内主尊佛像到窟门进出的人的转变,表明图像性质和相应信仰的核心部分已经由尊像崇拜转变为入世度人的居士形象。经变中毗耶离城门图像和窟门建筑的结合,使窟门具备进入毗耶离城的象征意义,以窟门为中心的分隔式对称可能因此广为流行。从五代再到宋代,主流绘制位置又由主室东壁门两侧向前室西壁门两侧转变,使维摩诘经变在洞窟中被观看的次序不断向窟外方向演进,反映了维摩诘相关信仰在构建洞窟营建思想的过程中,其与窟门结合构建起进入毗耶离城的意义,呈现不断强化的过程。

第二章 中原范式主导：北朝至唐前期敦煌石窟的维摩诘图像

维摩诘图像在敦煌石窟最早出现于莫高窟西魏第 249 窟，大规模流行则迟至隋代，继承了北朝时期中原石窟将维摩诘和文殊对坐像围绕龛外两侧布局的传统。隋代敦煌石窟的维摩诘图像在位置上流行绘于西壁龛外两侧，内容上则主要以维摩诘和文殊对坐图为主。隋唐交替，维摩诘图像的结构发生质变，正式实现了由维摩诘文殊对坐图向维摩诘经变的转型。唐前期的维摩诘经变在位置选择上继续处于中原造像传统的影响之下，仍然以西壁佛龛为中心，但同时也出现主室东壁门两侧和北壁等多种布局方式；在内容上，基本都出现至少三品或三品以上《维摩诘经》的内容，多数内容及构图方式都可从中原北朝时期造像碑的维摩诘经变中寻得踪迹。虽然唐都长安寺院中吴道子等名家绘制的维摩诘经变未能保留下来，但参照画史记载并结合敦煌与川渝地区维摩诘经变共性的对比，大体可以表明自北朝隋至唐代，维摩诘经变基本图像结构应当产生于长安，并分别对敦煌及川渝地区产生影响。

第一节 以佛龛为中心图像绘制位置的演变

北朝隋时期敦煌石窟维摩诘图像主要绘于洞窟西壁龛外两侧、龛上等处，基本属于中原造像传统的直接延续。入唐以后，维摩诘图像迅速增加内容、发展成为经变，虽然多数仍以西壁佛龛为中心进行绘制，但开始出现新的变化。以往关于唐前期维摩诘经变的相关研究主要集中于第 220、332、335、103 窟，对其他洞窟关注较少，尤其西壁龛内一组 5 个洞窟的维摩诘，堪称整个唐前期的主流布局位置选择，却长期受到非主流的对待。仅有贺世哲先生在对敦煌维摩诘经变的介绍中，将唐前期西壁龛外和龛内的布局方式称为"隔龛对坐式"和"同龛对坐式",①对后者的关注主要集中于画面空间的拓展。由于是整体介绍,关于构图及对坐的方向等问题并未明显涉及。滨田瑞美女士对初唐西壁龛内的这一组维摩诘进行了新的观察,发现第 68 窟西壁龛内维摩诘旁边有墨书榜题为"无垢称菩萨",第 341 窟维摩诘的榜题为"无□称菩萨",指出在西壁龛上所绘初唐时期的维摩诘经变受到了玄奘译本的影响。②

唐前期维摩诘经变主流布局类型是西壁龛内两侧的布局方式,其中维摩诘和文殊等相关画面全部背朝主尊面向龛外,表明图像开始以便于观者观看的方式设计,改变了维摩诘图像此前从属于洞窟主尊佛像的尊像崇拜传统,过渡为独立的图像主体。这种面向观者的独立性进一步发展的原因,则是洞窟东壁门两侧和北壁大幅维摩诘经变的出现,虽然数量较少,但已发展成一个独立的图像单元,承担洞窟整体功能的表达。唐前期这些变化背后的推动力,则是民众关于维摩诘信仰的变化,北朝隋时期以远离和欣赏为主的维摩诘信仰,在唐代开始转变为入世合俗的多层次信仰格局。自北朝隋至唐前期,敦煌维摩诘图像在位置选择方面的多种变化,即记录这种信仰转变过程的形象历史。

一、以西壁佛龛为中心向多元化开放格局的转变

自北朝隋至唐前期,敦煌石窟共绘制了 27 处维摩诘图像,有 19 处以主室西壁佛龛为中心进行绘制,西壁佛龛对于图像的位置选择具有很大的影响力,基本情形如下表:

表 2-1　北朝隋至唐前期敦煌石窟维摩诘图像位置分布一览

位置时代	龛外两侧	龛外上部	龛内两侧	东壁门两侧	北壁	前室
西魏		249				
隋	206、276、277、314、380、417、419、420	262、423、433				425
初唐	203、322		68、242、334、341、342	220	332、335	
盛唐				103	194	

数据来源:(1)敦煌研究院编:《敦煌石窟内容总录》,北京:文物出版社,1996 年。(2)实地调查。

① 贺世哲:《敦煌石窟全集·法华经画卷》,上海:上海人民出版社,2000 年,第 195 页。

② 滨田瑞美著,马歌阳译:《敦煌石窟壁画的窟内配置与图像研究》,《观念·技术·视野·视角——敦煌石窟研究方法论国际学术研讨会论文集》,敦煌:敦煌研究院,2018 年 10 月,第 43 页。

由上表所示，北朝至隋代的 14 处维摩诘图像中，有 12 处选择了洞窟西壁佛龛周围的壁面，其中 8 处位于佛龛两侧，4 处位于龛上，仅有 1 处位于北壁，1 处位于前室窟顶。这一时段维摩诘图像的位置选择有两大特点：一是围绕佛龛布局，接近主尊佛像；二是位置较高，在观看上以仰视为主。这两个特点都可以在北朝时期中原维摩诘造像的传统中找到其渊源。

唐前期敦煌石窟的维摩诘图像迅速在二元主角对坐的基础上增加多品内容，成为完整意义上的维摩诘经变，但在图像绘制的主流位置选择上，仍然保持了北朝隋代以来围绕佛龛布局的传统。初唐第 203、322 窟属于完全沿袭隋代绘于龛外两侧偏上部的传统，其他则更多是做出一定调整，将经变绘于西壁龛内两侧，共计出现 5 处，成为唐前期维摩诘图像的主流位置选择。除此之外，唐前期还有 2 处绘于东壁门两侧，3 处绘于洞窟北壁，采用了传统经变画的构图方式，以封闭的结构对各品内容进行排列。参考樊锦诗、刘玉权先生关于莫高窟唐前期洞窟的分期，唐前期这些绘有维摩诘经变的洞窟，第 203、322 窟被划入第一期，大致相当于唐代建立后的前五十年；第 220、332、335、68、242、334、341、342 窟都属于第二期，大致相当于 7 世纪后半叶左右；第 103 窟属于第三期，相当于开元十四年（726）以前；第 194 窟属于第四期，约相当于建中二年（781）敦煌陷蕃以前。[①]维摩诘经变在短期内形成以西壁龛内为主的众多布局方式，既是对隋以来继承中原造像传统的延续，也是唐初敦煌经变画多元尝试和创新的缩影。

二、维摩诘图像在佛龛内外布局方式的异同

虽然中原的维摩诘造像在隋以后处于近乎停滞的状态，但其既往造像传统仍然对敦煌石窟早期维摩诘图像的绘制产生着影响。北朝时期，维摩诘造像围绕佛龛的位置选择表明其与主尊佛像有密切关联，有学者指出可能是《佛国品》中佛说维摩诘事迹[②]或《菩萨行品》中维摩诘与文殊礼佛的场景，[③]这也为我们理解布局方式提供了方向。

① 樊锦诗、刘玉权：《敦煌莫高窟唐代前期洞窟分期》，敦煌研究院编：《敦煌研究文集·敦煌石窟考古篇》，兰州：甘肃民族出版社，2000 年，第 149、158、171、181 页。

②（日）水野清一、长广敏雄：《云冈石窟》第一卷，京都：京都大学人文科学研究所云冈刊行会，1952 年，第 39 页。

③ 张华：《云冈石窟中维摩诘和文殊菩萨造像的探讨》，《2005 年云冈国际学术研讨会论文集研究卷》，第 240 页。

就位置而言，这一时期以维摩诘文殊对坐为主要表现方式的造像或图像，多数位于佛龛周围较高处，和主尊佛像一样都与观者保持有明显的距离，观者在观看时处于仰视的状态，表明维摩诘相关形象的制作在功能上与主尊佛像及周围眷属较为接近，更注重表现尊像崇拜的意义。

唐前期这一题材由龛外向龛内转变时，图像的主体部分仍然同此前位于南北两侧上部，但对称方向发生了实质性变化。我们以西壁龛内布局维摩诘经变的代表作——第334窟（图2-1）为例进行说明，该窟维摩诘经变的对称方式改变了此前龛外两侧面向主尊的结构，维摩诘和文殊及相关情节全部各自朝向龛外。文殊居南，同侧绘以天女戏舍利弗为主要表现内容的观众生品，维摩诘居北，同侧绘表现不思议品的借灯王座和敬献

图2-1　莫高窟初唐第334窟西壁龛内·维摩诘经变

采自Aurel Stein, *Seridia*, Oxford: Oxford University Press, 1921, p.832, fig.212.

香饭的香积佛品等情节。同一类型布局方式的第 68、242、341、342 窟的维摩诘经变仅在情节内容方面有所删减，对称方向则一致朝向龛外。这种统一出现的新变化表明，唐前期维摩诘经变的绘制已经在继承隋代传统的基础上，开始做出了新的调整。

正壁佛龛由于供奉主尊佛像，成为石窟建筑空间中最重要的部分，主尊佛像既是佛龛的中心，也是洞窟空间所构建佛国的中心，因此佛龛内外各处图像的布局一般以主尊佛像作为唯一中心，诸如各类眷属造像、文殊普贤赴会，以及相关佛传故事画（图 2-2）等，在绘制时都具有明显主尊向心设计，将佛龛构建为以主尊佛像为中心的封闭空间。虽然佛龛内制作维摩诘相关图像在北朝中原地区就已出现，但都是面向主尊佛像展开，诸如云冈第 6 窟主室窟门上龛内的维摩诘和文殊对坐像（图 2-3），更多体现出的是作为主尊佛的胁侍者，共同接受观者礼拜的姿态，观者与龛内表现的主尊空间有明显的界限。

图 2-3　云冈石窟第 6 窟南壁窟门上龛内·维摩诘和文殊对坐像

采自 云冈石窟文物保管所主编：《中国石窟·云冈石窟》，北京：文物出版社，2016 年，第 111 页

图 2-2　莫高窟初唐第 329 窟西壁佛龛·佛传故事画

采自 数字敦煌：https://www.e-dunhuang.com

　　不同于前述佛龛中以主尊为向心的封闭空间，敦煌初唐维摩诘经变出现西壁龛内布局的类型以后，作为佛龛壁画主要内容的方便品、观众生品、香积佛品等所有情节都围绕二元中心朝向龛外布局，产生了分化主尊佛像中心地位的力量，佛龛原有的封闭空间也被这种结构打破。由于这一时期洞窟主龛的形制多呈敞口半圆形，维摩诘和文殊及相关情节出于实现二元对称的内在要求，存在将佛龛的半圆形壁面向前延伸的意味，在空间上似乎形成能将观者纳入画中世界的新型开放性结构。（图 2-4）这种开放型结构的出现，表明维摩诘经变的整体设计开始尝试拉近维摩诘、文殊与观者的距离，也因此改变了北朝以来二元主角高高在上的局面，其之于观者的参与，抑或互动意义是不言而喻的。

　　在西壁龛内布局类型的开放型结构中出现的新变化，也同样体现在这一时期维摩诘经变东壁门两侧和北壁的布局类型。东壁和北壁绘制的维摩诘经变全部以整壁大幅画面出现，较西壁龛内的布局类型更进一步，彻底摆脱类似主尊胁侍的尊像性质，开始以独立的主体图像出现于洞窟当中，可以更好地满足观者的观看和互动需求。这种需求的持续存在，可能就使维摩诘经变的制作逐步摆脱佛龛空间的束缚，为下一个阶段其他布局类型的流行奠定基础。

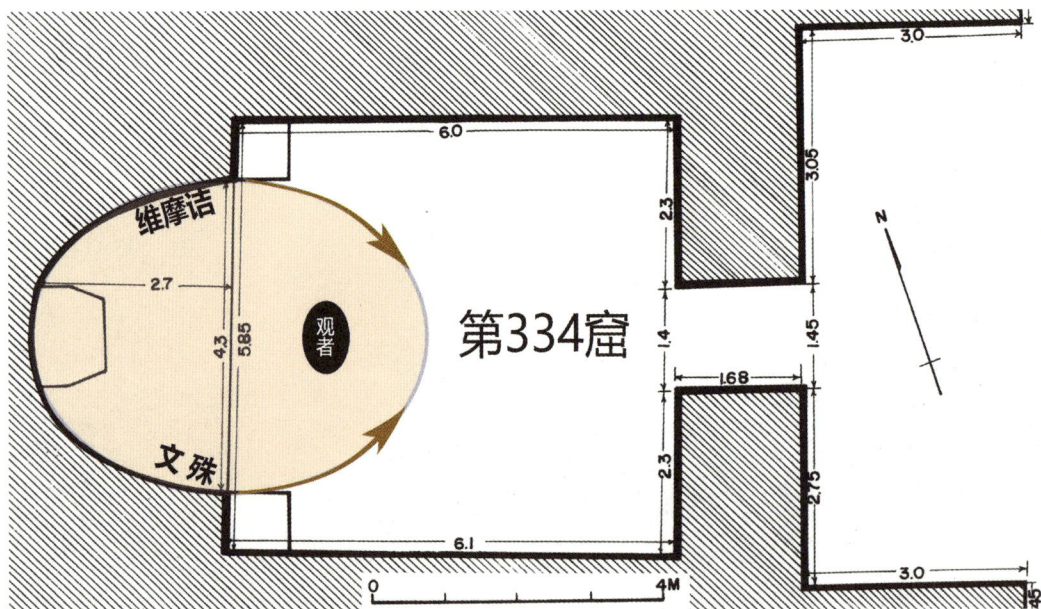

图 2-4　莫高窟初唐第 334 窟平面结构图·维摩诘经变与观者关系示意图

三、图像绘制位置的变化与维摩诘信仰的变迁

自北朝隋至唐前期，敦煌维摩诘图像的绘制布局大体保持在西壁佛龛周围的框架内。唐前期作为主流的西壁龛内布局类型，在图像结构上采用面朝龛外的对称方式，这种变化与东壁、北壁等多元化布局类型共同出现，反映出隋唐交替以后，人们对维摩诘图像的理解出现新变化。这种变化的原因无疑是图像背后维摩诘信仰的变迁，维摩诘形象由北朝隋高高在上的尊像身份，到唐前期逐步转变为入世度人的居士。

虽然《维摩诘经》本身以表达维摩诘作为居士的身份，教化世俗人士、声闻及菩萨等众，并将不可思议解脱、不二法门及相关各种净土思想等作为其信仰的主体内容，但这些内容在唐以前的造像和图像中并未受到重视，主体内容仍以佛龛周围的维摩诘和文殊像为主要内容。这种象征性表现方式，应当与魏晋时期维摩诘信仰重在与玄学结合，并未深刻融入世俗生活。

东汉时期牟子避世时即"锐志于佛道，兼研《老子》五千文……玩《五经》为琴簧"。[1] 僧肇也重视用魏晋时期流行的老庄玄学和归隐思想探讨维摩诘精神中的远离思想，称："远离，无为之别称耳。虽见无为，远离之要，而身心不离有为善也。"[2] 在这些思想的引导下，人们对维摩诘精神的理解主要停留于欣赏的层面。东晋高僧支遁《维摩诘赞》描述维摩诘为："维摩体神性，陵化昭机庭。"[3] 南朝陈时，张君祖诗中提及维摩诘："众妙常所晞，维摩余所赏。"[4] 正是这种欣赏和敬仰感情的表达。这些精神反映在维摩诘相关造像中，可能就将之列于主尊佛像的胁侍或龛外位置，和龛内诸像高高在上、共同接受人们的敬仰和供奉。

隋唐以来，随着科举取士的制度化和普遍化，文人阶层的开放性和流动性大为增强，精神文化也因此较以往更加繁荣和开放。唐人对于维摩诘精神的认同已经远不同于魏晋时期的士人，随着大乘思想在民间数百年的流传，佛教与民众的距离大为缩短。在对维摩诘精神的推崇上，不同于魏晋以来的欣赏，开始出现自名或自比维摩诘的现象，

---

① （东汉）牟子：《理惑论》，（梁）僧佑编撰：《弘明集》，《大正新修大藏经》第52册，第1页中。
② （后秦）僧肇撰：《注维摩诘经》，《大正新修大藏经》第38册，第408页下。
③ 张富春：《支遁集校注》，成都：巴蜀书社，2014年，第439页。
④ （南朝陈）张君祖：《答庾僧渊诗》，（唐）道宣编撰：《广弘明集》，《大正新修大藏经》第52册，第359页下。

诗人王维字摩诘，即其中的体现之一。李白也自比维摩诘："青莲居士谪仙人，酒肆藏名三十春。湖州司马何须问，金粟如来是后身。"①白居易亦是如此："还如病居士，唯置一床眠。"②这些自比和取名维摩诘的行为，展现出入唐以来维摩诘精神比魏晋时期更加入世的一面。这种入世精神传达至图像中时，在空间上则表现为充分利用洞窟建筑的空间对称结构，更加注重观者的感受，将维摩诘经变的图像用面向观者对称的方式布局，尝试让观者进行互动和容纳。隋唐交替以后，敦煌石窟的维摩诘图像开始出现不同于北朝和隋代传统的新面貌，其重要推动力可能正在于此。

北朝隋至唐前期是大乘佛教迅速发展的重要时段，基于这一土壤发展起来的维摩诘信仰越来越朝向入世合俗的格局发展，并由此推动了维摩诘造像布局位置的变化。北朝时期以围绕佛龛主尊为主的尊像崇拜思想，入唐以后开始逐渐摆脱佛龛，发展成位置多元、较为独立、面向大众、表达多重思想的大幅经变。唐前期半数以上维摩诘经变的绘制仍然选择了佛龛周围的空间，映射出维摩诘信仰中入世合俗的特质在敦煌尚处于初步发展的阶段，整体格局仍在此前中原固有传统的主导之下。

第二节　北朝隋至唐前期敦煌维摩诘图像的构成与发展

由于图像对事物的描述方式不同于文本，既可以如文本一样，以线性时间的方式对情节进行排列叙述，也可以利用自身的平面空间特点，成为自成体系的共时性空间化叙述格局，进行多元化的内容表达。维摩诘经变自隋至唐前期，逐渐在二维平面上形成了空间化的叙事结构，将性质类似的情节设于图像中意义相近的位置，以维摩诘和文殊对坐的方丈室内为中心，形成了表现世俗世界的维摩诘室内（文殊师利问疾品、观众生品、不思议品、香积佛品）、室外（方便品、弟子品、菩萨品）和表现诸佛国土的上方世界（佛国品、不思议品、香积佛品、菩萨行品、见阿閦佛品、法供养品）等相关内容。以往研究者对这些图像细节的梳理往往以各个情节为单位，进行各自纵向时间线索梳理，割裂了不同情节之间的关联度。另外，还有一些画面的绘制可能结合了数品经典的内容，诸如

---

① （唐）李白：《答湖州迦叶司马问白是何人》，郁贤皓校注：《李太白全集校注》，南京：凤凰出版社，2015 年，第 2266 页。

② （唐）白居易：《北院》，谢思炜撰：《白居易诗集校注》，北京：中华书局，2006 年，第 1818 页。

《佛国品》和《菩萨行品》的画面，在以往的研究中常常被分开看待，则出现非此即彼的分歧，弱化了对画面情节之间联系的考查。因此，我们尝试对不同时期维摩诘图像中上述三个版块内部，以及版块之间关联度的演变过程进行梳理，可能有助于更好地认识维摩诘图像在不同时空的发展演变过程。

一、毗耶离城方丈室内

《维摩诘经》主要情节的发生地都是维摩诘舍的方丈室内，以维摩诘和文殊对坐画面为中心内容，自北朝时期中原的云冈和龙门石窟至隋唐以后敦煌及川渝等地，《维摩诘经》相关的造像都是以方丈室内维摩诘和文殊对置为主要表现形式。我们根据图像内容结构的变化特点，将这些内容分为北朝隋和唐前期两个大的时间段，对维摩诘方丈室内的图像内容进行梳理。

1. 图像中毗耶离城与方丈室内的空间变换

北朝隋代维摩诘图像在整体结构上并没有关于毗耶离城或者方丈室内相关内容的

图 2-5　莫高窟隋代第 423、433 窟西壁龛楣上方·维摩诘图像

采自 贺世哲：《敦煌石窟全集·法华经画卷》，上海：上海人民出版社，2000 年，第 193 页

表现，维摩诘和文殊各于一歇山顶式的小殿内隔龛对坐，座下听法者和化菩萨飞下及持钵复命的画面等，即使出现如第 423、433 窟绘于龛上的维摩诘图像（图 2-5），也仍然将中间绘上佛说法图等内容将二元主角分割开来。

唐前期大幅维摩诘经变出现以后，维摩诘和文殊开始在画面内处于一个相对独立的空间，但如果观察这种空间边界的表现方式，可以发现维摩诘和文殊辩论的发生地点并非在维摩诘舍的方丈室内，而是在近似旷野之中的毗耶离城。以莫高窟初唐第 332 窟北壁的大幅维摩诘经变为例（图 2- 6-1、图 2- 6-2），维摩

图 2- 6-1　莫高窟初唐第 332 窟主室北壁·维摩诘经变

图 2-6-2　莫高窟初唐第 332 窟主室北壁·维摩诘经变

采自 *Visualizing Dunhuang*: The Lo Archive Photographs of the *Mogao and Yulin Caves*, Edited by Dora C. Y. Ching, Vol.4, New Jersey: Princeton University Press, 2021, pp.220–221.

诘位于帐下，文殊一方则完全在旷野之中，背景全然为青绿山峰。这些山的出现可能与文殊相关的五台山信仰有关，并常见于后来的文殊变。潘亮文女士指出，中唐时期文殊作品对山水云彩的表现较以往更为丰富多样，或有隐喻文殊道场五台山之意。[①]敦煌石窟文殊变背景中山水图应当最早见于莫高窟盛唐第172窟（图2-7）。在此之前的文殊变，

图 2-7　莫高窟盛唐第 172 窟主室东壁门北侧·文殊变

采自数字敦煌：https://www.e-dunhuang.com

---

① 潘亮文：《敦煌唐代的文殊菩萨图像试析》，《敦煌研究》2013 年第 3 期，第 101 页。

图 2-8　莫高窟初唐第 220、331 窟主室西壁龛外·文殊变

采自 数字敦煌：https://www.e-dunhuang.com；段文杰、樊锦诗主编：《中国敦煌壁画全集·初唐卷》，第 126 页

诸如初唐时期莫高窟第 220、331 窟西壁龛外的文殊变（图 2-8）等，并不甚重视背景的表现。因此，唐前期敦煌大幅维摩诘经变中在文殊背后出现的山峰，虽然在内涵上可能是借用了文殊信仰中五台山崇拜的思想，但在具体的表现方式上应当是首创，并在此后影响了文殊变背景中山水图像的绘制。

　　唐前期由早到晚的大幅维摩诘经变，诸如第 220、332、335、103、194 等窟，文殊菩萨身后基本都是以山为背景，维摩诘的身后多为帐幔所遮挡，至多像第 335 窟后面出现若干树作为装饰。经变中这些山峦的出现，既与文殊信仰的背景相吻合，又是作为画面内部不同空间的分割带，将维摩诘和文殊辩论的场地与经变中的其他情节做了有效隔离。

图 2-9　莫高窟初唐第 335 窟主室北壁·维摩诘经变

采自 段文杰、樊锦诗主编：《中国敦煌壁画全集·初唐卷》，第 102 页

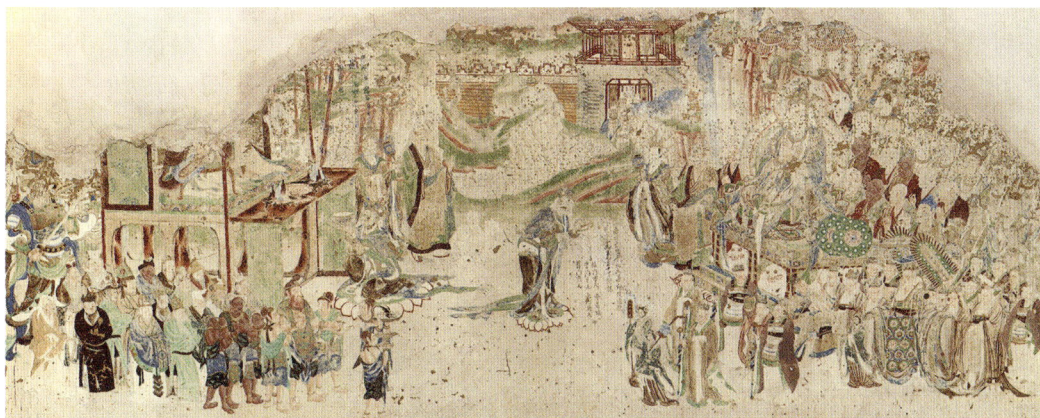

图 2-10　莫高窟盛唐第 194 窟主室北壁·维摩诘经变

采自 数字敦煌：https://www.e-dunhuang.com

　　除了山林以外，建筑图像也起到了类似界面分割的作用。唐前期维摩诘经变对建筑的表现不多，仅在第 335 窟北壁的维摩诘和文殊之间，有一段较为规整的图案（图 2-9），应当为简化的城墙类建筑，墙体一直向东（右）延伸并越过维摩诘帐幔的遮挡，也成为画面分割的重要表现方式。类似的墙体表现方式至盛唐第 194 窟北壁的维摩诘经变（图 2-10）则更为完善，同一位置被画上了更为具体的城墙和门楼，并有人源源不断进来，

明确表示维摩诘和文殊辩论的场地是在城中，而非室内。

　　虽然《维摩诘经》中明确记述，文殊问疾是发生在毗耶离城中维摩诘舍的方丈室内，但唐前期敦煌维摩诘经变的这种变化，应当是借用了《不思议品》中"不可思议解脱"的概念，将之融入文殊菩萨率众问疾的场景之中。《维摩诘经·不思议品》的核心思想即向诸人解说不可思议解脱法门，其要旨在于菩萨住不可思议解脱以后，可以实现空间和时间的随意变换。维摩诘向与会大众展现不可思议解脱的方式是向须弥灯王借狮子座：

　　　　"于是长者维摩诘现神通力，实时彼佛遣三万二千师子座，高广严净，来入维摩诘室，……其室广博，悉皆包容三万二千师子座，无所妨碍。于毗耶离城及阎浮提、四天下，亦不迫迮，悉见如故。"①

　　因此，唐前期的维摩诘经变中将文殊率众问疾的场景表现为包含山峦、树木、城墙、城门等要素的环境，正是"其室广博"可以容纳毗耶离城及阎浮提、四天下等内容的具象表现。作为经变的核心内容，维摩诘和文殊对坐画面虽被描绘在毗耶离城中，但实际仍是在维摩诘住所的方丈室内，这种变通既是表现《文殊师利问疾品》中文殊率众问疾，又是表现《不思议品》中不可思议解脱法门的重要方式，因而对经变中后者内容的认定，不应该仅仅定格于画面中维摩诘上方正在飘下的狮子座或须弥相国等表象内容。

　　2.由尊像崇拜向入世度人信仰过渡的人物表现

　　维摩诘图像中的人物主要包括维摩诘文殊这一对主角以外，还有数量众多的听法者，后者又可以细分为天人和世俗人士两类。自隋至唐，这两类人物的表现方式虽然各异，但都呈现出共同的脱离偶像崇拜，向世俗化发展的倾向。

　　（1）隋代

　　在二元主角方面，隋代图像中的维摩诘常手执麈尾坐于矮榻上，有时身前出现几案，身体向前微倾；文殊则多着菩萨装，有飘带，趺坐于矮榻之上，仅第419窟坐于束腰须弥座上，《维摩诘经·不思议品》中的狮子座概念尚未影响到图像的绘制。整体而言，这一时期对二元主角的表现方式并不甚注重细节，仅是在衣着方面维持着大体的造像法度。

　　二元主角座下的听法者中，有头的天人多数为站姿，立于文殊一侧，仅第380窟跪

---

① （后秦）鸠摩罗什译：《维摩诘所说经》，《大正新修大藏经》第14册，第546页中。

于文殊一侧（图 2-11），各别立于维摩诘一侧；世俗世界的无头光僧人和俗人多数为跪姿，一般位于维摩诘一侧（图 2-12），文殊一侧相对较少，仅第 314 窟为相对对称的状态。

此外，隋代维摩诘图像中还出现了《香积佛品》中化菩萨从上飞下和持钵复命的画面，但仅见于莫高窟第 419、314 两窟。第 419 窟相对较为明显（图 2-12），画面分为两个部分：在西壁龛外北侧维摩诘上方，有一天人自上而下飞行；在维摩诘座前，有一人持钵而立，其上方仍绘有一朵向下运动的云彩。这两个画面组合起来应当表示化菩萨从香积佛处化香饭归来和复命的场景。经变舍去了《维摩诘经·香积佛品》更为侧重表达香积世界的内容，表明这一画面的设定是以维摩诘和文殊所在的方丈室内为唯一中心。

图 2-11　莫高窟隋代第 380 窟西壁龛外两侧·维摩诘经变

图 2-12　莫高窟隋代第 419 窟西壁龛外两侧 · 维摩诘经变

采自 敦煌研究院主编：《敦煌石窟艺术 · 第 419 窟》，南京：江苏美术出版社，1996 年，第 122—124 页

以上特征表明，这一时期维摩诘图像主要以维摩诘和文殊为中心内容，二元主角周围的听法者都处于次要地位，仅从衣着可辨别其为天人、僧人或俗人的身份，个体之间并未做差异化描绘。另从世俗世界人士多为跪姿的表现方式来看，同为听法者，世俗人士的地位等级远低于天人，二者之间一般都有明显的界限区分。反映出这一时期维摩诘图像的绘制重在强调维摩诘和文殊作为偶像崇拜的身份，而世俗人士在维摩诘一方居多，也表达了与维摩诘相关的居士佛教思想，但应处于从属地位。

（2）唐前期

作为维摩诘经变的最核心主角，方丈室内的维摩诘和文殊在初唐迅速形成了较为固定的标准坐姿。维摩诘通常坐于榻上，身体向几案的一侧倾斜，靠近几案一侧的手执麈尾，另一手置于膝上。受图像对称设计的影响，这一坐姿大体又可分为两种：第一种是当经变绘于同一个平面时，诸如洞窟南北壁或东壁，以莫高窟初唐第 335 窟北壁的维摩诘经变为例（图 2-13），几案一般位于画内空间靠内一侧，维摩诘身体的倾斜方向面对中轴线，朝向文殊和观者，执麈尾的手也全部位于内侧；第二种是维摩诘和文殊所绘位置在有弧度的佛龛南北两壁，以莫高窟第 334 窟为例，由于该类布局的维摩诘经变将对称方向调整为朝向龛外，维摩诘身体的倾斜方向开始背对中轴线，朝向龛外的观者，几案被转移到画内空间的靠外侧，执麈尾的手仍然位于几案的一侧。维摩诘的姿态根据绘制位置所做的调整，都是为了使观者尽量全面地看到维摩诘的面貌。

文殊菩萨的形象则略为多元，整体都是跌坐于较为宽广的方形束腰须弥座上，面向观者和维摩诘。文殊的手姿和持物在不同的洞窟位置略有分别：当位于西壁龛内两侧时，则面向龛外，右手上举类似无畏印，左手置于腹前类似禅定印，但第 334 窟是例外，文殊为双手合十；当位于洞窟北壁时诸如第 332、335 窟，文殊为双手合十状；位于洞窟东壁时诸如第 220、103 窟，文殊则左手前伸，食指和中指上扬，应当表示不二法门之意，右手持长柄如意靠于右肩。最后一种文殊右手持长柄如意并靠于右肩的表现方式（图 2-14）与第 172 窟文殊变中文殊的形象颇为相似

图 2-13　莫高窟初唐第 335 窟北壁

维摩诘经变·维摩诘形象

采自 段文杰、樊锦诗主编：《中国敦煌壁画全集·初唐卷》，第 102 页

图 2-14　莫高窟初唐第 220 窟主室东壁门两侧
维摩诘经变·文殊形象

采自 数字敦煌：https://www.e-dunhuang.com

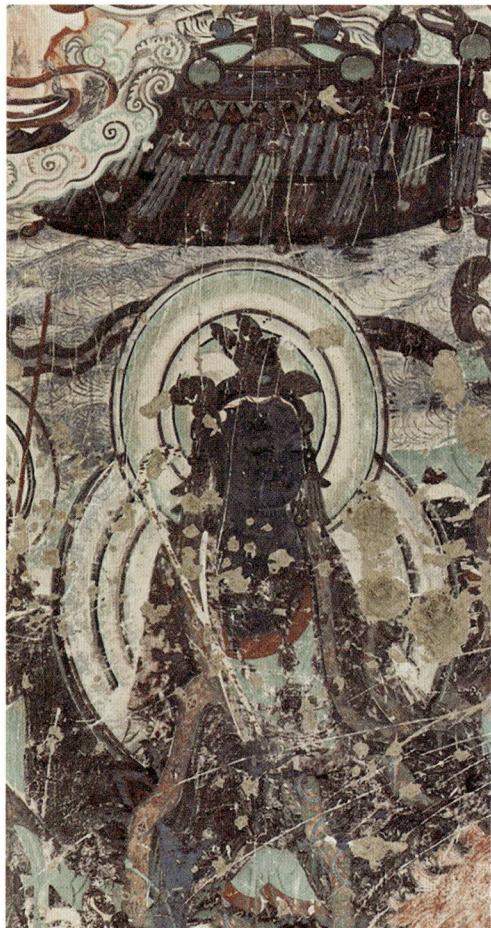

图 2-15　莫高窟盛唐第 172 窟主室东壁门
北侧文殊变·文殊形象

采自 数字敦煌：https://www.e-dunhuang.com

（图 2-15），二者之间应该存在直接影响。结合前文关于文殊背景中山峰的出现，虽是受文殊五台山信仰的影响，但在图像上可能影响了文殊变绘制的分析，我们认为，维摩诘经变中文殊持长柄如意的做法可能也对后来的文殊变产生了影响。

在二元主角的周围，文殊问疾的随行人员和下方听法的世俗国王、王子，应当是自隋入唐以后，维摩诘经变方丈室内变化最大的部分。隋代维摩诘图像中，仅对这两种身份的听法者进行大体区分，前者多为立姿，后者多为跪姿，以表明二者之间的差距。唐代维摩诘经变在这一方面发生了两个重要变化：一是细化了每个听法者个体身份特征的描绘。二是将世俗听法者全部以站姿绘出，在一定程度上缩小了世俗人士与天人的距离。

由于包括各类菩萨、弟子、释梵天王在内的天人都是随着文殊师利问疾而来，因此在画面的表现上，文殊的后方常常站满了各种身份的菩萨弟子等，维摩诘身后则相对较为冷清，一般仅有数位天王力士装束的人物。虽然画面整体以二元对称的方式设计，但在具体情节排列上，维摩诘一方的人物数量明显少于文殊一侧。在天人个体身份的表现方面，天王力士等护卫者的特征被绘制得更为细致：天王力士一般为四人，皆穿铠甲，并在手中出现明确可以辨识的持物。在第335窟北壁，有持短剑者、托塔者（图2-16），第220窟东壁有持三叉戟托塔者等（图2-17），其余则多不可辨识。

图2-16　莫高窟初唐第335窟主室北壁维摩诘经变·天王形象

采自 段文杰、樊锦诗主编：《中国敦煌壁画全集·初唐卷》，第102页

图2-17　莫高窟初唐第220窟主室东壁门北侧维摩诘经变·天王形象

采自 数字敦煌：https://www.e-dunhuang.com

　　除天王以外，手托日月的四臂阿修罗形象也较易于辨别，在莫高窟第332、335、220、334 等窟都有出现。鸠摩罗什译《维摩诘所说经·文殊师利问疾品》关于文殊问疾的随行者的身份仅记述为"诸菩萨、大弟子、释、梵、四天王等。"①关于其具体身份的表述，则可追溯到《佛国品》前来礼佛听法的三万二千菩萨和释梵天王等诸天。天王和阿修罗等护卫者形象的特别描绘，且一般与其他天人保持一定距离，可能一方面是将其作为《文殊师利问疾品》中文殊问疾的随行者，另一方面也因为《嘱累品》中四天王发下誓愿，护持解说、诵读《维摩诘经》者：

　　　　"尔时四天王白佛言：世尊！在在处处、城邑聚落、山林旷野，有是经卷、读诵解说者，我当率诸官属为听法故，往诣其所，拥护其人，面百由旬，令无伺求得其便者。"②

　　世俗听法者的相关叙述并未在《文殊师利问疾品》中出现，仅见于《方便品》，记载国王大臣、长者居士前往维摩诘处问疾，与文殊问疾无关：

　　　　"其以方便，现身有疾。以其疾故，国王大臣、长者居士、婆罗门等，及诸王子并余官属，无数千人，皆往问疾。其往者，维摩诘因以身疾广为说法。"③

　　因此，维摩诘经变中出现的国王、大臣等形象，是将《方便品》内容融入《文殊师利问疾品》而来。这些画面并非敦煌地区的创造，基本的构图范围应当来自中原地区，相关内容我们将在本章第三节基于敦煌与川渝维摩诘经变的比对，对隋至唐前期敦煌维摩诘经变中体现的中原范式进行具体说明。整体而言，这一图像可能既是唐代中原与其他番邦诸国友好往来的历史反映，也是大乘佛教思想和维摩诘信仰不断深入世俗信众观念的体现，使图像中的世俗诸人最终和天人共同围绕在维摩诘和文殊周围听法。

　　除上述画面以外，方丈室内还表现的画面有《观众生品》中天女散花戏舍利弗的情节，以及《香积佛品》中化菩萨持钵复命和倾倒香饭的场景，但相对变化较少，此处不做重点说明。

　　整体而言，隋代维摩诘和文殊作为类似主尊胁侍者的身份接受偶像崇拜，入唐以后则开始摆脱主尊的约束，甚至在佛龛内的布局中采用背对主尊面朝龛外的方式，以缩小

---

① (后秦) 鸠摩罗什译：《维摩诘所说经》，《大正新修大藏经》第 14 册，第 544 页上。

② (后秦) 鸠摩罗什译：《维摩诘所说经》，《大正新修大藏经》第 14 册，第 557 页中。

③ (后秦) 鸠摩罗什译：《维摩诘所说经》，《大正新修大藏经》第 14 册，第 539 页中。

与信众的距离，这反映出图像的整体设计开始越来越明显地考虑画面外观众的观看效果。与此同时，维摩诘和文殊周围听法的天人和世俗人士之间的界限开始被打破，加上世俗人士的姿态由此前跪立向站立的转变，反映出维摩诘和文殊与信众的距离被不断拉近。与此相应的则是隋代维摩诘图像中重视的维摩诘和文殊的偶像崇拜功能被不断弱化，代之以强调维摩诘信仰中有关居士佛教和入世度人的相关思想成为主流。

二、方丈室外

此处对方丈室外范畴的界定，一般主要限于维摩诘经变画面的中下部二元主角所在区域以外范围，主要包括《维摩诘经》的《方便品》《弟子品》和《菩萨品》相关内容。

自北朝隋至唐前期，维摩诘经变对方丈室外情节的绘制相对处于弱势地位。唐以前的维摩诘图像中尚未出现方丈室外的任何情节，入唐以后，这些情节的绘制也仍然相对较少，大体处在可有可无的地位。整个唐前期的 13 处维摩诘经变中，仅第 334、103 窟绘制了内容较为明显的《弟子品》中维摩诘训诫声闻弟子或《方便品》中维摩诘度人的相关的内容。

第 334 窟西壁龛内的维摩诘经变中，《弟子品》绘于画面下部，在龛内塑像间缝后的壁面上，穿插绘制了维摩诘分别训诫舍利弗宴坐的方法（图 2-18-1）、迦叶乞食的方法和须菩提接受食物的方法等情节。相比之下，《观众生品》中天女散花

图 2-18-1　莫高窟初唐第 334 窟维摩诘经变弟子品·舍利弗宴坐

采自 贺世哲主编：《敦煌石窟全集·法华经画卷》，第 201—202 页

图 2-18-2　莫高窟初唐第 334 窟维摩诘经变
观众生品·天女散花戏舍利弗

图 2-18-3　莫高窟初唐第 334 窟维摩诘经变
香积佛品·化菩萨献饭

戏舍利弗（图 2-18-2）和《香积佛品》中化菩萨献饭（图 2-18-3）和倾饭的画面则都绘于龛内靠近外侧的位置，表明《弟子品》的绘制在此时并不受重视。

第 103 窟东壁门两侧的维摩诘经变中，《方便品》绘于听法诸王画面的下方，文殊一侧的脱落较严重无法辨识，维摩诘一侧绘了两个画面，左侧（北）为二人跪于维摩诘前，右房舍内二人在榻上跪于维摩诘前（图 2-19），这些画面应当都是表现《方便品》中维摩诘在酒舍、宫廷等处，度化婆罗门、大臣、长者和宫女等人物的场景。

除上述两个洞窟以外，在中唐吐蕃统治以前，敦煌石窟的维摩诘经变中基本再未对方丈室外的情节进行过多表现，表明这一时期维摩诘经变虽然出现前文所述缩小天人与世俗人士的距离、图像结构的设计考虑观看效果等方面的努力，但在具体涉及维摩诘与

图 2-19　莫高窟盛唐第 103 窟维摩诘经变方便品·维摩诘度人情节

采自 数字敦煌：https://www.e-dunhuang.com

世俗人士发生关系的《方便品》等相关内容，还未做出实质性的尝试。

三、诸佛国土

　　唐前期维摩诘图像中出现的诸佛国土主要有《佛国品》《菩萨行品》中涉及的释迦牟尼佛土、《不思议品》中的须弥相国、《香积佛品》中的众香国，以及《见阿閦佛品》中的妙喜国四大佛土。这些佛土在图像中一般位于维摩诘方丈室内的上方区域，以山峦、树木、城墙等物为界，和方丈室内的情节分割，界限一般较为明显。

1.《佛国品》《菩萨行品》的融合与释迦牟尼佛土的绘制

　　释迦牟尼佛土仅指代经中所言释迦佛所在的"毗耶离城菴罗树园"。唐前期的《维摩诘经》中共三品内容完全与此有关，首先为《佛国品》中宝积及五百长者子各持七宝盖礼佛，佛令诸盖合一，遍覆三千大千世界；其次为《菩萨行品》中文殊问疾结束以后，建议礼佛，维摩诘以神力将大众、狮子座置于右掌，前往释迦佛所；最后即《法供养品》中释迦讲述转轮王宝盖供养药王如来或王子月盖向药王如来作法供养誓愿的情节。敦煌石窟直到唐前期的维摩诘经变中才开始出现释迦牟尼佛土，但仅涉及前述三品中《佛国

图 2-20　莫高窟初唐第 335 窟主室北壁维摩诘经变·佛国品、菩萨行品

采自 段文杰、樊锦诗主编：《中国敦煌壁画全集·初唐卷》，第 102 页

品》和《菩萨行品》两个部分，主要见于莫高窟第 332、335 和 103 窟。

　　由于释迦佛土是《佛国品》和《菩萨行品》的交集所在，因此在图像中这两品的内容一般绘于相邻的位置。我们仍然以保存状况较好的第 335 窟（图 2-20）为例，这一组画面分为两个大的部分，左侧画面中释迦跌坐于中央为众菩萨弟子所围绕，左侧下部有五人各举宝盖仰面向佛，整体表现的是佛与弟子、菩萨住于菴罗树园，宝积及五百长者子持七宝盖礼佛并供养的场景；右侧画面的主体为云朵上二人对坐，周围簇拥有众多听法者，云朵左下方绘有维摩诘，表示诸人为其所携而来，整体表现的是文殊问疾结束以后，维摩诘掌擎大众至释迦佛所礼佛。

　　这两部分情节中，由于《佛国品》中五百长者子和《菩萨行品》中维摩诘掌擎大众的共性在于礼佛，因此图像中将两处礼佛场景绘于同处，采用了异时同图的表现方式。以释迦佛为中心，左侧表示《佛国品》诸长者子持宝盖礼佛，右侧表示维摩诘掌擎大众至佛所后"到已着地，稽首佛足，右绕七匝，一心合掌，在一面立"①的场景。整体而言，虽然画面可以区分为两个部分，但又不存在明显的界限划分，因此，应当在图像中置于同处进行分析。

需要稍加说明的是，以往研究者对这两处画面通常做独立看待，可能造成了一些误读。何剑平先生指出，维摩诘经变的《佛国品》画面下方出现的维摩诘形象，并非依据《维摩诘经·佛国品》绘制，因为经典中这一部分并未出现维摩诘相关的情节，而应当是受《维摩诘经讲经文·佛国品》新增相关内容的影响。所依据内容为：俄藏φ.101《维摩碎金》中增加维摩诘教化长者子宝积的情节：

> 居士已作念了，便入王宫。见宝积逐乐追欢，方便发言呵责，令厌奢华，交归三宝。

S.4571《维摩诘经讲经文》中增加维摩诘与五百长者子至菴罗树园礼佛的情节：

> 尔时居士种种说法，教化王孙，令往庵园，礼佛听法。当时五百王子宝积等，请居士同去……

这些内容皆为《维摩诘经》所不载，因而经变的《佛国品》中同时出现持七宝盖的长者子和维摩诘的形象，即讲经文对图像绘制的影响。②卢少珊女士也指出，由于经典《佛国品》中维摩诘尚未登场，因而其出现于经变的《佛国品》中是由于初唐以来俗讲盛行，相关的讲经文和变文中衍生的内容影响了经变绘制，维摩诘与长者子共立于释迦佛前，应当是表示五百长者子曾受维摩诘教化后礼佛听法的内容。③

S.4571《维摩诘经讲经文》在该部分情节讲述时，维摩诘在与五百长者子同行出毗耶离城以后，即以病推辞，请长者子自行前往释迦处："居士曰：汝等五百弟兄，但往庵园礼佛听法，吾缘染患，寸步难移，遂即将别。"因此，维摩诘并未与长者子共至释迦说法处，在文本层面应当不能构成图像绘制的依据。另一方面，俗讲在中原开始流行的时间一般认为是在9世纪初，向达先生对唐代俗讲发展进行过基本的梳理，指出俗讲一词不见于唐以前的记载，唐代最早为《酉阳杂俎》中关于元和年间（806—820）俗讲僧文溆的事迹。④此后日本僧人圆仁在《入唐求法巡礼行记》中屡次提及俗讲活动："会昌元

① （后秦）鸠摩罗什译：《维摩诘所说经》，《大正新修大藏经》第14册，第553页中。
② 何剑平：《中古中国维摩诘信仰研究》，成都：巴蜀书社，2009年，第854—855页。
③ 卢少珊：《佛教寺院维摩诘经图像研究》，清华大学艺术学博士学位论文，2014年，第43—44页。
④ 向达：《唐代俗讲考》，《燕京学报》第16期，1934年，第122页。

年（841）长安城左、右街七寺开俗讲。……会昌二年五月开俗讲，两街各五座。"①北宋钱易《南部新书》记载唐代约大中年间（847—860），长安"尼讲盛于保唐（寺）"。②这些都表明俗讲在 9 世纪以后甚至 9 世纪中叶左右才开始在长安广为流行。敦煌遗书中共出现的《维摩诘经讲经文》相关文本虽为明确纪年，何剑平先生对其中 6 件的创作或抄写年代进行了考证，认为 S.4571、S.3872 讲经文的创作时间约在盛、中唐之际；φ.101《维摩碎金》创作和抄写时间在晚唐；P.2292 抄写于五代后蜀广政十年（947）；φ.101 创作年代应在盛唐；《西陲秘籍丛残》本讲经文抄时间应在中唐。③杜维茜女士亦考证出大体相近的时间范围。④

从上述关于讲经俗讲在中原的流行时间和敦煌遗书中《维摩诘经讲经文》相关文本的创作或抄写时间的考订，大体都可以说明这些活动和文本都在中唐以后才开始流行。由于中唐以后敦煌长期处于吐蕃统治之下，与中原的交流较为有限，这些讲经俗讲的行文和相关文本影响到敦煌，当在晚唐归义军政权建立以后，主流相关题材有纪年的文本也多为晚唐五代时期，诸如 P.2187《破魔变》在变文结尾"继统旌幢左大梁"，创作时间应在后梁时期（907—922）；P.3716《晏子赋》背面有题记"天成五年（930）庚寅岁五月十五日敦煌伎术院礼生张儒通"。因此，唐前期尤其初唐的维摩诘经变的绘制应当不可能受到《维摩诘经讲经文》相关文本的影响。

综上所述，对维摩诘经变释迦牟尼佛土这一情节的认识，应回到图像和经典分析本身，将《佛国品》与《菩萨行品》相联系，可能才是对其做出恰当解释的路径所在。

2. 净土思想主导下他方净土的递进表现

《维摩诘经》涉及他方净土共有三处，分别为《不思议品》中的须弥相国、《香积佛品》中的众香国和《见阿閦佛品》中的妙喜国。这三处净土在经中的描述程度和作用各不相同，《不思议品》中并未对须弥相国的国土特征进行具体描述，仅借狮子座之"高广严净"来作为阐述不可思议解脱法门的道具。至《香积佛品》中讲述香积佛国时，维摩诘开始以神通力向大众展示该佛国土的形态：

---

① （日）释圆仁著，白化文、李鼎霞、许德楠校注：《入唐求法巡礼行记》，石家庄：花山文艺出版社，1992 年，第 369—373 页。

② （宋）钱易撰，黄寿成点校：《南部新书》，北京：中华书局，2002 年，第 67 页。

③ 何剑平：《〈维摩诘经讲经文〉的撰写年代》，《敦煌研究》2003 年第 4 期，第 64—67 页。

④ 杜维茜：《敦煌文献中的〈维摩诘经讲经文〉研究》，四川师范大学中国古典文献学硕士学位论文，2017 年。

"其国香气，比于十方诸佛世界人、天之香，最为第一。……其界一切皆以香作楼阁，经行香地，苑园皆香。……时彼佛与诸菩萨方共坐食，有诸天子皆号香严，悉发阿耨多罗三藐三菩提心，供养彼佛及诸菩萨……"[1]

即便如此，经中关于该净土的描述，仅是为了通过香积佛国的美好，来衬托娑婆世界所独有的"十世善法"，菩萨"一世饶益众生，多于彼国百千劫行。"因此，在述及这两处净土时，与会者并无人发心往生。至《见阿閦佛品》，由于妙喜国是维摩诘所来之处，大众渴望一睹无动如来及妙喜国净土，加之有如来要求示现，因此妙喜国的出现不再以化现的方式，而是以右手断取的方式将真实的妙喜国展现于大众面前。大众立即发心往生，并获得释迦佛之授记：

"现此妙喜国时，娑婆世界十四那由他人，发阿耨多罗三藐三菩提心，皆愿生于妙喜佛土。释迦牟尼佛即记之曰：当生彼国。"[2]

这是《维摩诘经》中所涉及的三处他方净土中唯一一处使大众发心往生之处，因而关于该经中涉及的所谓净土思想，应当主要指《见阿閦佛品》中的妙喜国，其他净土仅起到陪衬作用。

在对《维摩诘经》中上述三处他方净土地位及作用认识的基础上，我们再来展开对经变中三处他方净土表现方式的分析。

（1）北朝、隋

唐以前的维摩诘经变中出现他方净土的洞窟仅有莫高窟西魏第249窟和隋代第262窟，都是出现阿修罗护卫须弥山的场景，用以表现《见阿閦佛品》中的妙喜国土。第249窟覆斗顶西披的维摩诘经变（图2-21）对该情

图2-21　莫高窟西魏第249窟覆斗顶西披·维摩诘经变

采自 吴健编著：《中国敦煌壁画全集·西魏卷》，天津：天津人民美术出版社，2002年，第71页

---

[1]（后秦）鸠摩罗什译：《维摩诘所说经》，《大正新修大藏经》第14册，第522页上。
[2]（后秦）鸠摩罗什译：《维摩诘所说经》，《大正新修大藏经》第14册，第555页下。

节的描述较为细致：阿修罗双手托举日月立于大海之中，在其身后则绘有须弥山及诸宫殿，须弥山两侧绘有传统神话题材的风雨雷电四神，可能是表现天龙鬼神的画面，也可能仅是象征天界，没有实质性含义。第 262 窟维摩诘经变中的《见阿閦佛品》保存较差，仅可见阿修罗手举日月的大体轮廓。

（2）唐前期

入唐以后，三处他方净土在维摩诘经变中全部开始出现，但在数量和表现方式上存在差异。唐前期的 13 处维摩诘经变中，须弥相国和香积佛国的画面见于第332、335 窟；妙喜国的画面则出现于第 332、335、220 窟；须弥相国的画面最为简略，第 332 窟相对较好，在维摩诘上方狮子座飘下的源头，绘有须弥灯王佛被诸菩萨弟子所围绕（图 2-22）；第 335 窟则在狮子坐飘下的源头仅

图 2-22　莫高窟初唐第 332 窟主室北壁维摩诘经变·须弥相国

采自 *Visualizing Dunhuang: The Lo Archive Photographs of the Mogao and Yulin Caves*, Edited by Dora C. Y. Ching, Vol.4, pp.223.

图 2-23　莫高窟初唐第 335 窟主室北壁维摩诘经变·须弥相国

采自 段文杰、樊锦诗主编：《中国敦煌壁画全集·初唐卷》，第 102 页

绘有一小身佛像（图 2-23），用以指代须弥灯王佛遣三万二千狮子座的情节。其他维摩诘经变关于《不思议品》的表现，基本都仅是狮子座等与方丈室内相关的内容，极少出现须弥相国的画面。

香积佛国的画面在初唐第 332、335 窟的维摩诘经变中较为接近，这两处经变大体将《香积佛品》的内容表现为化菩萨跪于香积佛前请饭、化菩萨持钵飞下、香积世界诸菩萨跟随飞下、化菩萨维摩诘献饭、化菩萨向大众倾饭五个情节。以第 335 窟维摩诘经变为例（图 2-24），香积佛国在画面中一般表现为香积佛被诸菩萨所围绕，化菩萨持钵跪于香积佛前，描绘化菩萨向香积佛问安、请饭的情节。

妙喜国的画面在经变内容中基本较为统一，以第 220 窟的维摩诘经变为例，画面一般表现为维摩诘伸出右手，上有一片云彩状图案包围的画面，须弥山立于大海之中，周围有诸多宫殿环绕，山上为

图 2-24　莫高窟初唐第 335 窟主室北壁维摩诘经变·香积佛国

采自 段文杰、樊锦诗主编：《中国敦煌壁画全集·初唐卷》，第 102 页

无动如来被诸菩萨所环绕，山前有四臂阿修罗手托日月立于海中。与第 220、332、335 窟的表现方式完全一致（图 2-25）。

整体而言，虽然唐前期维摩诘经变绘出三处佛土的数量较少，但仍然呈现明显的特征。从内容表现的细致程度上看，无疑是妙喜国最为细致，并在画面中占据较大空间，其次为香积佛国和须弥相国，尤其须弥相国几乎处于可有可无的表现状态。将三处佛土在画面的表现方式与前述《维摩诘经》中的叙述方式相对比，即可注意到《维摩诘经》中对三处他方净土的描述呈现出由须弥相国、香积佛国到妙喜国逐渐升级的趋势，在经变中也是以同样的方式呈现，三处他方净土的画面在数量和描绘精细程度上都是由妙喜国向香积国和须弥相国逐渐递减。

《维摩诘经》仅在《见阿閦佛品》对妙喜国的叙述中出现众人发心往生和如来授记

图 2-25　莫高窟初唐第 220、335 窟主室东壁维摩诘经变·妙喜国

采自数字敦煌：https://www.e-dunhuang.com；段文杰、樊锦诗主编：《中国敦煌壁画全集·初唐卷》，第 102 页

的情节，因此对这一画面的表现完全以妙喜国净土为主要内容，并不涉及其他。《香积佛品》《不思议品》部分由于其内容本身并不涉及净土往生思想，因而在经变中表现香积佛国和须弥相国的画面较少，这两品内容和维摩诘方丈室内发生关系的部分，诸如前者的化菩萨献饭和倾饭的情节、后者的狮子座由维摩诘帷帐上方飘下的内容等，则几乎见于每一处维摩诘经变中。因此，三处他方净土在维摩诘经变中表现方式的差异，应当是由《维摩诘经》中相应佛土所代表净土思想的强烈程度所决定。

综上所述，自北朝隋至唐前期，敦煌石窟的维摩诘图像以表现毗耶离城维摩诘方丈室内相关情节为主要内容，方丈室外和诸佛国土的描述多为象征性，处于明显的从属地位。造成这一现象的原因，应当是维摩诘图像在出现之初深受维摩诘和文殊对坐图传统的影响，始终着重表达文殊问疾，以及和维摩诘辩论过程中的相关情节。唐前期出现大幅维摩诘经变以后，方丈室内的主体画面开始呈现出《文殊师利问疾品》和《不思议品》结合的特点。在二元主角对坐的周围画出山峦、树木及城墙等内容，既起到方丈室内与其他画面的分割作用，又重在表现维摩诘方丈室内可以容纳毗耶离城和四天下等内容，并不显得狭窄，以此阐释不可思议解脱法门中实现空间随意变换的思想。经变的方丈室内以外的部分，虽然包括方丈室外和诸佛国土两个部分，但前者在这一时期尚未受到重视，仅在个别洞窟略有表现。诸佛国土部分则相对《维摩诘经》的相关内容都有较为具体的表现，释迦佛土一般将《佛国品》中宝积与五百长者子礼佛和《菩萨行品》中维摩诘掌擎大众礼佛的场景合为一处，与早期壁画异时同图的表现方式一致。其余三处他方佛土则受到净土思想的主导，按照各佛国土在《维摩诘经》中承载净土往生信仰的程度，在画面大小和表现细致程度上，出现由妙喜国向香积国和须弥相国依次递减的特点。以上即北朝隋至唐前期敦煌维摩诘图像的构成与发展的基本轮廓。

第三节　中原范式影响下敦煌与各地维摩诘图像共性的形成

　　《维摩诘经》相关图像虽在东晋即出现，但多为单身像的形式，诸如顾恺之于瓦棺寺绘维摩诘像，同一时期画家所绘亦多为单身像。堪称经变者，大致仅有南朝刘宋时期袁倩所作维摩诘经变一卷："百有余事，运思高妙，六法备呈，置位无差，若神灵感会，精光指顾，得瞻仰威容，前使顾陆知惭，后得张阎骇叹。"[①] 规模性维摩诘相关造像的制作，则始于北朝时期的云冈石窟和龙门石窟。北朝时期中原及周边地区的维摩诘相关造像主要以维摩诘和文殊对坐为主要内容，个别造像碑诸如河南延津北魏孝昌三年（527）蒋伯仙造像碑、淇县东魏武定元年（543）造像碑亦出现经变意义上的图像，这些造像在位置选择和内容结构方面的共性，共同构成了北朝时期中原维摩诘造像的基本范式。云冈石窟和龙门石窟以佛龛外两侧为主的位置选择，以及维摩诘和文殊对坐像为主要内容的造像传统，对隋代敦煌石窟维摩诘图像的绘制产生直接影响。入唐以后，虽然中原维摩诘经变未能保存下来，但参照传世画论和画史的记载，结合唐前期敦煌石窟与北朝中原造像碑的维摩诘经变之间、唐前期敦煌石窟与中晚唐以后川渝地区维摩诘经变存在的诸多共性，表明维摩诘经变在唐以后仍然是以长安为中心进行传播，相同的经变构图范式分别在不同时期对敦煌和川渝地区产生了影响。

　　本节即以此为主要线索，通过分析北朝和唐代以来维摩诘造像的中原范式，及其对

---

① （唐）张彦远著，俞剑华注释：《历代名画记》，上海：上海人民美术出版社，1964 年，第 134 页。

唐前期敦煌和唐宋时期川渝，以及中原地区维摩诘经变的影响，表明维摩诘相关造像的构图范式主要有两个阶段。北朝时期以维摩诘和文殊对坐像为主，同时开始出现少量内容丰富的维摩诘经变，入唐以后经变构图趋于成熟，并以较为稳定的形态一直延续至五代宋时期，先后在全国范围内对维摩诘相关造像产生影响。敦煌石窟的维摩诘相关造像在北朝隋至唐前期，基本处于中原范式的影响之下，自身独立创造的内容并不占据主流，这成为唐前期敦煌与中晚唐以后其他各地维摩诘经变存在诸多共性的基础。中唐以后，敦煌由于吐蕃统治和河西各地人口的聚集，维摩诘经变在图像结构和具体情节的绘制方面，都较唐前期更为细致，多数构图内皆不见于敦煌以外地区的维摩诘相关造像或图像，表明这之后敦煌维摩诘经变的区域性属性开始强化，成为独立于全国性体系之外的发展形态。

一、北朝中原造像的影响与敦煌维摩诘图像的发展

云冈和龙门石窟是北朝时期维摩诘造像的中心区域。云冈石窟现存维摩诘造像约34处，以佛龛为中心的同龛对坐、隔龛对坐及龛上并列对坐式约有27处，多数时代为494—524年。[①]龙门石窟近130处维摩诘相关造像中，围绕佛龛布局的有103处以上，大部分造于正光和孝昌年间（520—528）。[②]以下，我们分图像在洞窟空间的位置选择、内部构图及内容的发展演变两个部分，分析北朝时期中原的造像传统对北朝至唐前期敦煌维摩诘图像的影响。

1.西壁佛龛为中心的布局传统与早期敦煌维摩诘图像的位置选择

从云冈石窟到龙门石窟，洞窟的龛外两侧偏上或龛楣上部两侧，逐渐成为北魏晚期维摩诘和文殊坐像的主要位置选择，诸如云冈第5A窟西壁佛龛两侧（图2-26）和龙门石窟莲花洞北壁上层佛龛两侧的维摩诘文殊对坐像（图2-27）等，都是分别在佛的左右两侧造文殊和维摩诘像，别无其他与《维摩诘经》相关内容。仅就图像意义而言，这种造像的功能应当与主尊佛像及周围的菩萨像相同，都是为尊像崇拜而制作。这种位置布

① 张华：《云冈石窟中维摩诘和文殊菩萨造像的探讨》，《2005年云冈国际学术研讨会论文集研究卷》，北京：文物出版社，2006年，第247—250页。

② 张乃翕：《龙门石窟维摩变造像及其意义》，《中原文物》1982年第3期，第40—41页；卢少珊：《北朝隋代维摩诘经图像的表现形式与表述思想分析》，《故宫博物院院刊》2013年第1期，第95页。

图 2-26　云冈北魏第 5A 窟西壁外两
侧·维摩诘文殊对坐像

采自 水野清一、长广敏雄：《云冈石窟》第 2 卷，
京都：京都大学人文科学研究所云冈刊行会，
1955 年，平面实测图第 9 页

图 2-27　龙门石窟莲花洞北壁上层佛龛
两侧·维摩诘文殊对坐像

采自 水野清一、长广敏雄：《河南洛阳龙门石
窟の研究》，东京：座右宝刊行会，1941 年，图版
第 36 页

局类型在云冈石窟有 5 处左右，龙门石窟则共计 95 处左右，成为绝对主流布局类型。洛阳作为北朝时期北方重要的政治和文化中心，龙门石窟造像布局的潮流与喜好应当会对敦煌石窟维摩诘图像的位置选择产生直接影响，使佛龛两侧及上部成为隋代敦煌石窟该类图像最为主流的位置选择。

隋代敦煌石窟绘制的 12 处维摩诘相关图像中，有 8 处布局于龛外两侧，3 处在龛上。初唐时期，西壁佛龛仍然对维摩诘经变的绘制存在重要影响，10 处维摩诘经变中有 5 处绘于西壁龛内，成为这一时期的主流位置选择模式，此外，更有第 203、322 窟仍在延续此前西壁龛外两侧的布局传统，仅有第 220 窟绘于东壁门两侧和第 332、335 窟绘于北壁。整体而言，北朝时期中原维摩诘造像围绕佛龛布局的传统，始终在影响隋及唐前期敦煌维摩诘图像的绘制。与此同时，西壁龛内作为初唐乃至整个唐前期的主流布局类型，维摩诘经变的全部内容在对称方向的设计上，都是背朝主尊面向龛外，又无不反映出入唐以后维摩诘经变在位置选择上虽然和隋代一样，同处于北朝传统的影响之下，但同时也开始尝试对北朝以来的中原传统作出调整，使图像制作的功能性由尊像崇拜向走近观者的方向转变。

2.中原北朝造像内容结构与敦煌维摩诘图像内容及构图

除了洞窟位置选择方面以外，隋至唐前期，敦煌石窟维摩诘图像的内容和结构也大体处于中原地区维摩诘造像传统的影响之下。

北朝至隋敦煌的多数维摩诘图像中，除了西魏第 249 窟和隋代第 262 窟在维摩诘和文殊之间增加了见阿閦佛品中阿修罗护卫须弥山的画面，其余都是以维摩诘和文殊对坐像为主要内容，二元主角多位于阙形小殿内，如第 380 窟西壁龛外两侧的维摩诘文殊对坐图等，与龙门石窟莲花洞北壁上层佛龛左侧文殊的处所极为相似（图 2-28）。

图 2-28　莫高窟第 380 窟龙门莲花洞北壁上层佛龛两侧·维摩诘文殊对坐像

采自敦煌研究院主编：《敦煌石窟艺术·第 419 窟》，第 122—124 页；水野清一、长广敏雄：《河南洛阳龙门石窟の研究》，图版第 36 页

入唐以后，敦煌的维摩诘图像在二元主角对坐的基础上增加了较多内容，开始完全以经变的形式出现。然而依据画史记载，唐代中原地区具有经变意义的《维摩诘经》相关作品主要绘于寺院中，皆未能保留下来，这使得我们难以对唐代敦煌与中原的维摩诘经变进行同时代的横向比对。尽管如此，敦煌维摩诘经变中新增加的内容，多数皆可在中原及周边地区为数不多的、具有经变意义的北朝维摩诘造像或壁画中寻得端倪，虽然这些图像未必能直接影响到敦煌维摩诘经变的绘制，但相关图像内容及构图相似性的存在，表明敦煌维摩诘经变中新出现的内容并非凭空想象或独立创造，应当是受外部影响所致。作为唐代政治中心和文化中心的长安乃至中原地区，其维摩诘经变无疑具有较大的可能性对丝路要道的敦煌产生影响。

图 2-29　北魏孝昌三年河南延津蒋伯仙造像碑拓片

采自 台湾中研院历史文物陈列馆网站：museum.ihp.sinica.edu.tw/

（1）河南延津北魏孝昌三年（527）蒋伯仙造像碑（图 2-29）和淇县东魏武定元年（543）造像碑（图 2-30-1、图 2-30-2）

　　两处造像皆是中原地区维摩诘经变的佳作，其主要特点有三：一是文殊跏趺坐于华盖之下，维摩诘则处于平顶帷帐之中；二是听法者数量分布方面，文殊一侧明显多于维摩诘一侧，以表明听法者是随从文殊师利前来问疾；三是画面中间出现以树作为文殊和维摩诘两方阵营的分割，应当意在表现《不思议品》所言，维摩诘方丈室内有可将毗耶离城乃至天下皆容纳其中之意。

　　以上三处特征与唐以后敦煌石窟的维摩诘经变有密切关联。唐以前敦煌维摩诘图像中，维摩诘和文殊多位于阙形殿中，二人所住之处并无差别，入唐以后，维摩诘经变则多以文殊居华盖下、维摩诘居平顶帐中进行人物排列，即使像初唐第 203 窟西壁龛外两

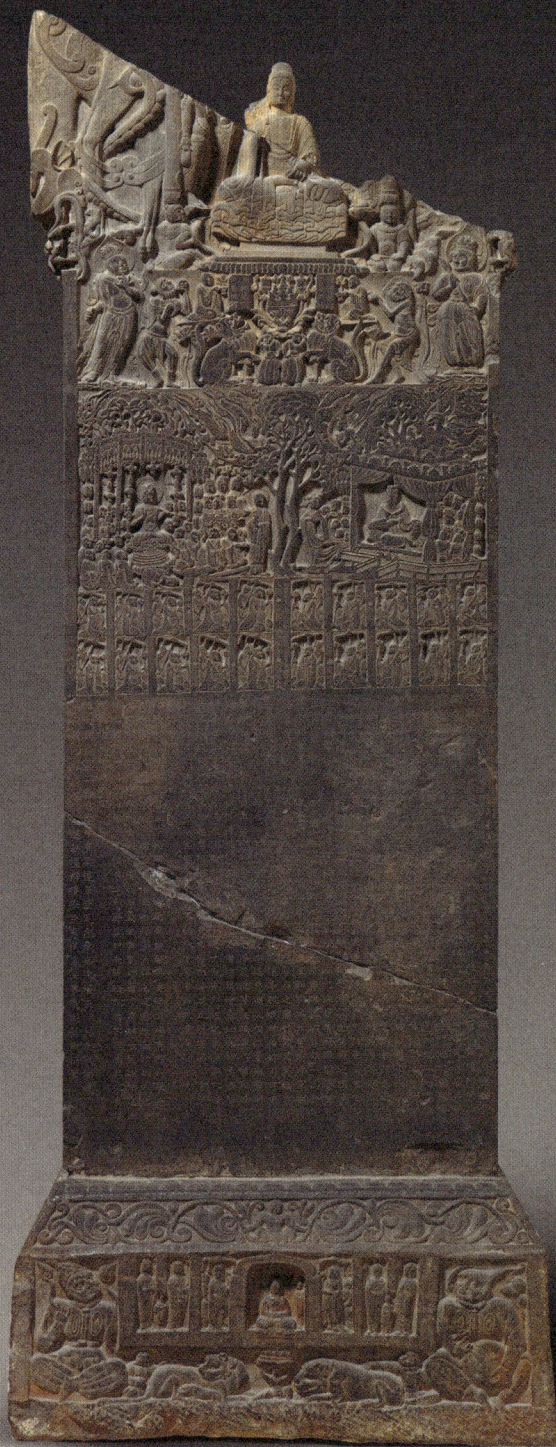

图 2-30-1　河南淇县东魏武定元年（543）造像碑

采自 大都会博物馆网站：www.metmuseum.org/art/collection

图 2-30-2　河南淇县东魏武定元年（543）造像碑中部·维摩诘经变（局部）

侧的维摩诘经变，虽然位置完全沿袭隋代传统，但表现方式已经大有不同（图 2-31）；文殊与维摩诘身后的听法者正如前文所述，菩萨、弟子等天人多位于文殊身后，维摩诘一侧多数时候仅有四天王，再无他人；更是表明唐以后敦煌维摩诘经变将维摩诘和文殊辩论的场所置于类似旷野中（图 2-32），通过将毗耶离城和维摩诘方丈室内空间进行变换，以表现《不思议品》中所述"其室广博，……于毗耶离城及阎浮提、四天下，亦不迫迮，悉见如故。"[①]也是由两处造像碑中维摩诘经变一类的表现方式发展而来，并非敦煌本土的凭空创造。

图 2-31　莫高窟初唐第 203 窟西壁龛外两侧·维摩诘经变

采自 段文杰、樊锦诗主编：《中国敦煌壁画全集·初唐卷》第 18 页

①（后秦）鸠摩罗什译：《维摩诘所说经》，《大正新修大藏经》第 14 册，第 546 页中。

图 2-32　莫高窟初唐第 335 窟主室北壁·维摩诘经变

采自 段文杰、樊锦诗主编：《中国敦煌壁画全集·初唐卷》，第 102 页

（2）龙门石窟宾阳中洞维摩诘造像、麦积山西魏第 127 窟的维摩诘经变

龙门石窟宾阳中洞主室窟门左右两侧自上至下可分为三个部分，上方分别为文殊和维摩诘对坐像，中间分别为萨埵太子舍身饲虎和须大拿太子本生故事画，下部分别为孝文武和文昭皇后礼佛图（图 2-33）。孝文帝礼佛图是我们关注的主要方面，其主要特点有二：一是在位置上位于文殊下方，表明虽然是以维摩诘为主角的造像题材，但在洞窟营建和设计者的观念中，文殊仍然是正统的象征，地位更高；二是孝文帝被群臣簇拥，大臣多位于后方，孝文帝身着宽袖长袍，两侧各有侍者扶持，后方两侧各有一侍者举团扇，后方一侍者举华盖，覆于孝文帝头顶。

麦积山第 127 窟的维摩诘经变虽剥落损毁较为严重（图 2-34），但文殊下方的中原帝王听法图大体仍可辨识，并与宾阳中洞的孝文帝礼佛图结构相似：国王身穿宽袖袍服，双臂展开，左右各有侍女扶持，前方有两位侍者持团扇，右侧有侍者持长柄方形华盖。

上述两处北朝维摩诘造的帝王及侍从听法图，其人物装束、组合与唐代敦煌维摩诘经变中的中原帝王听法图非常接近，这也表明唐代敦煌维摩诘经变中的中原帝王听法图，不论是位置选择还是内容结构，仍然受到中原及周边地区同类题材的深刻影响。敦

图 2-33 龙门石窟宾阳中洞主室窟门两侧线图及左侧孝文帝礼佛图（大都会博物馆藏）

采自 大都会博物馆网站：www.metmuseum.org/art/collection

图 2-34 麦积山西魏第 127 窟左壁龛上·维摩诘经变

采自 天水麦积山石窟研究所编：《中国石窟·麦积山石窟》北京：文物出版社，1998 年，图版第 160

图 2-35　莫高窟第 220、103、194 窟维摩诘经变·中原帝王听法图

采自 数字敦煌：https://www.e-dunhuang.com

煌维摩诘经变中的中原帝王（图 2-35）可能与麦积山第 127 窟存在直接的关联，或共同受到类似龙门石窟宾阳中洞维摩诘造像中孝文帝礼佛图的影响。

（3）北魏永熙二年（533）赵见憘等造像碑（图 2-36）

赵见憘等造像碑背面有较为完整的维摩诘经变内容，并配有内容清晰榜题对相应情节进行说明，共涉及《佛国品》（释迦佛跌坐于中央）、《文殊师利问疾品》（释迦左右两侧为文殊与维摩诘）、《方便品》（第一层最右侧诸大国王听法）、《弟子品》（维摩诘向舍利弗训诫观佛净土之方法，此榜题应是将《佛国品》内容误抄）、《不思议品》（第二层最左侧和最右侧，分别为诸弟子菩萨礼拜狮子坐和升狮子座）、《观众生品》（第二层与《不思议品》相邻内侧部分，右为天女散花戏舍利弗，左为舍利弗向天女请教如何去花）。

赵见憘造像碑涉及《维摩诘经》的六品内容，其中《弟子品》中维摩诘与弟子相对而立和《观众生品》中天女散花戏舍利弗的表现方式，都与敦煌唐代的维摩诘经变相应情节的表现方式较为接近。诸如初唐第 334 窟西壁龛内维摩诘训诫舍利弗等弟子的画面和天女散花戏舍利弗等，都与赵见憘造像碑上的维摩诘经变有高度的相似性。

以上三组中原及周边地区具有经变意义维摩诘造像的对比表明，由隋入唐，敦煌石窟维摩诘经变的结构及新出现的内容并非当地首创，多数可在中原及周边地区北朝时期

《文殊师利问疾品》

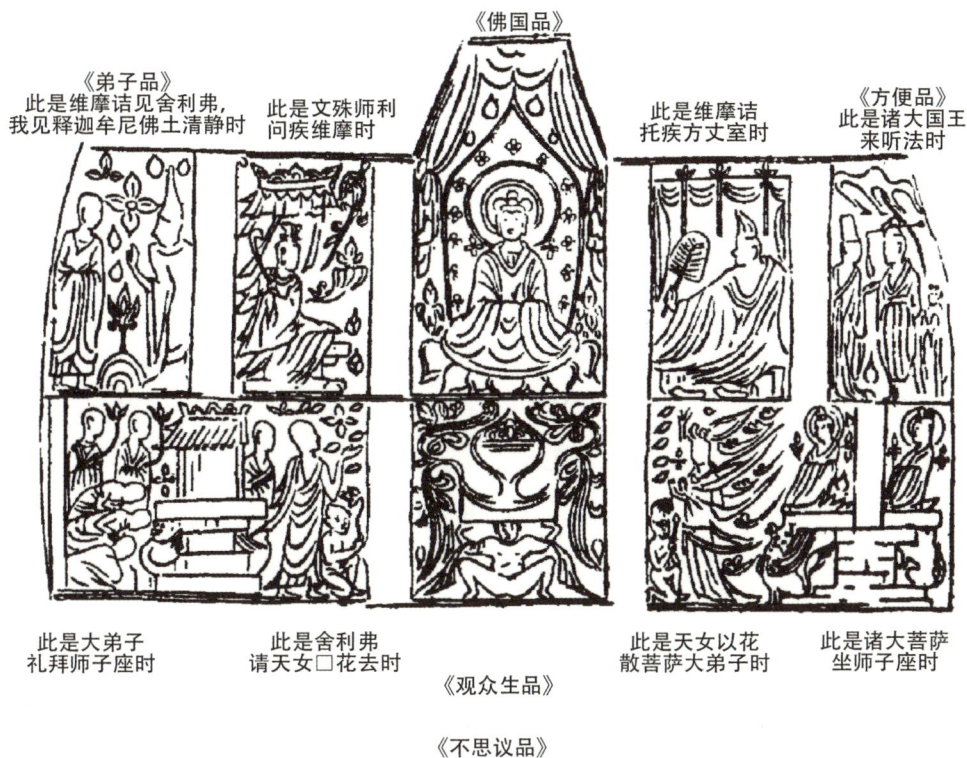

《佛国品》

《弟子品》
此是维摩诘见舍利弗，
我见释迦牟尼佛土清静时

此是文殊师利
问疾维摩时

此是维摩诘
托疾方丈室时

《方便品》
此是诸大国王
来听法时

此是大弟子
礼拜师子座时

此是舍利弗
请天女□花去时

此是天女以花
散菩萨大弟子时

此是诸大菩萨
坐师子座时

《观众生品》

《不思议品》

图 2-36　北魏永熙二年（533）赵见憘等造像碑背面·维摩诘经变

采自 金维诺：《敦煌壁画维摩变的发展》，《文物》1959 年第 2 期，第 4 页

图 2-37 （唐）阎立本绘：《历代帝王图》（局部），波士顿美术馆藏

采自 波士顿美术馆网站：https:// collections.mfa.org

的造像碑和石窟中找到形态接近的表现方式。这种相似度产生的纽带，当为唐代长安名家于寺院和纸本等载体绘制维摩诘经变的影响，我们将在下文展开。

3.唐长安维摩诘经变的绘制与影响

虽然中原地区并未保留下来唐代的维摩诘经变遗存，但根据画史记载，其中不乏名家高手的作品。唐代张彦远《历代名画记》、宋代《宣和画谱》和郭若虚《图画见闻志》中都记载了不少名家绘于寺院或绢纸类载体的维摩诘相关图像。这些作品可分为两类，一种是多以单身像的形式出现，大体继承了东晋时期名家仅单独绘维摩诘像的方式，如张彦远在《历代名画记》中评论顾恺之所绘维摩诘像时所提及："张墨、陆探微、张僧繇并画维摩诘居士，终不及顾之所创者也。"①《宣和画谱》中所载自隋至宋的诸画家，所绘维摩诘相关图像多集中于维摩诘单身像，如展子虔、阎立本、吴道子、朱繇、孙知微、侯翌、丘文播等人所绘维摩诘相关作品多名为"维摩像、维摩诘居士像、净名居士像"等，同时有绘以维摩诘为主的某一情节，如朱繇、侯翌、丘文播同时亦绘有"问疾维摩图、维摩示疾图、维摩化身图"等内容，御府所藏作品鲜有完整命名为经变的作品。

完整的经变作品主要见于长安相关寺院图像的记载，诸如唐代长安荐福寺西廊菩提

---

① （唐）张彦远著，俞剑华注释：《历代名画记》，上海：上海人民美术出版社，1964 年，第 41 页。

院有"吴画维摩诘本行变。"安国寺大佛殿"殿内维摩变,吴画。"①荐福寺和安国寺中的维摩诘经变皆是吴道子所绘,作为具有公共空间性质的场所,都城长安重要寺院的名家经变作品,应当易于被公众接触并传播至不同区域的佛教造像当中。

另外唐初阎立本相关作品同样可能对维摩诘经变的构图产生重要影响。《宣和画谱》所收录阎立本作品有"维摩像二,步辇图一,西域图二,职贡图二。"②这些作品及未收录其中的《历代帝王图》,可能会对唐代完整维摩诘经变的形成产生影响。《历代帝王图》中的帝王形象,尤其画面中部陈文帝和陈废帝对坐像及稍左侧的后周武帝形象(图2-37),都与唐代维摩诘经变中的中原帝王形象非常接近。同样《步辇图》中唐太宗接见禄东赞的场景(图2-38),亦可能对维摩诘经变下方中原帝王与其他各国国王听法场景的形成产生影响。在这些大师名作的影响下,经典中原较陌生的异域国王,便有可能在经变中被表现成象征正统的中原帝王和其他各地国王、王子等(图2-39),既拉近了大众与佛教的距离,也加速了佛教中国化的步伐。

虽然画史中记载长安等地寺院绘有维摩诘经变,但中原地区并未保留下来可资对比的维摩诘造像或图像。尽管如此,我们通过将北朝中原维摩诘造像与敦煌唐代维摩诘经变相关因素进行简要比对,基本可以确认自隋至唐前期,敦煌石窟的维摩诘经变与中原存在明显的承袭关系,相对而言,完全的区域性独创内容并不多见。正如罗世平先生比对永熙二年(533)赵见僖造像碑和莫高窟初唐第220窟的维摩诘经变所指出,石刻造像

---

① (唐)张彦远著,俞剑华注释:《历代名画记》,第60、64页。
② (北宋)佚名撰,潘运告编著:《宣和画谱》,第31页。

图 2-38 （唐）阎立本绘：《步辇图》（局部），北京故宫博物院藏

采自 北京故宫博物院网站：www.metmuseum.org/art/collection

图 2-39 莫高窟第 220 窟东壁维摩诘经变·中原帝王及其他诸王听法图

采自 数字敦煌：https://www.e-dunhuang.com

受制于材质，内容较为简略，但对坐辩论的格式业已确定下来，离第 220 窟一类的"贞观样"仅一步之遥了。①因此，唐前期敦煌石窟的维摩诘经变新构图的出现，应当是同期中原对北朝石窟和造像碑维摩诘经变的整合后传播而来。这种源于中原的传播及影响，从唐前期敦煌石窟与中晚唐以后川渝等地维摩诘经变中的共性亦有体现，我们将在下文说明。

---

① 罗世平：《谁主沉浮：敦煌莫高窟〈维摩变〉的图式与语境》，《长江学术》2020 年第 1 期，第 62 页。

二、敦煌、川渝及中原地区维摩诘经变的共性表现

除了北朝中原地区的维摩诘造像可资比对以外，川渝诸地的维摩诘造像也在一定程度上可以说明长安或中原是唐前期《维摩诘经》相关图像的制作中心，共同影响了敦煌和川渝地区维摩诘造像和图像的发展。以往研究已经注意到巴蜀地区中唐以后的维摩诘经变与敦煌维摩诘经变有诸多相似之处，学者并对二地之间的图像细节异同进行了详细比对，[①] 相对而言，关于两地图像在不同时代相近构图的成因及背后的传播路径关注较为薄弱。因此，我们尝试在对川渝地区维摩诘造像特点梳理的基础上，对以中唐为界，维摩诘图像在敦煌和川渝地区差异化传播的现象、成因及传播路径进行分析。

1.川渝地区的维摩诘造像遗存

维摩诘相关造像和图像的制作中心区域，北朝时期在中原的云冈和龙门石窟，北朝以后，则无疑转移到了敦煌。在敦煌以外，是以川渝地区作为北朝以后维摩诘造像和图像出现最多的区域。在具体地域上涉及川渝两地，包括由中唐至宋代的相关摩崖石刻和传世绘画品两种主要载体。由于这些图像在结构上和唐前期敦煌的维摩诘经变大体相近，因此我们将之列为一类进行分析。

（1）四川地区

既往四川地区维摩诘造像的调查与研究工作，主要以胡文和先生和卢少珊女士的调查与研究较具代表性。参照二人的调查研究成果，我们对四川地区的维摩诘造像整理如下表：

表 2-2　四川地区维摩诘造像主要内容一览

遗存位置	尺寸（厘米）	基本内容（方向以面向为准）	时代
仁寿牛角寨摩崖第 2 龛	宽 190 高 210 深 110	南向面开长方形平顶龛，左维摩诘右文殊，基本完好。有佛国品、文殊师利问疾品、方便品、不思议品、观众生品等内容	中唐前后[②]

① 卢少珊：《四川唐代摩崖浮雕维摩诘经变分析》，《故宫博物院院刊》2014 年第 4 期，第 27—51 页；米德昉：《大足北山宋刻〈维摩诘经变〉及其相关问题考察》，《艺术史研究》2015 年第 3 期，第 81—91 页。

② 卢少珊：《四川唐代摩崖浮雕维摩诘经变分析》，《故宫博物院院刊》2014 年第 4 期，第 27 页。

续表

遗存位置	尺寸（厘米）	基本内容（方向以面向为准）	时代
邛崃石笋山摩崖第20龛	宽310 高210 深135	长方形平顶龛，略有风化剥蚀。左维摩诘右文殊，可辨识内容有佛国品、文殊师利问疾品、方便品、香积佛品、菩萨品等内容	中唐至文宗太和三年（829）之间①
邛崃天官寺摩崖第46龛	外龛宽144 高120 深67 内龛宽85 高90 深35	双层龛，内龛三壁造像，维摩诘和文殊分别左右两壁。分布有佛国品、文殊师利问疾品、方便品、香积佛品、不思议品等内容	同上
邛崃天官寺摩崖第74龛	宽94 高80 深35	残损严重，仅剩少许细部图像。可辨情节大致有文殊师利问疾品、方便品、菩萨品等内容	同上
资中重龙山北崖第23龛	宽213 高162 深65	长方形龛，基本完好。左维摩诘右文殊，整体表现文殊师利问疾品、方便品、香积佛品、观众生品等内容②	咸通年间（860—873）前后
夹江千佛崖原编号第2龛	不详	毁于"文革"期间，现仅见于早年调查报告	晚唐会昌至咸通年间（841—873）
资中北崖第136号龛	不详	已风化	五代

数据来源：胡文和：《四川摩崖造像中的"维摩变"》，《考古》1988年第6期，第562—563页；邓仲元、高俊英：《仁寿县牛角寨摩崖造像》，《四川文物》1990年第5期，第73—74页；卢少珊：《四川唐代摩崖浮雕维摩诘经变分析》，《故宫博物院院刊》2014年第4期，第27页

（2）重庆地区

重庆地区的维摩诘造像仅大足北山佛湾第137龛一处，米德昉先生对此龛造像进行了详细研究，根据画面遗存的4则题记记载，该龛造像做于南宋绍兴甲寅季（1134），由"住岩僧"志诚主持开展，李大郎摹画稿，罗复明完成刻工，"克宁十将"文志布施大钱三贯。③根据米德昉先生所绘线描图，可以较好地对图像情节分布进行内容识别，大致布局有文殊师利问疾品、不思议品、方便品、香积佛品等内容，是一幅绘制内容较为完整的维摩诘经变，图像结构与唐前期敦煌的维摩诘经变非常相似。除此处阴刻维摩诘经变造像以外，清代刘喜海在《金石苑》中，也对此像进行详细描述和图像摹绘，可对清

---

① 胡文和：《四川邛崃石笋山唐代摩崖造像》，《文博》1990年第6期，第23页。

② 胡文和：《四川摩崖造像中的"维摩变"》，《考古》1988年第6期，第562—563页。

③ 米德昉：《大足北山宋刻〈维摩诘经变〉及其相关问题考察》，《国家博物馆馆刊》2015年第3期，第83页。

末与今天的图像保存状态进行比对。

以上大致为川渝二地维摩诘造像的基本分布情况，就整体图像结构而言，这些造像多数绘有文殊师利问疾品、不思议品和香积佛品等内容，都是经变意义上的图像，与此前北朝和南朝相对简单的维摩诘与文殊对坐像有本质的区别。在制作年代上，则从 8 世纪中叶持续到 12 世纪中后期，横跨近 5 个世纪。

2.川渝与敦煌维摩诘经变的相似性表现

唐以后，川渝地区维摩诘经变最早产生于中唐的四川地区，但中唐迄宋出现的维摩诘相关图像，在图像结构的时代变化上皆不及敦煌唐前期与中晚唐之间的明显区分，经变的基本布局反映出主体画稿似乎仅有中唐时期的一次传入。然而在敦煌，尽管中唐时期处于吐蕃的统治之下，维摩诘经变的构图仍然发生了较多新变化，这当中可能既有各类注疏及变文、讲经文等俗文学发展的推动，又有传自中原的新因素。因此，以往学者对川渝与敦煌维摩诘经变图像比对样本的选取，主要集中于安史之乱以前的唐前期莫高窟诸窟，大致有绘于主室东壁门两侧的第 220、103 窟，主室西壁龛内两侧的第 334、332、341、342、68 窟和主室北壁的第 332、335、194 窟。这些洞窟的维摩诘经变保存基本完整，对若干情节的排列，有助于我们更好地认识川渝地区维摩诘经变的发展演变。我们主要以四川仁寿牛角寨摩崖第 2 龛和邛崃石笋山摩崖第 20 龛，以及重庆大足北山佛湾第 137 龛为例，对川渝地区维摩诘经变相关造像和图像与敦煌维摩诘经变的共性进行说明。

（1）仁寿牛角寨摩崖第 2 龛（图 2-40）

牛角寨摩崖第 2 龛未出现明确的开龛纪年时间，周围摩崖造像可辨识年号的题记有三处，分别为第 53 龛天宝八载（749）、第 13 龛贞元十一年（795）和第 18 龛庆历五年（1045）。[①]卢少珊女士指出本龛人物造型与第 13 龛风格相近，推测开凿于中唐前后。[②]类似结构的维摩诘经变摩崖造像还见于资中重龙山摩崖晚唐第 23 龛，但画面内容略为简单。

就图像结构而言，牛角寨第 2 龛维摩诘经变造像与敦煌莫高窟第 332 窟维摩诘经变几乎完全一致。两处经变的画面都可以分为上中下三个部分：中部的维摩诘方丈室内为

① 邓仲元、高俊英：《仁寿县牛角寨摩崖造像》，《四川文物》1990 年第 5 期，第 73—74 页。

② 卢少珊：《四川唐代摩崖浮雕维摩诘经变分析》，《故宫博物院院刊》2014 年第 4 期，第 27 页。

图 2-40　仁寿牛角寨摩崖第 2 龛、莫高窟第 332 窟北壁·维摩诘经变

采自 王婷：《四川牛角寨石窟初步认识——基于田野考古调查》，《观念·技术·视野·视角——敦煌石窟研究方法论国际学术研讨会论文集》，第 727 页；贺世哲：《敦煌石窟全集·法华经画卷》，第 197 页

画面的主体部分，维摩诘身体前倾，坐于平顶帐中，文殊则跏趺坐于狮子座上；维摩诘和文殊前方分别立有天女和舍利弗，表现《观众生品》中天女戏舍利弗的情景；听法者分布不均衡，主要位于文殊一侧，维摩诘一方则相对较为冷清，以表明听法者主要为文殊问疾的随行者。下部主要表现世俗听法者，文殊下方为中原帝王，有持长柄团扇等各类随从列于周围；维摩诘下方为其他各国国王等。上部以《佛国品》为中心，主要表现为一佛多菩萨和弟子的说法图组合，并同时在画面右下方出现举华盖的长者子，以表现经文中五百长者子各以七宝盖供养释迦佛的场景；《佛国品》一侧的维摩诘上方都为《不思议品》中借灯王座的情节，描绘狮子座正从维摩诘帐上方降下的场景。

　　二者的差异仅在于《佛国品》另一侧的文殊上方，牛角寨摩崖第 2 龛主要表现《法供养品》中转轮王宝盖以象马等七宝供养药王如来的情节。莫高窟第 332 窟则将类似的情节布局于维摩诘上方《不思议品》借灯王座的狮子座群中，在文殊上方绘制《菩萨行品》中维摩诘掌擎大众和众人礼佛的内容。整体而言，两处维摩诘经变的构图高度雷同，应当是受到同类画稿的影响而成。

（2）邛崃石笋山摩崖第 20 龛（图 2-41）

石笋山摩崖造像中唯一的纪年题记为第 32 龛大历二年（767）的题记，胡文和先生基于对题材、造型风格和历史背景的分析，认为石笋山造像大部分开凿于中唐，下限不晚于文宗太和四年（830）。[①] 石笋山第 20 龛与前述牛角寨第 2 龛的维摩诘经变相比，最大变化在于画面中央出现了象征毗耶离城的城门。类似的结构还见于邛崃天宫寺摩崖第 74 龛的维摩诘经变中，但保存状态不甚理想，只能辨识出毗耶离城城门的大体轮廓，其余内容并不可见。

敦煌维摩诘经变中的毗耶离城城门画面，最早见于莫高窟盛唐第 194 窟，此后在中晚唐及五代宋的维摩诘经变中较为常见。石笋山第 20 龛维摩诘经变中部的城门画面可

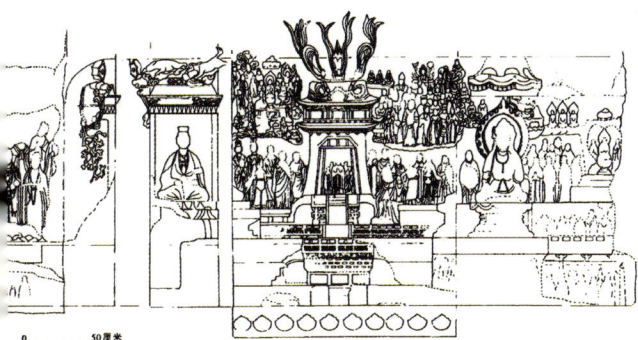

图 2-41　邛崃石笋山摩崖第 20 龛、莫高窟第 194、12 窟·维摩诘经变

采自 四川大学艺术学院等：《邛崃石笋山摩崖石刻造像调查简报》，成都市文物考古研究所编著：《成都考古发现》（2003），北京：科学出版社，2005 年，第 516 页；数字敦煌：https://www.e-dunhuang.com

① 胡文和：《四川邛崃石笋山唐代摩崖造像》，《文博》1990 年第 6 期，第 23 页。

分为两个部分：上部绘有着飘带的天人降下，应是表现《香积佛品》中前来听法的香积国众香菩萨；下部城门中绘有众人正从外部进入城中，应是表现《方便品》中前来问疾听法的世俗诸人。类似的表现方式，仅见于莫高窟盛唐第 194 窟南壁的维摩诘经变中，虽然该壁画面上部脱落不可见，下部城门中绘有人群正在进入的场景。类似的情节在中晚唐及以后敦煌的维摩诘经变中开始发生变化，以莫高窟晚唐第 12 窟东壁门北侧的维摩诘经变为例，中间的城门仅供《香积佛国》众香菩萨进入，世俗诸人则改由画面左右两边的侧门进入，再无一例由中门进入的情景。此外，中晚唐及以后敦煌石窟维摩诘经变中常见的维摩诘一手执麈尾，一手食指与中指上举表现不二法门的坐姿，同样见于宋代中原传世绘画品中的维摩诘经变中，但在包括川渝滇三地的川渝地区维摩诘经变造像和绘画中皆未出现。因此，石笋山第 20 龛可能与莫高窟盛唐第 194 窟维摩诘经变受到结构相近画稿的影响。

（3）**重庆大足北山佛湾第 137 龛（图 2-42）**

大足北山佛湾第 137 龛主要内容为线刻维摩诘经变，根据题记可知做于南宋绍兴甲寅季（1134）。米德昉先生对该经变的内容有过详细分析，其内容结构与敦煌石窟唐前期维摩诘经变类似。我们暂以莫高窟初唐第 335 窟北壁的维摩诘经变为例，对二者的共性略做说明：

图 2-42   大足北山佛湾第 137 龛、莫高窟第 335 窟北壁·维摩诘经变

采自 米德昉：《大足北山宋刻〈维摩诘经变〉及其相关问题考察》，《艺术史研究》2015 年第 3 期，第 82 页；段文杰、樊锦诗主编：《中国敦煌壁画全集·初唐卷》，第 102 页

二者皆以维摩诘和文殊对坐为中心，维摩诘身体前倾，卧于榻上，文殊则端坐于狮子座上；二元主角上方，文殊一侧绘《香积佛品》中化菩萨至香积佛请香饭的情节，维摩诘一侧绘《不思议品》中须弥灯王佛发送狮子座至维摩诘方丈室内的场景；在二元主角下方为世俗听法者队列。大足北山佛湾第137龛虽然保存状况不佳，但仍可大致辨识出分别为两个阵营的听法者，应当为中原帝王和其他各国国王听法的场景。整体而言，大足北山佛湾宋代第137龛的线刻维摩诘经变在结构上，和前述四川地区的几处维摩诘经变一样，与敦煌石窟唐前期同类图像较为相近，其与敦煌石窟的维摩诘经变的画稿之间，应当同样存在较为直接的关联。

图 2-43　山西平顺大云院弥陀殿东壁·维摩诘经变线图

采自 李雅君：《山西平顺大云院壁画维摩诘经变图像研究》，《南京艺术学院学报（美术与设计）》2018年第3期，第135页

3.山西平顺大云院弥陀殿维摩诘经变

大云院建成于后晋天福五年（940），该寺主殿弥陀殿东壁绘有维摩诘经变，大部保存完好（图2-43）。主要有武洁和李雅君女士对该维摩诘经变做过整体性的辨识和研究，武洁指该经变采用了具有敦煌特色的主次式构图方法，与莫高窟第9、61、98窟的维摩诘经变较为接近。[1]李雅君女士指出大云院维摩诘经变与莫高窟五代第98窟维摩诘经变风格类似，二者共同依据类似英藏敦煌纸本画ch.00144（stein painting76）中的维摩诘经变画稿绘制而成，粉本很可能来自西域。[2]

大云院维摩诘经变画面保存较好，可辨识内容主要如下：

《文殊师利问疾品》维摩诘卧于帐中，居于北侧（左），文殊跌坐于华盖之下，居于

① 武洁：《山西平顺大云院弥勒殿五代壁画艺术研究》，山西大学美术学硕士学位论文，2015年，第56—60页。
② 李雅君：《山西平顺大云院壁画维摩诘经变图像研究》，《南京艺术学院学报（美术与设计）》2018年第3期，第138—139页。

1

2

图 2-44-1、2、3、4   山西平顺大云院、莫高窟第 103 窟、榆林窟第 25 窟·菩萨像

图 1 采自贺大龙：《山西佛寺壁画》，北京：文物出版社，2006 年，第 106 页；图 2、3、4 采自数字敦煌：https://www.e-dunhuang.com

南侧（右）；

　　《香积佛品》维摩诘帐上方为化菩萨托钵正在飘下，维摩诘和文殊之间上方空中有香积世界诸菩萨随化菩萨来到维摩诘舍，维摩诘和文殊之间绘有化菩萨倾饭场景；

　　《不思议品》：维摩诘帐上部偏左，有狮子座飘下。

　　《观众生品》：维摩诘和文殊前方各绘有一组天女和舍利弗，文殊一侧天女双眉紧锁，左手沾花，表现天女将舍利弗变为女身和散花戏舍利弗的场景；

　　《菩萨行品》：维摩诘后方，一菩萨在众菩萨天人簇拥下离开，应是表现辩论结束后，维摩诘掌擎大众前往释迦处礼佛的场景。

　　平顺大云院弥陀殿的维摩诘经变是唐以后长安及中原周边地区唯一一处遗址中绘制的维摩诘图像，经详细比对，我们认为更接近于唐前期敦煌石窟的维摩诘经变，理由如下：

3   4

（1）图像风格

　　画面布局紧凑，人物面相圆满，接近敦煌石窟盛唐至中唐时期图像中人物的风格。以文殊身后的问疾随行者为例（图2-44-1），类似饱满面相的人物在盛唐第103窟维摩诘经变《佛国品》的胁侍菩萨中已出现（图2-44-2），至中唐吐蕃占领以前，形象和头饰完全一致的菩萨妆容，在榆林窟第25窟北壁弥勒经变的胁侍菩萨中即已出现（图2-44-3），至五代时期诸如第61窟东壁维摩诘经变中，文殊身后的随行菩萨仍然有类似的妆容，但面部略显狭长（图2-44-4）。因此，仅就以人物为代表的图像风格而言，大云院维摩诘经变可能更接近于唐前期敦煌壁画的特征。

　　（2）经变构图

　　平顺大云院维摩诘经变以表现发生于维摩诘方丈室内的诸情节为主，画面虽然紧凑充实，但内容较为简单，多通过大量人物的聚集实现，并非各种细节性情节的填充，诸佛国土及发生在辩论前的《方便品》《弟子品》《菩萨品》等内容皆未绘出，这与中晚唐以后敦煌石窟维摩诘经变中出现大量细节内容的构图不同。大云院维摩诘经变画面所绘

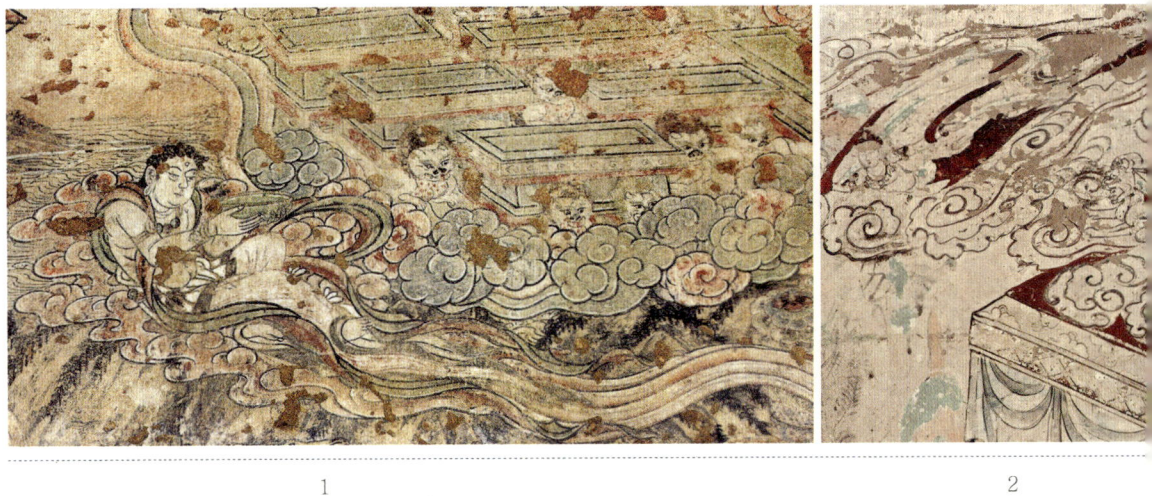

图 2-45-1、2、3　山西平顺大云院、莫高窟第 103、61 窟维摩诘经变·借灯王座

图 1 采自 贺大龙：《山西佛寺壁画》，第 111 页；图 2、3 采自 数字敦煌：www.e-dunhuang.com

细节内容的表现方式及布局位置与敦煌维摩诘经变有多处相似，诸如《不思议品》中维摩诘上方两侧卧有狮子的方座飘入室内的表现方式（图 2-45-1），与莫高窟第 103 窟维摩诘经变同类情节几乎完全一致（图 2-45-2），虽然该情节同样见于晚期敦煌石窟诸如莫高窟第 61 窟的维摩诘经变，但描绘细致程度远甚于平顺大云院（图 2-45-3）。又如维摩诘和文殊之间空地绘制主要内容皆为《观众生品》中天女戏舍利弗和《香积佛品》中化菩萨倾饭的情节，平顺大云院与敦煌石窟诸如盛唐第 194 窟维摩诘经变的表现方式及布局位置完全一致（图 2-46）。

（3）维摩诘形象

维摩诘特征明显，卧于帐中，帐内身后屏风上张贴有书法作品，人物身体重心前倾，左肘支撑于内侧的隐几，左手自然垂下，手中持物不清，应为麈尾，右手抚于膝上（图 2-47-1）。类似的形象在敦煌石窟主要见于唐前期的维摩诘经变中，诸如莫高窟第 103、335 窟等（图 2-47-2、3），维摩诘身后的屏风上也有类似字迹不明的书法作品。中晚唐及以后敦煌石窟的维摩诘形象多为身体重心后移的端坐姿态，诸如第 159、156、61 窟等（图 2-48），重心前倾的坐姿仅见于晚唐第 9 窟等个别洞窟，维摩诘身后的屏风上多为团花图案或山水画，再看不到与唐前期屏风上类似的书法作品。

3

图 2-46　山西平顺大云院、莫高窟第 194 窟维摩诘经变·天女戏舍利弗、化菩萨倾饭

采自 贺大龙：《山西佛寺壁画》，第 111 页；数字敦煌：https://www.e-dunhuang.com

1　　　　　　　　　　　　　　2　　　　　　　　　　　　　　3

图 2-47-1、2、3　山西平顺大云院、莫高窟第 103、335 窟维摩诘经变·维摩诘形象

图 1 采自武洁：《山西平顺大云院弥勒殿五代壁画艺术研究》，第 37 页；图 2 采自 数字敦煌：https://www.
e-dunhuang.com；图 3 采自段文杰、樊锦诗主编：《中国敦煌壁画全集·初唐卷》，第 102 页

| 1 | 2 | 3 | 4 |

图 2-48-1、2、3、4　莫高窟中唐第 159 窟、晚唐第 156 窟、五代第 61、98 窟·维摩诘

图 1 采自贺世哲主编：《敦煌石窟全集·法华经画卷》，第 203 页；图 2 敦煌研究院编：《敦煌石窟艺术·莫高窟第一五六窟》，第 108 页；图 3 采自数字敦煌：https://www.e-dunhuang.com；图 4 采自敦煌研究院编：《敦煌石窟艺术鉴赏丛书》第 1 辑第 9 分册，图版 8

　　上述对比表明，山西平顺大云院弥陀殿东壁的维摩诘经变，在整体构图和细节表现方式上，基本都见于唐前期敦煌石窟的维摩诘经变。虽然部分情节和类似的图像特征也同样见于中晚唐以后敦煌石窟，但敦煌中晚唐以后维摩诘经变不论是具体情节描绘的细致程度，抑或是整体结构和内容的丰富程度，皆不见于大云院维摩诘经变。因此，就图像风格、内容，以及构图而言，大云院的维摩诘经变更接近于敦煌石窟唐前期的同类作品。

　　综上，敦煌以外川渝和山西平顺大云院的维摩诘经变，虽然前后时间跨度长达 4 个世纪左右，但具有较为稳定的共性特征。首先是已经成为完全意义上的经变，不同于南朝时期四川出现的维摩诘单身像或北朝时期中原流行的维摩诘和文殊对坐图。其次是在文殊和维摩诘二者身后的听法者数量分配上，菩萨、弟子一类的听法者多数位于文殊一侧，维摩诘一方则人数较少，画面中两方人员数量极不对称；世俗听法者如果出现中原帝王，则位于文殊一侧下方，其余身份的听法者皆位于维摩诘一侧。最后是《佛国品》《香积佛品》《不思议品》等相关内容，如果出现，则穿插绘制于前述情节的上部或中间的空间。这些特征都与唐前期敦煌石窟内容相对较为简要的维摩诘经变构图更为接近，敦煌石窟中晚唐以后的维摩诘经变通常出现大量的建筑场景，且内容复杂细致，类似的构图并未在川渝或中原周边地区的维摩诘经变中出现。川渝地区结构较为简略的维摩诘经变很有可能是囿于摩崖材质的约束。山西平顺大云院维摩诘经变则是通过大量人物的绘制使结构简略的画面较为紧凑。整体而言，图像结构和细节表现方式与敦煌唐前期的维摩诘经变更为接近。因此，唐前期敦煌维摩诘经变的基本图像结构同样在中唐以后四川、重庆、山西等地出现，表明唐代维摩诘经变出现以后，应当存在较为稳定的构图范式，并长期在各地流行。

三、中原范式在敦煌与各地差异化传播的历史背景

川渝地区经变性质的维摩诘造像始于中唐，最晚可至五代宋。1134年，大足北山佛湾的维摩诘经变刻制之时，这一题材在敦煌已经基本不再出现，时间相近的敦煌正处于西夏统治下，可能仅有榆林窟第3窟西壁门上和肃北五个庙石窟第3窟窟顶一侧成为维摩诘经变在敦煌的最后作品，由于保存状况不佳，这两处都已经较难辨识其中的具体情节。即便如此，在敦煌维摩诘经变的演变历程中，出现自隋至唐前期，以及自中晚唐至五代宋的数次明显变化，而以大足北山佛湾为代表的川渝维摩诘经变在风格和造型等方面，都仅相当于中唐以前敦煌的特征。这种现象的出现，可能和两地与中原交流方式的差异有关，诸如安史之乱一类的战乱对于敦煌和川渝地区有不同的意义。

对于敦煌而言，安史之乱以后，吐蕃由东向西渐次占领河西陇右，丝绸之路的通畅受到影响，敦煌与中原的往来也就此处于近乎中断的状态。维摩诘经变在敦煌的发展也一度进入停滞，至吐蕃统治敦煌后期的9世纪上半叶再度开始大量出现。

对于川渝地区而言，安史之乱及黄巢之乱，促使玄宗、僖宗二帝三度入蜀避乱，大量文化精英随之而来。正如宋代黄休复在《益州名画录》序中所言："盖益都多名画，富视他郡。谓唐二帝播越及诸侯作镇之秋，是时画艺之杰者，游从而来，故其标格楷模，无处不有。"[①]安史之乱以后玄宗入蜀的随行者中，绘制维摩诘图像者并无记载。现可见蜀地最早绘维摩诘经变者，大致在《益州名画录》所载中晚唐时期蜀地画家左全的事迹时，提及曾两度绘制维摩诘经变：

> "左全者，蜀人也。世传图画，迹本名家。宝历年中（825—827），声驰阙下。
> 于大圣慈寺中殿画维摩变相。……大中初（847），又于圣寿寺大殿画维摩诘变相
> 一堵，楼阁、树石、花雀、人物、冠冕、蕃汉异服，皆得其妙，今见存。"[②]

① （宋）黄休复撰，何韫若、林孔翼注：《益州名画录》，成都：四川人民出版社，1982年，第1页。
② （宋）黄休复撰，何韫若、林孔翼注：《益州名画录》，第37页。

根据这些文字的描述，我们可以大致判断左全大中初年于圣寿寺所绘维摩诘经变的基本内容，其中出现毗耶离城城门（楼阁）、中原帝王及群臣（冠冕）及其他各国国王（蕃汉异服）等。另有树石、花雀等内容，应当是前述敦煌维摩诘经变中常见的以毗耶离城表现维摩诘方丈室内，通过表现维摩诘方丈室内可容纳毗耶离城乃至四天下等，来说明不可思议解脱法门。可能与邛崃石笋山摩崖第20龛或莫高窟盛唐第194窟的维摩诘经变有相似之处。

晚唐僖宗入蜀前后，范琼、孙位、杜龂龟、贯休、张南本等画家皆在晚唐五代长期活动于蜀地，并绘制了维摩诘相关的图像。诸如随僖宗由长安入蜀的画家孙位，可能在蜀地绘制了维摩诘相关的图像，《宣和画谱》载："孙位，会稽人也。僖宗幸蜀，位自京入蜀……今御府所藏二十有七：维摩图一。"[①]这些由中原入蜀的画家，可能对川渝地区维摩诘造像有直接影响。

虽然唐代敦煌与巴蜀地区可能存在一定的交流，但敦煌遗书中出现反映两地之间交流的材料多为五代宋时期，仅个别可早至晚唐。诸如法藏敦煌遗书P.2292 [②]《维摩诘经讲经文》尾题为"（后蜀）广政十年（947）八月九日，在西川静真禅院写此第廿卷文书。"中国国家图书馆藏敦煌遗书BD.02062《维摩诘所说经》抄写于后周显德五年（958）前后，是西川善兴寺僧人法宗路过敦煌时所遗留，尾题为："大周广顺八年岁次七月十一日，西川善兴大寺西院法主大师法宗往于西天取经流□（与）郡主，大□（传？）。"在此之前的材料则多为与四川刻版印刷相关的抄本，诸如英藏敦煌遗书S.5965《金刚般若波罗蜜经》为唐天复二年（902）抄本，结束部分注明"西川过家真本"（图2-49），两处真言后又有尾题："天复二年乙丑十二月廿日，八十二老人手写流传。"法藏P.2094《金刚般若波罗蜜经》为唐天复八年（908）翟奉达抄本，尾题（图2-50）为"布衣弟子翟奉达依西川印出本内，抄得分数及其真言，于此经内添之，兼遗漏分也。"

因此，唐代完整维摩诘经变的出现，其源头更应当是长安的名家作品，敦煌和川渝地区的维摩诘经变都是受这些作品的影响而出现。有学者指出，以大足北山佛湾第137龛为代表的川渝维摩诘造像的来源可能是敦煌。龙晦先生认为大足北山佛湾的维摩诘经变与唐代敦煌壁画相符，说明受到了敦煌壁画的影响。[②]宁强先生则认为维摩诘经变是

---

① （北宋）佚名撰，潘运告编著：《宣和画谱》，长沙：湖南美术出版社，1999年，第55页。
② 龙晦：《敦煌与五代两蜀文化》，《敦煌研究》1990年第2期，第98—99页。

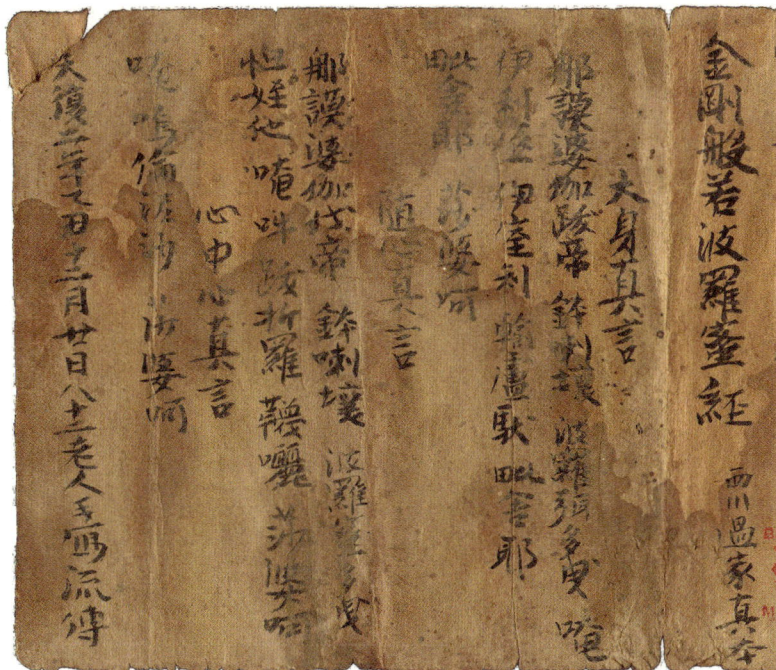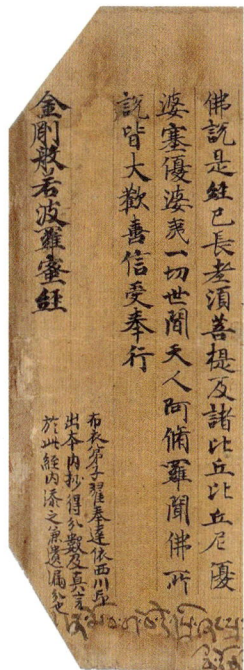

图 2-49　英藏敦煌遗书 S.5965《金刚般若波罗蜜　　图 2-50　法藏敦煌遗书 P.2094
经》尾题部分　　　　　　　　　　　　　　　　　《金刚般若波罗蜜经》尾题部分

敦煌经长安传入巴蜀，"敦煌初盛唐维摩变稿本，曾进献到了长安宫廷，又被与唐玄宗一道入蜀的画家带到四川。"[1]虽然敦煌出现大量维摩诘经变，但根据前文分析，唐前期敦煌维摩诘经变的构成要素，多数都可以在北朝时期中原及周边地区石窟和造像碑中找到源头，并非敦煌本地的首创。唐以后中原地区的维摩诘经变虽然并无遗存，但《历代名画记》等记载的长安著名寺院及名家所绘制的维摩诘经变，源头应当仍然是在中原。敦煌虽居丝绸之路要津，但首都长安无疑是唐代尤其唐前期的文化中心，其对包括敦煌在内周边地区的影响，要远甚于敦煌的可能影响。敦煌与川渝地区维摩诘经变在构图上的诸多共性，应当表明两地的这一题材更是共同受到了长安或中原地区的影响。

通过本节梳理，我们认为，唐前期敦煌石窟维摩诘经变在结构及风格上，与中晚唐

---

① 宁强：《大足石刻中的绘画性因素试析——兼谈敦煌艺术对大足石刻的影响》，胡文和编：《中国西南文献丛书·西南石窟文献》第六卷，兰州：兰州大学出版社，2003 年，第 177 页。

至五代宋时期西南地区的摩崖石刻，以及山西平顺大云院的维摩诘经变存在较多一致性，这一点也多次在相关图像的个案研究中被多次比对，表明各地的图像大体依据同类画稿绘制。虽然敦煌地处丝绸之路要津，并同时与巴蜀地区存在一定程度的往来，但在图像画稿的传播上，不能过于放大敦煌而弱化长安的影响，维摩诘经变图样的传播，应当仍然是以长安为中心。在巴蜀地区，维摩诘经变的流传一方面主要有赖于安史之乱和黄巢之乱以后，二帝入蜀所带来的文化交流，另一方面更由于中原维摩诘经变自唐至宋结构变化相对较小，因而整体流传的图像样式及结构较为稳定。在敦煌石窟，安史之乱也是维摩诘经变发展的重要节点，在此前的唐前期，依托畅通的丝绸之路，中原的图样可较快传播至敦煌，经变中的主要情节多数皆可在中原唐以前的作品中寻得痕迹。因此，唐前期敦煌石窟的维摩诘经变与此后西南及山西的维摩诘经变共同处于全国性范式的主导与影响之下。中唐吐蕃统治时期，由于吐蕃自东向西渐次攻打陇右河西，敦煌客观上成为河西人口的聚居点，为包括佛教在内的多种文化增加了新的活力。中唐后期可能由于长庆会盟后唐蕃关系的和缓，河陇地区与中原的往来开始部分恢复，中原维摩诘经变的新图样在敦煌传播和发展，但主要为维摩诘形象的变化，其他则更多开始表现出具有区域性特色的细节化内容，体现出越来越多的区域性属性，不再以中原范式的影响为主导，相关内容，我们将在下章展开。

小　结

　　本章研究对象为敦煌石窟北朝隋至唐前期的维摩诘图像。以往专题研究涉及相关图像时，较少对绘制位置的相关信息进行关注，仅有萧玉真女士提及维摩诘经变的位置变化与画面大小、内容、构图等均有相当的联系，但仅以表格的方式进行了大略说明。[①]更多学者则重点关注图像的内容方面，多以《维摩诘经》各品为单位，对图像的纵向发展过程进行梳理。这当中有代表性的研究者，如金维诺先生，主要以部分中原石窟和石刻造像作对比，以第 276、335 和 103 窟等为个案，介绍敦煌维摩诘图像由隋入唐的大体表

---

① 萧玉真：《中国维摩造像的起源与开展——以隋唐敦煌维摩变壁画为研究重心》，台南艺术学院文学硕士学位论文，1999 年，第 36—46 页。

现形式。陈清香先生亦采取类似方法对敦煌维摩诘图像进行分析。①贺世哲先生最早开始系统关注图像内部结构的变化，初步对各个时期维摩诘图像的表现形式进行分类，并梳理了各个时期的新出图像情节及绘制位置，指出唐前期第 220 窟维摩诘经变新变化的出现与 640 年侯君集平高昌重新开通丝绸之路有关，使得中原新的唐文化随之西来。②吴文星、卢少姗女士也以《维摩诘经》中各品为单位，梳理了《佛国品》《方便品》《文殊师利问疾品》等画面内容的纵向发展历史。③这些以品为单位的分析方法，使我们对局部画面在不同时期的演变过程产生了具体的认识，但也往往因为疏于关注同一时期或同一经变中各品之间的关联，而对具体时代或画面的整体认识较为模糊。

有鉴于此，本章相关研究主要从两个方面入手：

一是梳理图像在洞窟位置的变化，分析其所反映的相应思想信仰的演变过程。北朝隋时期维摩诘图像的绘制位置主要位于佛龛外两侧，在观者的视觉上具有仰视和保持一定距离观看的特点，因此在性质上和佛龛内外的主尊及周边弟子菩萨都属于尊像崇拜的范畴。入唐以后，维摩诘经变的主流绘制位置由西壁龛外两侧转向龛内两侧，同时也出现窟门两侧和北壁等布局方式。西壁龛内两侧的维摩诘经变，在对称方向及相关图像结构设计方式上开始出现新变化，维摩诘和文殊及相关情节全部面朝龛外背对主尊佛像，不同于佛龛内外其他图像皆面向主尊的对称方式。这种开放型新对称方式的出现，显然是开始考虑到观者的观看需求，同时也使维摩诘和文殊及相关情节不再作为佛的胁侍者，开始向独立的图像内容发展，东壁门两侧和北壁布局类型的出现，应当也和这种新型开放对称方式的出现有关。图像对称方向和绘制位置的变化，应当可以反映出背后相关信仰的变化。唐以来维摩诘信仰变得更加入世，魏晋时期文人对维摩诘的仰视欣赏，开始在唐代转变为自比自名等，维摩诘图像可能即由此更加接近观者。由于唐前期敦煌维摩诘经变的主流布局类型仍然是以佛龛周围为主，表明这一时期敦煌的维摩诘相关信

① 金维诺：《敦煌壁画维摩变的发展》，《文物》1959 年第 2 期，第 4 页；陈清香：《敦煌壁画中的维摩经变》，汉学研究中心编：《第二届敦煌学国际研讨会论文集》，台北：汉学研究中心，1991 年，第 380—382 页。
② 贺世哲：《敦煌莫高窟壁画中的〈维摩诘经变〉》，《敦煌研究》试刊第 2 期，1982 年，第 62—71 页。
③ 吴文星：《敦煌莫高窟壁画中的维摩诘经变研究——莫高窟维摩诘经变对〈维摩诘经〉的文化选择与时代解读》，华南师范大学美术学硕士学位论文，2002 年，第 35—64 页；卢少姗：《佛教寺院维摩诘经图像研究》，清华大学艺术学博士学位论文，2014 年，第 41—71 页。

仰正处于魏晋向唐的过渡时期，尚在接近观者的初步发展阶段，整体格局仍在此前中原造像传统的主导之下。

　　二是分析图像内部结构的变化，对部分画面之间的关联及其所反映文本内容进行新的认识。我们对敦煌石窟维摩诘图像结构的分析，首先基于画面本身的空间划分，将完整的维摩诘经变划分为三个部分：毗耶离城方丈室内、方丈室外和诸佛国土，在此基础上对三个部分内部的情节之间，以及三个部分之间的关联进行梳理。这种新的结构划分，使以往研究中易被忽视的画面也进入我们的关注范畴，进而发现一些以往不曾关注的新变化。诸如《维摩诘经》中记载文殊菩萨问疾，以及同维摩诘的辩论，发生于维摩诘方丈室内，但在经变中往往被描绘为毗耶离城内或旷野之中，以往被忽视的山川树木和建筑城池成为构成这些环境的基本要素。这种表现方式使得维摩诘和文殊对坐的画面既表现《文殊师利问疾品》中诸天人随文殊问疾，又通过对周围环境的描绘，表现《不思议品》中维摩诘施展不可思议解脱法门，使方丈室内可以包容"毗耶离城及阎浮提、四天下，亦不迫迮，悉见如故。"[①]

　　又如在诸佛国土部分，唐前期维摩诘经变中往往通过共用释迦说法的画面，共同表现《佛国品》中五百长者子向佛敬献宝盖的场景和《菩萨行品》维摩诘掌擎大众共同礼佛的场景。以往采用以品为单位进行图像结构的划分，则难以对《佛国品》释迦说法图中出现维摩诘的画面进行合理解释，多以中晚唐甚至五代宋时期出现的《维摩诘经讲经文》进行解释，[②]既割裂了图像情节之间的关联，又造成一些误读。

　　在上述两个方面分析的基础上，我们将敦煌石窟与其他地区的维摩诘造像进行比对，主要涉及两大时空范围：一是北朝时期中原石窟和造像碑上的维摩诘造像；二是中晚唐迄宋川渝地区摩崖石刻上的维摩诘造像。北朝隋时期敦煌石窟的维摩诘图像，继承了中原石窟将维摩诘造像布局于佛龛外部两侧偏上的传统，在内容上也基本处于中原以维摩诘和文殊对坐像为主的框架之内。入唐以后，敦煌的维摩诘经变虽然无法与中原同期的造像进行横向比对，但由于主流绘制位置仍然以佛龛周围为主，同时新增内容也多数可在中原及周边地区的各类北朝维摩诘造像中找到渊源，表明唐前期敦煌维摩诘经变

①（后秦）鸠摩罗什译：《维摩诘所说经》，《大正新修大藏经》第 14 册，第 546 页中。

② 何剑平：《中古中国维摩诘信仰研究》，成都：巴蜀书社，2009 年，第 854—855 页；卢少珊：《佛教寺院维摩诘经图像研究》，清华大学艺术学博士学位论文，2014 年，第 43—44 页。

的绘制和背后的信仰，应当仍然明显受到中原影响。同时，四川、重庆和中原周边地区中晚唐至宋的维摩诘摩崖造像和绘画品，其内容和结构都更多接近于唐前期敦煌的维摩诘经变。这种现象的出现，一方面由于安史之乱、黄巢之乱发生以后，大量文化精英随玄宗和僖宗入蜀，将唐前期以来维摩诘图像一类的文化影响由长安带入巴蜀；另一方面则是中唐以后，由于吐蕃统治和此后陆上丝绸之路衰弱的影响，敦煌与中原联系弱化，进入区域性发展的阶段，维摩诘经变和相应的信仰则更多呈现出越来越多的区域性特色，不再以中原范式的统一影响为主。因此，唐前期敦煌石窟与中唐至宋川渝、中原周边地区的维摩诘经变，在内容和结构方面呈现出较多的相似性，证明各地皆处于中原范式的主导之下。

第三章

地域属性加强：中唐及以后敦煌
石窟的维摩诘经变

中唐吐蕃统治时期开始，敦煌石窟的维摩诘经变出现诸多新变化，首先，图像绘制位置基本完全脱离佛龛约束，成为独立的经变图像。在具体位置选择上流行以隔窟门对称的布局类型，对称中心由此前的龛内佛像完全转变为出入洞窟的人，通过将经变中毗耶离城门与窟门结合的方式，赋予窟门作为毗耶离城入口的象征意义。中唐至五代维摩诘经变主要绘于主室东壁门两侧，宋代则多绘于前室西壁门两侧，反映出图像与窟门结合的象征功能越来越受到重视。

其次，在图像内容与结构上，维摩诘重心后移的新坐姿成为中唐以后的标准形象大量出现，图像情节数量和细节表现方式，都远甚于北朝隋至唐前期各种维摩诘图像。通过对中原传世绘画品和藏经洞出土绢纸类绘画品中维摩诘经变内容的分析，我们认为中唐以后，敦煌石窟的维摩诘经变仅在局部受到中原维摩诘经变新变化的影响，更多的则是由于吐蕃统治的封闭性和河西多元文化的聚集，图像绘制出现越来越明显的地域性属性，使敦煌的维摩诘经变开始越来越不同于其他地区的同类作品。本章拟在分析中晚唐以后敦煌石窟维摩诘经变绘制位置和内容结构演变过程，对中唐以后敦煌维摩诘经变地域属性的形成过程及原因等问题进行尝试性探讨。

第一节　以窟门为中心图像绘制位置的演变

自中唐吐蕃统治时期开始，敦煌的维摩诘经变在洞窟位置选择方面，面向大众的倾向性更为明显，主流绘制位置开始由此前的西壁佛龛转移到窟门两侧，反映出此前中原造像传统影响的进一步弱化，图像功能的表达与洞窟建筑空间的关联越来越密切。主流布局位置的转变，更表明洞窟营建者对图像功能的认识发生新变化，同样为利用洞窟建筑空间所做的分隔式对称布局，窟门两侧的布局方式和龛内两侧相比，在考虑便于观者观看的同时，更借用了窟门的实体空间，使画面具备类似可进入或通过性的意义。

关于这种可供穿过或进入性的观念，于向东先生从第103窟出发，认为是出于对《佛国品》的强调，在《佛国品》和文殊、维摩"品"字形布局影响下，可将窟门比喻为"法门"，通过法门即进入象征《佛国品》所说佛国净土的石窟主室。[①]这种将窟门喻为"法门"的方法是否成立，可能仍然需要探讨，尤其当这一图像绘于主室东壁门两侧时，其对于石窟主室而言，出口象征含义可能强于入口，但类似观念反映在中唐至宋的洞窟营建或使用的实践中，似乎是存在一个逐步强化图像与人的互动过程。中唐至五代流行主室东壁门两侧的布局方式，至宋代则外移至前室西壁门两侧。主流位置的数次变化，使维摩诘经变在洞窟观看或使用中的次序不断向前提升，多数洞窟的前室空间狭窄，且不利用图像的观看，似乎也表明至宋代前后，维摩诘经变的绘制开始将可通过性的需求置于首要位置，观看则逐渐处于弱化的状态。

一、主室门两侧布局类型的确立与流行

维摩诘图像在窟门两侧的布局最早在北魏中晚期出现，但并不多见。云冈石窟第7窟主室南壁门两侧中部分别做维摩和文殊像（图3-1）。第8窟相同位置造像风化比较严重，为一组对谈人物，可能也是维摩文殊对坐图像。其他可清楚判定维摩文殊对坐的造像数量虽多，但大多雕刻在佛龛龛楣两侧。龙门石窟主要为宾阳中洞主室窟门两侧上部分别有文殊和维摩诘的对坐像（图3-2）。另在炳灵寺隋代第8窟主室东壁门两侧也绘有维摩文殊对坐图像。整体而言，这种布局方式在敦煌以前的维摩诘图像及造像制作历史中亦并不流行，且全部以维摩诘和文殊对坐图为主，位置一般较高，与其他题材共同位于窟门左右两壁，除了炳灵寺第8窟以外，多数未能以独立的形式出现于壁面，反映出其实质意义，可能仍然与龛外两侧的布局类型相同。

东壁门两侧的布局方式在敦煌则始于莫高窟第220窟，初次出现即以整壁大幅经变出现，是维摩诘图像布局模式在初唐的重大创造之一，中唐以前，这种布局分布类型在敦煌仅有莫高窟第220、103窟二例，并没有成为主流的位置选择模式。进入中唐以后，

① 于向东：《敦煌维摩诘经变以窟门为中心的设计意匠——以莫高窟第103窟为例》，《敦煌学辑刊》2010年第3期，第133—141页。

图 3-1　云冈石窟第 7 窟主室南壁门两侧·维摩文殊对坐像

采自 水野清一、长广敏雄：《云冈石窟》第七窟实测图，京都：京都大学人文科学研究所云冈刊行会，1952 年

图 3-2　龙门石窟宾阳中洞主室窟门两侧·维摩文殊像

采自 水野清一、长广敏雄：《河南洛阳龙门石窟の研究》，东京：座右宾刊行会，1941 年，第 22—23 页

维摩诘经变的绘制又进入了新的高潮时期，共出现了 9 幅维摩诘经变，其中 6 幅布局于东壁门两侧，分别是莫高窟第 133、159、236、237、359、360 窟，其余仅有第 231 窟绘于东壁门北侧，第 186 窟绘于北壁，第 240 窟绘于西壁龛外两侧。参考樊锦诗、赵青兰先生吐蕃统治时期莫高窟洞窟分期研究，以 9 世纪初为界，分为早晚两期，涉及的 56 个洞窟中，早期洞窟中绘有维摩诘经变的仅有第 133 和 186 窟，其余基本都属于晚期作品，在时间段上大约相当于 9 世纪初前五十年的时间段。这种短时期内集中绘制维摩诘经变的做法，与唐前期集中于第二期的情形高度相似，反映出这一图像的绘制似乎具有阶段性流行的特点。

主室窟门两侧的位置布局类型在渊源上，仍然与北朝至唐前期佛龛内外两侧的分隔式对称属于同一种类型。不同之处大致主要在于脱离了佛龛主尊空间的约束，成为独立的图像主体，与此相应，图像占据了整个壁面，并利用二元对称的结构与主室窟门两侧的壁面深度结合。主室东壁门两侧布局类型的流行，意味着维摩诘经变可能正式在洞窟功能的构建中承担实质性的作用。图像在洞窟的主流布局位置由佛龛两侧向窟门两侧的转移，其最大意义在于二元主角的对称中心实现了由佛向人的转型。窟门作为人进出洞窟空间的唯一入口，维摩诘经变围绕这一空间进行设计，大大缩减了图像世界与观者的距离，窟门既作为进入洞窟的空间，又可能具有进入维摩诘与文殊辩论空间的象征意味。

我们认为，这种将窟门作为毗耶离城入口的象征意味并非源于早期的维摩诘经相关造像或图像中，其端倪最早仅见于唐前期第 194 窟北壁的维摩诘经变，画面的中心位置首次出现象征毗耶离城的角楼和城门（图 3-3），听法诸人甚至香积国的菩萨皆是由此进入维摩诘和文殊辩论的空间。

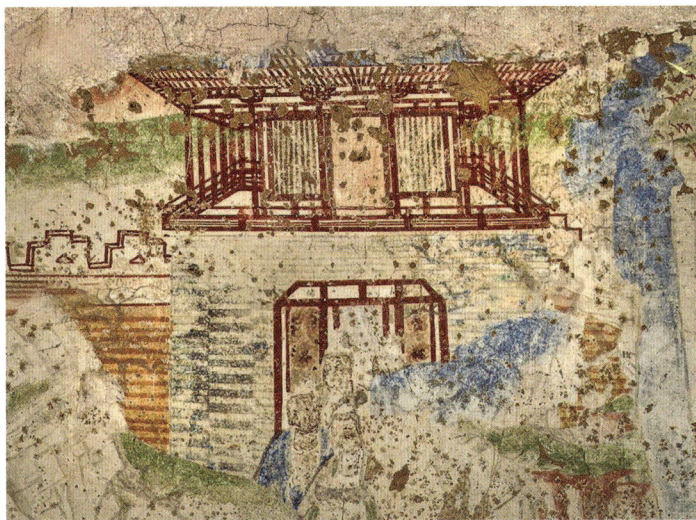

图 3-3　莫高窟盛唐第 194 窟北壁维摩诘经变·毗耶离城城门

采自 数字敦煌：https://www.e-dunhuang.com

　　至中唐吐蕃统治时期，维摩诘经变围绕窟门绘制时，并未因门洞的中空而抹去看似无关紧要的城门图像，反而将之全部保留并进行改造，分别绘于窟门两侧。以第360窟为例，毗耶离城城门被分为两个部分绘于窟门两侧（图3-4），左右门洞中各有从香积世界前来听法的菩萨从中飞出，中间的门洞则通过窟门的实体来作为象征。其余第133、149、236、237、359窟东壁门两侧的维摩诘经变，都以这种方式将毗耶离城的城门入口的绘制与洞窟的窟门结合，使窟门正式具备成为进入维摩诘和文殊辩论世界入口的象征。

　　此外，维摩诘经变围绕佛龛绘制的现象最后一次出现于中唐第240窟，此后晚唐五代宋都再未出现这种布局方式。围绕西壁佛龛的相关布局类型，在此前作为中原造像传统的象征，经过唐前期以西壁龛内两侧为主流布局模式的过渡以后，维摩诘经变在功能上考虑人的通过性和结构上以人为中心的设计方式，已经完全占据图像发展的主流。

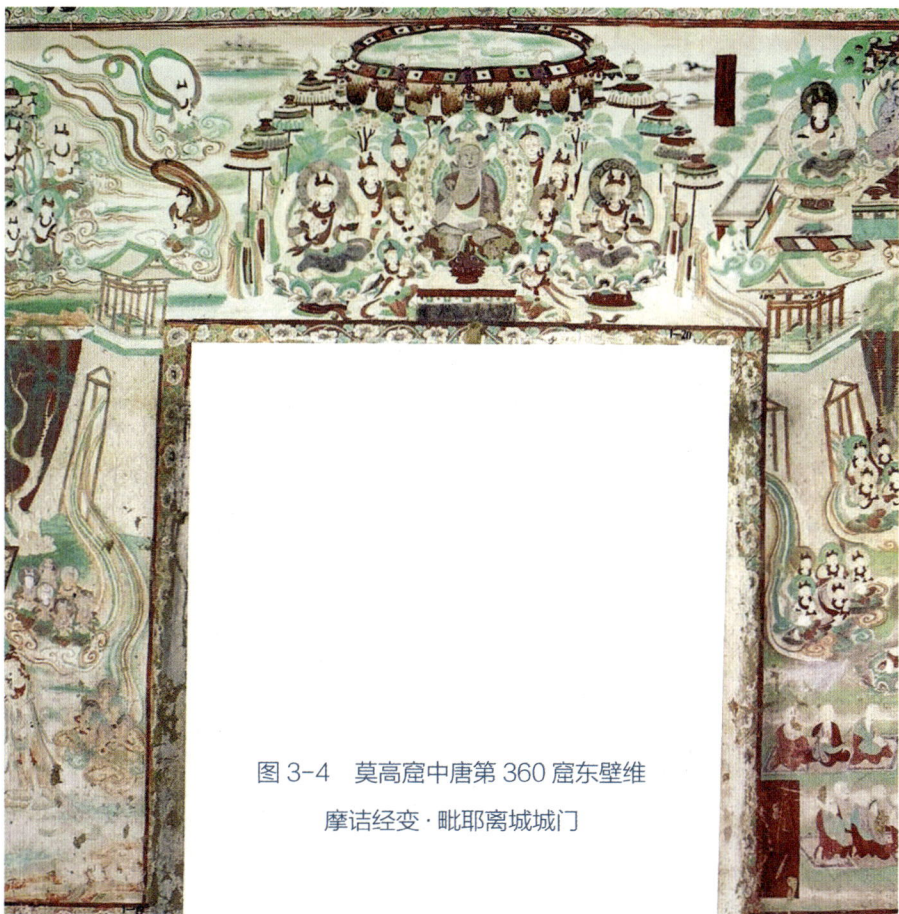

图3-4　莫高窟中唐第360窟东壁维摩诘经变·毗耶离城城门

二、主室门两侧向前室门两侧布局类型的转变

维摩诘经变在主室窟门两侧的布局类型开始流行以后，经过晚唐的短暂中断，至五代时期继续作为主流布局类型，17处维摩诘经变有11处绘于主室窟门两侧。由于曹氏归义军所在的五代宋时期，出现了规模空前的洞窟重修活动，其中有相当数量洞窟的前室被重修，在此过程中，维摩诘经变的绘制开始出现前室门两侧的布局类型，至宋代则完全成为主流布局类型。

前室西壁门两侧布局类型的流行，表明中唐时期形成的窟门作为进入毗耶离城的象征意义，在这一时期得到加强，原本作为洞窟观看结束后的象征性进入活动，此时在次序上被提升至观看开始之前。由于五代宋前室西壁门两侧绘制维摩诘经变的重修洞窟中，有几处主室亦绘有维摩诘经变，对这些重复绘制现象进行分析，大体可以证明西壁门两侧布局类型的出现，更多是出于构建图像与窟门结合所形成的象征性意义。

首先是五代时期重修的第334窟前室，如前所述，该窟在初唐营建时，西壁龛内绘制的维摩诘经变堪称该种布局类型的代表作（图3-5）。显然五代对前室重修时，在注意到龛内初唐维摩诘经变的情形下，又在前室西壁再次绘制了同一题材。

图3-5 莫高窟初唐第334窟西壁龛内·维摩诘经变

图 3-6　莫高窟初唐第 203 窟西壁龛外两侧·维摩诘经变

采自 段文杰、樊锦诗主编：《中国敦煌壁画全集·初唐卷》第 18 页

　　其次是宋代重修的第 203 窟前室，该窟在初唐营建时于西壁龛外两侧绘了维摩诘经变（图 3-6），虽内容简单，但不同于隋代龛外两侧的维摩诘文殊对坐图，出现《观众生品》中天女散花戏舍利弗和《香积佛品》中化菩萨献饭的情节，已经成为完全意义上的经变。宋代重修前室时，仍然在前室西壁门两侧绘上维摩诘经变。

　　除上述两处外，尚有宋代重修的第 335 窟前室，该窟同样营建于初唐，主室北壁整壁绘有一铺完整的维摩诘经变，其图像结构和内容表达的完整性，尤其是维摩诘与文殊等人物形态的刻画方面，在维摩诘经变的绘制历史上都堪称上乘作品（图 3-7）。然而宋代重修时，似乎视而不见，继续在前室西壁门两侧再次绘上了维摩诘经变。

图 3-7　莫高窟初唐第 335 窟主室北壁·维摩诘经变

采自 段文杰、樊锦诗主编：《中国敦煌壁画全集·初唐卷》，第 102 页

以上三处重修洞窟将维摩诘经变重复绘制的案例中，前代绘制的维摩诘经变正好包括了西壁龛外两侧、龛内两侧和北壁三种布局类型，在图像内容表达的完整性上出现递进的趋势。这三种位置绘制的维摩诘经变似乎表明，单纯的图像观看已经在五代尤其宋代不能满足洞窟使用者的需求，因而采用前室西壁门两侧的布局类型，以实现图像与窟门结合所呈现出的毗耶离城入口的象征性意义。

在这三处重复绘制维摩诘经变的洞窟之外，主室东壁门两侧布局类型的相关洞窟前室被重修时，并无一例出现重复绘制维摩诘经变的现象。五代宋时期前室西壁门两侧布局类型的维摩诘经变共出 8 处，我们对相关洞窟窟门内外两侧壁面的图像信息进行简单统计如下（表 3-1）所示：

表 3-1　五代宋窟门两侧绘维摩诘经变内外两侧壁面图像信息统计表

时代	窟号	主室东壁门两侧	前室西壁门两侧	备注
五代	261	文殊变、普贤变	维摩诘经变	五代新建
	334	千佛（初唐）	维摩诘经变	初唐新建，五代重修前室
宋	172	上四菩萨，中文殊、普贤变，下模糊	维摩诘经变	盛唐新建，宋重修前室
	202	南方天王、北方天王	维摩诘经变	初唐新建，宋重修前室和主室窟顶
	203	天王各二身	维摩诘经变	初唐新建，宋重修前室
	264	千佛	维摩诘经变	盛唐新建，宋重修前室、甬道和主室四壁
	335	初唐画说法图千佛等	维摩诘经变	初唐新建，宋重修前室
	437	千佛	维摩诘经变	北魏新建，宋重修全窟

数据来源：（1）敦煌研究院编：《敦煌石窟内容总录》，北京：文物出版社，1996 年。（2）实地调查。

上表内容表明，除莫高窟第 261 窟以外，五代宋时期前室西壁门两侧维摩诘经变的洞窟皆为重修时所绘，其中第 202、264、437 窟的重修涉及洞窟的主室部分，第 264 和 437 窟的窟门所在壁面内外两侧皆被重绘，前室西壁门两侧绘维摩诘经变时，主室东壁门两侧绘千佛，第 202、203 窟主室东壁门两侧绘天王像，这些图像内容的存在都不足以迫使维摩诘经变转向前室，因此这种位置的新变化应当被视为主动的选择。另外，现存前室绘制维摩诘经变的诸窟中，未出现前室东壁门两侧的布局类型，也反映出前室西壁门两侧布局类型的出现更多是出于外移窟门作为毗耶离城入口象征性的需要，以在入窟之初即可实现进入毗耶离城的象征意义。维摩诘经变的布局类型发展至此，表明在这一时期的洞窟营建中，可能图像的功能性表达开始超越其内容观看本身。虽然这种大量的重复不能排除仅是程式化的绘制所致，但也反映出类似观念的流行。

三、主室东壁门一侧布局类型的出现与洞窟空间认知的变化

维摩诘经变虽然在中唐时期即确立以主室窟门两侧的布局类型为主流，并在五代时期获得了更为广泛的流行，在晚唐时期却出现变异。晚唐时期的维摩诘经变仍然以主室东壁作为主要绘制位置，但 8 处中有半数绘于主室东壁门一侧，仅有 1 处绘于东壁门两侧。我们认为这一现象的出现，可能是受营建者对洞窟空间认知的变化所导致，并在此处对这一现象的出现做一些不成熟的尝试性分析。

维摩诘经变绘于东壁门一侧的做法，最早出现于中唐第 231 窟。敦煌遗书 P.4638《大番故敦煌郡莫高窟阴处士公修功德记》为该窟功德记的录文，将各壁内容记述为："龛内素释迦牟像并声闻菩萨神等共七躯；帐门两面画文殊、普贤菩萨并侍从；南墙画西方净土、法花（华）、天请问、宝（报）恩变各一铺；北墙药师净土、花（华）严、弥勒、维摩变各一铺。"[1]在此处的叙述中，洞窟各壁除西壁佛龛以外，用"南墙、北墙"涵盖了南壁、东壁门南侧、北壁及北壁门北侧的壁面，东壁并未被视作一个整体，而是作为南北壁面的延伸而存在。

由于各类洞窟功德记涉及壁面方位的称法出现较为有限，"南墙、北墙"之概念目前仅发现于第 231 窟功德记，相对而言，用"南壁、北壁、东壁、西壁"指代四壁更为常见。晚唐时期将维摩诘经变绘于东壁门一侧的诸窟，仅第 12、85 窟有功德记保留，但只简述窟内所绘内容，并不涉及壁面方位。因此我们初步推测，中晚唐时期将维摩诘经变绘于东壁门两侧或一侧的做法，可能反映出营建者看待洞窟空间结构的差异。一类将东壁视作一个整体，因而将维摩诘经变绘于门两侧；一类则将东壁南北两侧分别视作南北壁的延续，因而将维摩诘经变仅绘于门一侧。

后一种观念的产生，可能源自中唐时期流行的多铺经变绘于一壁的排列方式，这种排列方式对壁面整体性的削弱较为明显。以晚唐第 150 窟为例，该窟南壁分别绘有维摩诘经变与金刚经变，北壁对应为不知名经变和密严经变，东壁门南北两侧分别绘西方净土变和弥勒经变。这种南北两侧经变的对应方式，尤其东壁门南北西方净土和弥勒净土

---

[1] 郑炳林：《敦煌碑铭赞辑释》，兰州：甘肃教育出版社，1992 年，第 240 页。

的对应，正是将门两侧视作独立图像绘制单元的体现，而这种现象在敦煌壁画的布局中并不少见。因此，将东壁门南北两侧分别视作南北壁延伸的认知方式，可能在洞窟的营建历史中并非稀有现象。维摩诘经变的绘制选择东壁门两侧或一侧的布局类型，可能正是受到这类洞窟空间认识方式的左右，东壁门一侧的布局类型，在性质上应当与第 150窟维摩诘经变这种主室南北壁的布局类型一致，图像功能的表达应当受其所在位置的影响较弱。

综上所述，中唐以后维摩诘经变的主流位置布局类型以窟门两侧为主，完全摆脱了此前中原造像传统影响下受佛龛约束的状态，图像的对称中心由佛龛中的尊像转变为窟门中进出的人。中唐及五代时期流行主室东壁门两侧绘制的维摩诘经变，开始将图像中毗耶离城城门的画面和洞窟窟门的建筑结构相结合，使窟门既是进入洞窟的入口，又作为进入维摩诘和文殊辩论所在地毗耶离城入口的象征。宋代维摩诘经变的主流位置布局类型转变为前室西壁门两侧，反映出洞窟营建者对窟门作为毗耶离城入口象征功能重视的升级，以求在入窟之前即实现进入毗耶离城的象征意义。窟两侧布局的类型在晚唐出现暂时中断，被窟门一侧的布局类型取代，其出现可能反映了营建者对洞窟空间认知的变化，东壁不再作为一个整体，而是分别作为南北壁向东侧的延伸，图像的性质与南北壁的单幅式布局类型一致，功能的表达受所在位置的影响较弱。

第二节　中唐及以后敦煌维摩诘经变的构成与发展

中唐以后维摩诘经变内部结构的发展开始趋于稳定，在我们将画面主体划分的三个部分（毗耶离城方丈室内、方丈室外和诸佛国土）中，变化较为明显的主要在于毗耶离城方丈室的内部分。维摩诘作为二元主角之一，其形象发生的变化与中原传世绘画品中的维摩诘形象趋于一致，反映出中原维摩诘经变的结构至晚在中唐前后可能发生过调整，并在之后不久影响到敦煌。其余诸如维摩诘和文殊身后出现的四天王像和下方的世俗听法者的排列趋向于宫廷仪卫场景等内容，则可能是基于相近时代的同类图像或文本的影响，开始表现出具有区域性特点的图像情节。方丈室外部分则主要是细化了对文殊与维摩诘辩论之前，涉及维摩诘教化世俗者、训诫声闻和菩萨的相关情节，中晚唐时期主要位于屏风画之中，作为对主体画面的补充，晚唐后期则受到劳度叉斗圣变构图的影响，将发生于辩论前的诸情节以补白的方式绘于主体画面的下部或填充于主要情节之间的空白处，并在五代宋时期得以沿袭。诸佛国土部分则在沿袭唐前期同类画面结构的基础上，完善了内部的细节表现，仅有《菩萨行品》表现出较为明显的"微型维摩诘经变"化，使之逐渐超越对《维摩诘经》文本内容的表现，以"微型经变"为基础，发展为洞窟营建者个人思想表达的载体。以下，我们将依次对三个版块的主要图像结构及内容变化进行分析。

一、毗耶离城方丈室内

作为维摩诘经变主体内容的毗耶离城方丈室内，在中唐吐蕃统治时期开始，将维摩诘文殊辩论发生的空间完全表现为毗耶离城。这一表现方式最明显的标志，即在二元主角的上方和后方的城墙，在左右上角及中间皆有角楼，将画面主体情节囊括其中。

1.二元主角的新变化

中唐吐蕃统治时期以后，维摩诘和文殊的形象再次发生改变。相对于唐前期而言，这些改变多为手姿或持物的变化，其中一些变化可能反映出来自中原图式的新影响。维摩诘形象变化较早，在中唐时期趋于近乎统一的状态，主要表现为画面内侧一手的食指和中指上扬，可能象征不二法门，外侧一手执麈尾置于膝上（图 3-8）。

中唐时期 9 处维摩诘经变有 7 处维摩诘采用这种坐姿，晚唐时期则相对较少，仅第 156、138、18 窟出现这种坐姿，更多仍然采用了唐前期的身体前倾，内侧手执麈尾，外侧手抚膝的坐姿，诸如第 85、9、12、139、150 窟等。五代时期再次以中唐时期新出现的坐姿为主流，17 处维摩诘经变中，可辨明图像这种坐姿的至少有 10 处，至宋代则仅为第 454、437 窟采用这种坐姿。

文殊坐姿方面新出现的变化，主要在于将双手于胸前平举长柄如意（图 3-9-1、2），如中唐第 133、236、237、240 窟，晚唐第 12 窟，五代第 61、100、108、132、146 窟和宋代第 203、264 等窟。亦有双手于胸前平举不持物的情形（图 3-9-3），如中唐第 159、359 窟，晚唐第 18、150 窟，宋代第 454 窟等。唐前期出现的双手合十坐姿，在中唐以后仍然有较多出现，相对数量较少，诸如中唐第 360 窟，晚唐第 156、138 窟，五代第 6、98、121 窟等。

上述中唐吐蕃统治时期以后，维摩诘新出现的坐姿同样见于中原地区的传世绘画品中。莫高窟五代第 61 窟东壁维摩诘经的维摩诘形象，即这种变化较为成熟形态的体现，极为接近于《维摩教演图》中维摩诘的形象（图 3-10），这表明中唐以后敦煌维摩诘经

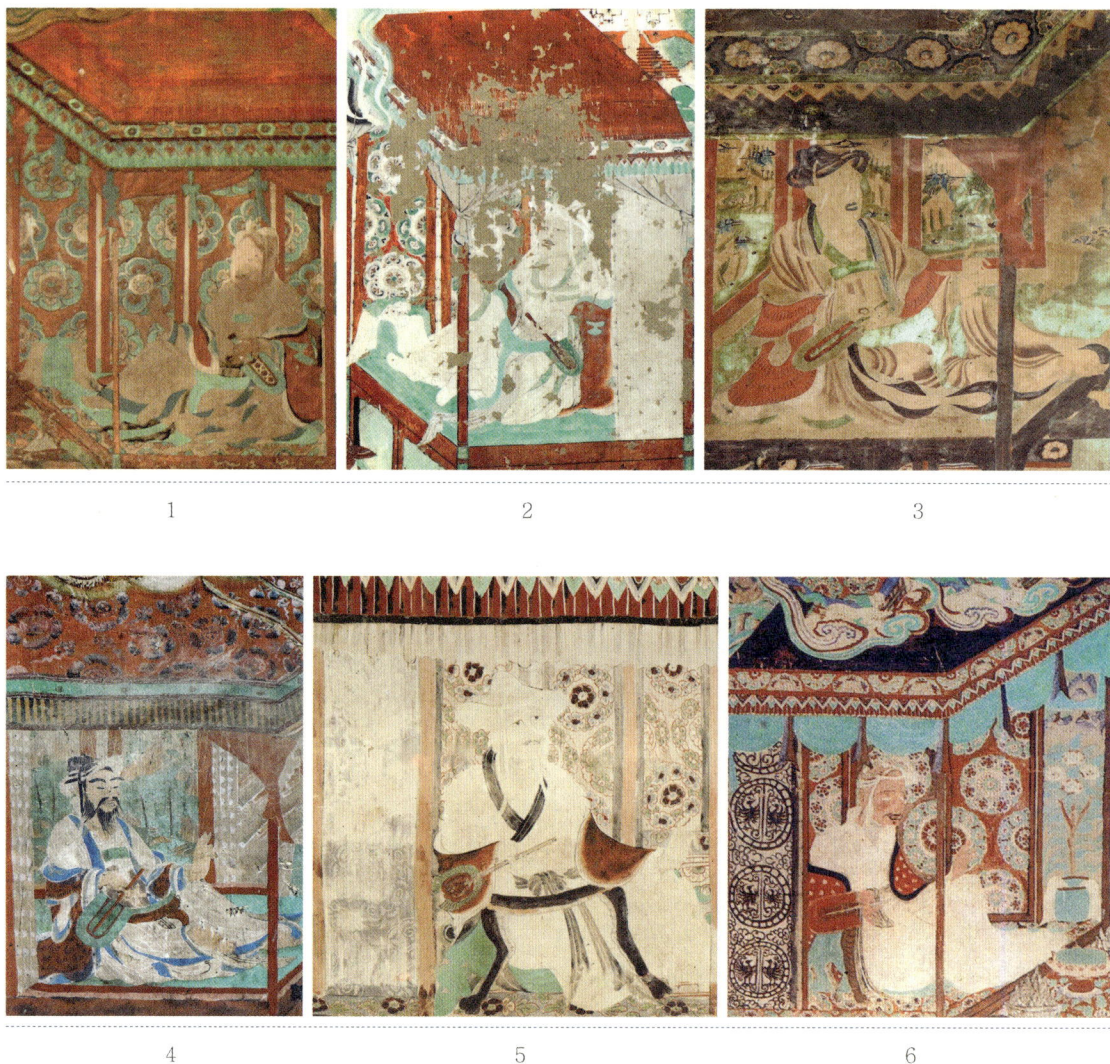

| 1 | 2 | 3 |
| 4 | 5 | 6 |

图3-8　莫高窟第237、159、156、138、61、98窟主室东壁维摩诘经变·维摩诘

图1、2采自贺世哲主编:《敦煌石窟全集·法华经画卷》,香港:商务印书馆,2002年,第203页;图3敦煌研究院编:《敦煌石窟艺术·莫高窟第一五六窟》,南京:江苏美术出版社,1994年,第108页;图4采自敦煌研究院编:《中国石窟·敦煌莫高窟》第四卷,北京:文物出版社,2011年,第193页;图5采自数字敦煌:https://www.e-dunhuang.com;图6采自敦煌研究院编:《敦煌石窟艺术鉴赏丛书》第1辑第9分册,兰州:甘肃人民美术出版社,1990年,图版8

| 1 | 2 | 3 |

图 3-9-1、2、3　莫高窟第 12、61、159 窟主室东壁维摩诘经变·文殊

图 1、2 采自数字敦煌：https://www.e-dunhuang.com；图 3 采自贺世哲主编：《敦煌石窟全集·法华经画卷》，第 203 页

图 3-10　莫高窟第 61 窟主室东壁维摩诘经变、故宫博物院藏《维摩教演图》·维摩诘形象

采自数字敦煌：https://www.e-dunhuang.com；故宫博物院网站：https://www.dpm.org.cn/

变中二元主角新出现的变化，其渊源应当仍然是中原地区，相关内容我们将在后文展开论述。

2.四天王形象的阶段性发展与时代特征

文殊问疾的诸随行者，在中唐时期仍然保持了唐前期以来的格局，天人集中分布于文殊一侧，维摩诘后方则主要为四位天王。文殊一侧的天人多被描绘为听法状态，个性化表现较弱。相对而言，四天王的个性化特征与唐前期冠饰和铠甲，甚至持物都处于变化的状态，相比中唐时期维摩诘经变对天王形象的描绘更加具体和稳定，并出现阶段性的变化特征。

四天王中以毗沙门天王的形象最为明显，可能与同时期单独流行的毗沙门天王信仰有关。中唐吐蕃统治时期以第159窟东壁维摩诘经变中的毗沙门天王为例（图3-11-1），其头戴类似五佛冠式样的宝冠，身披铠甲，胸腹部为明光铠，下摆为鱼鳞甲，右手托塔，左手持三叉戟。与其形象完全一致的毗沙门天王像，在中唐第133、236、360（图3-11-2）窟等多次出现，自中唐开始基本发展成较为稳定的图式。晚唐时期出现一手持塔、一手持棒的毗沙门天王像，如第150、156（图3-11-3）窟，亦有一手托塔，另一手不持物的情

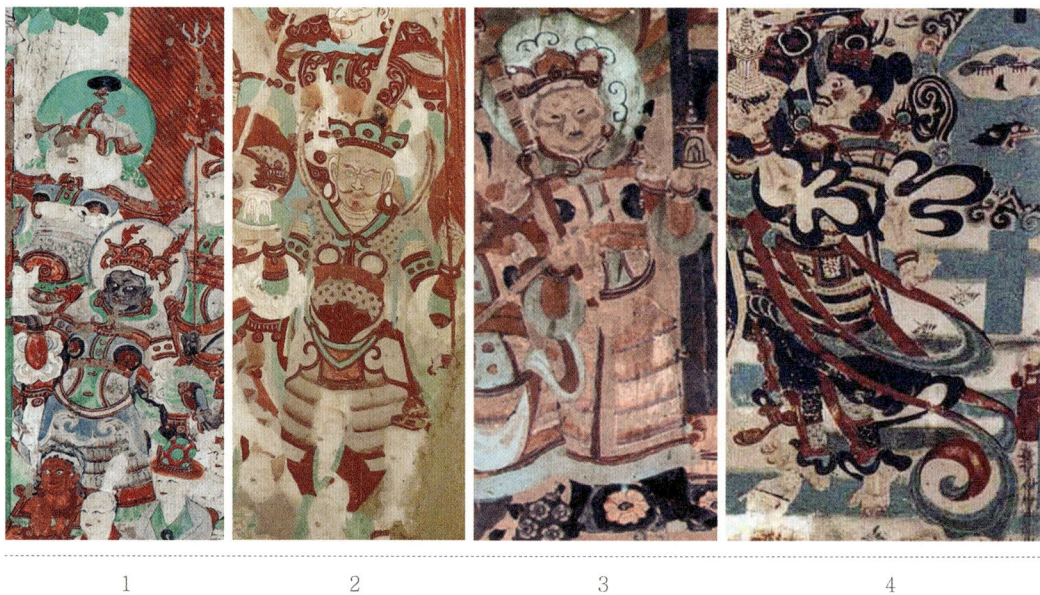

| 1 | 2 | 3 | 4 |

图3-11-1、2、3、4　莫高窟第159、360、156、9窟维摩诘经变·毗沙门天王

图1、2采自贺世哲主编：《敦煌石窟全集·法华经画卷》，香港：商务印书馆，2002年，第203页；图3采自敦煌研究院编：《敦煌石窟艺术·莫高窟第一五六窟》，南京：江苏美术出版社，1994年，第108页；图4采自敦煌研究院编：《敦煌石窟艺术·莫高窟第九窟》，南京：江苏美术出版社，1994年，第108页

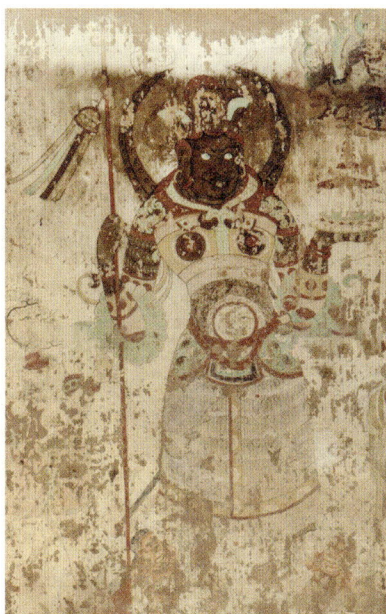

1　　　　　　　　　　2　　　　　　　　　　3

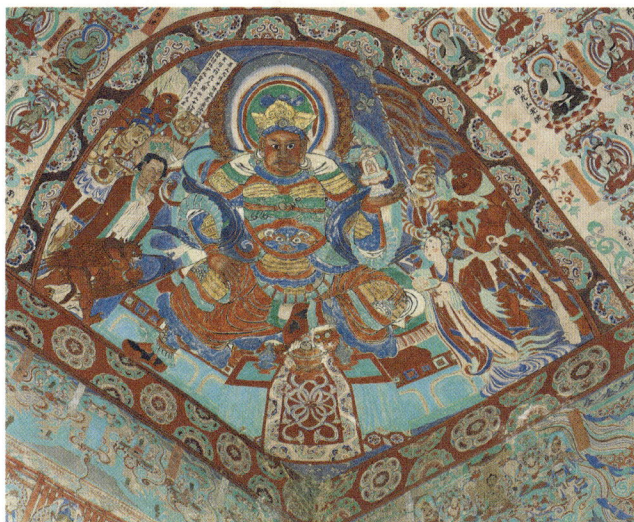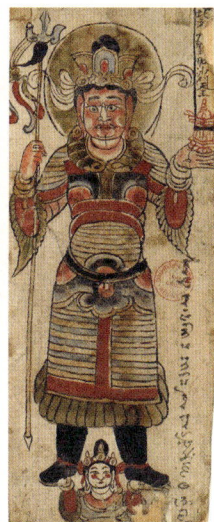

4　　　　　　　　　　　5　　　　　6

图 3-12-1、2、3、4、5、6　莫高窟中唐第 154 窟南壁西侧和榆林窟第 25 窟前室东壁门北侧、莫高窟晚唐第 12 窟前室西壁门北侧、五代 98 窟窟顶东北角、英藏敦煌绢画 Ch.0087、法藏敦煌藏文遗书 P.t.2222·毗沙门天王像

图 1、4 采自罗华庆主编：《敦煌石窟全集·尊像画卷》，香港：商务印书馆，2002 年，第 225、232 页；2、3 采自数字敦煌：https://www.e-dunhuang.com/；5、6 采自国际敦煌项目：http://idp.nlc.cn

形，如第 138 窟等。整体而言，四天王中的托塔者毗沙门天王，除晚唐第 9 窟（图 3-11-4）以外，头冠始终为类似五佛冠式样的宝冠，与此形象完全相同的毗沙门天王形象在中唐及以后洞窟的其他位置（图 3-12-1、2、3、4），甚至藏经洞出土唐至五代绢、纸画中也多次出现（图 3-12-5、6），基本形成定势。因此，头戴该冠的天王未托塔或持物不明

1　　　　　　　　　　　　　　　2

图 3-13-1、2　莫高窟晚唐第 85、12 窟维摩诘经变·毗沙门天王

图 1 采自敦煌研究院编：《敦煌石窟艺术·莫高窟第八十五窟》，南京：江苏美术出版社，1994 年，第 108 页；图 2 采自数字敦煌：https://www.e-dunhuang.com

者，如第中唐第 231 窟和晚唐第 85（图 3-13-1）、12 窟（图 3-13-2）等，其身份应当也是毗沙门天王。霍巍先生指出，这类较为固定的毗沙门天王形象的铠甲，其上身明光铠或两当甲为唐代以来流行的甲衣式样，鱼鳞甲则是保留了中亚和于阗毗沙门天王的铠甲样式，持物和冠饰等元素都开始趋于定型，形成敦煌自身特色的"中土化"风格体系。[1]因此，仅就毗沙门天王形象的调整而言，中晚唐时期维摩诘经变中毗沙门天王形象，完全吸收了时代相近同类图像的具体表现方式。毗沙门天王以外的其他三天王，也各自具有鲜明的特点，皆着明光铠，头上或戴宝冠，或戴兜鍪，手中持物可辨明以宝剑居多，亦

[1] 霍巍：《从于阗到益州：唐宋时期毗沙门天王图像的流变》，《中国藏学》2016 年第 1 期，第 36 页。

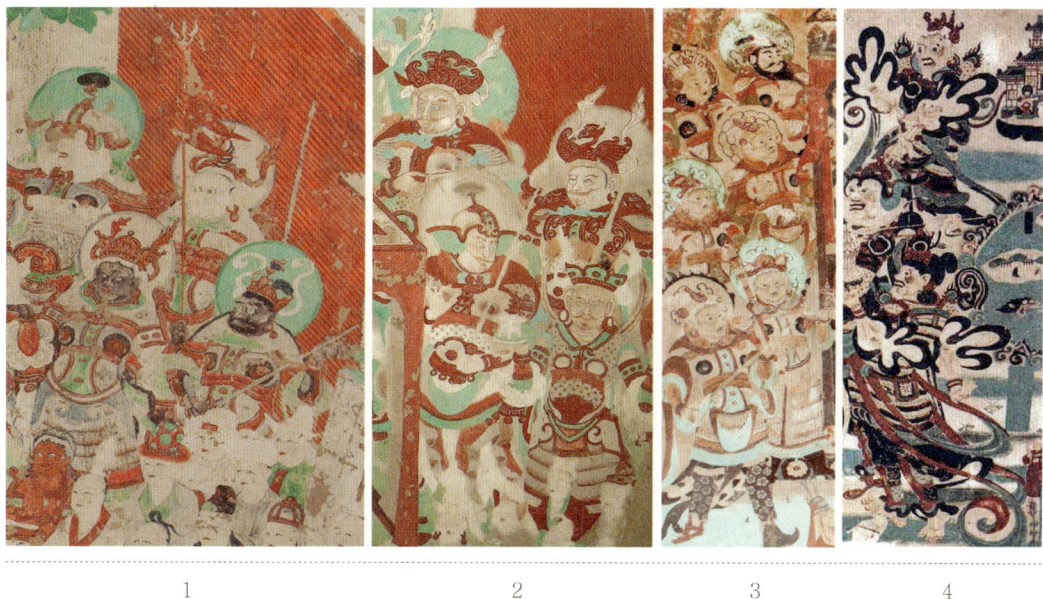

| 1 | 2 | 3 | 4 |

图 3-14-1、2、3、4　莫高窟中唐第 159、360 和晚唐第 156、9 窟维摩诘经变·四天王像

图 1、2 采自贺世哲主编：《敦煌石窟全集·法华经画卷》，第 228 页；图 3 采自数字敦煌：https://www.e-dunhuang.com；图 4 采自敦煌研究院编：《敦煌石窟艺术·莫高窟第九窟》，第 108 页

是以基本固定的方式成组出现（图 3-14）。与维摩诘身后的四天王像对应，中唐以后，文殊身后亦开始出现四天像，但手中多无持物，基本都以双手合十的听法姿态为主（图 3-15）。

五代宋时期毗沙门天王在维摩诘经变中的形象开始趋同，五代洞窟维摩诘身后的四天王中明确可见托塔天王仅在第 61 窟（图 3-16），顶上为五佛冠式头冠者亦仅有第 5、6、369 窟，但皆未托塔。至宋代以后，维摩诘经变中的四天王既无托塔者，又无着五佛冠式头冠者，天王之间的形象逐渐趋于接近。

3.宫廷仪卫场景的影响与世俗听法者队列的变化

维摩诘和文殊下方的世俗听法者，在中唐时期由于吐蕃的统治都无一例外的绘上了吐蕃赞普及侍从听法图。晚唐五代时期则要么将吐蕃赞普以独身的方式绘出，如第 85、9 窟等，要么完全不予以绘出，如第 156、12 窟等。此外，画面中人物排列状态的表现也开始出现变化，中晚唐时期近半数洞窟的听法者仍然保持了唐前期以来的传统，以静态的方式列于维摩诘和文殊下方，侧重表现听法的状态，如中唐第 133、359、360（图

1　　　　　　　　　　　　　　　　　　　　　　2

图 3-15-1、2　莫高窟中唐第 159 窟和晚唐第 156 窟维摩诘经变文殊后方·四天王像

图 1 采自贺世哲主编：《敦煌石窟全集·法华经画卷》，第 203 页；图 3 采自数字敦煌：https://www.e-dunhuang. com；图 4 采自敦煌研究院编：《敦煌石窟艺术·莫高窟第九窟》，第 108 页

图 3-16　莫高窟五代第 61 窟主室东壁维摩诘经变·四天王像

采自 数字敦煌：https://www.e-dunhuang.com

图 3-17　莫高窟中唐第 360 窟主室东壁维摩诘经变·吐蕃赞普及诸王听法图

采自 谭蝉雪编：《敦煌壁画全集·敦煌服饰画卷》，香港：商务印书馆，2005 年，第 151 页

3-17）、240 窟和晚唐第 156（图 3-18）、150、9 窟等；另外的一些洞窟则是在左右两侧下部绘出毗耶离城的城门，以动态的方式表现听法者正在入场的过程，似乎侧重表现问疾的状态，如第 236、159（图 3-19）、237、231 窟和晚唐第 12（图 3-20）、85 窟等。至曹氏归义军统治的五代宋时期，以动态入城的表现方式成为主流，25 处维摩诘经变中，至少有 15 处以正在入城的方式排列了听法人物组合，6 处以静态听法方式排列，另有 4 处保存状况较差，情况不明。与此同时，五代宋时期以动态方式表现听法人物入城画面的维摩诘经变中，文殊下方的中原帝王听法队列前方，都新出现了数量较多的持剑抵于地面的前导队列。以第 61 窟为例（图 3-21），中原帝王及百官位列文殊下方，自帝王向前方分别为 1 身官员着袍服持笏板、2 身官员着袍服单手向下持仪刀抵于地面、3 身仕女持供品、1 人头顶香炉、2 人着短袍戴幞头持长柄如意、8 人分两队排列各着彩色甲衣持仪刀抵地、最前方有 1 人持笏板躬身回望帝王的方向。这一队列整体可分为两个部分，以头顶香炉男子为界，前方诸人容貌多为高鼻大眼长须，神情较为凶悍，后方持供品仕女

图 3-19　莫高窟中唐第 159 窟主室东壁维摩诘经变·中原帝王问疾听法图

采自 贺世哲：《敦煌石窟全集·法华经画卷》，上海：上海人民出版社，2000 年，第 228 页

图 3-18　莫高窟晚唐第 156 窟主室东壁维摩诘经变·中原帝王及诸王听法图

采自 敦煌研究院编：《敦煌石窟艺术·莫高窟第 156 窟》，南京：江苏美术出版社，1995 年，第 172 页

图 3-20　莫高窟晚唐第 12 窟主室东壁维摩诘经变·中原帝王及诸王听法图

采自 数字敦煌：https://www.e-dunhuang.com

图 3-21　莫高窟五代第 61 窟主室东壁维摩诘经变·中原帝王听法图

及君臣等人神情皆较为肃穆平和。整体队列虽在画面中作为问疾听法内容的表达，但似乎整体已经成为一种仪式性队列的使用场景。由于五代时期并未留下完备的仪卫或舆服相关记载，我们将之与时代相近且较为完备的唐制进行简略比对。文殊下方中原帝王听法队列的仪式场景与大驾卤簿记录相比差异较大，但与《新唐书·仪卫志》中有关于皇帝宴见蕃国王仪式的记载似乎有接近之处："元日、冬至大朝会、宴见蕃国王，则供奉仗、散手仗立于殿上；黄麾仗、乐县、五路、五副路、属车、舆辇、伞二、翰一，陈于庭；扇一百五十有六，三卫三百人执之，陈于两厢。"[1]在相关仪仗活动中，仅有殳仗出现成队列者执仪刀的场景："左右厢有主帅三十八人，平巾帻、绯裲裆、大口绔，执仪刀。"[2]平巾帻作为唐代最普遍的官员首服，第 61 窟持刀 8 人中 7 人首服即平巾帻；绯裲裆即大红色马甲类服饰；大口绔即套在腿上的大口套裤。这些服饰特点及执仪刀的姿势，都与第 61 窟持刀 8 人的描述较为一致。殳仗作为宴见蕃国王仪式倒数第二个环节，将之入画，可能是作为增强中原帝王听法画面仪式感的体现，更进一步将之表现为诸国国王觐见中原帝王的仪仗场景。中原帝王听法图前列出现成组的持仪刀队列画面，在五代宋时期诸窟较为常见，莫高窟五代第 5、6、98、100、108、146、369 窟和宋代第 7、454 窟等，都根据壁画空间的大小绘制了二至八身不等的持仪刀队列，可能都是与这一场景的表现有关。

---

[1]（宋）欧阳修等撰：《新唐书·仪卫志》，北京：中华书局，1975 年，第 480 页。

[2]（宋）欧阳修等撰：《新唐书·仪卫志》，第 483 页。

二、方丈室外

从中唐吐蕃统治时期开始，维摩诘经变中涉及方丈室外的内容在此前《方便品》《弟子品》和《菩萨品》的基础上增加了《文殊师利问疾品》的部分内容，主要为听法者向毗耶离城前进的画面，这些内容并不见于《维摩诘经》的描写，可能与变文一类俗文学作品的出现有关。整体而言，在中晚唐以后的维摩诘经变中，方丈室外的内容仍未能进入主体空间，多位于边缘位置。

中晚唐时期主要通过屏风画的形式作为主体画面的补充，诸如中唐第133、159、231、237、360窟和晚唐第85、18窟，所绘内容基本不出《方便品》《弟子品》和《菩萨品》。同时也出现以类似补白的方式将这些内容绘于画面主体情节的周围空间，中唐第236窟维摩诘经变中，文殊身后绘《菩萨品》中长者子善德设大施会的场景，维摩诘身后绘《文殊问疾品》中诸人前往毗耶离城的画面，二元主角下方所绘内容多为《方便品》中维摩诘度人相关场景。这一表现方式至晚唐第9窟，可能受到劳度叉斗圣变二元对称构图的影响，开始将此前屏风画中出现的各类辩论前的细节性内容绘于二元主角下方和经变主体内容的空白处，这一排列方式在五代、宋时期得到继承，第61窟当属其中的集大成者。

三、诸佛国土

自中唐吐蕃统治时期及以后，维摩诘经变中的诸佛国土在《维摩诘经》中涉及的内容较唐前期的变化主要在释迦佛土部分，一是将《菩萨行品》深入"微型维摩诘经变"

化，并逐渐和《佛国品》分离，成为反映洞窟营建者个人思想的载体；二是《法供养品》相关内容的出现，作为对释迦佛土的进一步补充，并无过多特殊的历史意义。其余须弥相国、香积佛国和妙喜国更多在于内部细节的完善，主体结构则无过于明显的变化。因此，我们关于中唐以后诸佛国土部分的分析，主要围绕"微型维摩诘经变"化的《菩萨行品》展开。

1. 中唐吐蕃统治时期

《菩萨行品》在唐前期洞窟仅见于第 332、335、103 窟的维摩诘经变，在维摩诘掌擎大众的情节中，第 332、335 窟表现为文殊和维摩诘辩论对坐的场景，画面中除了文殊与维摩诘可辨识以外，其余人物均无特征，第 103 窟则仅表现为维摩诘手托数人并列的画面。中唐以后，维摩诘掌擎大众的画面中开始着力表现图像的细节特征，以莫高窟第 159 窟为主要代表（图 3-22），在维摩诘文殊的形象与经变中，二元主角保持一致的基础上，还出现了《香积佛品》中化菩萨献饭和倾饭的情节，下方的听法者也开始明显

图 3-22　莫高窟中唐第 159 窟主室东壁维摩诘经变《菩萨行品》·掌擎大众

采自贺世哲主编：《敦煌石窟全集·法华经画卷》，第 230 页

绘出中原帝王和吐蕃赞普及侍从听法的画面，再无其他身份的听法者，所表现内容之丰富已经脱离了《菩萨行品》中维摩诘掌擎大众的内容范畴，更接近于一幅完整的"微型维摩诘经变"。除第159窟以外，维摩诘经变出现类似"微型经变"化结构《菩萨行品》的洞窟，还有第231、237、240和359窟，第231、237窟的听法仅绘有中原帝王、吐蕃赞普及侍从听法的画面，仅第359窟"微型经变"未绘出听法者。

在这些"微型维摩诘经变"中，维摩诘下方的听法者一般仅绘出吐蕃赞普及侍从听法的画面，其余诸王皆未绘出，对蕃装人物有着力表现的一面。以往对维摩诘经变中的蕃装人物形象的研究，主要聚焦于主体画面维摩诘下方的赞普及侍从听法图中，沙武田先生认为其出现由于时代的现实不可抗拒，表达了对吐蕃统治的服从，以求得生存和发展的空间。[①]罗世平先生认为其出现的契机在于长庆会盟解开了洞窟营建者在功德祈愿与身份认同上造成的现实困扰与心理纠结，因而各类蕃装人物可以在"唐蕃一家"的图像语义中出现于洞窟之中。[②]与主体经变中出现蕃装人物存在的争议相比，"微型维摩诘经变"中的蕃装人物则更能说明洞窟营建者对吐蕃的态度，但并未受到关注。《菩萨行品》中以"微型经变"的方式表现维摩诘掌擎大众的情节，并非经变中必不可少的内容，中唐吐蕃统治时期第159、231、237、240窟不仅绘出了近乎独立于《佛国品》的"微型经变"，在维摩诘下方仅出现赞普及侍从问疾听法组合，较主体画面中的赞普及侍从听法图的出现更具主动性，因而也更能反映出洞窟营建者对吐蕃的统治可能倾向于一种积极的态度。类似的态度在相关的发愿文中也有体现，敦煌民众祈愿唐蕃好和，周边安定，如S.6315《愿文》："又将殊胜功德，最上福田，奉用庄严我当今神圣赞普，伏愿永垂禅化，四海一家……使两国还好，重圆舅生（甥），四方艾安，保无征战。"甚至在晚期也融入吐蕃末期达磨赞普死后王子沃松与云丹争位的政治活动当中，法藏敦煌遗书P.t.999中即有对沃孙的祈福：

ཆུ་བ་ལོའི་དཔྱར་ཟླ་ཐ་ཆུངས་ཆེས་པ་ཀྲུད་ཡ།ཇོ་མོ་བཙན་མོ་འཕན་གྱི་ཡུམ་སྲས་ཀྱི་ཕོ་བྲང་འོད་སྲུང་གི་སྐུ་ཡོན་དུ།ཤ་ཅུའི་དགེ་འདུན་ཇེ་གཤིས་ཀྱིས།

ཤ་ཅུ་ཡུལ་ཕྱོགས་ཀྱི་ཁྲིམས་པ་།སྐུ་ཡོན་དུ་བསྟན་པ་ཇེ་ཆོན་དུ་བཅོན་ཤོན་གཤིས་ཕུལད་པར།།

翻译：鼠年夏天六月八日，作为王妃赞蒙彭（བཙན་མོ་འཕན）母子的沃松宫殿之功德，沙

① 沙武田：《莫高窟吐蕃期洞窟第359窟供养人画像研究——兼谈粟特九姓胡人对吐蕃统治敦煌的态度》，《敦煌研究》2010年第5期，第22页。

② 罗世平：《身份认同：敦煌吐蕃装人物进入洞窟的条件、策略与时间》，《美术研究》2011年第4期，第62页。

州的两个僧团为沙州当地的俗人做回向功德，举行了一次盛大的法会。

达磨赞普死后，次妃赞蒙彭怀遗腹子，后生下王子沃松（ᠠᢩᠠ），长妃则以其兄之子伪称为自己所生，名为云丹。吐蕃两派势力一方于雅隆拥立沃松，另一系则于拉萨拥立云丹为赞普。两大势力王位之争的胜利者在史书中的记载也不一致。[1]P.t.999 表明在吐蕃本土的王权争夺活动中，敦煌并非报以远观的心态，而是选择支持沃松一系并为其祈福。

因此，以上表明，敦煌对吐蕃统治和文化的接纳程度，仅仅依靠类似长庆会盟一类活动的推动，可能仍然有所欠缺，似乎更多体现出的是一种主动的认同。张议潮青年时代即有前往拉萨的经历，在后来的追述性文字中也并不引以为耻，P.3554V《上河西道节度公德政及祥瑞五更转兼十二时共一十七首并序》载："昔尚书曾赴逻娑，引道神人，祭水河边，龙兴紫盖，池现圣鸟，……如斯盛美，人具尔瞻，此则尚书之感应也。"这些都表明吐蕃在敦煌的统治稳固以后，可能世家大族虽有思念大唐之情谊，但在具体的社会活动中，已经深度融入吐蕃统治与文化之中。维摩诘经变中"微型经变"化的《菩萨行品》中对赞普及侍从听法图的刻意表现，更能反映出洞窟营建者对吐蕃统治的积极态度。

2.晚唐张氏归义军时期

晚唐以后，菩萨行品中的"微型维摩诘经变"以进一步独立的状态出现于经变中，不再绘于画面中间接近《佛国品》的位置，多数仅表现单独的维摩诘掌擎"微型维摩诘经变"，仅个别洞窟再重新绘出类似《佛国品》中释迦说法图画面，以表现维摩诘与众人礼佛的场景。晚唐《菩萨行品》的这种转变，使原本作为前往礼佛过程的"掌擎大众"成为表现的重点，作为礼佛却处于弱势地位。这种转变可能是中唐吐蕃统治时期借助这一情节，表现对吐蕃积极态度的进一步发展。第9窟则是这一倾向的典型代表，在维摩诘上方，绘有独立的《菩萨行品》中维摩诘掌擎的"微型经变"（图3-23），分别有佛国品（佛祖结跏坐于文殊维摩中间上方）、方便品（在文殊维摩周围绘有诸弟子天人及赞普诸王等问疾听法图）、文殊师利问疾品（绘文殊维摩对坐）、不思议品（绘借灯王座）、观众生品（天女与舍利弗对立两侧）。应为此前维摩诘经变《菩萨行品》中"微型经变"

---

① 张云、林冠主编：《西藏通史·吐蕃卷》，北京：中国藏学出版社，2015年，第196—199页。

图 3-23　莫高窟第 9 窟北壁维摩诘经变·微型维摩诘经变

采自 敦煌研究院编：《敦煌石窟艺术·莫高窟第 9、12 窟》，第 114 页

内容表现最为细致者。

　　第 9 窟维摩诘经变《菩萨行品》中"微型经变"的独特之处，在于文殊和维摩诘下方的世俗听法者仅绘出吐蕃时代维摩诘经变中特有的赞普及侍从问疾听法图，且并未出现前来问疾听法的中原帝王及其余诸王。稍加比对即可发现赞普及侍从的组合形式与中唐蕃占时期赞普问疾听法图中的蕃装人物组合之服饰与姿态别无二致。微型经变中，赞普穿白色翻领长袍立于正中，因壁面褪色只能隐约看到基本轮廓，身后侍从着黑色长袍举曲柄华盖，华盖在赞普头顶清晰可见。赞普前方为两身侍从对面而立，其中背对观者之侍从腰部挎有长刀，与莫高窟第 360 窟赞普前方侍从造型如出一辙（图 3-24）。

　　敦煌维摩诘经变中的蕃装人物

图 3-24　莫高窟第 360 窟东壁维摩诘经变·赞普听法图

采自 谭蝉雪编：《敦煌壁画全集·敦煌服饰画卷》，第 151 页

图 3-25　莫高窟第 85 窟东壁《维摩诘经变》·诸王听法图局部

采自 敦煌研究院编：《敦煌石窟艺术·莫高窟第 85、196 窟》，第 110 页

具有明显的时代特色，中唐吐蕃统治时期常见的赞普及侍从听法图，至晚唐及以后则形成鲜明的对比，赞普回归于问疾听法的诸王队列中，诸如莫高窟第 85 窟（图 3-25）、第 138、108 窟等，多位于内侧只绘出上半身，再无一例在赞普周围绘出侍从的表现方式。这些晚唐现象在第 9 窟却显得和而不同，除了《菩萨行品》的"微型经变"的听法者中仅绘出赞普及侍从听法图以外，在主体经变维摩诘的下方，赞普虽以孤身位于诸王问疾听法队列，但以较大身形且全身出现于队列外侧并与周围诸王保持距离，相对具有一定的独立性（图 3-26）。将这两种表现方式结合于一处考量，可直观地感受到其并非无意而为。虽然我们可以将晚唐以后维摩诘经变

图 3-26　莫高窟第 9 窟北壁维摩诘经变·诸王听法图

采自 敦煌研究院编：《敦煌石窟艺术·莫高窟第 9、12 窟》，第 108 页

听法诸王中出现独身的赞普像解释为吐蕃势力退出敦煌的历史体现，但微型经变中仅单独表现赞普及侍从问疾听法组合的做法，其对归义军统治的挑衅不啻吐蕃时代敦煌落蕃唐人在洞窟中绘男性唐装供养像之行为，可见洞窟营建者的感情中不乏对吐蕃因素的认同和向往。在极具包容性的文化背景之下，这种不协调音符恐怕也是难以被认同和接受的，似可从中感受到洞窟营建者藏于心底的吐蕃情怀。

归义军统治建立以后，敦煌地区仍然有数量较多的吐蕃人或在吐蕃统治影响下成长起来的集团，这些吐蕃文化观的族群甚至同样保持有《维摩诘经》相关的信仰。藏经洞出土的敦煌遗书中有 8 件藏文《维摩诘经》的抄本，时代跨度约从 9 世纪初一直延续至11 世纪初，表明这一信仰同样流行于吐蕃遗民群体当中，相关内容我们将在第五章第二节进行说明。因此，第 9 窟的营建者中可能包括吐蕃遗民，抑或为归义军时期留居敦煌与吐蕃有密切往来之家族，一方面将维摩诘经变下部的赞普尽情描绘，同时为避免引祸上身并迎合世俗风尚，将赞普问疾听法图相对较为隐讳地绘于靠近窟顶壁面，尽最大限度不引起时人的发现与反对。这种在维摩诘经变中对蕃装人物明确或隐讳的表现方式，可作为张氏归义军时期敦煌与吐蕃地区存在一定交流的见证，也为我们了解归义军时期留居敦煌地区吐蕃遗民与石窟营建情况，提供了极为珍贵的图像资料，其意义已经远远超越经变的《菩萨行品》所表达的维摩诘掌擎大众情节本身。

3.五代宋曹氏归义军时期

《菩萨行品》中的"微型维摩诘经"在第 9 窟的类似表现方式，在五代宋时期的曹氏家族所营建的大型洞窟中又出现另一番表现方式。以第 98 窟为例，"微型经变"化的《菩萨行品》位于东壁门南侧右上角（图 3-27），与第 9 窟类似，画面中共计出现佛国品（佛祖结跏坐于文殊维摩中间上方）、方便品（在文殊维摩周围绘有诸弟子天人及赞普诸王等问疾听法图）、文殊师利问疾品（绘文殊维摩对坐）、不思议品（绘借灯王座）、观众生品（天女与舍利弗对立两侧）。

第 98 窟维摩诘经变《菩萨行品》中"微型经变"的独特之处仍然在于文殊和维摩诘下方的世俗听法者的表现方式上。不同于第 9 窟关于蕃装人物的强调，第 98 窟则转向对汉装人物的强调，在文殊下方并未绘出中原帝王听法的场景，代之以着力表现身着红色袍、头戴长脚幞头的男子夫妇，对面维摩诘下方亦为着袍服和幞头的汉装听法者，并未出现其余诸王听法的场景。邵强军先生认为文殊下方着红袍和幞头听法者的身份特征，与该窟甬道南壁西起第一身曹议金的供养像极其相似，其身边的女子可能是其夫人

图 3-27　莫高窟五代第 98 窟东壁维摩诘经变《菩萨行品》·掌擎大众（徐铭君 绘）

宋氏，作为证明其政权合法性的表达方式。[①]

　　至此，从中唐第 159 窟，到晚唐第 9 窟，再到五代第 98 窟，维摩诘经变《菩萨行品》通过"微型经变"化的方式，对文殊和维摩诘下方世俗听法者身份的强调，使洞窟营建的意图以较为隐讳的方式得以表达。作为维摩诘经变中释迦佛土组成部分的《菩萨行品》，原以礼佛为主要表现内容，逐渐转变为主要表现"微型维摩诘经变"化的掌擎大众情节，与《佛国品》的分离，使维摩诘及大众礼佛的情节处于可有可无的状态，更表明该画面的发展已经越来越脱离原本表达经典内容的轨迹，而成为佛教绘画中变相表达洞窟营建者诉求的重要载体。

①邵强军：《敦煌曹议金第 98 窟研究》，兰州大学敦煌学博士学位论文，2017 年，第 102—103 页。

以上，通过对中唐以后敦煌维摩诘经变内容和结构若干变化的分析，可知其相对于唐前期，主要变化在于情节数量的增加和具体情节的描绘程度细致性的增加。在关于经变内部三个部分的划分中，方丈室内和毗耶离城仍然是主要表现内容，维摩诘重心后移的新形象与《维摩演教图》中维摩诘的形象一致，反映出中唐这一新变化可能源于中原地区。此外，作为方丈室内文殊问疾随行者，四天王像的绘制基本与同期单独绘制的天王形象一致。维摩诘和文殊下方的中原帝王及诸王听法图的表形方式，越来越呈现出仪式性场景，可能与《新唐书·仪卫志》中记载的唐朝皇帝宴请诸蕃王的仪仗有关。

方丈室外诸内容较唐前期变化较多，但多作为主体经变补充的小幅画面存在，中唐晚唐主要见于屏风画中，五代宋则多以补白的方式绘于主体画面空隙。诸佛国土部分，则相对以"微型维摩诘经变"化《菩萨行品》变化较值得关注，在微型经变的世俗听法者部分，在不同时期对蕃装或唐装人物的强调，虽然隐讳但也更鲜明地反映出洞窟营建者对不同政治力量的态度。

第三节　敦煌维摩诘经变区域性属性的形成及发展

唐初维摩诘经变基本构图形成以后，其较为相近且稳定的形态影响波及唐前期的敦煌及中晚唐至五代宋的川渝摩崖石刻和山西大云院。中唐以后，中原维摩诘经变构图发生局部调整，仍然对各地产生不同程度的影响，对于敦煌石窟维摩诘经变而言，主要体现在维摩诘坐姿方面；对于川渝地区维摩诘经变而言，则似乎并未受到影响；在川渝以南的云南大理时期绘制的《梵像卷·维摩诘经变》，表现出可能受到中原新变化影响但又略有不同的图像内容。本节拟针对中唐以后中原维摩诘经变图像内容和结构方面出现的新变化，对其背景和影响进行分析。

一、中唐后敦煌以外内容及结构发生变化的维摩诘经变

中唐以后维摩诘经变内容和结构发生变化的图像主要有三处，皆为传世绘画品，一是北京故宫博物院藏《维摩演教图》。二是有较多相似内容和构图的美国大都会博物馆藏《维摩不二图》。三是大理张胜温绘《梵像卷·维摩诘经变》。这三处经变图像也大体反映出中原或长安可能为维摩诘经变的中心制作区域，但新变化对各地的影响程度却不同于唐前期维摩诘经变的图像内容及结构。

1.《维摩演教图》与《维摩不二图》

《维摩演教图》（图 3-28 上），现藏于故宫博物院，传为宋人临摹李公麟之作品。画面内容完整，可辨识情节如下：

《文殊师利问疾品》：以维摩诘和文殊对坐为主要内容；

《观众生品》：维摩诘前方为天女，手中持花向前，文殊前方为舍利弗，正在试图抖落袈裟上掉落的花瓣，表现天女散花戏舍利弗的情景；

《香积佛品》：维摩诘后方有化菩萨托钵，表现化菩萨进献香饭的情节。

《维摩不二图》（图 3-28 下）现藏于美国纽约大都会博物馆，据题跋称为元代王振鹏临摹金代马云卿作品，该画名为：《临马云卿画维摩不二图草本》，题跋："至大元年二月初一日拜住怯薛第二日，隆福宫花园山子上，西荷叶殿内，臣王振鹏特奉仁宗皇帝潜邸圣旨，临金马云卿画维摩不二图草本。"《维摩不二图》图像结构及内容与《维摩诘演教图》有较多一致之处，仅维摩诘身后人物排列略有分别，其余差别主要在于画面细节、图案刻画、人物神情、观者视角等方面的差别。对于二者的关系，学者的研究并无定论，可能共同依据内容较为相近的底本绘制，或都受到李公麟绘制维摩诘经变作品的影响，正如王穉登在故事藏《维摩演教图》后的跋言所言："李伯时（公麟）人品画法名重当世，故一时效者之众，鱼日夜光慧者自辩"。清代《秘殿珠林初编》收录 "李公麟《画维摩

图 3-28　北京故宫博物院藏维摩教演图（上）·美国大都会博物馆藏维摩诘不二图（下）

采自 北京故宫博物院网站 www.metmuseum.org/art/collection；大都会博物馆网站 www.metmuseum.org/art/collection

不二图》"的商挺题跋，许忠陵先生依据其中记载该画曾在金大正年前藏于马云卿家中一事，在论证该记载可信的基础上，指出原作可能为李公麟所绘，后人张冠李戴，或有意改为曾收藏此图又善画的马云卿为作者，并由此派生出王振鹏临《临马云卿画维摩不二图》。[①]

王中旭先生对故宫藏《维摩演教图》的画面图式做了细致考证，指出文殊一侧随行人员的配置参考了中晚唐以来《新样文殊》的内容，文殊狮子座前的双手合十的童子应为善财童子，队列天人后方的比丘应为佛陀波利，老者为文殊化现老人，最后方的异族老者为护法神化的于阗王形象，以便于和维摩诘身后的北方天王对应。[②]这表明该画面整体结构在继承唐以来维摩诘经变的基础上，开始吸收以新样文殊变为代表的文殊信仰，在维摩诘相关信仰中，强化了文殊信仰的成分。类似的表现方式同样见于美国大都会博物馆藏《维摩不二图》，虽然二者内容有较多相似之处，但人物、构图及画法不完全一样，可能并非临摹与被临摹关系。[③]正如王中旭先生所指出，其相似性是由于南宋时期（含西夏、金）宗教绘画领域画稿的广泛流传和使用。[④]这也反映出两宋之交，维摩诘经变吸收新样文殊变人物要素的新变化，已经在一定程度上传播开来，《维摩诘演教图》中的新变化并非个案现象，类似的表现方式可能还影响到大理张胜温《梵像卷·维摩诘经变》的绘制。

2.大理张胜温《梵像卷·维摩诘经变》（图 3-29）

《梵像卷》全称为《宋时大理国描工张胜温画梵像卷》，为纸本画，高 30.4 厘米，长 1636.6 厘米，绘于 12 世纪后期。[⑤]全卷共 134 开，第 59—62 开为维摩诘经变。画面以表现发生于维摩诘方丈室内诸情节为主，大体内容如下：

《文殊师利问疾品》：维摩诘与文殊对坐，维摩诘在帷帐之下，身体前倾卧于榻上，文殊在华盖之下，跏趺坐于束腰须弥座上；

《不思议品》：二元主角之间的空地上绘有一狮子座，下方有僧人朝向维摩诘一侧跪

① 许忠陵：《〈维摩演教图〉及相关问题讨论》，《故宫博物院院刊》2004 年第 4 期，第 129 页。
② 王中旭：《故宫博物院藏〈维摩演教图〉的图本样式研究》，《故宫博物院院刊》2013 年第 1 期，第 111—117 页。
③ 许忠陵：《〈维摩演教图〉及相关问题讨论》，《故宫博物院院刊》2004 年第 4 期，第 125 页。
④ 王中旭：《故宫博物院藏〈维摩演教图〉的图本样式研究》，《故宫博物院院刊》2013 年第 1 期，第 97—119 页。
⑤ 杨晓东：《张胜温〈梵像卷〉述考》，《美术研究》1997 年第 7 期，第 63 页。

图 3-29　张胜温绘《梵像卷·维摩诘经变》（台北故宫博物院藏）

拜，应为表现声闻弟子礼敬狮子座及须弥灯王如来以升狮子座；

《观众生品》：维摩诘身后左上方立有天女，手中持花，应是表现天女散花戏舍利弗的情节，但画面中未绘出舍利弗抖落花瓣的场景；

《香积佛品》：二元主角上方空中，右侧为化菩萨托钵归来，左侧为托钵飘入维摩诘方丈室内。

《梵像卷·维摩诘经变》的内容虽然多数可在敦煌石窟的维摩诘经变中找到相似表现方式，但差异较明显。除了维摩诘与文殊之间的空地上有僧人礼拜狮子座的画面外，其余情节与莫高窟第 335 窟有诸多相近之处：

维摩诘和文殊之间有《香积佛品》中化菩萨托钵而下的两幅画面。就整体图像结构而言，《梵像卷·维摩诘经变》内容较为简略，画面中未出现建筑画面，其维摩诘身体前倾的姿态及整体构图，仍然与唐前期敦煌石窟的维摩诘较为接近。除上述特征以外，《梵像卷·维摩诘经变》的内容有两处不同于唐前期敦煌的维摩诘经变：一是维摩诘形象虽然仍为唐前期敦煌维摩诘经变中常见的身体重心前倾坐姿，但外侧一手为食指和中指上扬的手姿，表示演说不二法门，类似的手姿表现方式，在敦煌石窟仅出现并流行于中唐以后。二是散花天女位于维摩诘身后左上方，不同于敦煌石窟的维摩诘经变，但与《维摩演教图》中天女所处位置相同，这种表现方式应是沿袭了单幅维摩诘像的人物布局，诸如日本京都国立博物馆藏《维摩居士像》，即天女一手持花盘，一手持花，作散花状（图3-30）。三是维摩诘一方的世俗听法者，皆须眉茂盛，最外侧一人怀中抱有动物，可能为小狮子，类似画面不见于其他地区的维摩诘经变相关图像，相邻者双手持类似禅定印手姿，与《维摩诘演教图》中于阗王手姿较为接近，可能为同一身份人物的不同表现形式。

图 3-30　维摩诘居士像（日本京都国立博物馆藏）

二、中唐以后中原维摩诘经变的新变化

以上几处中唐以后维摩诘经变图像的分析表明，敦煌以外经变的基本构图范式变化主要体现在两个方面：

一是维摩诘形象的变化，主要体现在坐姿的重心位置方面。中唐以前，人物靠近画面内侧的肘部倚靠隐几，身体前倾，内侧一手持麈尾，自然下垂，外侧一手则下垂抚膝，神态多有咄咄逼人之势，莫高窟唐前期和中晚唐及五代宋川渝地区的维摩诘经变，都是以这种坐姿为主。中唐以后维摩诘的身体重心开始后移，隐几可能转移到身体后方，靠近画面内侧一手多为食指和中指上扬的手姿，表示演说不二法门，外侧一手则持麈尾自然下垂，神态较唐前期更为自若，敦煌石窟中晚唐及以后的维摩诘经变，以及《维摩教演图》《维摩不二图》中维摩诘的坐姿多属此类，成为中唐以后维摩诘形象的主流形象表现模式。唐前期重心前倾的形象则仅见于晚唐第9窟等个别洞窟。这一变化在敦煌石窟发生于中唐，但可能在中原及周边地区流行的范围较为有限，直到五代时期，山西平顺大云院维摩诘经变的构图和人物形象，仍然以敦煌唐前期的特征为主。相对而言，自唐前期至五代宋，文殊菩萨的形象则较为稳定。

二是文殊随行听法人物的变化。中原地区的维摩诘经变构图可能在宋金之际，吸收文殊信仰中新样文殊变的相关随侍者，诸如驭狮于阗王、善财童子等人物。新样文殊变约出现于盛唐时期，至晚在开元十三年（725年）①文殊变内容发生变化，画面中驭狮的昆仑奴及诸天人、菩萨等众皆被省去，代之以于阗王驭狮，周围的胁侍者则仅有善财童子，至晚在11世纪初②又增加佛陀波利和文殊化现老人，形成所谓三尊像和五尊像新样文殊变的分别。新样文殊的内容和画稿一般被认为源于五台山，③向西在10世纪前后传播至高昌回鹘，④至晚在同光二年（924年）传至敦煌，在相近的时间也向南传播至四川一带，⑤12世纪又向东远播至日本。⑥整体而言，新样文殊变出现以后，影响几乎遍及中国东南西北各地。新样文殊变与维摩诘经变的交集，现可见最早实例为《维摩诘演教图》和《维摩不二图》，至晚出现于南宋或金。⑦五代时期绘制的平顺大云院的维摩诘经变，在情节和风格方面仍然大体保持了唐前期的风貌，也反映出这一变化应当产生于五代以后。《维摩演教图》中文殊、于阗王和善财童子的细节表现方式，与榆林窟第3窟西壁门北侧文殊变中的文殊、牵狮者和童子基本一致（图3-31），反映出文殊变中类似的人物特征也传播至敦煌一带，但未能影响到维摩诘经变图像的绘制。

　　虽然晚唐以后敦煌石窟维摩诘经变中文殊随行听法者和世俗听法者的身份远较其他地区更为多元，但中原新出现的画面变化未能见于敦煌石窟的维摩诘经变中，同样中唐以后敦煌维摩诘经变中更为细致的图像内容和表现方式也未能出现于其他地方的维摩诘经变中。造成这种差异的原因，可能主要由于敦煌与中原往来的畅通程度在宋金西夏对峙时期受到影响。两宋之交甚至南宋，由于政治和文化中心的南移，可能影响到大理维摩诘经变的绘制，在维摩诘身后出现了类似于阗王手印的胡人形象。而敦煌，在北宋中期即处于西夏治下，与宋的往来有限，在《宋史》中将沙州列入《外国传》，即表明当时宋代中央在观念和事实上对敦煌的定位，可能当时敦煌与中原两宋的往来状况已经

① 孙修身：《四川地区文殊菩萨信仰述论》，《敦煌研究》1997年第4期，第84页。

② 沙武田：《敦煌P.4049"新样文殊"画稿及相关问题研究》，《敦煌研究》2005年第3期，第29页。

③ 荣新江：《归义军史研究——唐宋时代敦煌历史考索》，上海：上海古籍出版社，2015年，第256页。

④ 陈爱峰：《高昌回鹘新样文殊图像研究——以柏孜克里克第34、39窟为例》，《西域研究》2019年第4期，第104—109页。

⑤ 孙修身：《四川地区文殊菩萨信仰述论》，《敦煌研究》1997年第4期，第84页。

⑥ 孙修身：《中国新样文殊与日本文殊三尊五尊像之比较研究》，《敦煌研究》1996年第1期，第49页。

⑦ 王中旭：《故宫博物院藏〈维摩演教图〉的图本样式研究》，《故宫博物院院刊》2013年第1期，第117页。

图 3-31　北京故宫博物院藏维摩教演图（上）、榆林窟第 3 窟东壁文殊变、普贤变（下）·人物

采自 北京故宫博物院网站：www.metmuseum.org/art/collection；数字敦煌：https://www.e-dunhuang.com

不能对敦煌的文化乃至佛教产生较多影响。

　　另外，1036 年后不久，敦煌处于西夏治下，维摩诘经变的绘制不再流行。因此，虽然新样文殊变中的人物形象特征至晚在西夏时期已传至敦煌地区，但吸收新样文殊图像要素的维摩诘经变的新变化并未影响至敦煌，反映出敦煌石窟维摩诘经变在各种因素的制约和影响下，开始在既往基本图像结构的基础上，体现出越来越多的区域性属性，中原影响开始处于弱化的状态。

三、地域属性在敦煌维摩诘经变绘制中出现的历史背景

　　由前节所述，自唐前期至中唐，敦煌石窟的维摩诘经变开始出现诸多不同于其他地区同类造像或图像的特点。唐初中原维摩诘经变的基本构图形成以后，长期处于较为稳定的状态，各地受其影响之下的维摩诘经变造像或图像在内容和结构方面都具有较多共性，因而正如以往研究者对唐以后各地维摩诘经变关注时所注意到的，唐以后甚至五代宋各地维摩诘经变与敦煌的交集主要产生于唐前期。中唐以后，敦煌石窟的维摩诘经变

开始在位置上以窟门两侧的布局方式为主导，在图像内容上则不论细节的呈现方式，抑或是各品情节的绘制数量，都远超过唐前期敦煌石窟或中晚唐及五代宋敦煌以外的同类作品，反映出图像的制作开始具备越来越多自身创造的要素，区域性属性逐渐替代唐前期中原范式主导的格局。这种转变的发生，应当与敦煌自身的历史发展密切相关，经初步分析，我们认为安史之乱和此后吐蕃对河西陇右地区的治理，是造成这一现象的主要原因。

1. 安史之乱后敦煌与中原联系的中断

天宝十四载（755），安史之乱发生以后，唐中央调动西域、河西及陇右兵力平叛，造成河西陇右地区兵力空虚。吐蕃乘势而入，渐次控制陇右和河西地区，762—763 年占领陇右诸地。763 年 5 月攻占凉州，河西节度使杨志烈退守甘州，后为沙陀部族所杀。766 年，节度使杨休明徙镇沙州，甘、肃二州随后陷蕃。至 776 年瓜州陷蕃以后，敦煌成为河西走廊最后未陷于吐蕃的城市。786 年前后，敦煌在被断断续续围困十一年以后，同吐蕃将领尚乞心儿以"勿徙他境"为盟，降于吐蕃，此后进入吐蕃统治时期。[①]

由于吐蕃的攻占以渐进的方式自东向西进行，造成大量陇右和河西人口西迁。唐前期凉州作为河西节度使驻地，同时也是河西地区的政治和文化中心，安史之乱以后，随着吐蕃的强势逼近，处于孤立状态的河西民众在抵抗中节节败退，最终随河西节度使共同迁至敦煌。敦煌被围困时间长达十一年之久，这一结果的发生，可能并非完全由敦煌民众的顽强抵抗所致，是吐蕃与唐时战时盟的历史背景，以及敦煌丰厚的佛教底蕴为佛教发展初期的吐蕃所重视所致。在吐蕃围困敦煌初期，甚至一度出现赞普徙帐南山督战的情形："沙州刺史周鼎为唐固守，赞普徙帐南山，使尚绮心儿攻之。"[②]即便如此，敦煌仍然在阎朝缢杀周鼎后继续守城十年。吐蕃统治确立以后，即以敦煌石窟为基础，创立了北方圣观世音修行院，使敦煌成为吐蕃佛教在河西走廊的一个传播中心。[③]因此，敦煌并未经受重大战乱的影响，由河西诸地迁至敦煌的民众和相应的文化也得以完好延续。

2. 吐蕃统治与河西文化实力在敦煌的凝聚

吐蕃统治时期，原河西诸地相当数量的军队和民众长期居于敦煌。诸如晚唐归义军

---

① 陆离：《敦煌的吐蕃时代》，兰州：甘肃教育出版社，2010 年，第 14—15 页。

② （北宋）欧阳修、宋祁等撰：《新唐书·吐蕃传》，北京：中华书局，1975 年，第 6098 页。

③ 德吉卓玛：《吐蕃时期的敦煌观音修行院之考》，《西藏研究》2017 年第 4 期，第 64 页。

时期第一任河西都僧统洪辩，其父吴绪芝即河西建康军使，随着抗蕃战事的败退，最终退守敦煌，并在吐蕃统治时期长居，敦煌遗书P.4640抄录了洪辩营建今莫高窟第365窟时的功德记《吴僧统碑》，记录了其父吴绪芝"随军久滞，因为敦煌县人也"。在事实上使敦煌成为整个河西走廊仅存的人口和文化的聚集地，直至吐蕃统治结束，自长安到敦煌的使者，感叹河西诸地唯有敦煌大体保留了原有面貌。敦煌遗书P.3451《张淮深变文》对此纪录道："叹念敦煌虽百年阻汉，没落西戎，尚敬本朝，余留帝像。其于（余）四郡，悉莫能存。又见甘凉瓜肃，雉堞雕残，居人与蕃丑齐肩，衣着岂忘于左衽。独有沙州一郡，人物风华，一同内地。"经历吐蕃统治以后，河西地区的凋敝情节由此可见。

随着吐蕃统治的稳固，敦煌除了玉关驿户起义外，社会相对较为稳定。吐蕃对敦煌的限制，目前所见，主要涉及服饰和语言等方面，对于敦煌民众对唐的向心力，仍然存在一定程度的包容，诸如维摩诘经变中，虽然出现吐蕃赞普及侍从的听法图，但并未将文殊下方的中原帝王取而代之，仅是位于维摩诘下方的诸王队列前方。而对于佛教的发展，则更是提供了较为宽松的环境，有相当数量的人在吐蕃时期落发出家，使寺院成为容纳世俗社会不得志者的良好环境，在客观上促进了敦煌社会的安定发展，吐蕃统治时期，敦煌的寺院由初期788年的13所增加至中期800年的15所，[①] 僧尼也有相当数量的增长。河西走廊民众在敦煌的汇集，以及寺院和僧众数量的迅速发展，都可对石窟营建和壁画绘制产生不同以往的重大影响。维摩诘经变即这一浪潮中较为典型受影响的题材。

3.藏经洞出土可移动绘画品与图样的传播

藏经洞出土绘画品中，涉及维摩诘经变的有2件，分别为绢画ch.00350、纸画MA.6227+ch.0054，在维摩诘下方出现吐蕃赞普和侍从听法图，表明其绘制于吐蕃统治时期。虽然目前研究者对绢画的具体使用方式并未形成明确的意见，但绢画的可移动性及画面中所出现的若干不同于壁画维摩诘经变的表现方式，反映出其可能具有若干承载图样传播的功能。

（1）ch.00350（图3-32）

ch.00350绘制的维摩诘经变内容细致全面，不同于唐前期敦煌石窟的维摩诘经变，共计出现7~9品，大体内容如下：

---

① 王惠民：《敦煌佛教与石窟营建》，兰州：甘肃教育出版社，2013年，第328页。

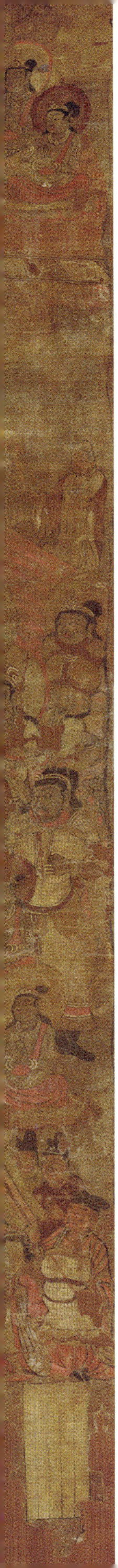

《佛国品》：画面上部正中，释迦被菩萨弟子环绕，下部两侧有长者子举宝盖供养佛，整体说法图上方有大华盖覆盖，表现释迦将众宝盖合一的情节；

《方便品》《弟子品》《菩萨品》：画面底部听法中原帝王和其他诸王队列的下方，残存画面表现维摩诘与不同人物相向而立的画面，应是表现维摩诘度化各类世俗人物或训诫弟子菩萨的场景，但已无法辨识具体内容；

《文殊师利问疾品》：维摩诘文殊对坐于画面正中，维摩诘下方为四天王，文殊身后为天王及其他听法诸弟子和菩萨等；

《不思议品》：绘于《佛国品》左侧，须弥灯王为众菩萨所围绕，有狮子座由此处飘向维摩诘帷帐上方；此外，维摩诘和文殊对坐周围出现毗耶离城和城门等建筑环境，同为表现该品所记维摩诘施展不可思议法门使方丈室内可容纳毗耶离城及四天下等；

《观众生品》：维摩诘和文殊前方各立有一组天女和舍利弗，表现天女将舍利弗变为女身的场景；

《香积佛品》：香积佛国绘于《佛国品》右侧，香积佛为诸菩萨围绕，前方香案上放置有三个饭钵，前方为化菩萨跪拜请饭，其后在维摩诘和文殊对坐之间的空间，绘有一组七身香积菩萨从毗耶离城中飘至维摩诘前，下方绘有化菩萨托钵向维摩诘献饭和倾饭的场景；

《见阿閦佛品》：在维摩诘帷帐左上方，维摩诘化现出束腰须弥山，两侧有日月，山上有宫殿，表现维摩诘断取妙喜世界示于会中大众的情节。

ch.00350 维摩诘经变维摩诘下方的诸王听法部分，有吐蕃赞普和侍从位于前列，表明其绘制时间应为吐蕃统治时期，但画面部分细节与同时期敦煌石窟的维摩诘经变存在个别不同，主要为维摩诘形象和赞普及侍从听法图表现方式：

维摩诘仍然是唐前期流行的重心前倾的坐姿，该坐姿在中唐吐蕃统治

图 3-32　英藏敦煌绢画ch.00350·维摩诘经变

采自 国际敦煌项目（IDP）：http://idp.bl.uk/

时期敦煌石窟的维摩诘经变中再无一例出现，中唐壁画维摩诘经变中皆为重心后移、画面内侧一手食指和中指上举，表示演说不二法门之意的手姿。

维摩诘下方的赞普及侍从听法图中，赞普和侍从的首服存在明显差异，赞普头戴红色朝霞冠高缠头，前后三身侍从的缠头则较为低矮，中唐洞窟的维摩诘经变赞普及侍从听法画面中，赞普与侍从首服基本相同，都为高缠头，仅第186窟北壁维摩诘经变中赞普及侍从首服有明显差异，与ch.00350的表现方式，可能正如王中旭先生所言，第186窟和ch.00350维摩诘经变中的赞普及侍从听法图处于该类图像样式的初创阶段。①

（2）MA.6227+ch.0054（图3-33）

MA.6227+ch.0054纸本维摩诘经变绘画，分藏于法国吉美亚洲艺术博物馆和英国国家博物馆。画面内容相对ch.00350较为简单，但时代特色明显，维摩诘形象为中唐以后敦煌石窟维摩诘经变中常见的重心后移和二指上扬的坐姿，同时出现赞普及侍从听法图，因此与ch.00350同为吐蕃统治时期绘制的作品。

主要内容如下：

《方便品》：维摩诘下方绘有诸王听法图，吐蕃赞普及侍从位于前列，文殊下方为中原帝王和群臣听法图；

《文殊师利问疾品》：维摩诘帷帐内，身体重心后移，内侧一手食指和中指上举，表演说不二法门之意；文殊跏趺坐于华盖下的狮子座上，双手举于胸前；

《不思议品》：维摩诘帷帐上方有狮子座飘下；

《香积佛品》：文殊一侧有化菩萨倾倒香饭的场景。

中唐吐蕃统治时期是敦煌石窟维摩诘经变发生明显变化的转折时期，出现新变化的维摩诘形象和新出现的赞普及侍从听法图的表现方式已经处于近乎程式化的重复，但在ch.00350维摩诘经变中，这两处特征较为明显的要素表现方式与洞窟壁画并不一致。这种不一致性可能一方面表明其绘制时间早于中唐时期主流的维摩诘经变，另一方面表明其绘制者可能与壁画的绘制者并非同一群体，甚至绘制者或者图像本身有可能绘制于吐蕃治下敦煌以外的地区。这种绘制者或图样中的外来因素，在MA.6277和ch.0054维摩

---

① 王中旭：《赞普的威仪——试论敦煌吐蕃时期赞普及随从像的演进》，《艺术设计研究》2012年第4期，第19页。

图 3-33　法藏敦煌纸本画MA6277 英藏敦煌纸本画Ch.0054·维摩诘经变

采自 国际敦煌项目（IDP）：http://idp.bl.uk/

诘和文殊下方的听法诸人中也有体现，画面中维摩诘的坐姿，以及所在帷帐团花的装饰方式都与壁画维摩诘经变的表现完全一致，但在下方世俗听法者部分，除了中原帝王身边侍女外，所有人物皆有胡须，不同于壁画的维摩诘经变中世俗听法者多数皆无胡须的现象。马德先生指出，画面中的人物包括唐人有"胡化"的表现，是游牧民族强悍和豪放的本色体现。①

　　另外，两处可移动绘画品中虽在维摩诘下方出现蕃装人物听法图，但文殊下方的中原帝王听法场景并未受到影响，因此其绘制区域或图像本身应当来自吐蕃占领下的以唐人为主的地区。由前所述，敦煌是中唐以后河西地区事实上的文化实力聚集点，因此，我们推测该图像应当完成于敦煌本地，只是受到敦煌以外画家的影响或直接参与绘制。历史上受到吐蕃统治过的其他地区并无维摩诘相关图像遗存出现，因而我们仍然难以对这一图样的可能来源做进一步推测。

　　同一题材的可移动绘画品与洞窟壁画在细节表现方式，其至图像结构方面存在差异的现象，并非仅见于维摩诘经变的相关作品。诸如P.4524劳度叉斗圣变插图中的蕃装人物，都是赭面的妆容，在形象上更接近于青海郭里木吐蕃墓葬棺板画上的人物形象（图

图 3-34　P.4524V降魔变文插图·蕃装人物

采自 国际敦煌项目（IDP）：http://idp.bl.uk

---

① 马德：《敦煌出土纸本画〈维摩诘经变〉简介》，敦煌研究院网站：http://public.dha.ac.cn。

图 3-35　郭里木吐蕃墓葬棺板画·蕃装人物

采自《中国国家地理》（青海专辑下）2006 年第 3 期，第 86、87 页

3-34、图 3-35），而无敦煌壁画中的蕃装人物特征。因此，纸本画与石窟壁画并非同一地区群体绘制的现象，应当较为常见，并且更有可能承担起部分图样传播的功能。

　　吐蕃长达半个多世纪的治理，使敦煌得以将河西诸地的多元文化融合，晚唐时期虽然吐蕃统治结束，但由于唐中央积弱，地方多处于割据状态，河西走廊甘州又长期处于回鹘盘踞之下，因此在相关文献中较少看到吐蕃统治结束以后，原有河西人口大量迁出敦煌的现象，与之相反，在藏经洞出土相关大族世家的碑铭赞等文献中，继续大量出现以河西其他地区为郡望或族望门第出身的说明，表明吐蕃攻占河西过程中迁入敦煌的人口，在各种主客观因素的影响下，应当大多已经融入敦煌社会之中。因此，中唐及以后敦煌石窟维摩诘经变中出现的新特征可能存在多个来源：一是中原以维摩诘形象变化为主要特征的新图像的影响；二是吐蕃治下其他地区画样的影响；三是河西人口和文化在敦煌的聚集，为图像在敦煌产生新变化提供了最根本的发展动力。中唐以后，自晚唐五代至宋西夏时期，敦煌基本再未处于中原政权的有效治理之下，多数时期仅为尊中原王朝为正朔，使用中原王朝年号，在具体的文化和社会生活中开始出现越来越多展现自身特征的内容，维摩诘经变正是生动反映这一发展过程的标本。

小　结

　　本章在时间段上接续第二章，研究对象为敦煌石窟中晚唐至五代宋时期的维摩诘经变，继续从图像在洞窟绘制位置的演变和内部结构的变化两个方面展开。

　　中唐吐蕃统治时期，维摩诘经变在绘制位置上开始流行以窟门为对称中心的布局方式。如前一章所述，唐前期以西壁龛内两侧为主布局类型，其背对主尊朝向龛外的对称方式，在设计上表现出考虑观者观看的需要，体现了维摩诘造像的相关信仰由尊像崇拜向入世度人的转变。中唐以后至五代宋时期，维摩诘经变流行以窟门为对称中心的布局类型，将造像的对称中心由此前以佛龛主尊变为窟门中通过的人，应当是维摩诘信仰中入世思想的进一步深化，抑或是洞窟的使用者亲近维摩诘观念的体现。此外，几乎所有窟门两侧布局的维摩诘经变，都将完整的毗耶离城门图像分开绘于窟门南北两侧，通过图像与洞窟建筑空间结合的方式，将窟门作为洞窟入口的同时，赋予毗耶离城入口的象征意义。中唐至五代时期，隔空对称型维摩诘经变主要绘于主室门两侧，宋代洞窟则主要绘于前室门两侧，表明在洞窟设计当中，越来越重视窟门作为毗耶离城入口的功能。隔空对称越来越作为主流布局类型，也进一步体现在维摩诘经变的绘制历史中，对图像与洞窟建筑空间结合的功能性需求越来越超过图像内容本身。

　　在图像内容和结构方面，自中唐始，敦煌石窟的维摩诘经变开始出现两大整体特点：一是图像涉及的情节越来越丰富，发生于文殊问疾前的《方便品》《弟子品》《菩萨品》的情节开始越来越多地被表现出来；二是单体情节的表现程度越来越细致，诸如在"微型经变"化的《菩萨行品》中，有相当数量的洞窟以小幅画面强化对蕃装人物的表现，这一行为体现的主动性应当可以反映洞窟营建者对吐蕃统治的态度，可能并非如同以往研究所认为的被动与无奈。晚唐及五代时期，《菩萨行品》继续以微型经变的方式，通过对蕃装人物或唐装人物的强调，表现洞窟营建者对不同政治力量的态度。

　　在经变整体关于维摩诘方丈室内、方丈室外和诸佛国土的具体划分上，维摩诘方丈室内和毗耶离城继续作为经变的主要表现内容。维摩诘的形象出现新变化，主要特征为身体重心后移，画面中靠近内侧一手食指和中指上扬，表现演说不二法门的场景，文殊的形象则相对较为稳定。维摩诘的新形象同样见于北京故宫博物院藏宋代《维摩演教图》和美国大都会博物馆藏《维摩不二图》，表明中唐敦煌石窟维摩诘这一形象的变化应当是受到中原同类形象演变的影响。中唐以后作为文殊问疾随行者的四天王像，尤其毗沙门天王特征开始越来越明确，并大体与相应时代单独出现的天王形象保持一致。作为听法者的重要组成部分，中原帝王的随行者布局在中唐开始越来越具有仪仗特征，经晚唐至五代宋时期，维摩诘和文殊下方的中原帝王及其他诸王听法图，越来越接近诸王朝见中原帝王的场景，虽不同于大驾卤簿的记录，但与《新唐书·仪卫志》中皇帝宴请诸蕃国王仪式中的殳仗记载有接近之处。

方丈室外的诸情节晚唐以后大量出现，但多以小幅画面仅作为主体画面的补充。中晚唐时期主要通过屏风画的方式作为主体画面的补充，晚唐第9窟开始以补白的方式，将文殊问疾前的诸多情节全部融入主经变主体画面中，最终形成五代第61窟维摩诘经变在内容表现上的集大成者。

诸佛国土部分的表现除了画面细节的强化以外，较唐前期相比，最大的变化应当在于对《菩萨行品》中维摩诘掌擎大众场景表现方式的变化，在形式上越来越接近于"微型维摩诘经变"，甚至出现《不思议品》中借灯王座、《观众生品》中天女戏舍利弗，以及《香积佛品》中化菩萨献饭与倾饭等情节，远远超出《菩萨行品》文本叙述的内容。同时如前所述，在不同时期增加对世俗听法者中蕃装人物或唐装人物的强调，以隐讳却鲜明的方式表明洞窟营建者对不同政治力量的态度。

在上述维摩诘经变绘制位置和图像内容结构分析的基础上，我们尝试以传世绘画品中的维摩诘经变为中心，对中唐以后中原维摩诘经变构图的新变化及其对敦煌的影响程度进行探讨。讨论表明中原维摩诘经变构图可能发生过两次较为明显的变化：一是中唐前后以维摩诘重心后移的坐姿为主要内容变化；二是五代以后文殊问疾随行者中增加文殊信仰新样文殊变中的眷属人物，诸如驭狮于阗王和善财童子等。两次变化中，前者可能在出现不久就影响到中唐及以后维摩诘经变的绘制，后者则仅有新样文殊影响至敦煌，相应影响下的维摩诘经变的新变化并未出现于敦煌石窟。尽管如此，现在传世绘画品所见中原维摩诘经变内容和构图的新变化，并不能成为中晚唐及五代宋时期敦煌维摩诘经变新变化的主导力量。促使中唐以后敦煌维摩诘经变产生诸种新变化发生的力量应当在敦煌本身，安史之乱和吐蕃统治使敦煌聚集了河西地区人口和文化等各种力量。中唐统治及晚唐五代宋时期的区域割据，促成以维摩诘经变为代表的敦煌石窟图像形成地域性属性。

以往研究者对中唐以后敦煌石窟壁画中出现的新变化多有关注，诸如沙武田先生指出吐蕃统治时期，历史环境的巨变对敦煌石窟进行了"重构"，出现诸多"原创性"的新图像、新现象和新因素，既可理解为石窟造像之间的重新组合，又可理解为石窟全新意义上的革新与变化。①通过对比藏经洞出土的绢纸类维摩诘经变绘画品和洞窟壁画的异同，我们认为，中唐开始维摩诘经变产生的新变化和区域性属性形成的原因，应当包括三个方面：一是中原以维摩诘形象变化为主要特征的新图像的影响；二是吐蕃治下其他地区画样的影响；三是河西人口和文化在敦煌的聚集，为图像在敦煌产生新变化提供了最根本的发展动力。

① 沙武田：《吐蕃统治时期敦煌石窟研究》，北京：中国社会科学出版社，2013 年，第 4 页。

第四章 《维摩诘经》文本的流传及其与图像结构的互动

Chapter Four

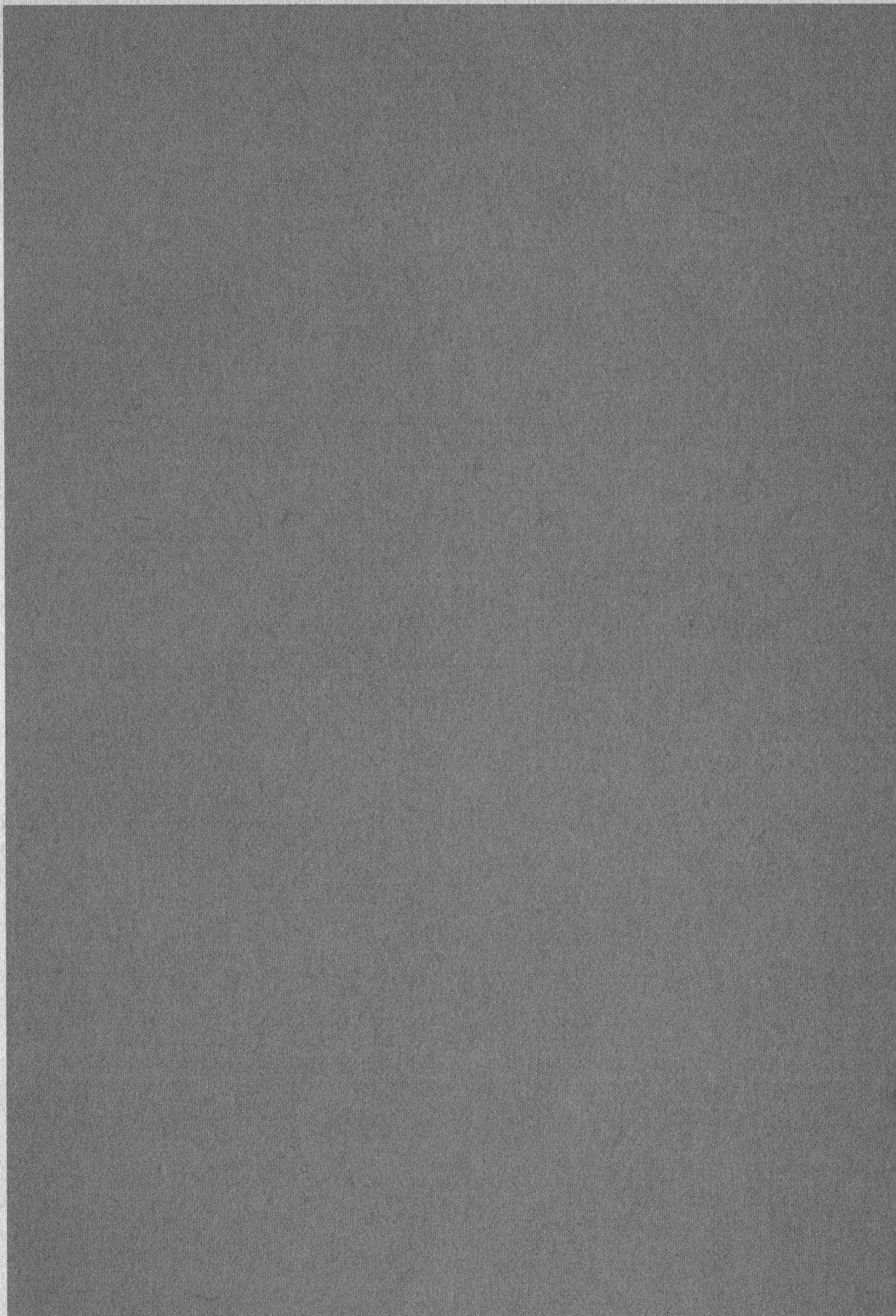

《维摩诘经》梵文为 विमलकीर्ति निर्देश सूत्र（Vimalakīrti Nirdeśa Sūtra），鸠摩罗什等译师将之音译为《维摩诘所说经》等，玄奘则意译为《说无垢称经》，该经从东汉至今有多次译传。据敦煌遗书P.2079等《净名经关中释抄》记述，至该注释成书之时，《维摩诘经》共有六次翻译：

1.后汉严佛调译《古维摩诘经》二卷，已佚；

2.三国时期支谦译《佛说维摩诘经》三卷；[1]

3.西晋竺法护译《维摩诘所说法门经》一卷，已佚；

4.东晋竺寂兰译《毗摩罗诘经》三卷，已佚；

5.后秦鸠摩罗什于译《维摩诘所说经》三卷；[2]

6.唐玄奘译《说无垢称经》六卷。[3]

以上译本今仅存支谦、鸠摩罗什和玄奘译本三种。

此后，至晚在9世纪初，藏文《维摩诘经》译出，译名为འཕགས་པ་དྲི་མ་མེད་པར་གྲགས་པས་བསྟན་པ་ཞེས་བྱ་བ་ཐེག་པ་ཆེན་པོའི་མདོ，汉译名为《圣者无垢称/净名所说大乘经》，经名见于《旁塘目录》[4]与《兰噶目录》[5]，未明译者，《中华大藏经·甘珠尔》收录该经，所载译者为法性戒（ཆོས་ཉིད་ཚུལ་ཁྲིམས）。[6]

---

①（三国·吴）支谦译：《佛说维摩诘经》，（日）高楠顺次郎编：《大正新修大藏经》第14册，东京：大正一切经会，1934年。

②（后秦）鸠摩罗什译：《维摩诘所说经》，《大正新修大藏经》第14册。

③（唐）玄奘译：《说无垢称经》，《大正新修大藏经》第14册。

④ 西藏博物馆编：《旁塘目录、声明要领二卷》，北京：民族出版社，2003年，第8页。

⑤ དཔལ་བརྩེགས། པོ་ཏི་སྟོང་ཕྲག་སྣན་དཀར་ཆག་གི་དཀར་ཆག་བཞུགས།中国藏学研究中心《大藏经》对勘局对勘、编辑：《中华大藏经·丹珠尔》（藏文对勘本）第116册，北京：中国藏学出版社，2005年，第792页。

⑥ ཆོས་ཉིད་ཚུལ་ཁྲིམས། འཕགས་པ་དྲི་མ་མེད་པར་གྲགས་པས་བསྟན་པ་ཞེས་བྱ་བ་ཐེག་པ་ཆེན་པོའི་མདོ།中国藏学研究中心《大藏经》对勘局对勘、编辑：《中华大藏经·甘珠尔》（藏文对勘本）第60册，北京：中国藏学出版社，2008年，第617页。

清代佚名译者在藏译本《维摩诘经》基础上，译出《维摩诘所说大乘经》三卷，收于《乾隆大藏经》。①

1925 年，日本学者河口慧海将藏译本《维摩诘经》译为日文，名为《汉藏对照国译维摩经》。②

1962 年，法国学者Étienne Lamotte先生在藏译本《维摩诘经》的基础上，参考各汉译本，将该经整理翻译为法文，名为 *L'Enseignement de Vimalakīrti*（*Vimalakīrtinirdeśa*）。③ 1976 年，英国学者Sara Boin女士又将法译本转译为英文，名为 *The Teaching of Vimal-akīrti*（*Vimalakīrtinirdeśa*）④。同年，美国学者Robert A. F. Thurman先生将《维摩诘本》藏译本翻译为英文，名为 *The Holy Teaching of Vimalakīrti: A Mahāyāna Scripture*。⑤ 1990 年，郭忠生先生将Sara Boin英译本《维摩诘经》的序言部分译为汉语，名为《维摩诘经序论》。⑥

1999 年，《维摩诘经》梵文抄本首次被日本大正大学高桥尚夫先生发现于西藏布达拉宫。此后日本大正大学综合佛教研究所和梵语佛典研究会，对梵文抄本进行整理，并进行了梵汉藏三文对勘，于 2004 年出版《梵汉藏对照〈维摩经〉》。⑦

2011 年，黄宝生先生参照日本整理《维摩诘经》梵文本，将之译为现代汉语，在对经文注解的基础上，逐段与鸠摩罗什、玄奘译本对勘，成书《梵汉对勘维摩诘所说经》。⑧

以上大致即《维摩诘经》自东汉至今日延续近两千年的译传历程。支谦、鸠摩罗什和玄奘译本，以及藏译本都见于藏经洞出土敦煌遗书，其后诸种译本，诸如藏译本的日、

---

① （清）佚名译：《维摩诘所说大乘经》，传正有限公司编辑部编：《乾隆大藏经》第 33 册，彰化：宝印佛经流通处、传正有限公司、乾隆版大藏经刊印处，1997 年。

② （日）河口慧海：《汉藏对照国译维摩经》，《河口慧海著作集》第 10 卷，日本新潟县：うしお书店，2001 年。该书首次出版于 1925 年，由东京世界文库刊行会发行。

③ Étienne Lamotte, *L'Enseignement de Vimalakīrti*（*Vimalakīrtinirdeśa*）, Louvain—la—Neuve: Institut Orientaliste, Université Catholique de Louvain,1962.

④ Sara Boin, *The Teaching of Vimalakīrti*（*Vimalakīrtinirdeśa*）, Bristol: The Pali Text Society, 1976.

⑤ Robert A. F. Thurman, *The Holy Teaching of Vimalakīrti: A Mahāyāna Scripture*, Delhi: Motilal banarsidass publishers, 1991.该书首次出版于 1976 年，由美国宾西法尼亚州立大学出版社（Pennsylvania State University Press）发行。

⑥ 郭忠生译：《维摩诘经序论》，南投：谛观出版社，1990 年。

⑦ （日本）大正大学综合佛教研究所、梵语佛典研究会：《梵汉藏对照〈维摩经〉》，东京：大正大学出版会，2004 年。

⑧ 黄宝生译注：《梵汉对勘维摩诘所说经》，北京：中国社会科学出版社，2011 年。

英译本，梵文本的汉译，以及汉藏梵译本对勘，都可以帮助我们更为准确地理解敦煌维摩诘图像相关各类文本。

《维摩诘经》近两千年的译传史中，鸠摩罗什译本在诸种译本当中流传最广，敦煌遗书中千余件《维摩诘经》的各种相关写本也以鸠摩罗什译本居多。贺世哲、沙武田先生指出，敦煌壁画中的维摩诘经变，主要依据也是鸠摩罗什译本绘制。[①]因此，我们对敦煌维摩诘经变文本依据选择上主要以鸠摩罗什译本为主，在不同时期依据具体情形进行适当调整，大体原则如下：

唐前期，维摩诘经变主流布局位置为洞窟主室西壁龛内，在 5 处维摩诘经变中，第 68 窟西壁龛内维摩诘前方有榜题为"无垢称菩萨"，第 341 窟西壁龛内维摩诘前方亦有榜题"无□称菩萨"，这一榜题为滨田瑞美女士首次发现。[②]"维摩诘"为梵文विमलाकीर्ति（Vimalākīrti）音译，वि是否定前缀，मला即污染、污垢之意，कीर्ति为名声、演讲之意，合起来义译则为名声干净的，鸠摩罗什将之音译为"维摩诘"，玄奘义译为"无垢称"。第 68、341 窟维摩诘经变"无垢称菩萨"的榜题，表明其绘制受到《维摩诘经》的玄奘译本《说无垢称经》的影响。考虑到西壁龛内两侧作为唐前期维摩诘经变新出现的主要布局类型，兼顾到鸠摩罗什译本长期以来的流行程度和在藏经洞出土遗书中占有绝对多数，我们对于唐前期维摩诘经变的文本依据，兼顾玄奘译本和鸠摩罗什译本。

中唐吐蕃统治时期，维摩诘经变不论布局位置和相关情节都出现新的变化。这一时期维摩诘经变集中绘于 9 世纪初的吐蕃统治后期，在相近的时期，藏文《维摩诘经》恰好译出，《旁塘目录》与《兰噶目录》都收录该经，表明其译出时间应在 9 世纪初以前。藏译本《维摩诘经》相关抄本也见于藏经洞出土敦煌遗书。结合中唐吐蕃统治时期维摩诘经变作为出现蕃装人物特征最明显的题材，或对维摩诘经变的绘制产生影响。因此，我们对中唐以后文和图像相关的情节的关注，兼顾鸠摩罗什译本和藏译本。

晚唐以后，由于俗讲和变文的流行，藏经洞出土有大量《维摩诘经》相关的讲经文和变文等俗文学材料，又因晚唐末期维摩诘经变的构图明显受到同窟劳度叉斗圣变等依

① 贺世哲：《敦煌壁画中的维摩诘经变》，《敦煌研究》试刊第 2 期，1982 年，第 62 页；沙武田：《敦煌画稿研究》，北京：民族出版社，2006 年，第 170 页。

② 滨田瑞美著，马歌阳译：《敦煌石窟壁画的窟内配置与图像研究》，《观念·技术·视野·视角——敦煌石窟研究方法论国际学术研讨会论文集》，2018 年，第 43 页。

据变文类性质图像的影响。我们对晚唐以后文本和图像关联的考察，以鸠摩罗什译本为主，兼顾相关注疏、俗讲和变文等材料。

第一节　敦煌遗书中《维摩诘经》各类写本的年代与内容

敦煌遗书中现存《维摩诘经》各类相关写本千余件，1991 年江素云先生统计为 1039 件，① 2012 年邹清泉先生统计为 1173 件。②囿于不同时期敦煌遗书出版和公布的程度，以及同件遗书多种编号对统计结果的干扰，对《维摩诘经》相关各类写本的统计很难出现确切的数目。随着中国国家图书馆藏敦煌遗书的全面出版，涵盖此前旧藏及历年大量私人散藏捐赠，在数量上较以往更为丰富。与此同时，各地残卷缀合工作也在不断深入，使得这一统计的便利性和准确性都得到加强。我们基于国际敦煌项目（IDP）和各地藏敦煌遗书的出版图录，在进行部分缀合的基础上，③对敦煌遗书中《维摩诘经》相关各类写本数量和各品内容分布进行了新的统计。

一、《维摩诘经》相关文本的抄写数量与版本

据王重民先生统计，隋唐以来敦煌抄经数量最多的是《大般若波罗蜜多经》《金刚般若波罗蜜经》《金光明最胜王经》《妙法莲花经》和《维摩诘经》五种。④池田温先生统计为《妙法莲花经》《金刚般若波罗蜜经》《维摩诘经》《大般涅槃经》《金光明最胜王经》《佛说无量寿宗要经》等。⑤因此，对《维摩诘经》抄写活动的考察也在很大程度上可以反映敦煌抄经活动的一般形态。我们将敦煌遗书中《维摩诘经》各类写本分为三类：一、经典抄写；二、注疏抄写；三、讲经文、押座文等俗文学性质文本抄写。

---

① 江素云：《维摩诘所说经敦煌写本综合目录》，台北：东初出版社，1991 年。

② 部分数量增加在于作者在统计中将俄藏编号中的孟列夫编号（M）与若干弗鲁格编号（Ф）和敦煌编号（Дx）重复统计所致，统计结果参见：邹清泉：《中古敦煌〈维摩诘经〉的书写——以藏经洞维摩写卷为中心》，《敦煌学辑刊》2012 年第 1 期，第 57—67 页。

③ 主要体现在中国国家图书馆藏敦煌遗书部分，由于 1910 年劫余敦煌遗书运抵北京时，李盛铎等人用三天时间盗选数百卷，为弥补先前已报数量之不足，将一些写卷割裂充数。见王冀青：《国宝流散——藏经洞纪事》，兰州：甘肃教育出版社，2007 年，第 100 页。

④ 王重民：《敦煌遗书论文集》，北京：中华书局，1984 年，第 293 页。

⑤（日）池田温：《中国古代写本识语集录》，东京：东京大学东洋文化研究所，1990 年，第 5 页。

1.《维摩诘经》的抄写数量与版本

目前初步统计，敦煌遗书中《维摩诘经》抄本约 1017 件（表 4-1），涉及 1198 个卷号（见附录一），①整体而言，抄经涉及《维摩诘经》十四品全部内容，就各品数量而言，由高向低的分布次序大致为：佛国品（244）、文殊师利问疾品（236）、弟子品（213）、观众生品（208）、不思议品（197）、入不二法门品（188）、佛道品（185）、菩萨品（175）、香积佛品（175）、方便品（170）、菩萨行品（162）、见阿閦佛品（158）、法供养品（148）、嘱累品（144）。

表 4-1　各地收藏敦煌遗书《维摩诘经》抄本数量与各品分布一览

各品分布 / 收藏单位	收藏数量	佛国品	方便品	弟子品	菩萨品	文殊师利问疾品	不思议品	观众生品	佛道品	入不二法门品	香积佛品	菩萨行品	见阿閦佛品	法供养品	嘱累品
中国国家图书馆	592	140	101	139	103	124	101	105	91	91	86	84	84	76	74
英国国家图书馆	252	66	52	52	49	69	65	73	72	74	59	53	51	49	48
俄罗斯科学院东方研究所圣彼得堡分所	99	25	8	8	8	23	8	6	4	4	9	5	3	2	1
天津艺术博物馆	20	2	2	3	3	9	12	11	10	10	7	8	9	8	8
日本各地散藏	16	0	0	0	1	1	3	4	3	5	4	4	4	4	5
法国国家图书馆	13	5	2	2	2	5	3	5	3	6	3	3	3	3	3
上海图书馆	9	2	2	4	1	1	1	1	1	1	1	2	3	3	3
北京大学图书馆	5	1	1	1	1	1	1	0	0	0	0	1	1	2	2
敦煌研究院	4	1	0	1	1	0	0	0	0	0	0	0	0	0	0
甘肃省博物馆	2	0	0	0	0	0	0	0	0	0	1	1	1	1	0
上海博物馆	2	0	0	0	3	1	3	1	1	0	0	0	0	0	0
台湾傅斯年图书馆	2	0	0	0	0	0	0	0	0	0	0	0	0	0	0
甘肃中医学院	1	0	0	0	0	0	0	0	0	0	1	0	0	0	0
总　计	1017	244	170	213	175	236	197	208	185	188	175	162	158	148	144

数据来源：（1）国际敦煌项目（IDP）：http://idp.bl.uk；（2）各地藏敦煌遗书图录。

① 由于日本敦煌遗书收藏较为分散且出版公布较为有限，主要依据有限的图录和叙录等，未能反映全貌。

　　我们统计到的1016件《维摩诘经》抄本中，共出现三个版本，即三国时期支谦译本《佛说维摩诘经》、后秦时期鸠摩罗什译本《维摩诘所说经》和唐代玄奘译本《说无垢称经》。三个版本中鸠摩罗什译本数量最多，约有1008件；支谦译本仅约5件：即俄藏Дx.02111、Дx.02803+Дx.02806+Дx.02807A、敦研008、上博01和国图BD.08925；玄奘译本仅约3件，即Дx.02671、Дx.02793、Дx.02797。

　　上博藏敦煌遗书01（2045）为支谦译本《佛说维摩诘经》，为敦煌遗书中《维摩诘经》最早的纪年写本，早于鸠摩罗什译本《维摩诘所说经》的翻译，其余4件可能亦为时代接近。这应当是由于罗什译本译出以后，随着支谦译本被取代，相应的抄经活动也转向罗什译本。

　　《维摩诘经》的译传历史中，鸠摩罗什译本取得了空前的成功，究其原因可能在于将佛经转换成汉语的环节上，罗什汉语水平相对有限，翻译过程当中较为倚重笔受，佛经翻译是以鸠摩罗什为首的译经集体的结晶。[1]玄奘则由于精通梵汉两种语言，且高度追求与梵文原本的契合，《说无垢称经》新译后，虽获得高度评价，但并未得到广泛流通，鸠摩罗什本《维摩诘所说经》仍是诸版本中最流行者。玄奘逝后，弟子窥基在进行《维摩诘经》宣讲时，被多次要求以旧本为底，窥基不得已作《说无垢称经疏》对两种版本的差异进行说明：

　　　　"基以咸亨三年（672）十二月二十七日，曾不披读古德章疏，遂被并州大原县平等寺诸德迫讲旧经。……又以五年（674）七月，游至幽明苏地，更讲旧经，……今经文不同之处，略并叙之，诸德幸留心而览也。"[2]

　　鸠摩罗什译本的流行程度由此可见。敦煌遗书中《维摩诘经》的诸种抄本中，鸠摩罗什译本在数量上占据绝对多数，与该译本在历史时期的流行程度一致。

2.《维摩诘经》注疏相关写本的抄写数量与版本

　　敦煌遗书中出现《维摩诘经》相关各类注疏约有17种，约266件，涉及卷号282个（见附录二）。各类注疏完整保留《维摩诘经》十四品注解内容者较少，仅北魏慧远《维摩义记》、唐代道液《净名经集解关中疏》《净名经关中释抄》，以及时代及著者不详的《净名经科要》4种。在抄写内容的关注上，相对侧重在序言部分对整部《维摩诘经》思

---

① 黄宝生译注：《梵汉对勘维摩诘所说经》，北京：中国社会科学出版社，2011年，第22页。
② （唐）窥基：《说无垢称经疏》，《大正新修大藏经》第38册，第1114页上。

想的介绍。其次则是从佛国品到文殊师利问疾品之间的五品内容，现存数量基本都在 40 件以上，佛国品和弟子更是达到 71 和 60 件之多，其余诸品则在 20~30 件，相对数量较少。各种注疏抄本诸品分布情形如下表（表 4-2）所列：

表 4-2　敦煌遗书《维摩诘经》注疏抄本数量及各品分布一览

文本名称	收藏数量	序言	佛国品	方便品	弟子品	菩萨品	文殊师利问疾品	不思议品	观众生品	佛道品	入不二法门品	香积佛品	菩萨行品	见阿閦佛品	法供养品	嘱累品
僧肇集《注维摩诘经》	13	5	1	0	1	3	1	0	2	0	0	0	0	0	0	0
僧肇《维摩诘经解》	3	0	1	2	2	0	0	0	0	0	0	0	0	0	0	0
僧肇集《维摩义记》	1	0	0	0	1	1	1	1	1	1	1	1	1	1	1	1
佚名《维摩诘经疏释》	9	0	0	0	2	1	2	0	1	0	1	1	1	0	0	0
慧远《维摩义记》	10	1	3	1	3	4	4	3	2	1	2	1	1	1	1	1
佚名《维摩经义记》	5	0	1	1	0	1	1	0	1	1	1	1	1	1	1	2
吉藏《维摩经义疏》	6	2	0	0	1	1	1	0	0	0	0	0	0	1	1	1
佚名《维摩诘经杂释》	9	0	4	5	3	2	2	0	0	0	0	0	0	0	0	0
昙旷《维摩经疏》	7	0	1	1	2	1	2	0	2	2	2	1	1	1	2	1
道液《净名经集解关中疏》	105	19	38	19	29	18	19	11	10	12	11	14	13	14	11	12
道液《净名经关中释抄（批）》	36	25	1	0	3	6	7	8	7	6	6	5	5	5	5	4
契真述、体清记《维摩疏释前小序抄·释肇断序抄义》	8	8	0	0	0	0	0	0	0	0	0	0	0	0	0	0
佚名《维摩经疏》	21	0	6	7	9	3	1	1	1	2	1	1	2	0	0	0
谈广释《佛国品》手记	1	0	1	0	0	0	0	0	0	0	0	0	0	0	0	0
佚名《净名经科要》	2	0	1	1	1	1	1	1	2	1	1	1	1	1	1	1
佚名《维摩经抄》	2	0	2	0	0	0	0	0	0	0	0	0	0	0	0	0
佚名《维摩经疏》（待考）	26	6	11	1	4	0	0	0	2	0	1	2	1	1	2	0
数量小计	264	66	71	38	60	40	41	33	29	30	29	30	28	29	23	23

数据来源：（1）国际敦煌项目（IDP）：http://idp.bl.uk ；（2）各地藏敦煌遗书图录。

在版本方面，除去书于甘露二年（360）的羽 002《维摩义记》和 5 世纪左右中村不折 155（5）《佛说维摩诘经注疏》基于支谦译本以外，现存各类注疏在内容上基本全部以鸠摩罗什译本为主。基于玄奘译本的注疏，在历史上仅有窥基作《说无垢称经疏》，但在敦煌遗书中暂未发现。

在抄写时代分布方面，各类注疏抄本的成书年代和抄写题记表明其抄写时间相对较为集中，大致包含了十六国北朝、隋、唐前期、中唐、晚唐和五代等时期。保留题记的诸抄本中，都表现一定的时间连续性，并未出现明显的长时间跨度注疏版本，也反映出注疏的抄写与短时段内思想的流行关联度较高，题记所反映的相关时代信息我们将在下一部分进行更具体的分析。

在抄写数量方面，言道液所撰《净名经集解关中疏》和《净名经关中释抄》数量最多，占注疏抄本的近半数，其他可确定名称与版本的注疏，多在二十件甚至十件以下。与抄写时间上反映出的均衡性相比，各类注疏抄本在数量上呈现出极大的不均衡性，当今传世的《维摩诘经》各注疏在相应时代的敦煌，似乎并未受到足够关注，道液相关注疏在敦煌备受关注，在中唐吐蕃统治时期传入以后，可能一直流行到 10 世纪中叶，是各类注疏中流行时间跨度最长、抄写数量最多的版本。道液所撰《净名经集解关中疏》和《净名经关中释抄》在以往大藏经中并未保留下来，仅 1934 年《大正藏·古逸部》依据敦煌遗书文本进行辑录，反映出中唐及以后，敦煌地区在《维摩诘经》注疏版本选择方面出现较为明显的区域性特点。

3.《维摩诘经》讲经文、押座文等俗文学性质抄本统计

敦煌遗书中《维摩诘经》相关俗文学性质抄本数量较少，仅三种作品，即《维摩诘讲经文》15 件、《维摩经押座文》5 件和《维摩五转十二时》3 件，共 23 件抄本，涉及卷号 23 个，皆不知作者为何人。保留内容相对较为完整者仅《维摩诘经讲经文》，主要涉及前五品内容。《维摩经押座文》和《维摩五更十二时》更接近于某类讲经活动开始的前奏性解说内容。由于内容相对较少，此处不再专门列表格进行说明。

二、文本抄写年代分布

《维摩诘经》相关文本在敦煌的抄写活动于十六国时期即已开始，题记反映出注疏类文本的抄写活动不晚于前秦甘露二年（360）已经展开。经典抄写也至晚在后凉麟嘉五年（393）开始，这些文本的抄写都是基于支谦译本，保存数量都较少。在 5 世纪初随着鸠摩罗什译出《维摩诘所说经》以后，即成为经典和注疏抄写的主流文本选择。5 世纪以后有题记的相关抄本中，基本再看不到支谦译本的影响。

关于敦煌遗书的断代，王重民先生提出从纸张、字体、每纸行数和每行字数等方面，

对不同时代的写本进行判定，①大体可归纳如下表：

时代	纸	字体	每行字数	卷长	每纸行数	施舍者
北魏至隋	纸幅较低，纸色垩白，未潢染	隶体	20字以上 30字以下	二三十纸，每纸长1.5尺左右	28行左右	贵族、官僚和地主等
隋至唐天宝以前	纸幅同前，多数潢染，捶搞光滑	逐渐由隶体转楷体	20字上下			
吐蕃统治时期至归义军时期	纸幅渐变高，少潢染，纸面粗糙	字迹多草率，尤其佛经注解	不固定	每纸一般1.5尺，卷子逐渐加长难展读	极不固定	大量的农民、手工业工人

由于我们现在对敦煌遗书的查阅囿于出版图册的限制，画面多为黑白，常出现编辑者将画面文字以外多余部分裁切的情形，在现有条件下对遗书的纸幅、纸色、每卷纸数的统计都较为困难。由于抄本作为手写书体，对隶楷书体进行明确区分，亦存在较多不确定性，仅就上述所列卷号每行字数统计，我们发现除书写于794年的S.1864每行为31字左右以外，其余各卷自后凉至五代基本皆为17字每行，部分地反映出敦煌地区的佛经抄写在较长时段一直遵循稳定的格式传统。

一般而言，书写有尾题的手写抄本，大体可以视为一个相对完整的抄写单元，我们在对《维摩诘经》各类文本基本信息整理和王重民先生关于敦煌遗书断代判定原则的基础上，重点对出现题记或大体可判定年代的抄本进行关注。经调查，《维摩诘经》抄本出现题记或大体可判定年代者计23件，各类注疏相关抄本出现题记或大体可判定相对年代者计37件，《维摩诘经讲经文》出现题记的有1件，构成我们关注《维摩诘经》各类写本抄写年代分布的基本材料。

由于《维摩诘经》的抄本多数均为残卷，尾部残破者较为常见，保存完整者亦多未书明抄写时间和施主，因此，抄经类写本虽然数量较多，但有题记或可大体判定时代者相对较少。相对《维摩诘经》的抄写而言，注疏文本的抄写则具有明显的时代特点，应当与各类注疏在不同时期的流行有关，易于确定其抄写的相对年代。就整体时代而言，266件注疏抄本中，能够大体确定抄写于十六国北朝时期的41件左右，中唐以后抄写的，

---

① 王重民：《敦煌遗书论文集》，北京：中华书局，1984年，第294—301页。

可能在 180 件以上，占据绝大多数，两个大类抄本题记的整理详见本文附录。

现存《维摩诘经》和相关注疏抄本的题记，多数集中于中唐吐蕃统治敦煌及以后的归义军时期，反映出中唐及以后《维摩诘经》的抄写活动较以往更为兴盛，这种趋势同样与 5—10 世纪敦煌遗书的整体抄写传统大体一致。作为敦煌遗书题记辑录整理的集大成者，池田温先生在《中国古代写本识语集录》中对所著录的 948 件敦煌遗书纪年题记进行了排列，[①]我们将统计到 23 个卷号的《维摩诘经》抄本和 39 个相关注疏抄本与池田温先生统计结果进行比对如下所示：（表 4-3）

表 4-3   敦煌遗书纪年题记与《维摩诘经》相关抄本纪年题记时代分布比对一览

世纪	敦煌遗书纪年题记	纪年《维摩诘经》抄本	纪年《维摩诘经》注疏抄本
4	不明	1	1
5	9	1	1
6	69	1	6
7	101	7	3
8	161	1	6
9	230	10	19
10	378	4	3
总计	948	25	39

数据来源：（1）池田温：《中国古代写本识语集录》，东京：东京大学东洋文化研究所，1990 年；
（2）国际敦煌项目（IDP）：http://idp.bl.uk；（3）各地藏敦煌遗书图录。

7 世纪以来，不论是可判定纪年的敦煌遗书抄写总量，抑或是《维摩诘经》相关文本的抄写，都呈现出明显的增长趋势，在《维摩诘经》的注疏本中体现得更为明显，仅道液所撰《净名经集解关中疏》和《净名经关中释抄（批）》就占去注疏写本总数一半的份额。在池田温先生统计中，7 世纪以来敦煌遗书的抄本数量出现明显增加，7 世纪以后题记数量占总数的九成以上，《维摩诘经》的相关抄写亦呈现出类似的特点。

三、文本抄写方式与抄写主体

《维摩诘经》和相关注疏的抄写构成了文本层面维摩诘信仰的核心载体。了解两类

---

① （日）池田温：《中国古代写本识语集录》，东京：东京大学东洋文化研究所，1990 年，第 6 页。

文本抄写方式、内容组合和抄写（供养）主体，有助于我们对相关信仰的表现形式产生较为直观的认识。

1.《维摩诘经》的抄写方式

在抄写方式上，《维摩诘经》主要以原经所分卷为基本单位。鸠摩罗什译本分为三卷，第一卷为一至四品，第二卷为五至九品，第三卷为十至十四品，敦煌遗书中较为完整的《维摩诘经》抄本，多以此为界，分上、中、下三个长卷。中唐及以后有少量一卷抄写整部《维摩诘经》，诸如S.1864、S.2307、S.5661、P.2008、P.4646、BD.01870、BD.06626等。支谦译本和玄奘译本皆无完整抄本留存。为便于直观地对抄写方式进行认识，我们将抄写者的身份与抄写内容整理如下（表4-4）：

表4-4　敦煌遗书纪年《维摩诘经》抄写内容分布一览

身份	时代	卷号	抄写内容	赞助者	抄写者
僧	9世纪前期	S.2991	上卷一至四品	僧者道莩	经生王瀚
		BD.00018	中卷七至九品		
		BD.01952	上卷一至四品	比丘尼莲花心	
		BD.01820	上卷一至四品	道京	
	吐蕃统治敦煌后	S.2871	中卷七至九品	金光明寺祝阇梨集经供养	
	晚唐初	S.2282	中卷五至九品	僧道斌	
俗	麟嘉五年（393）	上博01	上卷三至六品	王相高	
	天安二年（467）	敦研113	上卷一品片断	令狐□儿课、王三典、张演虎等三人抄写练习	
	神龟元年（518）	上图035	上卷二至四品	不明	张凤鸾
	安乐二年（619）	中村不折旧藏66号	一至十四品	阎硕	朱令辩
	高昌延寿十四年（637）	S.2838	下卷十五至十四品	高昌公主	经生令狐善愿写，曹法师法慧校，法华斋主大僧平事沙门法焕定
		日本天理图书馆183－イ177	下卷十至十四品		
	永徽三年（652）	S.3394	中卷七至九品	佛弟子郑元	不明
	咸亨三年（672）	BD.14884	中卷五至九品	弟子汜师僧	
	垂拱四年（688）	大谷大学图书馆藏	下卷	优婆夷王伯美	
	约8世纪	S.0765	中卷五至九品	索宝集妻	
	甲戌年（794）	S.1864	一至十四品	沙州行人部落百姓张玄逸	

数据来源：（1）国际敦煌项目（IDP）:http://idp.bl.uk；（2）各地藏敦煌遗书图录。

以上内容大致可以表明,《维摩诘经》抄写和受持主要以卷为单位,而非整部经典。究其原因,可能主要有以下两个方面:

首先是抄写成本的制约。据有限的材料反映,参与抄本的为僧人和王室成员,高昌王室成员参与的两个写卷更是出现了抄经生、校对者和定稿者的完整组合。似乎表明抄经生团队劳动的出资者,应当以佛教僧众和上层社会人士为主,对于普通民众而言,供养与受持经典的来源仍主要以亲自书写为主。

其次是信仰需求的主导。《维摩诘经》上中下三卷内容各有侧重,以文殊菩萨问疾为中心,主要叙述内容分别大体相当于问疾前、问疾和问疾后三个方面。其中上卷所述诸事主要以释迦佛国净土为主,中卷则以维摩诘方丈室内为主,下卷则以他方净土诸如香积佛国、妙喜世界和释迦佛土为主。关于《维摩诘经》宗旨的科判,大体以三卷为基本划分边界的有两种,一是以因果为标准,二是以"净佛国土行和成就众生行"为标准。

前者以因果为标准将《维摩诘经》划分为三个部分:第一品佛国品、第二品方便品至第九品不二法门品、第十品香积佛品至第十四品嘱累品,"佛国初会,明净土因果。方便品至不二法门,明法身因果。香积以去竟经,重明净土行及法身因果。"[1]

后者亦以不同的修行方式将《维摩诘经》大体分为三个部分:第一品佛国品至第四品菩萨品、第五品文殊师利问疾品至第九品不二法门品、第十品香积佛品至第十四品嘱累品,"初会明净土行,次会明成就众生行,方丈重会双明二行。问疾至不二法门,重明成就众生行。香积重明净土行。庵薗后会,且双明二行。菩萨行品,明成就众生行。见阿閦佛品,明净佛国土行。"[2]依此对《维摩诘经》三卷划分则为:第一卷发生于庵罗树园的第一至四品中,佛国品侧重"净土行",方便品侧重"成就众生行",弟子品和菩萨品则"双明二行",整体而言,偏重度化和成就众生;第二卷发生于维摩诘方丈室内的第五至九品,集中表达了前述"成就众生行"的思想;第三卷再次以庵罗树园为主的第十至十四品中,香积佛品和见阿閦佛品皆侧重于"净土行",菩萨行品侧重"成就众生行",嘱累品则"双明二行",整体而言所述内容更偏重净土信仰。

后一种科判标准将《维摩诘经》思想分为成就度化众生和净土信仰两大部分,在结构上也大体以《维摩诘经》的三卷式划分,在隋代即受到吉藏法师的重视,以此为基础

---

[1]（隋）吉藏:《净名玄论》,《大正新修大藏经》第 38 册,第 875 页下。
[2]（隋）吉藏:《净名玄论》,《大正新修大藏经》第 38 册,第 875 页下。

著成《净名玄论》，对维摩诘思想和信仰进行阐发。吉藏堪称维摩诘信仰的最重要弘扬者，一生著有《净名玄论》《维摩游意》《维摩义疏》《维摩略疏》四种关于《维摩诘经》的解释性著作。

吉藏的著述和思想很可能会影响佛教僧团和民间信众对经典的抄写与受持方式，敦煌遗书中《维摩诘经》的抄写不以整部经为单位，出现众多受持和供养单卷经典的行为，可能是对类似吉藏法师科判各卷思想信仰有所侧重的反映。

2.《维摩诘经》注疏的抄写方式

根据我们对近 40 件有尾题注疏本的统计，一次抄写工作的中止不完全取决于相应注疏原文的卷数划分，题记主要出现于序言、菩萨品和嘱累品三个部分，方便品、观众生品和佛道品仅各出现一次。我们根据保留下来的题记，对相关抄写内容、抄写者身份及抄写或宣讲地点等相关信息整理如下（表 4-5）：

表 4-5　敦煌遗书纪年《维摩诘经》各类注疏抄写内容分布一览

时代	文本名称	编号	抄写内容	抄写者	地点
甘露二年（360）	佚名《维摩义记》	羽 002	第三至五品	沙门静志写记	不明
景明元年（500）	僧肇集《维摩义记》	S.02106	第三至十四品	比丘昙兴	定州丰乐寺
保定二年（562）		S.02732	第七至十四品	不明	尔绵公斋上榆树下
大统十四年（548）	佚名《维摩经义记》	P.2273	第一至二品	校：昙朗、李师等 抄：普济寺僧法鸾	不明
大统三年（537）		BD.01032	第五至七品	释琼许琼琼	不明
普泰元年（531）	佚名《维摩疏》	上图 111	第四至十四品	东阳王元荣敬造供养	不明
高昌建昌二年（556）	佚名《维摩义记》	大谷家二乐庄	第十三品	不明	不明
约 7 世纪	佚名《维摩诘经义记》	S.03878	序	空藏禅师修	不明
仪凤三年（678）	吉藏《维摩经义疏》	Φ.068	第七至八品	令狐思约勘定	不明
证圣元年（695）		上图 036	第十二至十四品	大云寺僧录澄	不明

续表

时代	文本名称	编号	抄写内容	抄写者	地点
766	契真述、体清记《维摩疏释前小序抄·释肇断序抄义》	P.2149	序	崇福寺沙门体清	资圣寺
大历二年（767）		S.01347+S.02496	序	崇福寺沙门体清	资圣寺
约8世纪	佚名《维摩诘经杂释》	BD.06499	第一至三品	张厶宗	不明
872	道液《净名经关中释抄（批）》	P.2079	序	都僧政曹和尚（法镜）讲，开元寺弟子僧智惠记	开元寺
857—860		BD.14730	序	比丘明照记	不明
849		中123	序	京福寿寺沙门维秘讲，龙兴寺僧明真记	沙州报恩寺
938		中124	序	三界寺沙门道真记	不明
845		Filn.051	序	常兴记	不明
794		BD.14091	第四至十四品	比丘惠照记	不明
827	道液《净名经集解关中疏》	S.02432	第三品	莲僧庆会手书	不明
818		S.02701	第三至四品	比丘神威记	不明
772		S.03475	第二至四品	沙门体清为僧尼道俗讲经，俗弟子索游岩转写	虢州开元寺讲，沙州普光寺写
805		S.06503	序至第四品	比丘神应记	报恩寺
817		S.06568	序至第四品	不明	不明
约9世纪前期		S.06580	序至第四品	比丘谭议疏卷记	不明
		S.06810	序至第四品	比丘海清记	不明
		BD.00434	第三至四品	沙门法昙疏	不明
860		P.2222D	第四品	比丘归真记	不明
845		BD.00414	第四品	不明	不明
825		BD.03272	序至第四品	比丘谈哲记	不明
800		S.06610	第十二至十四品	不明	不明
883		BD.14093	第五至十四品	曹僧政和尚（法镜）讲，灵图寺僧苾蒭道广记	不明
845		S.06418	第五至十四品	不明	不明
咸通八年（867）		BD.14943	第十至十四品	开元寺曹僧政讲，记者不明	不明
788		津艺030	第九至十四品	比丘利济	沙州金光明寺
884年前	佚名《维摩经疏》	S.05972	第四品	都僧政法镜讲，都法律沙门法海记	不明

续表

时代	文本名称	编号	抄写内容	抄写者	地点
后蜀广政十年（947）	佚名《维摩诘经讲经文》	P.2292 ②	第四品	不明	西川静真禅院

数据来源：（1）国际敦煌项目（IDP）：http://idp.bl.uk；（2）各地藏敦煌遗书图录。

《维摩诘经》注疏相关抄本题记的出现位置上，不完全与相应卷结束所对应的现象，可能是由注疏抄本与《维摩诘经》的抄本在功能上的差异所导致的。日本大谷家二乐庄藏佚名《维摩义记》抄本第十三品相关内容，在结束部分出现"建昌二年（556）丙子"的题记。Φ.068 抄写吉藏《维摩经义疏》第七至八品内容，原注疏分为六卷，第五卷内容为七至九品，但该抄本止于第八品即书写了校对题记"仪凤三年（678）八月十二日，令狐思约勘定"。S.02432 抄写《净名经集解关中疏》第三品相关内容，该注疏原文分两卷，第一卷涉及内容为第一至四品，该抄本同样止于第三品相关内容即书写题记"丁未年（827）三月廿日，莲僧庆会自手书"。类似的情况在《维摩诘经》的佛经类抄本中未发现一例。

此外，注疏类文本的抄写者名字之后往往有"记"字，整体书写的工整程度弱于经典类抄本，似乎表明该类抄本的出现更多作为学习或听高僧宣讲过程的产物，在祈愿方面的功能相对较弱。题记中一般仅注明抄写者姓名、时间和地点，以BD.03272 尾题为代表"乙巳年（849）三月廿日比丘谈哲记"。仅有个别抄本，出于为后学者保存资料，使之流通不致丧失，诸如台北图书馆藏中 123 号道液《净名经关中释抄（批）》尾题为："己巳年（849）四月廿三日，京福寿寺沙门维秘，于沙州报恩寺为僧尼道俗，敷演此净名经。已传来学之徒，愿秘藏不绝者矣。龙兴寺僧明真写，故记之也。"注疏类抄本类似佛经抄写出现功德诉求者较少，主要为上图 111 号《维摩疏》，东阳王元荣出资抄写，祈愿前往京师的儿子叔和平安归来："大代普泰二年岁次壬子，……东阳王元荣。……是得遣息叔和、谒阙修定。……冀望叔和早得回还。敬造维摩疏百部供养。"

3.《维摩诘经》相关抄本的抄写主本

在抄写主体的对比上，《维摩诘经》的抄写主体基本未出现明显的僧俗分野，僧众和俗众抄写卷数偏好、祈愿内容等，在 5—10 世纪长时间段内，大体都体现出较高的稳定性，除了自身受持以外，主要祈愿内容基本都是关于亡者及家人往生净土等。

而与之相关的注疏本则呈现出截然不同的特点，出现抄写者身份的抄本中，僧人的数量占据绝对数量优势，似乎表明该类文本的参与主体是以寺院僧众为主导。虽然若干题记，诸如S.03475 道液《净名经集解关中疏》尾题"沙门体清于虔州开元寺，为僧尼道俗敷演此经……"，表明参与对象包括"僧尼道俗"各类人士，但就题记的书写者而言，僧众远大于俗众。在近 40 件注疏类抄本题记中，明确出现"僧、比丘、沙门、释"一类身份的，有 28 件，尼众可能仅 1 件，明确表明世俗人士身份的，仅约 4 件。因此，仅就《维摩诘经》相关注疏抄本题记反映而言，讲经和参与相关活动的人群可能以寺院男性僧众为主，世俗人士的参与主要在于个别文本的传抄和校勘等方面，与佛经活动中世俗人士的参与程度相比，几可忽略不计。

寺院僧众作为主要参与者的情形，在宣讲场所上可能也有所体现。除去S.02732 北周保定二年（562）《维摩经义记》于"尔绵公斋上榆树下"以外，其余标明宣讲地者，均为寺院当中。因此，在注疏文本层面承载的维摩诘信仰，应当重在加强修持理解，类似学术层面的修持活动，可能基本以寺院僧众群体为主。

以上关于《维摩诘经》相关各类抄本信息的考察，表明自 4 世纪到 10 世纪之间，经典和注疏的抄写活动基本保持了较为稳定的延续性。在抄写数量方面，经典类抄写远多于注疏类抄写，这应当是经典类抄写始终保持有更多世俗人士的参与。抄写时间方面，以中唐为界，两类抄本都出现了较为同步的增长。在内容方面，经典类抄写大多数一直稳定保持在每行 17 字左右的传统，抄写鸠摩罗什译本《维摩诘所说经》；注疏类抄本则表现出较为明显的时代性和阶段性特征，并未出现一例题记可以证明某个注疏的流行时间可以贯穿始终，抄写书体工整程度亦多数逊于经典类抄写。以上这些特征表明，注疏的抄写在形式和功能上都与经典的抄写存在明显差异。整体而言，注疏类抄本体现的更多是一种笔记的形式，应当是学习或听讲的记录性文本，经典类抄本则更多体现的是功德、祈愿和信仰层面的诉求。这种差异性在参与者、参与方式、功能诉求等方面都有较多体现，同时也可能会在不同历史阶段，对相应图像的绘制产生不同程度的影响，我们将在随后的章节中展开。

第二节　《维摩诘经》的抄写与图像绘制的关联

敦煌遗书中《维摩诘经》文本的抄写活动具有明显的宗教信仰特征，保留下来的抄经题记多数出现功德诉求，但多为祈愿亡者往生净土、生者延年益寿，与维摩诘信仰并无直接关联。因此，在十六国北朝时期的两个多世纪里，《维摩诘经》文本的抄写活动对图像绘制的影响相对较为有限。以往学者的研究对经典抄写与图像绘制关联的讨论，多止步于以文本解释图像，因此我们在本节尝试梳理十六国至唐前期，敦煌《维摩诘经》文本抄写所反映的信仰状态，并在此基础上初步对文本抄写活动与图像绘制关联进行考察。

一、《维摩诘经》的抄写与维摩诘信仰的体现方式

1.《维摩诘经》抄写活动与维摩诘信仰

就题记内容的反映而言，《维摩诘经》相关的各类抄本，始终没有表现出明显的与维摩诘信仰有关的内容。抄写经典或注疏活动保留的题记中，最为常见是为亡者往生、生者健康延寿、众生成佛和出行平安等。即使作为敦煌遗书中《维摩诘经》大宗的抄写活动，诸如抄写于普泰元年（531）年的上图111佚名《维摩疏》，在题记中表明东阳王元荣出资抄写《维摩疏》多达百部，但表露出的抄写目的仍然和维摩诘相关信仰无关，而是"冀望叔和早得回还"。

目前所见敦煌遗书相关抄写题记中，唯一对维摩诘相关信仰有所体现的是在日本书道博物馆藏西魏废帝元年（552）辛兴升书写的《妙法莲花经》题记当中：

> 元年岁次壬申正月庚午朔廿五日甲午成，弟子辛兴升，……为七世父母、所生父母、妻子亲眷，敬写法华经一部、无量寿一部、药师一部、护身命经一部。愿持之功，一豪之善，使弟子超缠群俗，形升无寻，托生紫宫，登阶十住。辨才无滞舍利弗，不思议力如维摩诘，行如文殊，得道成佛。又愿弟子儿女相见，现家眷、兄弟、知识、子侄、中表，普及弟子兴升儿女得还家，庆会值佛闻法，含生等同斯契。

题记中言："辨才无滞舍利弗，不思议力如维摩诘，行如文殊，得道成佛。"《法华经》并未出现维摩诘相关记述，虽然后来天台宗诸家有较为成熟的判教思想，将《法华经》

与《维摩诘经》密切联系在一起。天台宗的开创者智凯法师也是《维摩诘经》的重要注疏者，著有《维摩经玄疏》和《维摩经文疏》两种传世经典。尽管如此，我们依然无法贸然将《法华经》的抄写活动与维摩诘信仰直接联系起来。另外，从题记中反映出，辛兴升此次抄写的经典共计有"法华经一部、无量寿一部、药师一部、护身命经一部。"除《法华经》以外，其他诸经与维摩诘信仰的关联更为弱化，无从考量。

学者根据题记中出现"国遣使向突贵"一句，指出辛兴升可能是西魏派往突厥的使节，通过抄经以求出使顺利。[①]有意思的是，对于作为外交使节的辛兴升而言，获得如维摩诘般不思议能力，在当时情境下具有重要的现实意义，然而这种愿望发出并非依托《维摩诘经》相关文本的抄写，似乎反映出文本的抄写与相关的思想或信仰表达之间的关联度处于相对较弱的状态。

2.抄经活动中与《维摩诘经》相关的抄写组合

我们注意到其他几件能够反映抄写过《维摩诘经》活动的题记，一并列出，对与《维摩诘经》相关的经典抄写组合试做分析。

（1）日本五岛美术馆藏《大方等大集经》尾题

"大代大魏永熙二年（533）五月七日，……东阳王元太荣……仰为比沙门天王，敬造大集一部十卷、法华一部十卷、维摩一部三卷、药师一部一卷，合廿四卷。愿天王成佛，弟子所患永除，四体休宁，所愿如是。"[②]

（2）S.4415A《大般涅槃经》尾题

"大代大魏永熙二年（533）七月十三日，……东阳王元太荣，敬造法华、大云、贤愚、观佛三昧、祖持、金光明、维摩、药师各一部，合一百卷。仰为比沙门天王，愿弟子所患永除，四体休宁，所愿如是。"[③]

（3）藏地不详《大般涅槃经》尾题

"……建文寺主瓜州沙门都维那惠超，敬写大涅槃经一部、法华一部、维摩一部、胜鬘一部。以斯微善，愿七世师长父母、今古觉亡、来各之丧，晶案三业，志行高俦，游陟十圣之纵，速登常住之果。……大统二年（536）九月三日讫。"[④]

---

① 释大参：《敦煌异乡人写经题记中的"乡愁与宗教救度"》，《敦煌学》第二十七辑，2008年，第526页。
② （日）池田温：《中国古代写本识语集录》，第118页。
③ （日）池田温：《中国古代写本识语集录》，第119页。
④ （日）池田温：《中国古代写本识语集录》，第120页。

（4）京都博物馆藏《大般涅槃经》尾题：

"大隋开皇元年（581）正月十五日，佛弟子宁庆妻石元妃，敬造涅槃经一部、华严一部、法华一部、方等一部、无量寿一部、金刚般若一部、维摩一部、请观音一部、胜鬘一部、药师二部。持此功德，愿七世父母、现存眷属及法界众生，悉愿同此善根，成无上道。方广一部、金光明一部，呼延师一□、请佛文一□。"[①]

以上从北魏到隋代近五十年间，四次涉及《维摩诘经》的抄写活动，也是敦煌遗书中所有可见题记中涉及抄写《维摩诘经》的内容。就经典组合而言，和《维摩诘经》四次都共同出现的有《法华经》和《药师经》，其次则是《胜鬘经》和《金光明经》各出现两次。在这些抄写活动中，抄写者不论僧俗，所求功德皆不出祈愿亡者往生、生者康健和众生成道的范畴。类似的功德诉求，也非常普遍地出现于其他抄经的题记中，因而《维摩诘经》的相关抄写活动，可能与实现类似的诉求相关，与维摩诘居士信仰本身的关联可能相对较弱。

如前节所述，在王重民和池田温先生的统计中，敦煌遗书中现存《维摩诘经》相关抄本的数量，大致可列入抄经数量最多的前五种。《药师经》强调消灾延寿和往生药师净土，《金光明经》重在护国，《胜鬘经》重在阐释对大乘的皈依。在类似的格局之下，以祈愿亡者和生者往生净土、众生成佛为主要诉求而进行佛经抄写活动，对于《维摩诘经》而言，其选择侧重可能在于其中的净土部分，诸如经中大众发心往生须弥相国、香积佛国和妙喜世界等。可能也包含希求维摩诘入世度人的愿望。关于维摩诘居士神力本身的崇拜则相对处于次要地位，甚至不必在抄经题记中体现出来，仅在其他经典抄写中略为表示即可。反映出维摩诘信仰并未仅以《维摩诘经》一经所承载，而《维摩诘经》所承载亦未必是维摩诘信仰。

二、《维摩诘经》抄写与图像的绘制

由于《维摩诘经》相关文本的抄写活动中对维摩诘信仰的体现并不明显，因此这类文本抄写活动对于图像绘制的推动作用也相对较为微弱。十六国北朝时期敦煌维摩诘经变的绘制仅有莫高窟西魏第 249 窟一处，大体表明在这一时期，不仅单纯的文本抄写活

---

① （日）池田温：《中国古代写本识语集录》，第 138 页。

动难以推进图像的出现，即使敦煌与中原往来较为通畅时，亦未推动维摩诘图像实现从中原到敦煌的跨区域传播。

1.文本抄写和区域交流对维摩诘图像绘制的影响

《维摩诘经》的抄写早至后凉和北魏时期即已成较为普遍的现象，远早于维摩诘经变在敦煌出现的时间。十六国北朝时期有纪年的《维摩诘经》相关抄本在10件左右，实际抄写数量远不止于此，然而维摩诘相关图像在敦煌迟至隋代才开始大量出现，在此之前仅有一例绘于莫高窟第249窟西披，就《维摩诘经》而言，反映出纯粹的经典抄写活动与相应图像的出现似乎没密切关联性可言。

北朝时期维摩诘造像尽管在中原极盛一时，但在同时期的敦煌，如果除去受到争议的莫高窟西魏第249窟覆斗顶西披的维摩诘经变以外，几乎未受到中原维摩诘造像风气的波及。这一时期敦煌仍然在丝绸之路上发挥枢纽作用，自北魏至北周时期，来自都城洛阳的东阳王元荣和建平公于义，都各自代表中央对敦煌进行了有效治理，敦煌与中原乃至都城都存在直接的联系。元荣和于义皆出自洛阳，龙门石窟作为北魏时期堪称最重要的维摩诘造像区域，现存至少129处以维摩诘文殊对坐为主要内容的造像。根据张乃翥先生的统计，有纪年的造像大部分造于正光和孝昌年间（520—527），[①]在这一背景下，孝昌元年（525）元荣至敦煌赴任瓜州刺史。元荣在敦煌期间出资抄写了大量的佛经，《维摩诘经》和注疏也是其中重要的抄写内容，流行于洛阳的维摩诘经变并未因元荣到来即出现在敦煌。在此后近十年莫高窟今第249窟出现的维摩诘经变，可能与元荣之子叔和前往京师一事有关。为祈祷叔和平安早归，元荣于太昌元年（532）三月二十五日出资抄写《维摩疏》百部，维摩诘经变的绘制虽可能与此次文本抄写有关，但其出现的动因，应当与元荣之子叔和由洛阳赋归有关，相关内容我们将在下节讨论。

至于北周时期，于义至瓜州刺史，研究者一般倾向于将他和莫高窟第428窟的营建联系在一起。然而第428窟除了中心柱龛内的塑像有"秀骨清相"的南朝风格以外，全窟壁画基本再无类似风格的保留，更遑论出现此前代表中原佛教信仰风尚的维摩诘经图像。

就此而言，我们大致可以推断，十六国北朝时期在敦煌地区持续一个多世纪的《维摩诘经》相关文本抄写活动，对图像绘制的影响几乎可以忽略。即使出现过元荣、于义

一类来自京师洛阳的名门望族,有效的区域沟通亦未将龙门石窟的维摩诘造像风气传播至敦煌。

2.吐鲁番等地的《维摩诘经》抄写活动

与敦煌类似的抄经活动,还出现在新疆地区。大谷二乐庄藏佚名《维摩义记》残片尾题为"建昌二年(556)丙子。"建昌为高昌王麹宝茂在位时期的年号,该残片出土地点为吐鲁番吐峪沟地区,[①]处于晋唐之际高昌王国的治理范围。吐峪沟还出土一件唐初高昌延寿十四年(637)的《维摩诘经》抄本残片(图4-1),残存题记为"延寿十四年岁次丁酉□月三日清信……"。[②]该题记书写内容和位置与敦煌遗书S.2838《维摩诘经》延寿十四年尾题(图4-2)较为相似。

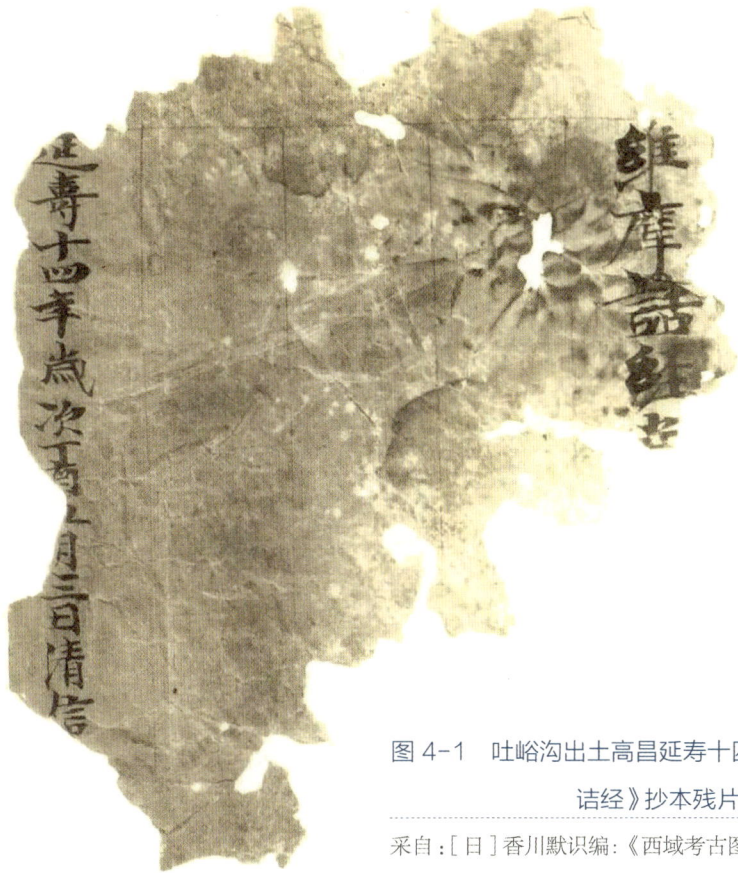

图 4-1　吐峪沟出土高昌延寿十四年(637)《维摩诘经》抄本残片

采自:[日]香川默识编:《西域考古图谱》下卷,第68页

---

① (日)香川默识编:《西域考古图谱》下卷,东京:国华社,1915年,第68页。

② (日)香川默识编:《西域考古图谱》下卷,第68页。

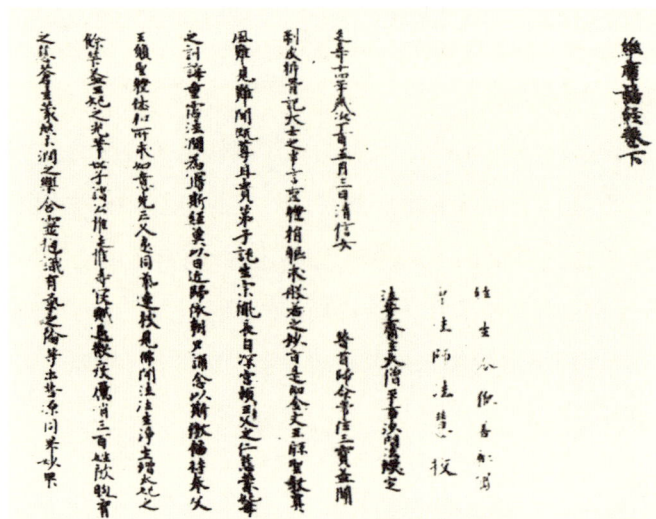

图 4-2 S.2838《维摩诘经》抄本尾题

采自：黄永武主编：《敦煌宝藏》第 24 册，台北：新文丰出版公司，1981 年，第 15 页

　　"延寿"为高昌王麴文泰在位时期的年号，由题记中"清信女""弟子托生宗胤，长自深宫"可知该卷可能为高昌王麴文泰之女赞助抄写，同时至少抄写多部，尾题相近或相同。高昌与敦煌往来较为密切，武周长寿二年（693）《上柱国张君墓志》载高昌某公主嫁于张隆："君讳富琳，字仁礼，西州高昌县人也。……父隆，伪任武贲将军，伪驸马都尉，身材挺特，武艺绝伦，慕化归朝，遂授长上校尉。君武贲将军之小子，乃是公主之所生……"①钱伯泉先生通过考证高昌张氏和敦煌张氏的源流，认为S.2838 可能为高昌公主东归敦煌探亲和拜佛时，将该卷写经施于敦煌某一寺院。②相同的题记还见于日本天理图书馆 183－イ 177 的《维摩诘经》抄本，③说明这几个抄本应当为同一批次抄写完成。

　　除以上纪年抄本以外，喀拉和卓地区出土有一件佚名《维摩诘经注疏》的唐代写经残片。④ 2016 年吐鲁番学研究院对吐峪沟出土佛经进行修复，又发现一部长达三米的鸠

① 周绍良、赵超主编：《唐代墓志汇编续集》，上海：上海古籍出版社，2001 年，第 320 页。

② 钱伯泉：《敦煌遗书S.2838〈维摩诘经〉的题记研究》，《敦煌研究》2007 年第 1 期，第 67 页。

③ 王三庆：《日本天理大学天理图书馆典藏之敦煌写卷》，中国文化大学中国文学系编：《第二届敦煌学国际研讨会论文集》，台北：汉学研究中心编印，1991 年，第 89—90 页。

④ （日）香川默识编：《西域考古图谱》下卷，第 66 页。

摩罗什译本《维摩诘经》抄本，主要内容为佛国品，背面书写有回鹘文。①这些流传于敦煌和吐鲁番地区的抄本的出现反映了6—7世纪左右，《维摩诘经》的相关抄写活动可能一直出现于高昌地区，但在吐峪沟及附近的伯孜克里克乃至整个新疆地区的石窟群中，至今尚未发现任何维摩诘相关图像，敦煌应当为该图像传播的最西地区。

以上敦煌和新疆吐峪沟等地十六国至唐以前的《维摩诘经》抄写活动共同表明，至少在唐以前，作为维摩诘信仰的重要载体，其相关文本和图像自十六国北朝至唐初，并未发生明确的关联或互动。类似《维摩诘经》文本抄写和图像绘制的弱关联性，在敦煌遗书保留的抄经中并非孤例。再回到本章第一节开端王重民和池田温先生的抄经数量统计结果，《金光明最胜王经》在敦煌遗书中的抄写数量与《维摩诘经》相仿，但相关的图像金光明经变在整个敦煌石窟群中仅出现8处，全部位于莫高窟，即中唐吐蕃统治时期第133、154、158窟，晚唐第156、85、138、196窟和宋代第55窟。这种文本和图像之间巨大的数量反差，似乎更表明文本的抄写与图像的绘制之间可能未必存在较为直接的关联。

三、玄奘译本《说无垢称经》与唐前期的维摩诘经变

初唐敦煌石窟的维摩诘经变中较少出现榜题，但在莫高窟第68窟西壁龛内北侧的维摩诘前方，有榜题为"无垢称菩萨"，第341窟西壁龛内维摩诘前方亦有榜题"无□称菩萨"。玄奘译本与鸠摩罗什译本的内容基本一致，二者最明显的差异当在于对居士名称和身份的翻译，鸠摩罗什译为"维摩诘居士"，玄奘译为"无垢称菩萨"，其他差异则更多在于若干词句的译法方面，这些差异很难以图像的形式体现出来。因此榜题对于文本影响或依据的确认具有重要指示意义。

玄奘译《说无垢称经》确切时间并无记录，我们只能根据《大唐大慈恩寺三藏法师传》中的相关记载进行推断。贞观十九年（645）三月，玄奘开始在弘福寺译经。译经之初，即收到太宗敕命要求译经顺序应当以无者先翻，有者在后的原则："法师在京之日，先翻《发智论》三十卷。及《大毗婆沙》未了，至是有敕报法师曰：其所欲翻经、论，无者先翻，有者在后。"②按照这一原则，《说无垢称经》在此时已属第六次译出，因此翻译

---

① 王瑟：《吐鲁番发现3米长佛经长卷》，《光明日报》2016年4月14日第9版。
② （唐）释慧立、释彦悰撰：《大唐大慈恩寺三藏法师传》，《大正新修大藏经》第50册，第272页下。

时间应当较为靠后。玄奘于麟德元年圆寂（664），该经译出时间可能距此不远。

唐前期绘制维摩诘经变的洞窟中，第 203、322 窟的维摩诘经变仍绘于龛外两侧，仍受隋代布局传统影响较深，绘制时间应当距隋唐之交不远。第 220 窟东壁门上保留有贞观十六年（642）题记，也早于玄奘《说无垢称经》的译出。因此，这三处维摩诘经变的绘制与玄奘译本无关。

第 68 和第 341 窟由于“无垢称菩萨”榜题的出现，表明其绘制时间当都在玄奘译经之后。此外，西壁龛内绘制维摩诘经变的其余 3 个洞窟中，第 342 窟应当与第 341 窟营建时间相当。第 334 窟西壁龛内维摩诘经变的绘制时间，我们在前文中已做讨论，当在开耀元年至垂拱二年（681—686）之间。[①]仅有第 242 窟龛内图像保存状况较差，相邻洞窟分别为隋代和中唐，跨度较大，通过画面内容和崖面分布都难以判定具体时代。绘于主室北壁维摩诘经变的洞窟中，第 332、335 窟分别出现圣历元年（698）、长安二年（702）等题记。因此，整体而言，除第 203、322 和 220 窟以外，初唐其余维摩诘经变大体都绘于玄奘译出《说无垢称经》以后。

在第 68 和第 341 窟以外，同时期其他诸窟绘制的维摩诘经变中，基本再没有出现相关榜题，更未发现明确书写有“维摩诘”相关内容的榜题。西壁龛内作为维摩诘经变在唐前期绘制的最主要选择位置，第 68、341 窟共有的“无垢称菩萨”榜题，似乎表明在这两个洞窟之外，西壁龛内布局的维摩诘经变甚至相近时期维摩诘图像的绘制，可能都不同程度地受到玄奘译本《说无垢称经》的影响。

在《维摩诘经》的翻译和注疏史上，不论是译本的流行程度还是相关文本抄写在敦煌遗书中的数量方面，玄奘译本都远不及鸠摩罗什译本。玄奘译本《说无垢称经》在《维摩诘经》相关的文本抄写活动中并不流行，敦煌遗书中现存相关抄本大致仅约 3 件，即Дх.02671、Дх.02793、Дх.02797 三个残件，分别抄写了《说无垢称经》方便品、佛国品和文殊师利问疾品的内容。此外，与玄奘译本相关的注疏抄本也未在敦煌遗书中发现。因此，敦煌初唐维摩诘经变中出现玄奘译本“无垢称菩萨”等榜题内容，体现出非主流译本可能在某一阶段会对图像的绘制产生主流的影响。这种现象在敦煌石窟并非仅此一例，类似的情形在《大般涅槃经》的抄写和涅槃经变的绘制之中也有体现，

---

① 见第五章第二节第一部分“洞窟营建次序反映下劳度叉斗圣变二元构图的来源”。

《大般涅槃经》各版本中，一般以北凉昙无谶译《大般涅槃经》影响较大，共 13 品 40 卷。该经南传以后，南朝宋僧慧严以其"文言致善，而品数疏简，初学难以措怀"，① 与谢灵运等人合作，将之重新划分为 25 品 35 卷，未改变经名。后世将前者称为"北本" 后者称"南本"，二者文意方面并无太多出入。与《维摩诘经》相关抄本类似，据景盛轩 先生研究，敦煌遗书中《大般涅槃经》抄本也有近千个卷号，以北本为主，还有一些南 本和少数的南北混杂本。②

敦煌石窟的涅槃经变中最具代表性的当属莫高窟第 148 窟南西北三壁的涅槃经变， 其中保留了 66 处榜题，施萍婷和贺世哲先生对这些榜题的录文、图像和对应经典出处 做了完整的梳理，为我们了解图像的绘制依据提供了参照。③在南北《大般涅槃经》的 各品划分中，昙无谶译北本《大般涅槃经》第一品为《寿命品》，慧严等所集南本《大 般涅槃经》第一品为《序品》。第 148 窟南壁涅槃经变"临终遗教图"下部书写有榜题 "大般涅槃经序品第一"，表明其绘制可能受南本影响较多。整体而言，查阅贺世哲先生 所作榜题与经典的比对结果，66 处榜题中，前 30 处榜题内容大体与南本内容一致，第 34—66 处榜题又与唐若那跋陀罗译《大般涅槃经后分》相关内容一致，二者都与抄本数 量最多的北本《大般涅槃经》无关。

因此，玄奘译本《说无垢称经》在唐前期对敦煌维摩诘经变的绘制产生阶段性的影 响，可能在该译本有限的抄写活动之外，同时也在于玄奘与敦煌若干交集的间接性影 响。玄奘相关事迹与敦煌的交集，应当主要在于取经往返两次经过敦煌或周边的瓜州地 区。玄奘于贞观三年（629）从长安出发，经瓜州出关前往印度。归国途中经过阗时， 遣人上表长安，太宗敕令"敦煌官司于流沙迎接"，④至敦煌后再度上表太宗，收到敕命 后才加快前进速度返回长安："既至沙州，又附表。……法师承上欲问罪辽滨，恐稽缓不 及，乃倍途而进，奄至漕上。"⑤最终于贞观十九年（645）回国。

以往对这种交集研究的关注多是从榆林窟第 2 窟西壁北侧水月观音图、第 3 窟西壁

①（梁）慧皎撰，汤用彤校注：《高僧传》，北京：中华书局，1992 年，第 262 页。

②景盛轩：《敦煌本〈大般涅槃经〉研究》，浙江大学中国古典文献学博士学位论文，2004 年，第 224 页。

③施萍婷、贺世哲：《莫高窟第 148 窟涅槃经变榜题抄录》，见贺世哲：《敦煌壁画中的涅槃经变》，敦煌研究院编： 《敦煌研究文集·石窟经变篇》，兰州：甘肃民族出版社，2006 年，第 106—126 页。

④（唐）释慧立、释彦悰撰：《大唐大慈恩寺三藏法师传》，第 252 页上。

⑤（唐）释慧立、释彦悰撰：《大唐大慈恩寺三藏法师传》，第 252 页上。

图 4-3　榆林窟第 3 窟西壁门南侧普贤变·取经图

采自 敦煌研究院编:《中国石窟·安西榆林窟》,图版第 160

南侧的普贤变（图 4-3）、第 29 窟北壁东侧水月观音图、东千佛洞第 2 窟后甬道北壁和南壁的水月观音图等处出现取经图出发，一般被认为是对玄奘取经路过瓜州相关的高僧崇拜，[1]或借此故事之名将玄奘传记与观音信仰融合的体现等。[2]西夏时期瓜、沙地区存在的关于玄奘精神相关事迹，应当并非突然出现，可能在此前一直有不同程度的流传。初唐时期维摩诘经变中出现的玄奘译本相关榜题，应当也属于这种交集在早期的表现形式。

以上讨论表明，唐前期由于玄奘取经往返经过敦煌地区，并做一定时间的停留，使敦煌的地域历史与高僧事迹产生交集，可能促使原本不甚流行的玄奘译本《说无垢称经》在敦煌抄写，并影响了 7 世纪以后唐前期敦煌维摩诘经变的绘制。就文本抄写活动和图像绘制的关联性而言，二者的直接关联可能并不明显，更多是通过玄奘取经往返经过敦煌事迹的影响来实现。

自十六国北朝以来，在《维摩诘经》相关文本的抄写层面对维摩诘信仰的承载较为有限。文本抄写的祈愿诉求一般与维摩诘信仰无关，个别涉及维摩诘信仰者，亦不必一定出现在《维摩诘经》的抄写活动中。在敦煌乃至高昌地区，都有近乎持续存在的《维摩诘经》相关文本的抄写活动，但都未出现与多数量相匹配的维摩诘经变。此外，敦煌遗书中《金光明最胜王经》的抄写数量与《维摩诘经》相当，但敦煌壁画中仅出现约 8处金光明经变。因此，单纯的文本抄写活动可能间接的承载了维摩诘的相关信仰，但之于图像绘制的推动作用，则较为有限。因此，虽然玄奘路过敦煌的事迹可能对唐前期维摩诘经变的绘制产生影响，但整体而言，维摩诘相关图像在敦煌的兴起和流行，交通的通畅和写本的流传并非绝对的推进力。抄写活动表明，《维摩诘经》相关的抄写活动在敦煌地区始终存在，应当也为后来维摩诘相关图像的产生和发展提供了较好的思想基础。这一时期敦煌石窟仅出现一处维摩诘经变，绘于莫高窟第 249 窟覆斗顶西披，该图像的出现可能与普泰二年（532）元荣抄写百部《维摩疏》一事有关，成为这一时期《维摩诘经》相关文本的抄写活动与图像绘制产生的唯一交集，相关内容我们将在下节展开。

---

[1] 段文杰：《玄奘取经图研究》，段文杰等编：《1990 年敦煌学国际研讨会文集·石窟艺术编》，沈阳：辽宁美术出版社，1995 年，第 1—19 页。

[2] 郑怡楠：《瓜州石窟群唐玄奘取经图研究》，《敦煌学辑刊》2009 年第 4 期，第 93—110 页；常红红：《西夏玄奘取经图像研究——以东千佛洞第二窟为主例》，《观念·技术·视野·视角——敦煌石窟研究方法论国际学术研讨会论文集》，2018 年，第 250—262 页。

第三节　元荣抄经与莫高窟第 249 窟维摩诘图像的绘制

十六国北朝时期《维摩诘经》各类文本的抄写活动中，与维摩诘图像绘制能够产生交集关联的事件，可能主要在于北魏和西魏时期瓜州刺史东阳王元荣的系列抄经活动。元荣在敦煌的经历与石窟营建相关，研究者通常将敦煌石窟南朝风格的出现与他的到来相联系，主流观点将莫高窟第 285 窟视为其参与营建的洞窟。贺世哲先生指出第 285 窟南壁的五百强盗成佛图与西壁的密教图像在功能上有使恶贼退散、巩固统治的作用，符合元荣巩固地位的意愿，并且北壁西起第一铺说法图下方的供养人可能就是东阳王家族成员。[①]段文杰先生进一步指出该窟壁画涉及《法华经》《大般涅槃经》和《无量寿经》等，与元荣抄经内容一致。[②]宿白先生则认为莫高窟第 249 窟覆斗顶南北披的图像为帝释天和帝释天妃乘车去礼佛的场景，由于帝释天与梵天王常住佛左右，故可代表释梵四天，因此该窟的营建目的和元荣出资抄写与天王相关的佛经相同，都是为天王建功德。[③]由于元荣在抄经和洞窟营建活动中都留下了记录，前辈学者尤其段文杰、宿白先生将抄经和建窟活动结合的研究方法，为我们认识元荣在敦煌的事迹提供了绝佳路径。本节拟从分析元荣的抄经活动入手，指出敦煌石窟南朝风格的出现，可能与普泰二年（532）元荣之子叔和进京一事有关。第 249 窟覆斗顶西披的图像应为维摩诘经变，其绘制与元荣抄写百部《维摩疏》的行为一致，是同一件事的两种表现形式。

一、元荣之子叔和进京与敦煌南朝风格及升天狩猎图像组合的出现

北朝时期，敦煌呈现出南朝风格的洞窟仅有莫高窟第 249、285 窟。第 285 窟的营建时间较为明确，该窟北壁六组说法图下方的题记有四处保留有纪年，最晚的为大同五年（539）五月二十一日，因此洞窟应在断断续续进行的过程中完工于此后。第 249 窟的营建时间虽无明确记载，但根据该段洞窟在崖面的时代分布自南向北时代渐晚的趋势，

---

① 贺世哲：《从供养人题记看莫高窟部分洞窟的营建时代》，敦煌研究院编：《敦煌莫高窟供养人题记》，北京：文物出版社，1986 年，第 198 页。

② 段文杰：《中西艺术的交汇点——莫高窟第二八五窟》，敦煌研究院编：《1994 年敦煌学国际研讨会文集·石窟艺术卷》，兰州：甘肃民族出版社，2000 年，第 53 页。

③ 宿白：《中国石窟寺研究》，北京：文物出版社，1996 年，第 250—251 页。

加上第 249 窟周围多以北魏及时代相近的洞窟为主，而第 285 窟位于第 249 窟的南部，且相邻洞窟多为北周隋至唐前期开凿，因此，可能在时间上稍晚一些。宿白先生也指出"该窟的年代适早于有大同四年发愿文的第 285 窟"。[①]但未说明具体理由。反观元荣至敦煌任瓜州刺史的时间，一般根据其妹元华光《魏故金城郡君墓志铭》中"瓜州荣第二妹"的记载，确定为孝昌元年（525）九月以前。[②]另据日本书道博物馆藏《观世音经》题记中出现"扈从主人东阳王殿下届临瓜土"的记载，[③]可知元荣获封东阳王之称号也不晚于该卷抄写时的孝昌三年（527）年四月。如此一来，若将第 249、285 窟新风格和题材的出现，归结为十余年前元荣到来时所携带的粉本等因素，似乎显得有些笼统。

元荣是虔诚的佛教徒，敦煌遗书中多处保留了元荣的抄经题记，其中有一则是关于其子叔和前往京师洛阳"谒阙修定"的记载。普泰二年（532）三月二十五日，元荣出资抄写《维摩疏》百部，祈望叔和早日归来。上图 111 号《维摩疏》的尾题即该次抄写活动的记录：

> 大代普泰二年岁次壬子，三月乙丑朔，廿五日己丑，弟子使持节散骑常侍都督领西诸军事车骑大将军开府仪同三司瓜州刺史东阳王元荣。惟天地妖荒，王路否塞，军臣失利，于兹多载，天子中兴，是得遣息叔和，谒阙修定。弟子年老疹患，冀望叔和早得回还。敬造维摩疏百部供养。

叔和是否平安归来，我们无从得知，但鉴于其王室成员的身份，在沿途安全和供给方面，应较普通人更有保障。另从元荣在稍后一年间的抄经题记中并未出现超度亡者的功德诉求来看，叔和当未遭遇不测。相对而言，第 249、285 窟南朝风格和新题材的出现更接近于叔和的返回时间，可能是叔和从洛阳返回时带来了中原的工匠或粉本。另从这两个洞窟尤其第 249 窟覆斗顶东南北三披的祥瑞、升仙及狩猎图的组合、风格和配置方式等方面来看，与东魏北齐时期的壁画墓尤其山西忻州九原岗北朝壁画墓非常相似。有研究者指出，九原岗墓的壁画布局与东魏北齐时期高等级墓壁画保持一致，[④]也能说明这些内容组合的出现要晚于元荣到敦煌的时间，而与叔和前往洛阳时更为接近。

① 宿白：《中国石窟寺研究》，第 251 页。
② 文梦霞：《再论东阳王元荣领瓜州刺史的时间》，《敦煌研究》2006 年第 2 期，第 101—105 页。
③（日）矶部彰编集：《台东区立书道博物馆所藏中村不折旧藏禹域墨书集成》卷上，东京：二玄社，2005 年，第 115 页。
④ 瞿鑫：《山西九原岗北朝壁画墓研究》，兰州大学中国史（敦煌学）硕士学位论文，2019 年，第 15 页。

北朝前后北方诸地墓葬图像中流行升天图和狩猎图或二者并存的画面，诸如辽宁朝阳袁台子壁画墓、内蒙古和林格尔鸡鸣驿鲜卑壁画墓、太原南郊北齐壁画墓、河北磁县茹茹公主墓和湾漳大墓、山西忻州九原岗壁画墓、固原雷祖庙北魏漆棺画等，[①]其中出现南朝风格者又以东魏北齐时期居多，主要以磁县茹茹公主墓、湾漳大墓和忻州九原岗壁画墓较有代表性，与莫高窟第249窟覆斗顶的图像内容和配置方式有密切关联。河北磁县茹茹公主墓和湾漳大墓的形制及壁画题材都较为相近，两墓甬道两壁分别为残损的

大幅青龙白虎与仪仗队伍或升天图等画面，尽头墓室入口处上方的壁画保存相对较好，都绘制了以朱雀为中心的各类祥禽瑞兽组合在一起的祥瑞图像。以湾漳大墓的祥瑞图像为例（图4-4），中央为一只朱雀正面向前，冠羽中有一组发光物体，两侧自上而下分别相向绘有禽鸟、翼兔和力士等形象。莫高窟第249、285窟覆斗顶东披绘二力士或伏羲女娲护持摩尼宝珠，两侧自上而下排列飞天、禽鸟及各种瑞兽等（图4-5），其内容及构图与湾漳大墓的祥瑞图像相似度非常高，二者的粉本应当存在密切关联。

山西忻州市九原岗的北朝壁画

图 4-4   河北磁县湾漳北朝壁画墓甬道入口墓门
上方壁画线图

（采自《磁县湾漳北朝壁画墓》）

① 辽宁省博物馆文物工作队、朝阳地区博物馆文物队、朝阳县文化馆：《朝阳袁台子东晋壁画墓》，《文物》1984年第6期，第29—45页；田立坤：《袁台子壁画墓的再认识》，《文物》2002年第9期，第41—48页；胡芳：《鲜卑——统一中原的第一个北方少数民族》，《中国国家地理》2007年第10期，第275页；山西省考古研究所、太原市文物管理委员会：《太原南郊北齐壁画墓》，《文物》1990年第12期，第1—10页；磁县文化馆：《河北磁县东魏茹茹公主墓发掘简报》，《文物》1984年第4期，第1—9页；中国社会科学院考古研究所、河北省文物研究所编著：《磁县湾漳北朝壁画墓》，北京：科学出版社，2003年；山西省考古研究所、忻州市文物管理处：《山西忻州市九原岗北朝壁画墓》，《考古》2015年第7期，第51—74页；宁夏固原博物馆：《固原北魏墓漆棺画》，银川：宁夏人民出版社，1988年，第15页。

墓则保存非常完好，该墓在形制上与磁县湾漳壁画墓基本一致，墓道长度、宽度也大于东魏茹茹公主墓、北齐东安王娄睿墓等，发掘者推测墓主人应是东魏或北齐统治集团的一位重要人物。[①] 该墓墓道左右两壁绘有内容庞杂的升天与狩猎图组合，上层的天界充满云气纹，并有御龙和乘鹤前行的人物，以及各类神兽图像（图4-6），下一层则是生动的狩猎场面，这些画面组合的内容及风格都与第249窟窟顶北披（图

图4-5　莫高窟第249窟覆斗顶东披画面

（采自《中国敦煌壁画全集·西魏卷》）

图4-6　山西忻州市九原岗壁画墓墓道东、西壁壁画局部

（采自《山西忻州市九原岗北朝壁画墓》，《考古》2015年第7期）

---

① 山西省考古研究所忻州市文物管理处：《山西忻州市九原岗北朝壁画墓》，《考古》2015年第7期，第72页。

图 4-7　莫高窟第 249 覆斗顶北披画面

（采自数字敦煌https://www.e-dunhuang.com）

4-7）的男性仙人驾龙车和狩猎图组合的图像颇为相似。

　　类似的山林骑射场面还见于宁夏固原东郊雷祖庙村的北魏鲜卑墓漆棺画上，漆棺侧棺板下部有狩猎场面（图 4-8）。其中有一个片段描绘骑士在山林中一边驭马向前，一边侧身回射向身后的老虎，即所谓的回马射，虎口正处于大张的状态（图 4-9）。罗丰先生认为："这种侧身回射的形象，并不是典型的萨珊风格，实际上是沿袭一种古典模式，即所谓'安息射法'（Parthian shot）。"[①]并指出这些狩猎活动对鲜卑上层贵族有相当大的吸引力，北魏的这种狩猎图与波斯同类图像在形象、动作方面有相当大的一致性和共同之处，很难将两者之间的波斯风格联系截然分开。在莫高窟第 249 窟覆斗顶北披下层的山林狩猎图中，也出现了骑马侧身回射的画面（图 4-10），骑士回身射虎与固原漆棺画面上的表现方式高度相似，敦煌这类全景山林狩猎图和骑马侧身回射等画面在此时出现，很有可能是由中原北方传入。

　　以往研究者多次将九原岗壁画墓图像内容与莫高窟第 249、285 窟相关内容进行比

---

① 罗丰：《北魏漆棺中的波斯风格》，《胡汉之间——"丝绸之路"与西北历史考古》，北京：文物出版社，2004 年，第 72 页。

图 4-8　宁夏固原雷祖庙北魏漆棺墓中右挡板下部·狩猎图

采自 宁夏固原博物馆：《固原北魏墓漆棺画》，银川：宁夏人民出版社，1988 年，第 25 页

图 4-9　宁夏固原北魏雷祖庙漆棺墓中右挡板下部狩猎图·骑马回身射虎图

采自：宁夏固原博物馆：《固原北魏墓漆棺画》，第 25 页

图 4-10　莫高窟第 249 覆斗顶北披下部·山林狩猎图

采自：数字敦煌网站：https://www.e-dunhuang.com

对，瞿鑫先生在关于九原岗壁画墓的综合研究中多次将二者的神仙世界图像与狩猎图中之间的共性特点进行比对。① 扬之水先生也指出："九原岗壁画墓甬道南北壁画面稍事削

① 瞿鑫：《山西九原岗北朝壁画墓研究论》，兰州大学中国史（敦煌学）硕士学位论文，2019 年，第 21—23，第 42—48 页。

减移植到河西的佛教艺术，便是莫高窟第249窟。"①因此，敦煌这些全景的祥瑞图、升仙图和山林狩猎图在同时一起出现，应当并非周边地区丁家闸五号墓一类的魏晋墓发展而来，而与中原东魏北齐墓葬图像的关联更密切。

莫高窟第249、285窟覆斗顶东披和磁县茹茹公主墓、湾漳大墓内容相近的祥瑞图像，都共同出现于入口的上方，第249窟南北两披和山西忻州九原岗壁画墓内容相似的升仙与狩猎图组合，也都出现在中轴线的左右两侧，可见这两个洞窟尤其第249窟覆斗顶各披壁画，在配置方式上明显受到同期墓葬甬道壁画的影响。虽然墓葬与石窟在功能上截然不同，但升天和往生净土在终极理想的诉求上却大体相同。李雅君女士指出九原岗壁画墓主室墓门上方出现大莲花、摩尼宝珠、神鸟、宝树等内容，共同组成了一幅净土观图像。②这更可以说明升天和净土往生的相关图像不必专属于某一种建筑形制，可以在两类不同建筑空间互相借用。第249窟东披和南北披的图像同时见于元魏时期鲜卑高级贵族墓葬当中，似乎也能反映出敦煌与中原的鲜卑贵族都对这类祥瑞、升天和狩猎图像的组合存在偏爱。

在第249、285窟营建之时，最近一次的敦煌与中原重要往来的记载，当莫过于元荣之子叔和进京一事，由于这次进京的任务是"谒阙修定"，不同于一般意义上的交流往来。因此，可能是叔和从京师洛阳归来时，携带了这些后来在东魏北齐鲜卑贵族群体中较为流行的新图像粉本。

二、元荣抄经与第249窟维摩诘经变的绘制

元荣在敦煌期间出资抄写了大量经书，题记记录的时间主要在北魏永安三年至永熙三年（530—534）之间。我们将这些题记中所见的抄写内容、数量及功德诉求整理如下表（表4-6）。

---

① 原文误作第285窟，相关插图示例为第249窟北披图像。见扬之水：《忻州北朝壁画墓观画散记》，《大众考古》2014年第3期，第74页。

② 李雅君：《九原岗墓室壁画中的佛教因素》，《美术观察》2019年第5期，第49—51页。

表4-6　元荣抄经内容数量及功德诉求一览表

时间	题记来源	抄写内容与数量	功德诉求
永安三年（530）七月廿三日	BD.09525《仁王般若波罗蜜经》	仁王般若经三百部	乞延年……
	京都博物馆藏《仁王般若波罗蜜经》		仰为比沙门天王等，以此经力之故，速早成佛。救护弟子，延年寿命，上等菩萨，下齐彭祖。若天王誓不虚发，并前所立愿，弟子晏望延年之寿，事同前愿。如无所念，愿生离苦也
建明二年（531）四月十五日	S.04528《仁王般若经》	施钱三千文抄经	愿天王成佛，弟子家眷奴婢六畜，滋益护命，乃至菩提。悉蒙还阙，所愿如是
普泰二年（532）三月廿五日	上图111佚名《维摩疏》	维摩疏百部	冀望叔和早得回还
	P.2143《大智度论》 京都博物馆藏《大智度论》 书道博物馆藏《律藏初分》	无量寿经一百部、摩诃衍一百号（卷）、内律一部、贤愚一部、观佛三昧一部、大云一部。	冀望叔和得早还回。愿天王等早成佛道，又愿元祚无穷，帝嗣不绝。四方付化，恶贼退散，国丰民安，善愿从心。含生有识，咸同斯愿
永熙二年（533）五月七日	日本五岛美术馆藏《大方等大集经》	大方等大集经一部十卷、法华一部十卷、维摩一部三卷、药师一部一卷	愿天王成佛，弟子所患永除，四体休宁，所愿如是
永熙二年（533）七月十三日	S.4415A《大般涅槃经》	法华、大云、贤愚、观佛三昧、祖持、金光明、维摩、药师，各一部合一百卷	仰为比沙门天王，愿弟子所患永除，四体休宁，所愿如是
不明	上图112《无量寿经》	无量寿经一部	不明

由上表可见，元荣的抄经内容有相当大的比例与护国有关，诸如其中的《仁王护国般若波罗蜜多经》《妙法莲华经》和《金光明最胜王经》即有护国三经之誉，对应到其功德诉求则基本皆为祈愿天王成佛，其次为救护自己所患永除、延长寿命等。诸多抄经中，唯有普泰二年（532）三月二十五日出资抄写的百部《维摩疏》，主要为祈求儿子叔和平安归来，这也是敦煌遗书中有记载的一次抄写《维摩诘经》相关文本最多的记录，似乎在元荣看来，《维摩疏》在某些方面与叔和平安早归有重要的联系。我们推测，作为来自洛阳的王室成员，元荣应对当时龙门石窟流行的维摩诘造像风气有所了解。龙门石窟作

为北魏时期最重要的维摩诘造像制作区域，现存至少 129 处以维摩诘和文殊对坐为主要内容的石刻。根据张乃翕先生的统计，这些造像中保留有纪年的大部分造于正光和孝昌年间（520—528），[①]元荣正是在这一时段赴任瓜州刺史。在洛阳维摩诘造像正盛的背景下，元荣为求得叔和从洛阳平安归来，出资抄写《维摩疏》达百部之多，这当中或许也部分的承载了其对家乡洛阳的感情。可能受此影响，普泰二年之后，在元荣的几次抄经题记所记录的抄写内容中，基本都包含有《维摩诘经》。

在北魏末年"天地妖荒，王路否塞，军臣失利"的情形下，叔和完成出使洛阳的任务归来，应当是一件值得庆贺的事情，可以成为元荣进行洞窟营建的契机。与叔和离开时元荣出资抄《维摩疏》的祈愿相呼应，在他归来后绘上相关的维摩诘经变，应当也是顺理成章的事情。

第 249 窟覆斗顶西披绘有阿修罗手托日月站于须弥山前，在其南北两侧下部绘有两身遥相对坐的人物（图 4-11）。对于该披画面的定名，学者历来关注热度颇高，然而将之认定为维摩诘经变的观点并未引起足够的重视。最早有何重华先生认为，第 249 窟整个洞窟都是用来表现《维摩诘经》的主要内容，并指出这些情节大部分是彼此包含、互相交织在一起，没有明确的叙事顺序。[②]宁强先生认为该窟西披中间的四目巨人为方相氏，维摩诘经变仅包括西披下部两侧的人物，文殊居南，维摩诘居北，维摩诘前方有一人在树上摘花，为《观众生品》维摩诘方丈室内的天女。[③]张元林先生在何重华先生一文的基础上，认为第 249 窟的维摩诘经变应包括整个西披，指出"阿修罗护卫须弥山"之图像表现的是《见阿閦佛品》中"手接妙喜世界"的内容，画面结构与第 262 窟西壁龛顶的维摩诘经变相近（图 4-12），整幅画面表现《维摩诘经》中关于妙喜世界的净土信仰。[④]

虽然上述三位学者对第 249 窟壁画所涉及维摩诘经变的范围做了不同程度探讨，但在这一过程前后，有更多学者认为画面中出现风雨雷电四神等中国传统神话题材，无法

---

① 张乃翕：《龙门石窟维摩变造像及其意义》，《中原文物》1982 年第 3 期，第 40—41 页。

② Chonghua Ho, *Tunhuang Cave 249: A Representation of The Vimalakirtinirdesa,* Ph. D dissertation of Yale University, 1985.

③ 宁强：《上士登仙图与维摩诘经变——莫高窟第 249 窟顶壁画再探》，《敦煌研究》1990 年第 1 期，第 32—33、36 页。

④ 张元林：《净土思想与仙界思想的合流——关于莫高窟第 249 窟窟顶西披壁画定名的再思考》，《敦煌研究》2003 年第 4 期，第 1—8 页。

图 4-11　莫高窟西魏第 249 窟覆斗顶西披画面

（采自《中国敦煌壁画全集·西魏卷》）

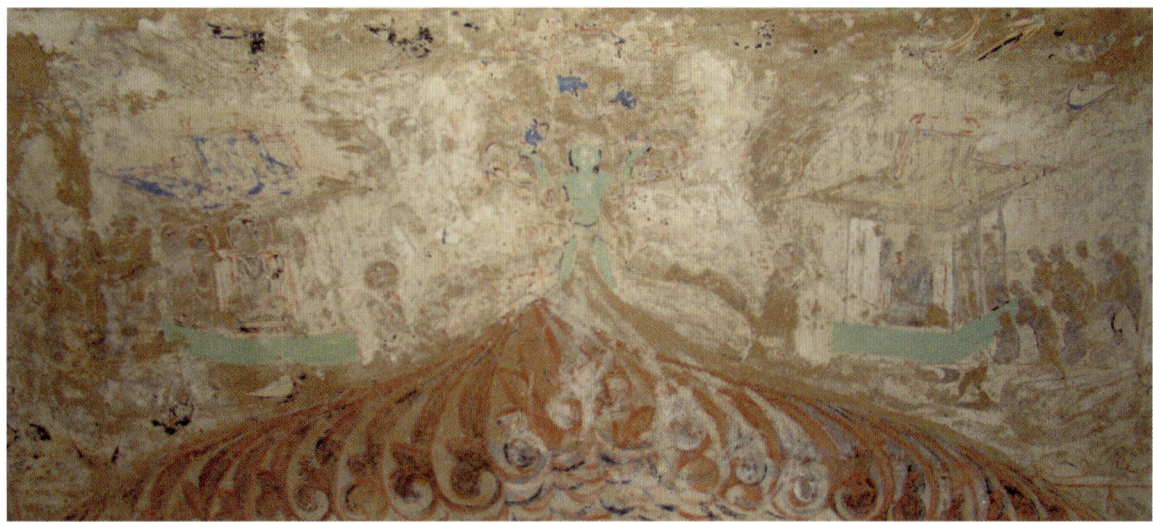

图 4-12　莫高窟隋代第 262 窟西壁龛上方维摩诘经变

用维摩诘经变来解释，其主题仅是表达阿修罗护卫须弥山及忉利天宫①、往生兜率天②或阿修罗召唤饿鬼见释迦牟尼佛③等内容。受这些研究成果影响，一直以来在维摩诘图像的相关专题研究中，④第249窟西披的画面从未被列入讨论范畴，体现出主流研究者的处理态度。即使在相关的图录中，亦仅有吴健先生在《中国敦煌美术全集·西魏卷》，将该画面定名为维摩诘经变。⑤

上述两种观点的争议，主要在于风雨雷电四神与阿修罗护卫须弥山图像之间的关联问题，前者的论述往往回避四神图像，后者则又多忽略下部两侧的对坐人物。我们认为该画面仍然是以《见阿閦佛品》为主要内容的维摩诘经变，图像在功能上应当侧重于表达往生妙喜净土世界的思想，类似的构图除了前述莫高窟隋代第262窟以外，还见于榆林窟五代第32窟（图1-56），以及五个庙西夏第3窟（图1-58）的维摩诘经变中。四神图像应当主要是用来作为天空或上方世界的象征，并没有明确的内容指代意义。相同特征的四神图像还见于莫高窟初唐第329窟龛内（图4-13），在乘象入胎和夜半逾城两个主体画面的周边，是风雨雷电四神和飞天共同构成的天界环境，四神的出现并未分散画面主要情节的表达。类似的表现方式在敦煌应当具有悠久的传统，在后来构图较为成熟的维摩诘经变，诸如莫高窟第61窟东壁维摩诘经变的《见阿閦佛品》中（图4-14），除了阿修罗双手所托举的日月以外，在须弥山两侧的空间中再次出现了日月，左侧的白色

① 段文杰：《略论莫高窟第249窟的壁画内容和艺术》，《敦煌研究》创刊号，1983年，第2页；贺世哲：《敦煌莫高窟第二四九窟窟顶西披壁画内容考释》，《敦煌学辑刊》总第三辑，1983年，第28—32页；刘永增：《莫高窟第249窟天井画内容新识》，敦煌研究院编：《2000年敦煌学国际学术讨论会文集·石窟考古卷》，兰州：甘肃民族出版社，2003年，第18—19页；王惠民：《敦煌佛教与石窟营建》，兰州：甘肃教育出版社，2013年，第178—179页。

② 斋藤理惠子著，贺小萍译：《敦煌第249窟天井中国图像内涵的变化》，《敦煌研究》2001年第2期，第157—160页。

③ 马兆民、赵燕林：《西魏〈大方等陀罗尼经〉的流行与莫高窟第249窟的营建》，《中国美术研究》2017年第4期，第34页。

④ 金维诺：《敦煌壁画维摩变的发展》，《文物》1959年第2期，第3—9页；陈清香：《维摩诘经变相》，张锡坤主编：《佛教与东方艺术》，长春：吉林教育出版社，1989年，第434—448页；贺世哲：《敦煌莫高窟壁画中的〈维摩诘经变〉》，《敦煌研究》试刊第2期，1982年，第62—87页；Fan Lin, *Visual Images of Vimalakirti in the Mogao Caves (581—1036)*, Montreal: Master degree dissertation of Magill University, 2006；邹清泉：《虎头金粟影——维摩诘变相研究》，北京：北京大学出版社，2013年；卢少珊：《佛教寺院维摩诘经图像研究》，清华大学艺术学博士学位论文，2014年；肖建军：《图像与信仰——中古中国维摩诘变相研究》，成都：巴蜀书社，2015年。

⑤ 张元林编著：《中国敦煌壁画全集·西魏卷》，天津：天津人民美术出版社，2002年，第80页。

图 4-13　莫高窟初唐第 329 窟西壁龛内佛传故事及四神图像

（采自数字敦煌https://www.e-dunhuang.com）

图 4-14　莫高窟五代第 61 窟东壁维摩诘经变《见阿閦佛品》

（采自数字敦煌https://www.e-dunhuang.com）

月亮中绘有植物，可能是月桂树的象征，右侧的红色太阳中绘有三足乌。在这种借用传统神话题材的表现方式中，第249窟西披的四神与第61窟东壁太阳中的三足乌图像，虽然都不属于经变的必要组成部分，但应当都具有相同的天界象征意义，整体画面表现的内容仍然是以《见阿閦佛品》为中心的维摩诘经变。

综上所述，可能正是由于《维摩诘经》文本在元荣抄经中具有如此特殊的地位，使之可以在壁画的绘制中占有重要位置。第249窟覆斗顶西披是距离主尊最近的大幅空间，大体满足这一特征，适宜绘制维摩诘经变，其出现应当与普泰二年元荣出资抄写百部《维摩疏》相关，是同一事件在文本与图像层面的不同表现方式。

元荣所抄《维摩疏》现存280余行，所注底本为鸠摩罗什译本，在历代经藏中并未保留，每品所述内容较为简略。该注疏涉及第249窟维摩诘经变中重点表现的《见阿閦佛品》部分仅有8行，主要解释该品开端维摩诘回答释迦观佛的方法，关于此后维摩诘断取妙喜世界和无动如来的内容，并未涉及。《维摩诘经》中共出现须弥相国、香积佛国和妙喜国三处他方净土，但仅在《见阿閦佛品》关于妙喜国的叙述中涉及诸人发愿往生并获得如来授记：现此妙喜国时，娑婆世界十四那由他人，发阿耨多罗三藐三菩提心，皆愿生于妙喜佛土。释迦牟尼佛即记之曰："当生彼国。"[1]因此，就第249窟维摩诘经变的图像结构而言，以往学者将之解释为对妙喜国净土的信仰，仍然存在合理性。

三、元荣功德窟的再判定

虽然宿白先生曾指出元荣的功德窟应为第249窟，但在相关研究中多被视为另类。研究者一般倾向于认为元荣参与营建了第285窟，主要论点在于两个主要方面：一是将壁画题材的内容或功能与元荣的身份或相关的抄经活动相联系；二是将该窟北壁西侧第一组说法图（图4-15）下方的供养人比附于元荣家族成员。我们从同列其他说法图和题记的表现方式上，可知各说法图下方的供养人所出资绘制的图像，应当仅涉及该幅说法图，而与洞窟其他壁面内容无关。由于第一组说法图下方的题记并未保存下来，但相邻

---

[1]（后秦）鸠摩罗什译：《维摩诘所说经》，高楠顺次郎、渡边海旭主编：《大正新修大藏经》第14册，台北：新文丰出版公司，1983年，第555页中。

图 4-15　莫高窟第 285 窟北壁西侧第一组说法图

（采自数字敦煌https://www.e-dunhuang.com）

第二、三、五、七组皆有题记保留，结构亦大体相同。我们以第二组说法图（图 4-16）下方的题记为例，对供养人的参与性质进行具体说明，该处题记现已残损，《敦煌莫高窟供养人题记》所录内容如下：

> 夫至极阆旷，正为尘罗所约。圣道归趣，非积垒何能济拔。是以佛弟子比丘辩化，仰为七世父母、所生母父，敬造迦叶佛一区并二菩萨。因此微福，愿亡者神游净土，永离三途。现在居眷位，太安吉普，及蠕动之类，速登常乐。大代大魏大同四年（538）岁次戊午八月中旬造。①

题记明确记录了供养人出资绘制的内容为"迦叶佛一区并二菩萨"，与图像中所绘

---

① 敦煌研究院编：《敦煌莫高窟供养人题记》，北京：文物出版社，1986 年，第 114—115 页。

一佛二菩萨完全一致，同列其他几处说法图下方题记记载第三铺绘"拘那含牟尼佛一区并二菩萨"，第五、七铺则皆为"无量寿佛一区并二菩萨"，大体都在榜题左侧绘女供养人，右侧绘男供养人，供养人的排列方向各朝向中间的榜题。此外，这四处说法图下方的题记书写时间分别为大同四年（538）八月中旬至次年五月二十一日，是在不同时期相对独立的情形下绘制的。这些迹象都表明，各组供养人所出资绘制的图像仅为相应的说法图，与洞窟其余壁面内容无关。因此，这种仅参与洞窟局部营建的行为，与P.2551V《李君莫高窟佛龛碑并序》所载"刺史建平公、东阳王等，各修一大窟"的事迹相差太远，更与抄经活动中元荣动辄出资抄写百部、百卷或施钱三千文的行为存在过大反差，有悖于元荣作为东阳王的身份地位。

相比之下，不同于第285窟出现数次绘制中断的情形，第249窟的整体内容和风格更为统一完整，应当为一次性绘制完工的洞窟。第249窟的供养人分别绘于南北壁中央说法图的下方（图4-17），着装较为统一，应当属于同一个群体。在数量和排列方式上，较第285窟北壁的供养人排列更为有序，其在敦煌的地位无疑更高。倘若两个洞窟南朝风格和新题材的出现与元荣家族有关，作为这一时期敦煌最有地位的执政者，元荣显然是最符合参与第249窟营建身份的人。

图4-17　莫高窟第249窟南北壁，说法图及供养人像列

（采自数字敦煌https://www.e-dunhuang.com）

图4-16　莫高窟第285窟北壁西侧第二组说法图

（采自数字敦煌https://www.e-dunhuang.com）

此外，第 249 窟北披画面中的狩猎图并未出现于第 285 窟四披，似乎表明其出现不合乎佛教洞窟的主题思想，因此随后的壁画绘制中即不再出现。罗丰先生在分析固原东郊雷祖庙的北魏鲜卑墓漆棺画上狩猎图时，指出这些狩猎活动对鲜卑上层贵族有相当大的吸引力。[①] 张庆捷先生也指出北魏墓葬中的狩猎壁画是鲜卑生活的真实写照。[②] 结合前文关于第 249 窟覆斗顶东南北披的图像组合与东魏北齐鲜卑贵族墓壁画的比对，我们认为该类图像在敦煌的出现可能与鲜卑人参与的关联度非常高。元荣作为北魏宗室，自北魏至西魏任瓜州刺史，应当最有可能参与这些图像的选择与绘制。因此，我们推测，如果东阳王元荣参与了敦煌石窟的营建活动，第 249 窟的关联度可能更高。

以上，我们分析了第 249 窟覆斗顶西披的维摩诘经变与元荣的抄经活动之间的关联，亦大致应当是中唐以前唯一一次文本抄写与图像绘制可能产生交集的个案。整体而言，基于本节的分析，我们认为敦煌莫高窟第 249、285 窟的南朝风格和新题材在元荣任瓜州刺史时出现，应当与其子叔和普泰二年（532）以后自京师洛阳返回有关。在营建时间上，第 249 窟早于第 285 窟完工的大同五年（539），更接近叔和的返回时间，该窟东、南、北三披新出现的祥瑞、升仙和狩猎图组合及配置方式，与同期河北磁县漳湾和山西忻州九原岗等地的鲜卑贵族墓相关图式结构接近，映射出敦煌与中原鲜卑贵族对这一题材组合的共同喜好。西披维摩诘经变的绘制，应与元荣在普泰二年为祈祷叔和平安归来出资抄写的百部《维摩疏》一事相呼应，使第 249 窟成为一个文本抄写与图像绘制产生交集的个案。因此，第 249 窟的营建，可能既是表达东阳王元荣及其家族类似还愿的心情，也是对庆祝叔和完成"谒阙修定"使命的庆祝。

---

① 罗丰：《北魏漆棺中的波斯风格》，《胡汉之间——"丝绸之路"与西北历史考古》，北京：文物出版社，2004 年，第 72 页。

② 张庆捷：《鲜卑生活的真实写照——北魏墓葬中的狩猎壁画》，中国考古学会编：《中国考古学会第十四次年会论文集》，北京：文物出版社，2012 年，第 466—476 页。

第四节 《维摩诘经》注疏及讲经文的
抄写与图像绘制的关联

《维摩诘经》注疏及讲经文主要作为经典宣讲的学习记录或宣讲底本，多数仅记抄写者名称，较少出现经典类抄本中常见的往生净土、延年益寿等功德性诉求，因此在抄写形态和字体方面，多数皆较为随意，并非如经典类抄写长达六个多世纪，保持每行十七字的书写传统。注疏类文本的抄写者多为出家僧众，表明其相关宣讲活动可能主要面向寺院僧团，而讲经文类文本则由于属于俗文学范畴，且部分出现演绎成分，表明其相关宣讲活动应当主要面向世俗人士。在时段分布上，注疏及讲经文抄本具有更为明显的时代性和阶段性特点，不存在贯穿文本抄写始终的版本，且从9世纪开始抄本题记中有年代者明显增多，大体表明中唐吐蕃统治时期以后，《维摩诘经》相关的宣讲活动开始有了明显的增加。由于《维摩诘经》注疏和讲经文抄本与维摩诘经变，都在中唐吐蕃统治以后出现不同以往的变化，表明中唐以后，面向僧俗人群展开的讲经活动，应当对维摩诘信仰和相应图像的绘制有一定的推动作用。

以往学者关于这一主题的研究涉足较少，主要为何剑平先生通过对莫高窟第9窟维摩诘经变阿难乞乳画面及榜题的分析，指出是受到敦煌遗书中唐五代时期的《维摩经疏》中所载《乳光经》的影响，表明变相的创作开始接近讲经文或通俗注疏的文本。①因此，我们尝试通过若干新出图像情节的分析，对二者的关联进行考察。

一、中唐以后维摩诘经变中《维摩诘经》以外文本的影响

中唐以后敦煌石窟的维摩诘经变无论在情节表现数量上，抑或是对个体情节描绘的细致程度上，都甚于唐前期。在此背景之下，维摩诘经变中的部分新出现内容，开始超越各译本的《维摩诘经》所载。

1.《方便品》世俗听法者前往毗耶离城途中

按照时间顺序，最先出现者当属《文殊师利问疾品》当中，表现世俗听法者前往维

---

① 何剑平：《维摩诘变相与讲经文及通俗佛经注疏之关系新证———以莫高窟第9号窟的阿难乞乳图的榜题为中心》，《宝鸡文理学院学报》（社会科学版）2018年第3期，第49—56页。

摩诘处途中的场景，类似画面不见于唐前期的维摩诘经变中，相关的描述在各译本《维摩诘经》也较为简略。鸠摩罗什译本《维摩诘所说经》关于世俗听法者前往维摩诘处问疾的记载为："以其疾故，国王大臣、长者居士、婆罗门等，及诸王子并余官属，无数千人，皆往问疾。"①类似场景的表现方式最早见于莫高窟盛唐第 194 窟，画面中部首次出现毗耶离城，中部城门中有世俗听法者正从中进入（图 4-18），但类似的表现方式在敦煌维摩诘经变中也仅此一次。中唐以后的维摩诘经变画面中开始增加行人出城的场景，在莫高窟第 231、237、359、360、159（图 4-19）等窟维摩诘一侧后方，都不同程度地表现出若干骑马者行走于山间或正在出城的场景，但皆于相关榜题进行说明。五代第 61 窟维摩诘经变中也出现类似场景，但表现方式更为细致，共出现两个场景，方向由右向左，分别为众人骑马出城和行进途中的场景（图 4-20），前者因壁面剥落，画面和榜题受损，仅可释读部分"□□空如来以何□（问？）……□（送？）入毗耶离"。后者画面则较为完整，并保留了完整的榜题"尔时诸众持诸供具往毗耶城，诣赴文殊、维摩，说身无常，厌离有苦，乐于涅槃。"榜题文字完全贴合于图像的表现方式，但并未出现于《维摩诘经》各译本或传世各类相关注疏之中。

图 4-18　莫高窟盛唐第 194 窟北壁维摩诘经
变·听法者入城门

采自 数字敦煌https://www.e-dunhuang.com

图 4-19　莫高窟中唐第 159 窟东
壁维摩诘经变·听法者出发

采自 贺世哲主编：《敦煌石窟全集·法华经画卷》，第 228 页

① （后秦）鸠摩罗什译：《维摩诘所说经》，《大正新修大藏经》第 14 册，第 539 页上。

图 4-20　莫高窟五代第 61 窟东壁维摩诘经变·众人出城前往毗耶离城

采自 数字敦煌https://www.e-dunhuang.com

2.《方便品》"是身无人为如水"的表现方式

在《维摩诘经·方便品》中，维摩诘对前往问疾的世俗者说法，讲述人的身体为苦恼、疾病所集，应该厌离，当乐佛身。在讲述人的身体无常部分，提及人的身体本身无我，就像水一样："是身无人，为如水。"①类似画面最早出现于中唐时期，在莫高窟第159 窟维摩诘经变的屏风画中，仅绘出一汪湖水，用以表现这一情景。至晚唐第 9 窟，则转变为一人于湖边持长杆垂钓，有鱼状物正在游动（图 4-21），该画面目前大致仅有贺世哲先生对其进行过独到的解释，描述为：

> "画一人在河边钓鱼，在钓出的鱼尾中还升出一朵彩云升空，是表现经文中所说'是身无人为如水''是身如浮云，须臾变灭。'画师能把如此抽象的大乘空宗哲理具象化，也是真费了一番苦心，难能可贵。"②

类似画面同样见于第 61 窟（图 4-22），其榜题较为清楚，内容为"是身无人，为如水。钩（龟？）不实。四大为空聚虚幻，徒兹妄味"。该榜题后半部分虽不见于《维摩诘经》各译本，以及传世各注疏本，但明显更贴合图像的具体表现方式。

3.《弟子品》阿难乞乳

这一部分画面内容表现阿难至婆罗门家乞乳时，受维摩诘训诫如来为法身没有病痛

---

① （后秦）鸠摩罗什译：《维摩诘所说经》,《大正新修大藏经》第 14 册，第 539 页中。
② 贺世哲主编：《敦煌石窟全集·法华经画卷》，上海：上海人民出版社，2000 年，第 240 页。

图 4-21　莫高窟晚唐第 9 窟北壁维摩诘经变·《方便品》

采自 贺世哲主编：《敦煌石窟全集·法华经画卷》，第 240 页

图 4-22　莫高窟五代第 61 窟东壁维摩
诘经变·《方便品》

采自 数字敦煌https://www.e-dunhuang.com

的场景。该画面最早为何剑平先生所注意到，在晚唐第 9 窟画面（图 4-23）西部偏下处有榜题"□手扪……两乳，余留与……持戒，今堕畜生中，我自食水，□□□□世尊。"何剑平先生指出该画面表现内容超出《维摩诘所说经》，应源于阿难乞乳故事之源本《乳光经》，说明变相的创作偏离了原始经文而接近相关讲经文或通俗注疏。[①]类似的表现方式同样始于中唐吐蕃统治时期。

通过上述三处画面的有限列举，可知从中

① 何剑平：《维摩诘变相与讲经文及通俗佛经注疏之关系新证——以莫高窟第 9 号窟的阿难乞乳图的榜题为中心》，《宝鸡文理学院学报》（社会科学版）2018 年第 3 期，第 49—56 页。

图 4-23　莫高窟晚唐第 9 窟北壁维摩诘经变·阿难乞乳

采自 敦煌研究院编：《敦煌石窟艺术·莫高窟第 9、12 窟》，第 103 页

唐吐蕃统治时期开始，维摩诘经变中开始出现超越《维摩诘经》各译本内容的表现方式，图像的绘制开始较为明显受到经典以外新出文本的影响。在藏经洞出土《维摩诘经》各类写本中，就题记反映而言，各类注疏本体现的阶段性时代特征比佛经类抄本明显，因此，对相关注疏本的考察，应当可以在一定程度上对中唐以后文本抄写与图像绘制的关联度有具体了解。

二、道液《维摩诘经》注疏的抄写与维摩诘经变的绘制

经我们前一章关于《维摩诘经》各类注疏本相关信息的统计，出现于 8 世纪以后的注疏抄本及数量如下：

道液《净名经集解关中疏》（105）

道液《净名经关中释抄（批）》（36）

契真述、体清记《维摩疏释前小序抄·释肇断序抄义》（8）

佚名《维摩经疏》（21）

谈广释《佛国品》手记（1）

佚名《净名经科要》（2）

佚名《维摩经抄》（2）

佚名《维摩经疏》（待考）（26）

由上可见，道液的两种关于《维摩诘经》的著述在数量上具有绝对优势，其在历史上的流传程度也可见一斑，因此也成为我们重点关注的对象。不同于藏经洞保留大量道液著述的情形，其相关信息在传世文献中并没有留下来，现可知其身份记载最详细者仅为诸如 S.2702《净名经集解关中疏》开篇所记"中京资圣寺沙门道液"，《宋高僧传》载般若译《大乘理趣六波罗蜜》时，"资圣寺道液……并充证义。"①更多信息则无从所知。《净名经集解关中疏》《净名经关中释抄（批）》是现仅存的两种道液所撰述文本。道液所撰注疏一时成为当时讲说和学习《维摩诘经》的纲领性文本，日本仁明天皇承和六年（839）入唐日僧常晓所撰《常晓和尚请来目录》载："至开中液公，大宗芜蔓真极而开。今见大唐真典近代兴盛讲文学义之类，总此疏等以为指南，是故每寺讲净名典化度白衣，以液公疏提。"②但是这些文本皆不见于历代经藏，仅《大正藏·古逸部》将之收入，可见其在中原影响仍然较弱。

1.《净名经集解关中疏》

《净名经集解关中疏》在保留僧肇《注维摩诘经》部分注释的基础上，增补了后来僧叡、湛然的相关注疏，再加上道液本人的注释内容，即道液在序中所言："《净名》以

---

① （宋）释赞宁撰：《宋高僧传》，《大正新修大藏经》第 50 册，第 716 页中。
② （唐）常晓：《常晓和尚请来目录》，《大正新修大藏经》第 55 册，第 1069 页下。

《肇注》作本，……然后旁求诸解，共通妙旨。"① 该注疏本成书年代在永泰元年（765）前后，传入敦煌的时间可能在 788 年前后，S.3475《净名经集解关中疏》尾题为："巨唐大历七年（772）三月廿八日，沙门体清于虢州开元寺，为僧尼道俗敷演此经，写此疏以传来学。……又至辰年（788）九月十六日，俗弟子索游岩，于大蕃管沙州，为普光寺比丘尼普意，转写此卷讫。"这也是敦煌遗书中有题记《净名经集解关中疏》中最早的抄本。此时敦煌已处于吐蕃治下，在敦煌与中原有限交流的情形下，该注疏的流行应当与其传自中原的来源有关。

2.《净名经关中释抄（批）》

《净名经关中释抄（批）》分上下卷，在内容上基于隋代智顗大师所撰《维摩经玄疏》，采用类似《净名经集解关中疏》的做法，融合诸家注解而成，同样不见于历代《大藏经》。

《净名经集解关中疏》分《维摩诘经》十四品，逐词或逐句对经文进行注解说明，紧贴文意，注解以增加对经典文句的理解为准，细节性发挥较少。《净名经关中释抄（批）》则在内容上与《净名经集解关中疏》互补，不同于其逐词或逐句的注解方式，《净名经关中释抄（批）》依然分十四品，但主要针对各品主旨进行阐释说明，道液在该释抄在卷首点明注解主旨："今辄于文前撰五重玄义：第一释名；第二出体；第三明宗；第四辩力用；第五判教相。"

经比对前一部分所列中唐以后维摩诘经变中不见于《维摩诘经》各译本的情节，同样不见于《净名经集解关中疏》及《净名经关中释抄（批）》。由于注疏类抄本字迹及体例亦不如《维摩诘经》的抄本严谨，就题记反映，多为听讲或学习方面的记录性质，经典类抄写中往生净土或其他诉求相对较少。道液《净名经集解关中疏》的相关抄写题记多较为简略，抄写者身份多为僧众，诸如S.06610"戌年二月五日写了。"S.06810"酉年十一月十五日，比丘海清记。"BD.14943"咸通八年四月二十二日就开元寺曹僧政说维摩经。"BD.14093"癸卯年三月十日，灵图寺僧苾蒭道广故记之耳。癸年三月一日，曹僧政和尚说经已，至四月尽说了。"《净名经关中释抄（批）》亦是类似情形：P.2079"壬辰年正月一日，河西管内都僧政京城进论朝天赐紫大德曹和尚，就开元寺为城隍攘灾。僧

---

① （唐）道液：《净名经集解关中疏》，《大正新修大藏经》第 85 册，第 440 页上。

讲维摩经，当寺弟子僧智惠并随听写此上批，至二月廿三日写讫。"中124（散0016号3）"戊戌年夏五月廿日、三界寺沙门道真念记。俗姓张氏。"

因此，这些注疏文本的抄写与《维摩诘经》相关的讲经活动密切相关，较经典类抄写活动更为贴近维摩诘信仰的核心层面，应当可以对图像的绘制产生间接的推动作用。中晚唐以来，在中原石窟维摩诘经变的绘制数量急剧减少的情形下，敦煌石窟的维摩诘经变不降反增，可能与这些中原不甚流行，但在敦煌却盛极一时的注疏文本的解说及抄写有关。

三、俗文学类抄本及其影响

敦煌遗书中《维摩诘经》俗文类抄本主要包括《维摩诘经押座文》及《维摩诘经讲经文》等，潘重规先生等对这些的押座文及讲经文做过整体校录及叙录等工作，为我们进一步梳理文本相关内容提供了较大便利。[①]

1.押座文

押座文即讲经活动开场前吸引听众注意力和收摄心神，开始听讲的简短韵文，类似如今相声或评书演出前的定场诗。《维摩诘经押座文》即说讲《维摩诘经》活动开始前读诵的韵文，以简要文字介绍维摩诘的个人特质和该经梗概。敦煌遗书中《维摩经押座文》主要有5件4个卷号，分别为S.02440①、S.02440⑤、P.3210②、S.01441V③、P.2122V①，《大藏经·古逸部》对其进行收录。[②]由于押座文主要为介绍性文字，所记内容较为简略，因而其内容难以对图像绘制产生超越《维摩诘经》以外的影响。

2.讲经文

讲经文即经典说唱活动中所依据的文本，敦煌遗书中《维摩诘经讲经文》共约6件，涉及约11个卷号，各卷所涉及内容分别如下：

（1）S.4571、ф.101、Д х.684

《佛国品》，S.4571以摘要的形式对经典语句进行详细解说，重点对维摩诘教化五百

---

① 王重民等编：《敦煌变文集》，北京：人民文学出版社，1957年；潘重规：《敦煌变文集新书》，台北：文津出版社，1994年；黄征、张涌泉校注：《敦煌变文校注》，北京：中华书局，1997年；项楚：《敦煌变文选注》（增订本），北京：中华书局，2010年；曾晓红：《敦煌本〈维摩经〉注疏叙录》，上海师范大学历史学硕士学位论文，2008年。
② 佚名：《维摩经押座文》，《大正新修大藏经》第85册，第1297页上。

长者子,前往礼佛一事进行解说,该情节还见于俄藏φ.101 中,不见于《维摩诘经》各译本内容,同样不见于各地维摩诘经变中。有学者认为,维摩诘经变中《佛国品》五百长者子以宝盖供养佛的画面一侧出现的维摩诘形象,可能是维摩诘教化五百长者子礼佛的情节,详见本书第一章第二节。

Д x .684 为残片,与S.4571 开端内容相同。

(2)S.8167

残片,《佛国品》,以一段韵文形式描写三万二千菩萨弟子围绕释迦的场景。

(3)S.3872

《佛国品》,对"若菩萨心净,则佛土净"的含义进行解说;

《方便品》,解说维摩诘在刹利、婆罗门、内官等众中尊的含义,其后为维摩诘为前来问疾的国王、婆罗门等众讲说人的身体无常,当乐佛身。

(4)P.2122V②

主要为两段韵文:第一段为《佛国品》结尾部分佛为长者子宝积说"菩萨心净则国土净"的韵文;第二段为《方便品》开端部分,讲述维摩诘现身有疾和示有妻儿修梵行等品行。

(5)P.2292②、BD.05394、P.3079、φ.252

以上四卷大致可组成完整的《菩萨品》,讲述释迦请弥勒、光严童子、持世菩萨和长者子善德前往问疾及四菩萨推辞的过程。

P.2292②为释迦请弥勒和光严童子问疾及二菩萨推辞的过程。

BD.05394、P.3079 为释迦请持世菩萨问疾及其推辞过程,相关内容虽绘于维摩诘经变中,但图像内容基本未超越《维摩诘经》的描述。

φ.252《菩萨品》中释迦请长者子善德问疾及其推辞过程。

(6)散 0684(罗振玉旧藏)

《文殊师利问疾品》开端部分,主要涉及文殊菩萨同意问疾至众弟子菩萨随文殊菩萨入毗耶离城为止。

以上各卷内容中,S.3872《方便品》部分涉及国王、大臣、长者、居士等前往问疾的解说,在对长者、居士、婆罗门等众身份介绍后,在其后的韵文中涉及国王等众前往维摩诘舍的过程,提及"国王王子尽奔波,居士宰官咸礼觐。"稍较经典文字更接近前述中唐维摩诘经变中,世俗听法者出城前往毗耶离城的画面。

在其后维摩诘为问疾者说法部分，讲述人的身体无常，为诸病所集，当乐佛身。述及 "是身无人，为如水" 旱，主要对字面意思进行解说："是身如水无人，水亦无定质分流，分流万谷千山，能方能圆，曲直自若，拥（壅）之则住，决之则流，雾露泉源皆是一性。"并不能解释晚唐第9窟、五代第61窟的相应内容的垂钓画面。

在BD.05394、P.3079 和φ.252 中，虽对释迦请持世菩萨及长者子善德问疾及其推辞过程有详细描写，相关内容也在维摩诘经变中有较细致的描绘，但图像内容基本未超越《维摩诘经》的描述，因此很难明确说明图像受到讲经文的影响。

以上关于《维摩诘经》押座文和讲经文内容的梳理表明，俗文学相关的文本对图像直接绘制的影响依然较弱，除了世俗国王等人前往毗耶离城问疾路途过程稍有相似以外，其他内容虽有与画面相近者，但基本均未超出《维摩诘经》的叙述范畴。尽管如此，讲经文作为俗讲曾经存在过的文本材料，《维摩诘经》相关俗讲活动的流行，应当与前述注疏中相关的讲经活动相似，可对维摩诘相关的信仰有实质性的推动作用，进而影响维摩诘经变的绘制内容向细致的层面发展。

通过对敦煌石窟维摩诘图像内容的梳理，我们虽然注意到图像中有若干处超出《维摩诘经》记载的情节，然而通过对相关主要注疏和俗文学文本的梳理，其内容超越《维摩诘经》的部分与图像新出部分的关联仍然较弱。五代第61窟维摩诘经变榜题中出现《维摩诘经》以外的内容，在这些写本中，多未得到直接或间接的反映。尽管如此，由于《维摩诘经》的注疏及讲经文写本具有时代性特点，相关写本的题记在8世纪后期开始有明显增加，且在性质上属于佛经宣讲或解说相关的材料，属于听讲学习材料或讲说底本等范畴，对维摩诘信仰的推动作用，应当要甚于以往生净土或延年益寿为主要功德诉求的佛经类抄本。对于中唐以后维摩诘经变中新出现《维摩诘经》以外图像情节，虽然目前尚未在注疏和俗文学相关文本中觅得痕迹，但二者潜在的关联性可能在今后的深入分析中更为明晰。

小　结

本章从梳理藏经洞出土敦煌遗书中各类《维摩诘经》文本的抄写活动入手，对《维摩诘经》文本抄写活动与相关图像绘制的关联度进行考察。以往文本和图像相关研究之间多处于独立或半独立状态，相应领域的线性历史发展都有较为成熟形态的研究成果，至于文本与图像关联的建立，多出现在以文本解释图像内容的状态，对于文本抄写与图像的阶段性关联或影响的关照，则处于较为薄弱的状态。

敦煌地区《维摩诘经》各类文本的抄写活动从后凉时期以来，直至藏经洞封闭，并未出现明显的中断，相对而言，以9世纪为界，前后有纪年题记的文本数量差别明显，经典的抄写主要以鸠摩罗什译本《维摩诘所说经》为主，抄写体例一直稳定保持在每行17字上下的传统，反映出抄写活动一直处于较为稳定的状态。注疏本则具有明显的阶段性和时代特征，多为学习笔记的形态，不同于经典类抄本题记中常见的功德、祈愿等诉求，二者在功能上虽有重叠，但异大于同。

仅就《维摩诘经》相关文本的抄写题记而言，几乎未从祈愿诉求体现出维摩诘相关信仰，多为普通写本抄写中常见的延年益寿或往生净土等内容，而体现维摩诘信仰相关的内容却见于其他经典的抄写中，反映出一般意义上的文本抄写活动可能对维摩诘相关信仰的直接承载较为有限，因此对图像绘制的推动作用也并不明显。自十六国北朝至隋，《维摩诘经》相关的文本抄写活动也见于高昌地区，然而今天整个新疆地区并未出现一例维摩诘相关图像，也表明文本抄写对图像绘制推动力的有限性。另外，这种有限性还可以从敦煌遗书《金光明最胜王经》的抄写活动中体现出来，该经的抄写数量与《维摩诘经》相关写本的数量相当，但相关经变在敦煌石窟中仅有8处。因此，虽然《维摩诘经》各类写本的抄写活动可能为敦煌石窟维摩诘经变的出现提供了一定的土壤，但并不能成为主导。

经梳理敦煌遗书中《维摩诘经》各类文本的抄写活动，参考洞窟维摩诘相关图像的绘制及榜题的抄写活动，我们认为较为明显的《维摩诘经》文本抄写与图像绘制的交集，约出现两次：一次是西魏时期东阳王元荣出资抄写百部《维摩疏》与莫高窟第249窟覆斗顶西披维摩诘经变的绘制；二次是唐前期玄奘取经归途经过敦煌并做停留可能对此后维摩诘经变绘制的影响。

《维摩诘经》的注疏本及讲经文等俗文学抄本具有时代性和阶段性的特点，一般抄写书体较为随意，多为经典宣讲活动的学习记录和宣讲底本，因而在抄写题记中较少出现功德诉求，多数题记仅记有抄写者的姓名，个别出现讲经者及时间地点等信息。因此，该类抄本及相关的讲经活动在维摩诘信仰的推动方面，应当比单纯佛经类文本的抄写更为有效。中唐以后维摩诘经变出现更多数量的情节和更为细致的表现方式，可能与讲经活动及相关文本的抄写活动有关。我们通过对维摩诘经变图像结构的梳理，注意到若干超越《维摩诘经》文本描述的图像情节及榜题文字，都应当与相关注疏及讲经文抄本有关，但二者的关联仍有待今后继续深入。

除注疏及讲经文一类文本抄写以外，敦煌遗书中还保留有 8 件藏译本《维摩诘经》抄本，大致包括三个译本，抄写时代从 9 世纪初一直延续至 11 世纪初。其出现表明吐蕃统治敦煌以后不久，吐蕃族群可能即接受敦煌的维摩诘信仰，并先后将三个阶段的藏译本《维摩诘经》传播至敦煌。藏译本《维摩诘经》的抄写活动伴随维摩诘经变中蕃装人物出现的始终，应当既是吐蕃族群持续接受信仰维摩诘的象征，也是敦煌自晚唐以来始终与吐蕃地区存在实际交流的反映。

第五章

敦煌藏文《维摩诘经》（འཕགས་པ་དྲི་མ་མེད་པར་གྲགས་པ།）与维摩诘经变

 འཕགས་པ་དྲི་མ་མེད་པར་གྲགས་པས་བསྟན་པ་ཞེས་བྱ་བ།

　　《维摩诘经》至晚在 9 世纪初即被译为藏文，几乎同时期即在敦煌出现相关的抄写活动。藏经洞出土敦煌遗书中，目前已共有 8 件藏文《维摩诘经》抄本，根据我们的排列，在时代上大体从 9 世纪初一直延续到 11 世纪初，反映出与吐蕃佛教或民众相关的维摩诘信仰一直没有中断。

　　敦煌遗书中的藏文《维摩诘经》抄本在既往研究中受关注较为有限，主要集中于整体内容的介绍，对具体抄本的关注主要为法藏 P.t.610、611 两件，荷兰狄庸（Jan Willem de Jong）先生最早对两卷内容与纳塘版和拉萨版《甘珠尔》进行对音分析，仅指出 P.t.610 代表最古老的《维摩诘经》藏译本。① 法国 Étienne Lamotte 女士在将藏文《维摩诘经》译为法语时，对藏经洞出土藏文《维摩诘经》的法藏部分记录较为清楚，结合其所译法文本《维摩诘经》对法藏各卷起止进行说明，指出 P.t.611 代表最古老的藏译本，但并未独立于现有《甘珠尔》收录的《维摩诘经》译本，P.t.613、2203 代表第二次译本，英藏部分则较略，主要根据《印度事务部图书馆藏敦煌藏文写本目录》（*The Catalogue of the Tibetan Manuscripts from Tun-Huang in the India Office Library*）进行简要说明。② 林纯瑜女士对《维摩诘经》藏译本做了整体性介绍，重点关注藏译本与清代《龙藏·维摩诘

① Jan Willem de Jong, "*Fonds Pelliot Tibetan Nos. 610 et 611*"，（日）山口博士还暦记念会编：《印度学佛教学论丛——山口博士还暦记念》，京都：法藏馆，1955 年，第 60—67 页。

② Étienne Lamotte, "*L'Enseignement de Vimalakīrti（Vimalakīrtinirdeśa）*", Louvain—la—Neuve: Institut Orientaliste, Université Catholique de Louvain, 1962: 14—20; Sara Boin trans, *The Teaching of Vimalakīrti（Vimalakīrtinirdeśa）*, Bristol: The Pali Text Society, 1976, 36—43.

所说大乘经》之间的关系，并以法藏P.t.610和P.t.611为核心，将之与诸种版本《甘珠尔·维摩诘经》中的相关内容进行比对，根据书写形式，判定P.t.610时代更早，再根据语法和句构分析，认为P.t.610与现存《甘珠尔·维摩诘经》出自不同的译本体系①。这些成果增进了我们对《维摩诘经》藏译本基本内容的认识，但涉及敦煌藏经洞出土藏文《维摩诘经》时，多集中于对音和语法等方面的分析，本文拟在这些成果的基础上，对敦煌藏经洞出土藏文《维摩诘经》相关抄本的基本内容和时代划分等问题进行整理和研究，以期能对吐蕃族群相关的维摩诘信仰在敦煌的发展及其背后的汉藏文化交流研究有所贡献。

以上大体为藏经洞出土敦煌藏文《维摩诘经》抄本的主要研究成果，本章拟在此基础上，对相关8个卷号的抄本内容进行基本介绍，并对藏文本《维摩诘经》的抄写与维摩诘经变中蕃装人物绘制之间的关系进行探讨。

一、藏译本《维摩诘经》（འཕགས་པ་དྲི་མ་མེད་པར་གྲགས་པས་བསྟན་པ་ཞེས་བྱ་བ་ཐེག་པ་ཆེན་པོའི་མདོ）

1.翻译时间及译者

《维摩诘经》的藏译本《འཕགས་པ་དྲི་མ་མེད་པར་གྲགས་པས་བསྟན་པ་ཞེས་བྱ་བ་ཐེག་པ་ཆེན་པོའི་མདོ》（《圣者无垢称/净名所说大乘经》）至晚在吐蕃时代的9世纪初已经译出，官方经录对该经名称有记载。《旁塘目录》（《དཀར་ཆག་འཕང་ཐང་མ》）记录为：

འཕགས་པ་དྲི་མ་མེད་པར་གྲགས་པས་བསྟན་པ།   བམ་པོ་དྲུག②

翻译：圣者无垢称/净名所说（经）六卷

《兰噶目录》（《པོ་བྲང་སྟོང་ཐང་ལྡན་དཀར་གྱི་ཆོས་འགྱུར་རོ་ཅོག་གི་དཀར་ཆག་བཞུགས》）记录为：

འཕགས་པ་དྲི་མ་མེད་པར་གྲགས་པས་བསྟན་པ།   བམ་པོ་དྲུག③

翻译：圣者无垢称/净名所说（经）六卷

《旁塘目录》和《兰噶目录》中都只记录了经名和卷数，并未注明译者。《中华大藏经·甘珠尔》载该经译者为ཆོས་ཉིད་ཚུལ་ཁྲིམས（法性戒）：

---

① 林纯瑜：《〈维摩经〉藏译本周边文献考察》，《佛光学报》新一卷（2），2015年，第471—534页；林纯瑜：《藏文本〈维摩诘经〉传衍考析》，台北：藏典出版社有限公司，2019年，第88—102页。

② 西藏博物馆编：《旁塘目录、声明要领二卷》，北京：民族出版社，2003年，第8页。

③ དཔལ་བརྩེགས等编纂：《པོ་བྲང་སྟོང་ཐང་ལྡན་དཀར་གྱི་ཆོས་འགྱུར་རོ་ཅོག་གི་དཀར་ཆག་བཞུགས》，中国藏学研究中心《大藏经》对勘局对勘、编辑：《中华大藏经·丹珠尔》（藏文对勘本）第116册，北京：中国藏学出版社，2005年，第792页。

འཕགས་པ་དྲི་མ་མེད་པར་གྲགས་པས་བསྟན་པ་ཞེས་བྱ་བ། ཐེག་པ་ཆེན་པོའི་མདོ་རྫོགས་སོ།||||| ཤུ་ལོ་ཀ་སྟོང་བརྒྱད་བརྒྱ་སྟེ་བམ་པོ་དྲུག་གོ། །
ལོ་ཙཱ་བ་བན་དེ་ཆོས་ཉིད་ཚུལ་ཁྲིམས་ཀྱིས་བསྒྱུར་ཅིང་ཞུས་ཏེ་གཏན་ལ་ཕབ་པ།①

翻译:《圣者无垢称/净名所说大乘经》结束。共一千八百偈,六卷,译师比丘法性
戒翻译、校订。

2.内容结构及底本来源

《甘珠尔》所收录《འཕགས་པ་དྲི་མ་མེད་པར་གྲགས་པས་བསྟན་པ་ཞེས་བྱ་བ་ཐེག་པ་ཆེན་པོའི་མདོ》为在卷帙划分
上为六卷,与玄奘译本相同,在品数划分上为十二品,与梵文本品数划分相一致,不同
于鸠摩罗什和玄奘译本的十四品划分,其中的差异主要在于将汉译本第三、第四品和第
十三、第十四品各合为一品,除此之外,汉藏译本内容大体相同。我们将藏梵汉《维摩
诘经》诸品内容对比情况如下:

表 5-1 藏梵汉《维摩诘经》各品内容对比一览

藏译本		梵文本	玄奘译本	鸠摩罗什译本
藏文	汉文			
སངས་རྒྱས་ཀྱི་ཞིང་ཡོངས་སུ་དག་པ་སྟོང་བཞིའི་ལེའུ་སྟེ་དང་པོའོ།	叙述佛国净土缘起品第一	佛土清净缘起品	序品	佛国品
ཐབས་ལ་མཁས་པ་བསམ་གྱིས་མི་ཁྱབ་པའི་ལེའུ་ཞེས་བྱ་སྟེ་གཉིས་པའོ།	不可思议方便善巧品第二	不可思议方便善巧品	显不思议方便善巧品	方便品
ཉན་ཐོས་དང་བྱང་ཆུབ་སེམས་དཔའ་གཏང་བར་རྣམ་པའི་ལེའུ་སྟེ་གསུམ་པའོ།	声闻和菩萨推辞问疾品第三	声闻和菩萨推辞问疾品	声闻品 菩萨品	弟子品 菩萨品
ན་བ་ཡང་དག་པར་དགའ་བར་བྱ་བའི་ལེའུ་སྟེ་བཞི་པའོ།	使病人真正欢喜品第四	问疾品	问疾品	文殊师利问疾品
རྣམ་པར་ཐར་པ་བསམ་གྱིས་མི་ཁྱབ་པ་བསྟན་པའི་ལེའུ་སྟེ་ལྔ་པའོ།	显示不可思议解脱品的第五	示现不可思议解脱品	不思议品	不思议品
ལྷ་མོའི་ལེའུ་སྟེ་དྲུག་པའོ།	天女品第六	天女品	观有情品	观众生品
དེ་བཞིན་གཤེགས་པའི་རིགས་ཀྱི་ལེའུ་སྟེ་བདུན་པའོ།	如来种姓品第七	如来种姓品	菩提分品	佛道品
གཉིས་སུ་མེད་པའི་ཆོས་ཀྱི་སྒོར་འཇུག་པའི་ལེའུ་སྟེ་བརྒྱད་པའོ།	进入不二法门品第八	入不二法门品	不二法门品	入不二法门品
སྤྲུལ་པས་ཟས་ཞལ་ཟས་བླངས་པའི་ལེའུ་སྟེ་དགུ་པའོ།	化身取食的第九品	化身取食品	香台佛品	香积佛品

① ཆོས་ཉིད་ཚུལ་ཁྲིམས། འཕགས་པ་དྲི་མ་མེད་པར་གྲགས་པས་བསྟན་པ་ཞེས་བྱ་བ་ཐེག་པ་ཆེན་པོའི་མདོ中国藏学研究中心《大藏经》对勘
局对勘、编辑:《中华大藏经·甘珠尔》(藏文对勘本)第60册,北京:中国藏学出版社,2008年,第617页。

续表

藏译本		梵文本	玄奘译本	鸠摩罗什译本
藏文	汉文			
བདག་པ་དང་མི་བདག་པ་ཞེས་བྱ་བའི་ཆོས་རྟོངས་ཀྱི་ལེའུ་སྟེ་བཅུ་པའོ།	名为有尽和无尽佛法施舍品第十	有尽无尽法施品	菩萨行品	菩萨行品
འཇིག་རྟེན་གྱི་ཁམས་མངོན་པར་དགའ་བ་དང་པ་དང་དེ་བཞིན་གཤེགས་པ་མི་འཁྲུགས་པ་བསྟན་པའི་ལེའུ་སྟེ་བཅུ་གཅིག་པའོ།	显示取妙喜世界和不动如来品第十一	取妙喜世界见阿閦如来品	观如来品	见阿閦佛品
སྔོན་གྱི་སྦྱོར་བ་དང་དམ་པའི་ཆོས་གཏད་པའི་ལེའུ་ཞེས་བྱ་སྟེ་བཅུ་གཉིས་པའོ།	过去的安排和委托正法品第十二	托付品	法供养品	法供养品
			嘱累品	嘱累品

　　虽然吐蕃时代的译经存在将汉文经典译为藏文的现象，诸如长期活动于敦煌地区的译师法成将义净译《金光明最胜王经》、慧觉等译《贤愚经》、玄奘译《十一面观音经咒》等经典都由汉文译为藏文，[1]但将以上关于三种文字《维摩诘经》各品分布的对比，藏译本基本是从梵文本直接翻译而来，与汉译本的直接关联不大。结合汉藏梵译本对《维摩诘经》经名译法上的语义分歧来看，也能说明藏译本与梵文本的联系更为紧密。

　　藏译本在经名上采取了音译的方式，和梵文本名称基本保持一致。《འཕགས་པ་དྲི་མ་མེད་པར་གྲགས་པས་བསྟན་པ་ཞེས་བྱ་བ་ཐེག་པ་ཆེན་པོའི་མདོ》的经名在翻译上，འཕགས་པ意为"圣者"；དྲི་མ为"污垢、污染"；མེད་པ为"不存在、没有、无"；གྲགས་པ为"名声、名气"；བསྟན་པ为"演说、开示"；ཞེས་བྱ་བ为"被称为"；ཐེག་པ་ཆེན་པོའི་མདོ为"大乘经典"。整体则译为《圣者无垢称/净名所说大乘经》。《维摩诘经》现存梵文本为 1999 年 7 月发现于布达拉宫，名称为 विमलकीर्ति निर्देश सूत्र（Vimalakīrti Nirdeśa Sūtra）。[2] विमलाकीर्ति（vimalākīrti）音译即"维摩诘"，वि（vi）表否定，मल（mala）为"尘垢、污垢"之意，कीर्ति（kīrti）为"名声、名誉"，विमलाकीर्ति（vimalākīrti）合起来则意译为"名声干净的"，即"净名""无垢称"之意；निर्देश（nirdeśa）为"宣说、解释"；सूत्र（sūtra）即"经典"。整体译为《维摩诘/净名所说经》。

　　综上所述，虽然藏译本的出现时间与玄奘译本时代接近，都采取了六卷本的划分，并对维摩诘的名称采用了意译的方法，但二者在经名的理解方面存在明显区别：藏译本

① 王尧：《藏族翻译家管·法成对民族文化的交流贡献》，《文物》1980 年第 7 期，第 52—56 页；旺多：《管·法成对汉藏佛经翻译的重大贡献》，《宗教学研究》2010 年第 2 期，第 134—137 页。

② （日本）大正大学综合佛教研究所、梵语佛典研究会编辑：《梵文维摩経：ポタラ宫所藏写本に基づく校订》，东京：大正大学出版会，2006 年。

表明该经为维摩诘所说，与鸠摩罗什译本《维摩诘所说经》的理解相合；而玄奘译本《说无垢称经》则重在强调该经为佛说维摩诘相关事迹，可能在翻译中增加了个人理解。此外，在各品标题的表述方式上，藏梵文本近乎完全一致，诸如第一品《叙述佛国净土缘起品》在汉译本中被命名为《序品》或《佛国品》，第三品《声闻和菩萨推辞问疾品》在汉译本中被命名为《弟子品》和《菩萨品》，第六品《天女品》在汉译本中被命名为《观有情品》或《观众生品》，其余第七、第九、第十、第十一品等皆是如此，藏梵本《维摩诘经》之间的一致性表现远多于流通时间甚久的汉译本《维摩诘经》。因此，通过将藏梵汉三种文字《维摩诘经》的经名翻译理解和各品名称及排列结构进行对比，可以说明藏译本并非转译自汉译本，而是依据梵文本的直接翻译。

二、敦煌遗书中的藏文《维摩诘经》抄本

敦煌遗书有 8 件藏文《维摩诘经》的抄本，分别为英藏IOL.Tib.J.VOL.12、IOL.Tib.J.VOL.19-4、IOL.Tib.J.182、IOL.Tib.J.VOL.34-5 和法藏P.t.610、P.t.611、P.t.613、P.t.2203。我们尝试对各抄本的基本形态进行描述和分析，在相关译文中列出鸠摩罗什译本《维摩诘所说经》作参照，个别地方亦同时增加玄奘译本进行说明。由于多数抄本为梵夹装，个别纸张正面右侧空白处有收藏单位所盖页码印章（图 5-1）。文中所用编号皆以《英国国家图书馆藏敦煌西域藏文文献》[1]和《法国国家图书馆藏敦煌藏文文献》[2]为主，同时在基本形态说明中标注国际敦煌项目（IDP）编号，但由于国际敦煌项目彩色图版更便于文中展示，故相关插图皆采自国际敦煌项目网站相应图版。为便于查阅和行文叙述，我们在涉及带有页码标注的各纸内容表述时，备注相关原印章页码数字，诸如IOL.Tib.J.VOL.12-3 第 1 纸（44），表示该抄本第 1 纸，原收藏单位在该纸编号为 44，特此说明。

1.英藏

（1）IOL.Tib.J.VOL.12-3、5

①基本形态

国际敦煌项目（IDP）编号为：IOL.Tib.J.VOL.180。梵夹装，IOL.Tib.J.VOL.12-3 共

---

① 西北民族大学、上海古籍出版社、英国国家图书馆编：《英国国家图书馆藏敦煌西域藏文文献》，上海：上海古籍出版社，2010—2021 年。

② 西北民族大学，上海古籍出版社，法国国家图书馆编：《法国国家图书馆藏敦煌藏文文献》，上海：上海古籍出版社，2006—2020 年。

11 纸，双面抄写藏文《维摩诘经·入不二法门品》，每纸正面右侧图书馆页码数字范围为 44—52。IOL.Tib.J.VOL.12-5 共 2 纸，右侧图书馆页码为 70—71，为藏文《维摩诘经·入不二法门品》抄写报废经页，第 1 纸抄写至第四行开端位置，错误出现于卷尾：ཅུང་ཅུབ་ སེམས་དཔའ་དཔལ་གྱི་སྟེང་པོས་སྨྲས་པ།། （菩萨名为光荣精神的说……），系误将前一句དཔལ་གྱི་སྟེང་པོ（光荣精神）菩萨关于不二法门阐述文句开端的部分重复抄写，参照 IOL.Tib.J.VOL.12-3 第 7 纸（50）背面，同一位置原文应为ཅུང་ཅུབ་སེམས་དཔའ་ཟླ་བའི་བླ་མས་སྨྲས་པ། （菩萨名为月亮上师〈月上〉的说到……），当为抄写者发现错误后立即停止。第 2 纸可能为修改涂写不当在抄写或校对中遭到报废。该件《维摩诘经》抄本中，第 4 纸（47）第二面和第 5 纸第一面之间的内容不能衔接，而第 29 纸（71）仅抄写一个单面，首尾恰可与第 4、第 5 纸（47、48）之间的相接。第 29 纸首行ནས་ཀཾའི་རང་བཞིན་ནོ།中第三个字རང中ང被涂黑，可能因此在抄写或校对过程中被报废。反映出该卷的抄写过程应当有成熟的校对程序。

IOL.Tib.J.VOL.12-3 与 5 之间为《圣稻秆大乘经》《འཕགས་པ་ས་ལུ་ལྗང་པ་ཞེས་བྱ་བའི་ཐེག་པ་ཆེན་པོ་མདོ》，共 18 纸，图书馆页码范围为 53—69。

②抄写起止

《维摩诘经》的主体抄写内容为第八品《གཉིས་སུ་མེད་པའི་ཆོས་ཀྱི་སྒོར་འཇུག་པའི་ལེའུ་སྟེ་བརྒྱད་པའོ》（《入不二法门品》）全文，与《中华大藏经·甘珠尔》收录的《འཕགས་པ་དྲི་མ་མེད་པར་གྲགས་པས་བསྟན་པ་ཞེས་བྱ་བ་ཐེག་པ་ཆེན་པོའི་མདོ》第八品内容①完全相同。第 1 纸（44）开始于：དེ་ནས་ལི་ཙྪ་བི་དྲི་མ་མེད་པར་གྲགས་པ་ན། ཅུང་ཅུབ་སེམས་དཔའ་དེ་དག་ལ་འདི་སྐད་ཅེས་སྨྲས་སོ།།

翻译：然后，毗耶离城的无垢称向菩萨们这样说："无上大士们！菩萨们的入不二法门究竟是什么？"

对应鸠摩罗什译本《维摩诘经》内容为：尔时维摩诘谓众菩萨言："诸仁者！云何菩萨入不二法门？

第 9 纸（52）结束于：

བསྟན་པ་འདི་བཤད་པ་ན།། ཅུང་ཅུབ་སེམས་དཔའ་ལྔ་སྟོང་གཉིས་སུ་མྱེད་པའི་ཆོས་ཀྱི་སྒོར་ཞུགས་པས།།

ཀྱི་སྐྱེ་བའི་ཆོས་ལ་བཟོད་པ་ཐོབ་པར་གྱུར་ཏོ། །གཉིས་སུ་མྱེད་པའི་ཆོས་ཀྱི་སྒོར་འཇུག་པའི་ལེའུ་སྟེ་བརྒྱད་པའོ།། ॥

翻译：说了这些内容后，五千菩萨进入了不二法门，获得了无生法忍。入不二法门

---

① ཆོས་ཉིད་ཀྱུལ་ཁྲིམས། འཕགས་པ་དྲི་མ་མེད་པར་གྲགས་པས་བསྟན་པ་ཞེས་བྱ་བ་ཐེག་པ་ཆེན་པོའི་མདོ《中华大藏经·甘珠尔》（藏文对勘本）第 60 册，第 561—569 页。

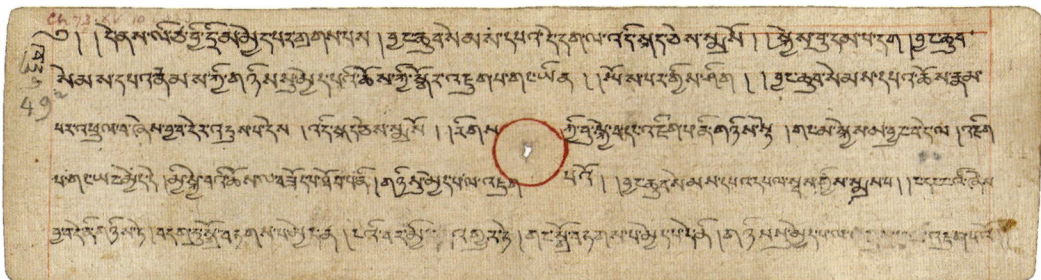

图 5-1　英藏敦煌遗书IOL.Tib.J.VOL.12-3藏文《维摩诘经》第一纸

采自 国际敦煌项目（IDP）：http://idp.bl.uk

品第八。

对应鸠摩罗什译本《维摩诘经》内容为：说是入不二法门品时，于此众中五千菩萨，皆入不二法门，得无生法忍。

③第 1 纸（44）正面（图 5-1）录文及译文：

1.༄༅། །དེ་ནས་ཡི་ཚ་ཁྲི་དྲི་མ་མྱེད་པར་གྲགས་པས། བྱང་ཆུབ་སེམས་དཔའ་དེ་དག་ལ་འདི་སྐད་ཅེས་སྨྲས་སོ།། སྐྱེ་བུ་དམ་པ་དག། བྱང་ཆུབ་

2.སེམས་དཔའ་རྣམས་ཀྱི་གཉིས་སུ་མྱེད་པའི་ཆོས་ཀྱི་སྒོར་འཇུག་པ་གང་ཡིན། སྤོབས་པར་གྱིས་ཤིག། བྱང་ཆུབ་སེམས་དཔའ་ཆོས་རྣམ

3.པར་འཕྲུལ་བ་ཞེས་བྱ་བ་དེ་འདུས་པ་དེ་དང་ཅེས་སྨྲས་སོ།། རིགས་ཀྱི་བུ་སྐྱེ་བ་དང་འཇིག་པ་ནི་གཉིས་ཏེ། གང་མ་སྐྱེས་མ་བྱུང་བ་དེ་ལ་འཇིག

4.པ་གང་ཡང་མྱེད་དེ། མི་སྐྱེ་བའི་ཆོས་ལ་བཟོད་པ་ནི་གཉིས་སུ་མྱེད་པ་ལ་འཇུག་པའོ།། བྱང་ཆུབ་སེམས་དཔའ་ཆོས་རྣམ་པར་གྱིས་སྨྲས་པ། ང་དང་ངའི་ཞེ

5.བྱ་བ་དེ་ནི་གཉིས་ཏེ། བདག་ཏུ་དུ་འཛིན་པ་མྱེད་ན། བདག་གི་བར་དུ་འགྱུར་ཏེ། གང་སྦྲོ་བདག་གི་མྱེད་པ་དེ་ནི། གཉིས་སུ་མྱེད་པ་ལ་འཇུག་པའོ།

翻译：

1.然后，毗耶离城的无垢称向菩萨们这样说：“无上大士们！菩

2.萨们的入不二法门究竟是什么？自信地说吧！”菩萨名为法

3.自在（可以显示诸法威力？）的在与会者当中说道：“无上大士，有和无（或生和死）是二，那些未出生、未出现过的，

4.也就不会有任何毁灭，（因而）获得无生法忍，是不二法门。”菩萨名为胜教（最辉煌的说教）的说：“所谓我和我（所拥有）的

5.是二，若是自我没有虚伪/妄想，我（所拥有）的就不会改变，若是没有那些虚伪/妄想，就是不二法门。”

经比对，与鸠摩罗什译本《维摩诘所说经》内容基本一致：

1.尔时维摩诘谓众菩萨言："诸仁者！云何菩

2.萨入不二法门？各随所乐说之。"会中有菩萨名法

3.自在，说言："诸仁者！生灭为二。法本不生，

4.今则无灭，得此无生法忍，是为入不二法门。"德守菩萨曰："我、我所为二。

5.因有我故，便有我所；若无有我，则无我所，是为入不二法门。"①

④写本特征

不同于吐蕃时期的抄本，本卷书体较为规范，通览全卷，正文皆未出现吐蕃时期藏文常见的将元音i反写为"ꜟ"的现象。由于该卷中《维摩诘经》的内容与《甘珠尔》中完全一致，但前述书写特点在《甘珠尔·维摩诘经》中，仅存在将 ꜟ 和元音"ꜟ"和"ꜟ"拼写的情形，表明IOL.Tib.J.VOL.12 的抄写时间可能要稍早于现存《甘珠尔·维摩诘经》的最后一次修订。

（2）IOL.Tib.J.VOL.19-4

①基本形态

国际敦煌项目（IDP）编号为：IOL.Tib.J.VOL.181。梵夹装，共26纸，每纸正面右侧图书馆整理页码数字范围为26—51。每纸四行，双面抄写藏文《维摩诘经》，现存内容排列杂乱，但并无抄写重复之处，应为原本完整抄本的零散保存页面。现有内容为前四品即《叙述佛国净土缘起品》至《问疾品》之间的片段。抄写文句与现存《甘珠尔·维摩诘经》内容差异之处较多，但文意大体相同。经重新整理，各纸对应中华大藏经《甘珠尔》排列顺序如下：

《叙述佛国净土缘起品》抄写 2 个片段，共 2 纸：第 1 纸（26）、第 17 纸（42）②

《不可思议方便善巧品》抄写 1 个片段，共 1 纸：第 18 纸（43）③

《声闻和菩萨推辞问疾品》抄写 8 个片段，共 19 纸：

---

① (后秦) 鸠摩罗什译：《维摩诘所说经》，《大正新修大藏经》第 14 册，第 550 页下。

② ཆོས་ཉིད་ཀྱལ་ཁྲིམས་ འཕགས་པ་དྲི་མ་མེད་པར་གྲགས་པས་བསྟན་པ་ཞེས་བྱ་བ་ཐེག་པ་ཆེན་པོའི་མདོ《中华大藏经·甘珠尔》(藏文对勘本) 第 60 册，第 458—460 页上、第 470 页上—471 页上。

③ ཆོས་ཉིད་ཀྱལ་ཁྲིམས་ འཕགས་པ་དྲི་མ་མེད་པར་གྲགས་པས་བསྟན་པ་ཞེས་བྱ་བ་ཐེག་པ་ཆེན་པོའི་མདོ《中华大藏经·甘珠尔》(藏文对勘本) 第 60 册，第 479 页下—481 页上。

第 11+10 纸（36+35）；第 13 纸（38）；第 12+5 纸（37+30）；第 20+21 纸（45+46）；第 6+7 纸（31+32）；第 16+24 纸（41+49）；第 8+9+15+22+4+3+19 纸（33+34+40+47+29+28+44）；第 25 纸（50）。①

《问疾品》抄写 1 个片段，共 4 纸：第 26+23+14+2 纸（51+48+39+27）。②

②抄写起止

开始于第 1 纸（26），为该经的起始部分：

རྒྱ་གར་སྐད་དུ་ཨཱརྱ་བི་མ་ཀིར་ཏི་ནིར་དེ་ཤ་མ་ཧཱ་ཡ་ན་སུ་ཏྲ།

བོད་སྐད་དུ་འཕགས་པ་དྲི་མ་མེད་པར་གྲགས་པས་བསྟན་པ་ཞེས་བྱ་བ་ཐེག་པ་ཆེན་པོའི་མདོ། །སངས་རྒྱས་དང་བྱང་ཆུབ་སེམས་དཔའ་དང་།

འཕགས་པ་ཉན་ཐོས་དང་། རང་སངས་རྒྱས་འདས་པ་དང་། ད་ལྟར་གྱི་དང་། མ་བྱོན་པ་ཐམས་ཅད་ལ་ཕྱག་འཚལ་ལོ།

།འདི་སྐད་བདག་གིས་ཐོས་པར་དུས་གཅིག་ན།

翻译：印度语（梵语）是《圣维摩诘（无垢称）所说无上大乘经》（arya bimalakirti nirdesha sutra），藏语名为《圣无垢称所说大乘经》。顶礼于（南无）过去现在以及未来一切佛、菩萨、大弟子和独觉者（辟支佛）！这些话是我有一次听到的（如是我闻）……

对应鸠摩罗什译本内容：如是我闻……

结束于第 2 纸（27），为《问疾品》后半部维摩诘问文殊"何为菩萨解，何为菩萨缚"部分：

དེ་ལ་བཅིངས་པ་གང་གྲོལ་བ་གང་ཞེ་ན། ཐབས་ཀྱིས་པར་སྲིད་པའི་འགྲོ་བ་ཡོངས་སུ་འཛིན་པ་ནི། བྱང་ཆུབ་སེམས་དཔའི་བཅིངས་པའོ

།ཐབས་ཀྱིས་སྲིད་པའི་འགྲོ་བར་འཇུག་པ་ནི། གྲོལ་བའོ། །ཐབས་ཀྱིས་པས་བསམ་གཏན་དང་། ཏིང་ངེ་འཛིན་སྤྱོད་པ་ནི་བྱང་ཆུབ་སེམས་དཔའི་བཅིངས་པའོ

།ཐབས་ཀྱིས་བསམ་གཏན་དང་ཏིང་ངེ་འཛིན་ལ་མི་སྤྱོད་པ་ནི་གྲོལ་བའོ། །ཐབས་ཀྱིས་པས་ཤེར་པའི་ཤེས་རབ་ནི་བཅིངས་པའོ། །

翻译：因此，什么是束缚和解脱呢？如果通过非善巧方便完全进入轮回的众生状态就是菩萨的束缚；如果通过善巧方便进入轮回的众生状态就是解脱；如果通过非善巧方便体会禅定和三昧就是菩萨的束缚；如果通过善巧方便没有体会禅定和三昧就是解脱；如果通过非善巧方便获得的智慧就是束缚……

① ཆོས་ཉིད་ཚུལ་ཁྲིམས། འཕགས་པ་དྲི་མ་མེད་པར་གྲགས་པས་བསྟན་པ་ཞེས་བྱ་བ་ཐེག་པ་ཆེན་པོའི་མདོ།《中华大藏经·甘珠尔》（藏文对勘本）第 60 册，第 483 页中—485 页下、第 488 页上—489 页上、第 490 页中—492 页中、第 493 页下—496 页上、第 497 页上—499 页中、第 500 页中—502 页下、第 505 页上—512 页下、第 513 下—515 上。

② ཆོས་ཉིད་ཚུལ་ཁྲིམས། འཕགས་པ་དྲི་མ་མེད་པར་གྲགས་པས་བསྟན་པ་ཞེས་བྱ་བ་ཐེག་པ་ཆེན་པོའི་མདོ།《中华大藏经·甘珠尔》（藏文对勘本）第 60 册，第 517 页中—522 页下。

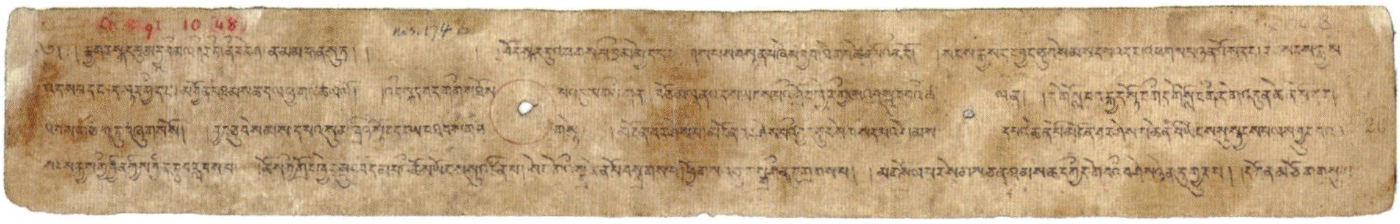

图 5-2　英藏敦煌遗书IOL.Tib.J.VOL.19-4 藏文《维摩诘经》第 1 纸（26）

采自 国际敦煌项目（IDP）：http://idp.bl.uk

对应鸠摩罗什译本内容："何谓缚？何谓解？贪著禅味，是菩萨缚；以方便生，是菩萨解。又无方便慧缚，有方便慧解；无慧方便缚……"[1]

③第 1 纸（26）正面（图 5-2）录文及译文：

1.ༀ༔ །རྒྱ་གར་སྐད་དུ། ཨཱརྱ་བི་མ་ལ་ཀིར་ཏི་ནིར་ཌེ་ཤ་མ་ཧཱ་ཡ་ན་སུ་ཏྲ། བོད་སྐད་དུ། འཕགས་པ་དྲི་མ་མེད་པར་གྲགས་པས་བསྟན་པ་ཞེས་བྱ་བ་ཐེག་པ་ཆེན་པོའི་མདོ། སངས་རྒྱས་དང་། བྱང་ཆུབ་སེམས་དཔའ་དང་། འཕགས་པ་ཉན་ཐོས་དང་། རང་སངས་རྒྱས

2.འདས་པ་དང་། ད་ལྟར་གྱི་དང་། མ་བྱོན་པ་ཐམས་ཆད་ལ་ཕྱག་འཚལ་ལོ། །འདི་སྐད་བདག་གིས་ཐོས་པ་དུས་གཅིག་ན། བཅོམ་ལྡན་འདས་ཡངས་པའི་གྲོང་ཁྱེར་གྱི་ཨ་མྲ་སྲུང་བའི་ཚལ་ན། དགེ་སློང་བརྒྱད་སྟོང་གི་དགེ་སློང་གི་དགེ་འདུན་ཆེན་པོ་དང་།

3.ཐབས་ཅིག་ཏུ་བཞུགས་སོ། །བྱང་ཆུབ་སེམས་དཔའ་སུམ་ཁྲི་ཉིས་སྟོང་དང་ཡང་ཐབས་གཅིག་སྟེ། མཚན་པར་ཤེས་པ་མཚན་པར་ཤེས་པའི་བྱང་ཆུབ་སེམས་དཔའ་སེམས་དཔའ་ཆེན་པོ་མཚན་པར་ཤེས་པ་ཆེན་པོ་ཡོངས་སུ་སྦྱངས་པ་ལས་བྱུང་བ།

4.སངས་རྒྱས་ཀྱིས་བྱིན་གྱིས་བྱིན་ཏུ་བརླབས་པ། ཆོས་ཀྱི་གྲོང་ཁྱེར་སྲུང་ང་དག་པའི་ཆོས་ཡོངས་སུ་འཛིན་པ། སེང་གེའི་སྒྲ་ཆེན་པོ་སྒྲོགས་པ། ཕྱོགས་བཅུར་སྒྲ་ སྙན་དུ་གྲགས་པ། མ་གསོལ་བ་ལ་བདའ་བར་སེམས་ཅན་ཐམས་ཅད་ཀྱི་དགེ་བའི་བཤེས་གཉེན་དུ་གྱུར་པ། དཀོན་མཆོག་གསུམ།

（第 2 纸 1）གྱི་རིགས་རྒྱུན་མི་འཆད་པར་བྱེད་པ།

翻译：

1.印度语（梵语）是《圣维摩诘（无垢称）所说无上大乘经》（arya bimalakirti nirdesha sutra），藏语名为《圣无垢称所说大乘经》。顶礼于（南无）过去现在以及未来所有的佛、菩萨、大弟子和独觉者（辟支佛）！

2.这些话是我有一次听到的（如是我闻）：那时佛在"广大城"有护卫的杜果树园，和八千比丘的大僧团

---

[1]（后秦）鸠摩罗什译：《维摩诘所说经》，《大正新修大藏经》第 14 册，第 545 页上。

3.一起居住。三万二千菩萨也共一处，个个都是已经修成神通、大神通的大菩萨

4.受到佛的祝福加持。护卫佛法道场（法之城），完全修持正法，发出大狮子吼声，声音遍及十方，不需请求不用邀请变的成了众生的殊胜的精神导师，使三宝的

（第2纸1）世系得以连续不断。

对应鸠摩罗什译本内容：

2.如是我闻：一时，佛在毗耶离庵罗树园，与大比丘众八千人俱，

3.菩萨三万二千——众所周识，大智本行，皆悉成就；

4.诸佛威神之所建立，为护法城，受持正法；能师子吼，名闻十方；众人不请，友而安之；绍隆三宝，能使不绝。[1]

④写本特征

本卷和IOL.Tib.J.VOL.12的规范抄写不同，存在大量反写元音"ཻ"、清音浊音替换，以及前后重复字母简写的用法。诸如将"菩萨"一词"བྱང་ [ཆུ] བ་སེམས་དཔའ"，全部写为"བྱང་ [ཅུབ་སེམས་དཔ]"，全部一词"ཐམས་ཅད"写为"ཐམས་ [ཚད]"等，属于浊音ཆ和清音ཚ的替换使用；将"年轻的"一词"གཞོན་ [ནུ]"简写为"གཞི་ [ནུ]"等，属于前后重复字母简写的用法。这些都是典型的吐蕃时期藏文书写方式，因此，其书写时间早于IOL.Tib.J.VOL.12。

（3）IOL.Tib.J.VOL.34–5

①基本形态

国际敦煌项目（IDP）编号为IOL Tib J 183。梵夹装，共1纸，双面抄写，每面6行，双面抄写藏文《维摩诘经》第十品《有尽和无尽佛法施舍品》，即对应鸠摩罗什译本第十一品《菩萨行品》内容，页面无页码数字标记（图5–3）。

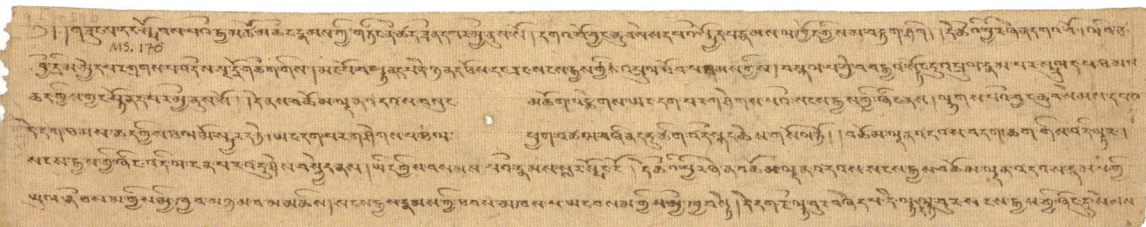

图 5-3　英藏敦煌遗书IOL.Tib.J.VOL.34–5 藏文《维摩诘经》正面

采自 国际敦煌项目（IDP）：http://idp.bl.uk

---

[1]（后秦）鸠摩罗什译：《维摩诘所说经》，《大正新修大藏经》第14册，第537页上。

②抄写起止

开始于第十品《有尽和无尽佛法施舍品第十》中间部分：

གཟུངས་དང་སྤོབས་པའི་རྒྱ་མཚོ་མཆོག་རྣམས་ཀྱི་གཏིང་ནི་ཚད་ཟིན་པར་བྱ་ཉུས་སོ།

དགའ་བོ་བྱང་ཆུབ་སེམས་དཔའི་སྤྱོད་པ་རྣམས་ལ་ཁྱོད་ཀྱིས་མ་བཏགས་ཤིག། དེ་ཅིའི་ཕྱིར་ཞེ་ན་དགའ་བོ།

ཡིབ་ཙ་ཕྱི་དྲི་མ་མྱེད་པར་གྲགས་པ་འདིས་སྔ་དྲོ་གཅིག་གིས། ཉན་ཐོས་བསླབ་པ་དང་དེ་ཉན་ཐོས་དང་རང་སངས་རྒྱས་ཀྱི་འཕྲུལ་ཐོབ་པ་ཐམས་ཀྱི་

བསྐལ་པ་བྱེ་བཀྲུན་སྟོང་དུ་འཕྲུལ་རྣམ་པར་སྤྲུལ་ན་ཐམས་ཅད་ཀྱིས་ཀྱང་སྤྲུན་པར་བྱ་ཉུས་སོ།།

翻译：总持和辩才（犹如）一切大海的深度不可衡量。阿难，你不必学习菩萨的一切行为，为什么这样说呢？因为毗耶离城的无垢称一个上午做的诸多教化，声闻和独觉者（辟支佛）以所证得的一切神通用百千万劫施展那些极简单肤浅的变化，也无法展现出来。

对应鸠摩罗什译本第十一品《菩萨行品》：总持、辩才一切功德不可量也。阿难！汝等舍置菩萨所行，是维摩诘一时所现神通之力，一切声闻、辟支佛于百千劫，尽力变化所不能作。[①]

结束于：

དེ་ལྟར་འདུས་བྱ་ཟད་པར་མ་བྱས་པ་ནི་འདི་ལྟ་སྟེ། བྱམས་པ་ཆེན་པོ་ལས་མ་ཉམས་པའོ། སྙིང་རྗེ་ཆེན་པོ་མ་བཏང་བའོ།

ཉིན་དུ་བསམས་པ་ལས་སྦྱང་བ་ཐམས་ཅད་མཆིས་ཀྱི་ཡེ་ཤེས་ཡང་དག་པར་སྐྱེ་བཞིན་པའོ། བསྡུ་བའི་དངོས་པོས་སྐྱེན་པར་བྱ་བའི་ཕྱིར།

སེམས་ཅན་སྐྱེན་པར་བྱེད་པ་ལ་སྐྱོ་བར་མི་སྐྱེ་བའོ། དམ་པའི་ཆོས་ཡོངས་སུ་གཟུང་བའི་ཕྱིར། ལུས་དང་།

翻译：因此，无尽的有为法呢是这样的：不失大慈，不舍大悲；没有完全忘却内心深处发起的一切智心；除了吸引众生（摄众生事），不厌倦地去教化一切众生；舍弃身体和生命护持一切正法……

对应鸠摩罗什译本内容："何谓不尽有为？谓不离大慈，不舍大悲；深发一切智心，而不忽忘；教化众生，终不厌倦，于四摄法，常念顺行；护持正法，不惜躯命……"[②]

③写本特征

本卷存在大量反写的元音"ི"和将清浊音替换的用法，同时出现更多的再后加字用法，诸如将བསྐྱེན་པ（教化）书写为བསྐྱེནད་པ、将སྤྲུལ་པ（变化、变幻）书写为སྤྲུལད་པ等。因此，在时代上至少早于 11 世纪，各类书写特点与传统吐蕃时期写本一致，有可能为吐蕃时

---

① (后秦)鸠摩罗什译：《维摩诘所说经》，《大正新修大藏经》第 14 册，第 554 页上。
② (后秦)鸠摩罗什译：《维摩诘所说经》，《大正新修大藏经》第 14 册，第 554 页中。

期抄本。

除书写差异以外，本卷与传世《甘珠尔·维摩诘经》内容基本一致，存在较多用词和表述方式的差异。诸如首句即与传世本不同：གཟུངས་དང་སྤོབས་པའི་ རྒྱ་མཚོ་མཆད་རྣམས་ཀི་གཏིང་ ནི་ཚད་ཟིན་པར་བྱ་སྲུས་སོ།（总持和辩才〈犹如〉一切大海的深度不可衡量），《甘珠尔·维摩诘经》中为：གཟུངས་དང་སྤོབས་པའི་ གཏིང་ ནི་ཚད་གཟུང་མི་ནུས་སོ།①（总持和辩才的深度不可衡量）。

在此后释迦佛向香积国诸菩萨论及无尽有为法时，所说内容在用词和句序方面都有明显差异，应当并非不同的抄写习惯所致：

ཤིན་དུ་བསམ་པ་ལས་བྱུང་བ་ཐམས་ཅད་མཁྱེན་གྱི་ཡེ་ཤེས་ཡང་དག་པར་བྱི་བརྗེད་པའོ།། བསྡུ་བའི་དངོས་པོ་བསྟེན་པར་བྱ་བའི་ཕྱིར་སེམས་ཅན་ཡོངས་སུ་སྨིན་པར་བྱེད་པ་ལ་བྱི་སྐྱོ་བའོ།།

翻译：没有完全忘却内心深处发起的一切智心；除了吸引众生（摄众生事），不厌倦地去教化一切众生。

《甘珠尔·维摩诘经》中为：

ལྷག་པའི་བསམ་པས་ཡང་དག་པར་བཙུགས་པའི་ཐམས་ཅད་མཁྱེན་པའི་སེམས་མི་བརྗེད་པའོ། སེམས་ཅན་ཡོངས་སུ་སྨིན་པར་བྱེད་པ་ལ་མི་སྐྱོ་བའོ། བསྡུ་བའི་དངོས་པོ་མི་གཏོང་བའོ། དམ་པའི་ཚུལ་ཡོངས་སུ་གཟུང་བའི་ཕྱིར་ལུས་དང་སྲོག་འདོར་བའོ།②

翻译：内心深处不忘却曾经认真发起的一切智心，不厌倦地去教化一切众生，不懈的吸引众生（摄众生事）。

对应鸠摩罗什译本："深发一切智心，而不忽忘；教化众生，终不厌倦，于四摄法，常念顺行。"③

因此，本卷和IOL.Tib.J.VOL和IOL.Tib.J.182一样，应当是早于传世《甘珠尔》所收录《维摩诘经》的另一译本，但由于和前卷无内容重叠，暂时难以确定是否共属于同一个译本的抄写。

（4）IOL.Tib.J.182

①基本形态

梵夹装，共1纸，每面6行，双面抄写藏文《维摩诘经》第二品末段和第三品首段。

---

① ཆོས་ཉིད་ཚུལ་ཁྲིམས། འཕགས་པ་དྲི་མ་མེད་པར་གྲགས་པས་བསྟན་པ་ཞེས་བྱ་བ་ཐེག་པ་ཆེན་པོའི་མདོ།《中华大藏经·甘珠尔》（藏文对勘本）第60册，第588页上。

② ཆོས་ཉིད་ཚུལ་ཁྲིམས། འཕགས་པ་དྲི་མ་མེད་པར་གྲགས་པས་བསྟན་པ་ཞེས་བྱ་བ་ཐེག་པ་ཆེན་པོའི་མདོ།《中华大藏经·甘珠尔》（藏文对勘本）第60册，第589页上。

③（后秦）鸠摩罗什译：《维摩诘所说经》,《大正新修大藏经》第14册，第554页中。

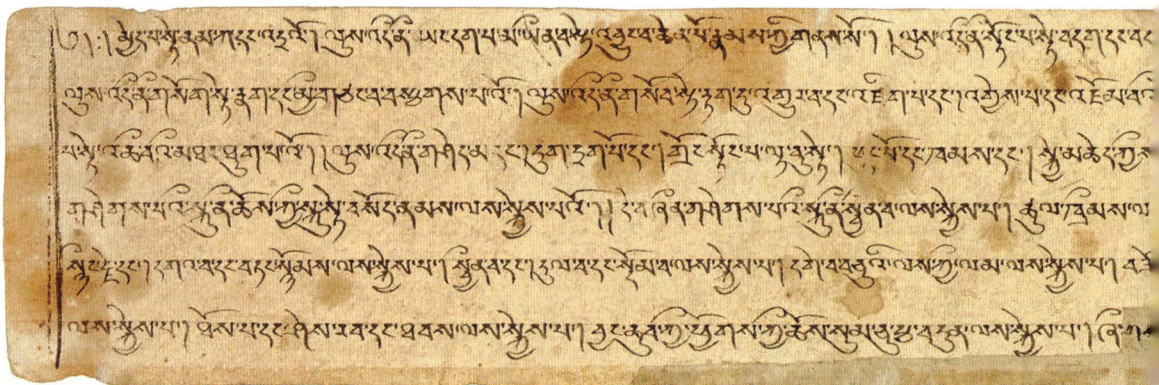

图书馆整理页码误标于背面右侧，页码数字为 23。

②抄写起止

开始于：

ཁྱེད་པ་སྟེ་ནས་ཀ་དང་འདུན། ལུས་འདི་ནི་ཡང་དག་པ་མ་ཡིན་པ་སྟེ་འབྱུང་བ་ཆེན་པོ་རྣམས་ཀྱི་གནས་སོ།།

ལུས་འདི་ནི་སྟོང་པ་སྟེ་བདག་དང་བདག་གི་ཁྱད་པོ།།

翻译：这身体呢不真实，是四大种的住所。这身体呢是空的，没有我和属于我的。

对应鸠摩罗什译本："是身不实，四大为家。是身为空，离我、我所。"①

结束于：

དེ་སྐད་ཅེས་བཀའ་སྩལ་པ་དང་། ཤ་རིའི་བུས་བཅོམ་ལྡན་འདས་ལ་འདི་སྐད་ཅེས་གསོལ་ཏོ།

བཅོམ་ལྡན་འདས་བདག་ནི་ལིའ་ཙ་བི་དྲི་མ་མེད་པ་གནས་པའི་ནད་འདི་ཞིང་མཆི་བར་ཁྱི་སྤྱོ། དེ་ཅིའི་སླད་དུ་ཞེ་ན།

བཅོམ་ལྡན་འདས་བདག་ནི་བདག་གིས་མཚོ་ར་འཁལ་ན་ས་ཚལ་གྱི་ཚེ། ཤིང་ཞིག་གི་དྲུང་ན་ནང་དུ་འཆོལ་ན་འབུགས་ཏེ

翻译：这个命令说完后，舍利子就向世尊这样请求说道：世尊，我没有能力前往问候毗耶离城的无垢称的疾病。为什么这么说呢！世尊，我有一次树下进入冥想……

对应鸠摩罗什译本内容："舍利弗白佛言：世尊！我不堪任诣彼问疾。所以者何？忆念我昔，曾于林中宴坐树下……"②

---

① （后秦）鸠摩罗什译：《维摩诘所说经》，《大正新修大藏经》第 14 册，第 539 页中。

② （后秦）鸠摩罗什译：《维摩诘所说经》，《大正新修大藏经》第 14 册，第 539 页下。

图 5-4　英藏敦煌遗书IOL.Tib.J.182 藏文《维摩诘经》

采自 国际敦煌项目（IDP）：http://idp.bl.uk

③第 1 纸（图 5-4）前 3 行录文及译文：

1.ཁྱོད་པ་སྟེ་ནས་ག་དང་འདུའོ།　ལུས་འདི་ནི་ཡང་དག་པ་མ་ཡིན་པ་སྟེ་འབྱུང་བ་ཆེན་པོ་རྣམས་ཀྱི་གནས་སོ།།

ལུས་འདི་ནི་སྟོང་པ་སྟེ་བདག་དང་བདག་གི་ཕྱེད་པའོ།།　ལུས་འདི་ནི་སྐྱེན་པ་སྟེ་རྩྭ་དང་།　ཤིང་དང་།　རྩིག་པ་དང་།　བོང་བ་དང་།　ཀྲིག་ཡོར་ལྟ་བུའོ།

།ལུས་འདི་ནི་ཚོར་བ་མྱེད་པ་སྟེ་རླུང་གི་འཁོར་འབོར་དང་ཕྱན་བས་འབྱུང་ངོ་།།

2.ལུས་འདི་ནི་གསོག་སྟེ་རྣག་དང་ཀྲི་གཉན་བ་བསྐྱགས་པ་ལ་འོ།　ལུས་འདི་ནི་གསོབ་སྟེ་རྟག་ཏུ་འགྱུར་བ་དང་འཇིག་པ་དང་འབྲལ་བ་དང་འཚལ་བའི་ཚས་སོ།།

ལུས་འདི་ནི་བའི་བཞིན་རྩ་བཞིན་པར་འ ནའི་པའོ།　ལུས་འདི་ནི་སྟོང་པ་ལྟང་པ་དང་འདུ་སྟེ།　རྟག་ཏུ་ག་གནས་ཞིག་གིས་ནོན་པ་འོ།　།

།ལུས་འདི་ནི་མཐར་ཕྱི་གནས

3.པ་སྟེ་འཆི་བའི་མཐར་ཐུག་པ་ལ་འོ།།　ལུས་འདི་ནི་གཤིན་པ་དང་།　དུག་དག་པོ་དང་།　སྟོང་སྟོང་པ་ལྟ་བུ་སྟེ།　ཕུང་པོ་ཁམས་དང་།

སྐྱེ་མཆེད་ཀྱི་ཡོངས་སུ་ཟིན་པ་འོ།།　ཁྱོད་ཀྱིས་དེ་ལྟ་བུའི་ལུས་ལ་ཡིད་འབྱུང་བ་དང་སྐྱོ་བ་སྐྱེད་ཅིང་།　དེ་བཞིན་གཤེགས་པའི་སྐུ་ལ་མོས་པ་སྐྱེད་པར་བྱ་སྟེ།

翻译：1.这身体呢不真实，是四大种的住所；这身体呢是空的，没有我和属于我的；这身体呢是愚痴的，如草、木、瓦砾和光影；这身体呢是没有知觉的，如风中幻轮；

2.这身体呢是虚妄的，聚集了脓疮和污秽；这身体呢是空的，处于永恒的变化、毁灭、分离和消退的状态；这身体呢受到四百零四种疾病侵害；这身体呢如同古井，持续的衰老使光辉退减；这身体呢不停留在固定的状态，

3.（最后会）到达死亡的终点；这身体呢如同死神、剧毒和荒屋，通过积聚（蕴）、区域（域）和感觉的原始根源（处）而获得；你应该对像这样的身体产生厌倦和失望，并发起对如来身体的崇信。

对应鸠摩罗什译本内容：

1.是身不实，四大为家；是身为空，离我、我所；是身无知，如草木瓦砾；是身无作，风力所转；

2.是身不净，秽恶充满；是身为虚伪，虽假以澡浴衣食，必归磨灭；是身为灾，百一病恼；是身如丘井，为老所逼；是身无定，

3.为要当死；是身如毒蛇、如怨贼、如空聚，阴、界、诸入所共合成。诸仁者！此可患厌，当乐佛身。①

④写本特征

本卷书写特征与IOL Tib J 182一致，存在大量反写元音"ཨྀ"和基字中清浊音替换的现象，时代上应早于11世纪，可能为吐蕃时期写本。将本卷内容与现存《甘珠尔·维摩诘经》比对，文意基本一致，但用词及词序相异处较多，诸如：

ལུས་འདི་ནི་ཡང་དག་པ་མ་ཡིན་པ་སྟེ་འབྱུང་བ་ཆེན་པོ་རྣམས་ཀྱི་གནས་སོ།། ལུས་འདི་ནི་སྟོང་པ་སྟེ་བདག་དང་བདག་གི་ཅིང་པའོ།།

翻译：这身体呢不真实，是四大种的住所；这身体呢是空的，没有我和属于我的。

相应《甘珠尔·维摩诘经》处为：

ལུས་འདི་ནི་འབྱུང་བ་ཆེན་པོ་རྣམས་ཀྱི་གནས་ཏེ་ཡང་དག་པ་མ་ཡིན་པའོ། །ལུས་འདི་ནི་བདག་དང་བདག་གི་མེད་པ་སྟེ་སྟོང་པའོ། །②

翻译：这身体呢是四大种的住所，不真实。这身体呢没有我和属于我的，是空的。

再如ལུས་འདི་ནི་གསོག་སྟེ་རྣག་དང་ཀྱི་གཙང │བ་བསྩགས་པ་│ནོ།

翻译：这身体呢是虚妄的，聚集了脓疮和污秽；

相应《甘珠尔·维摩诘经》在调整语序的同时，将"聚集"一词བསྩགས་པ改写为བསགས་པ：

ལུས་འདི་ནི་རྣག་དང་མི་གཙང་ │བ་བསགས་པ་│ སྟེ་གསོག་གོ།

翻译：这身体呢聚集了脓疮和污秽，是虚妄的。

类似句式调整和用词差异在本卷维摩诘关于身体叙述的内容中多次出现，但二者句意并未出现明显分歧。在此部分之后即与《甘珠尔》内容基本一致。因此，本卷可能为不同于《甘珠尔·维摩诘经》的另一次译本，类似汉译本中鸠摩罗什译本和玄奘译本的关系。

---

① (后秦)鸠摩罗什译：《维摩诘所说经》，《大正新修大藏经》第14册，第539页中。

② ཆོས་ཉིད་ཀྱང་ཁྱིམས་ ཁྱིམས ་ འཕགས་པ་ཏེ་ མི་ མེད་པར་གཟུགས་ལས་བསྩད་པ་ ཞེས་བྱ་བ་ ཤེས་བྱ་བ་ ཆེན་པོའི་ མདོ《中华大藏经·甘珠尔》(藏文对勘本)第60册，第479页。

另外，本卷后半部与IOL Tib J 181 第 18 纸（43）有重合部分，开始于《不可思议方便善巧品》末尾སངས་རྒྱས་ཀྱི་ཆོས་མ་འདྲེས་པ་བཅོ་བརྒྱད་ལས་སྐྱེས་པ།（由十八种无染佛法生出），结束于《询问声闻和菩萨推辞品》开端བདག་ནི་ན་ཞིང་ཉུ་ང་ཉེ་ཞིའི་སྟེན་ན་འདུག་ན།（我呢由于不舒服，卧于床上）。经对比，二者重合部分与现存《甘珠尔·维摩诘经》基本一致，仅个别抄写句末结束词不同，诸如第二品结束时，本卷为གཉིས༵སོ༔，IOL Tib J 181 第 18 纸（43）为གཉིས༵སྟེ༔，《甘珠尔·维摩诘经》为གཉིས་པའོ༔，可能为不同时期的抄写习惯所致。因此，本卷与IOL Tib J 181 的版本关系仍然不能就此明确，但二者应当抄写于不同时期。

2.法藏

（1）P.t.610

①基本形态

梵夹装，共 2 纸，每面 6 行，双面抄写《维摩诘经》第十二品《过去的安排和委托正法品》部分内容，对应鸠摩罗什译本第十三品《法供养品》。第一、第二纸正面分别有收藏单位编号 610A、610B。两纸抄写内容有重叠部分，整体内容为该品前半部分（图 5-5）。

②抄写起止

本卷第 1 纸墨色脱落处较多，暂难以与《甘珠尔》及汉译本相应内容对应，首行内容开始于：ལེན་པ་དང་□ □ □པ་དང་ཀློག་པ་དང་□ □ རྒྱས་པར་བྱེད་པ་དང་ཤིན་ཏུ་དད་པ་ལ་སྟོན་པ་དང་སྐྱར་བ་དང་གཞན་ལ་ཡང་སྟོན་པ་དང་སྐྲ་བའི་ཕྱ་བ་ལ་ནན་ཏན་བྱེད་པ་ལ་ཆོ་སྔོས།

翻译：勤于受持、□□、诵读、增长、全心全意的解说、翻译以及为他人解说、随身携带。

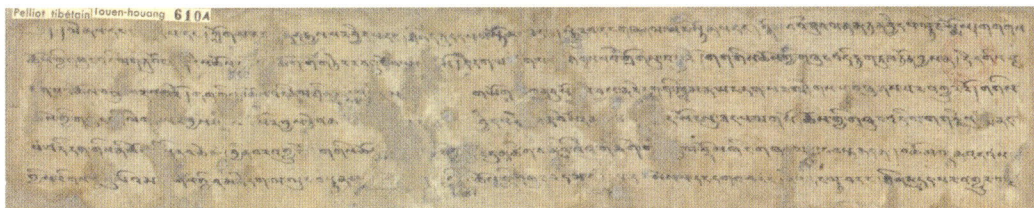

图 5-5　法藏敦煌遗书P.t.610 藏文《维摩诘经》正面

第 2 纸内容保存较为完整，开始于ཐམས་ཅད་ཀྱི་མཆོད་རྟེན་སོ་སོར་བྱས་ནས། དེ་དག་དེ་ལ་བསྐལ་པའི། བསྐལ་པའི་ མཐར་དུག་གི་བར་དུ་མེ་ཏོག་ཐམས་ཅད་དང་། སྤོས་ཐམས་ཅད་དང་རྒྱལ་མཚན་ཐམས་ཅད་ལྷའི་ཐམས་ཅད་ཀྱིས་མཆོད་པ་བྱས། ཤིལ་སྙན་དང་དྲིལ་བ་དང་ ཞེན་པ་དང་བདུང་བ་ཐམས་ཅད་ཀྱིས་ཀྱང་མཆོད་པ་བྱས་ན། བརྒྱ་བྱིན་ཁྱོད་སྙིད་དབང་པོ། ཁྱོད་ཇི་སྙམ་དུ་སེམས། རིགས་ཀྱི་བུའམ་རིགས་ཀྱི་བུ་མོ་དེ་དག་དེའི་ཕྱིར་བསོད་ནམས་མང་དུ་འཕེལ།

翻译：舍利塔分别完成后，在一劫、劫尽头，以一切花、香、宝幢和一切天人全部击钹、摇铃、吟唱、击鼓进行供养。帝释天，你内心如何看待善男子、善女人在此中的诸多功德？

对应鸠摩罗什译本内容："以一一全身舍利起七宝塔——纵广一四天下，高至梵天，表刹庄严——以一切华香、璎珞、幢幡、伎乐微妙第一，若一劫、若减一劫，而供养之，于天帝意云何，其人植福宁为多不？"[1]

结束于：

འདི་ལྟར་ལྷའི་དབང་པོ་སྨན་གྱི་རྒྱལ་པོ། ཡང་དག་པར་གཤེགས་པ་དག་བཅོམ་བ་ཡང་དུག་ཙོག་དཔའི་སངས་རྒྱས། དེ་སྐུའི་ཚེ་ཆད་ནི། བསྐལ་པ་བར་མ་ནི་ཉི་ཤུའི་བར་དུ་ཐུབ། དེའི་ཉན་ཐོས་ཀྱི་དགེ་འདུན་རྣམས་ནི་བྱེ་བ་ཁྲག་ཁྲིག་སུམ་ཅུ་རྩ་དྲུག་ཡོད་དེ། བྱང་ཆུབ་སེམས་དཔའི་དགེ་འདུན་ནི་བྱེ་བ་ཕྲག་བཅུ་གཉིས་ཡོད་དོ། །ལྷའི་དབང་པོ་དེའི་དུས་ན་དེ་ཚེ་འཁོར་ལོས་སྒྱུར།

翻译：因此，帝释天，药王如来、应正等觉，其寿命能至二十中劫。有声闻诸僧团三十六亿，有菩萨僧团十二亿。帝释天，那时呢有转轮王……

对应鸠摩罗什译本内容："佛寿二十小劫。其声闻僧三十六亿那由他，菩萨僧有十二亿。天帝！是时有转轮圣王……"[2]

③写本特征

本卷书写方式和此前诸写本相同，较多出现 11 世纪前期写本中常见的反写元音"ི"、基字中清浊音互换和使用再后加字的用法。在内容上也出现较明显不同，具体详见本章关于抄本分期的第一期相关内容。

（2）P.t.611

①基本形态

梵夹装，共 1 纸，每面 6 行，双面抄写《维摩诘经》第十一品《显示取妙喜世界和不动如来品》结尾部分和第十二品《过去的安排和委托正法品》开端部分。对应鸠摩罗

---

[1]（后秦）鸠摩罗什译：《维摩诘所说经》，《大正新修大藏经》第 14 册，第 556 页上。
[2]（后秦）鸠摩罗什译：《维摩诘所说经》，《大正新修大藏经》第 14 册，第 556 页中。

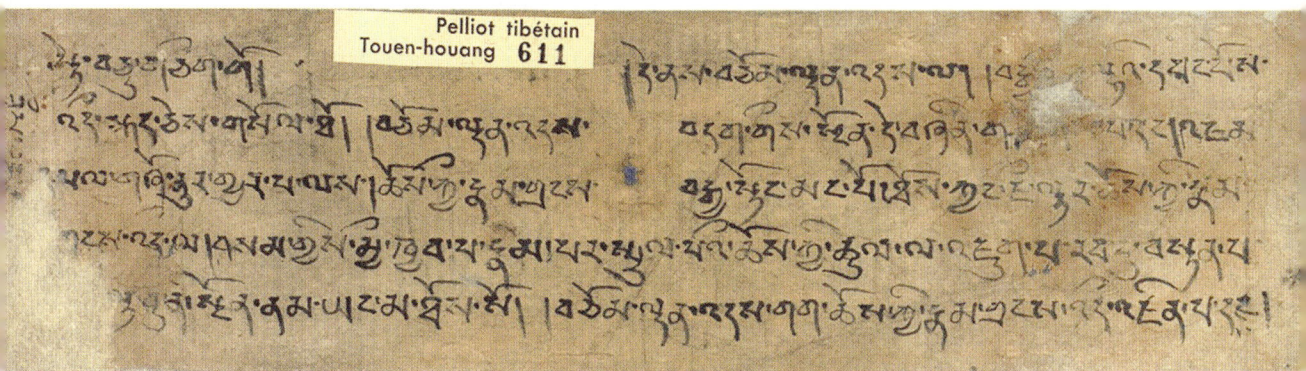

图 5-6　法藏敦煌遗书P.t.611 藏文《维摩诘经》背面

采自 国际敦煌项目（IDP）：http://idp.bl.uk

什译本第十二品《见阿閦品》结尾部分和第十三品《法供养品》开端部分。收藏单位误将本卷编号标签标于背面（图 5-6）。

②抄写起止

开始于第十一品《显示取妙喜世界和不动如来品》结尾部分：

ཐམས་ཅད་ཡོངས་སུ་བཟུང་བ་ལགས་སོ། །གག་ཅིག་གི་རྣམ་གྲངས་འདི་ལས། ཆོས་ཀྱི་རྣམ་གྲངས་ཀྱི་ཚིགས་སུ་བཅད་པ་ གཅིག་ཙམ་དང་།

སྟོན་པའི་ཆོས་ཙམ་ཡང་གཞན་ལ་སྟོན་པ་དེ་དག་ནི་ཆོས་ཀྱི་མཆོད་སྦྱིན་ཆེན་པོ་མཆོང་བ་ལགས་སོ།

།གག་གིས་ཆོས་ཀྱི་རྣམ་གྲངས་འདི་ལ་བཟོད་པ་དང་མོས་པ་དང་བློ་གྲོས་དང་ཕྱོག་དང་སྤྱ་བ་དང་།

ཤིན་ཏུ་དང་བར་བྱུང་བ་དེ་ནི་དེ་ཉིད་དེ་དག་ཡང་བསྒྲུབ་པ་ལགས་སོ། །མཐོན་བར་དགའ་བའི་འཇིག་རྟེན་གྱི་ཁམས་བླ་ནས་པ་དང་

ྒྱི་འཁྱགས་པ་དེ་བཞིན་གཤེགས་པ་བསྟན་པ་ཞེས་བྱ་ཟྟེ་བཅུ་གཅིག་གོ །

翻译：获得一切的（功德）。此外，依据各种法的类别，为他人解说仅一首四句的颂言或仅戒律的字句呢，就是做了盛大的法供养。全心全意地对各种法坚持、崇信、理解、思考、审视，也同样获得授记。

对应鸠摩罗什译本《见阿閦佛品》内容："取一切智；若能信解此经，乃至一四句偈，为他说者，当知此人即是受阿耨多罗三藐三菩提记。"[1]

结束于第十二品《过去的安排和委托正法品》开端处：དེ་ནས་བཅོམ་ལྡན་འདས་ལ། །བྱང་ཆེན་བྱེད་ཀྱིད་

---

[1] (后秦)鸠摩罗什译：《维摩诘所说经》，《大正新修大藏经》第 14 册，第 555 页下。

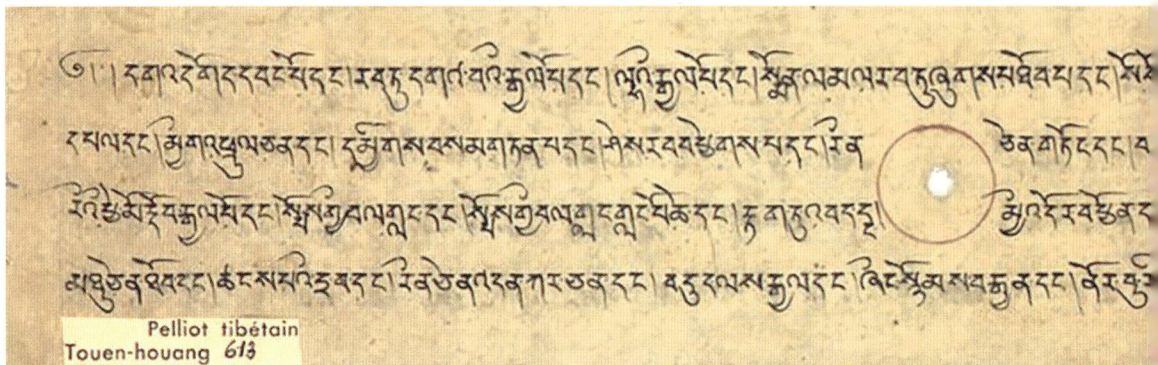

དབང་པོས་འདི་སྐད་ཅེས་གསོལ་ཏོ། །བཅོམ་ལྡན་འདས་བདག་གིས་སྔོན་དེ་བཞིན་གཤེགས་པ་དང་། འཇམ་དཔལ་གཞོན་ནུར་གྱུར་པ་ལས།

ཆོས་ཀྱི་རྣམ་གྲངས་བརྒྱ་སྟོང་མང་པོ། ཐོས་ཀྱང་ཇི་ལྟར་ཆོས་ཀྱི་རྣམ་གྲངས་འདི་ལ།

བསམ་གྱིས་མི་ཁྱབ་པ་རྣམ་པར་སྤྲུལ་པའི་ཆོས་ཀྱི་ཚུལ་ལ་འཇུག་པ་ར་རབ་ཏུ་བསྟན་པ་འདི་ལྟ་ནི་སྔོན་ནས་ཡང་མ་ཐོས་སོ།།

བཅོམ་ལྡན་འདས་གལ་ཆོས་ཀྱི་རྣམ་གྲངས་འདི་འཛིན་པ་དང་།

翻译：然后帝释天对世尊作如是说：世尊，以前从如来和文殊师利童子（这里）听了多达百千种法，然而为什么在那么多的法中，以前没有听过这样不可思议、富有变化法门的特别开示呢？掌握世尊各种法……

对应鸠摩罗什译本《法供养品》："尔时释提桓因于大众中白佛言：世尊！我虽从佛及文殊师利闻百千经，未曾闻此不可思议、自在神通、决定实相经典。如我解佛所说义趣……"[1]

③写本特征

本卷的书写方面存在较多反写元音"◌ྀ"，仅出现一处基字中清浊音替换，使用再后加字的用法并未出现。因此，写本的抄写时代虽早于11世纪，但也应该相距不远。

另外，本卷背面《显示取妙喜世界和不动如来品》结束部分，与鸠摩罗什译本相应内容表述有异，但和《甘珠尔·维摩诘经》内容基本可以对应，同样与布达拉宫藏梵文本《维摩诘经》相应内容一致。[2]这说明P.t.611所据译本与现存《甘珠尔》中《维摩诘经》及布达拉宫藏梵文本较为接近。

---

① (后秦)鸠摩罗什译：《维摩诘所说经》，《大正新修大藏经》第14册，第556页上。
② 黄宝生译注：《梵汉对勘维摩诘所说经》，第342页。

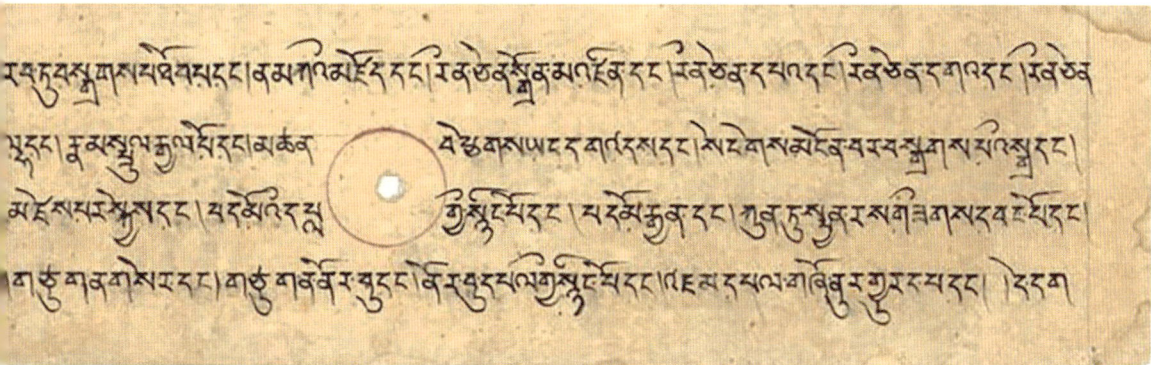

图 5-7 法藏敦煌遗书P.t.613藏文《维摩诘经》第一纸

采自 国际敦煌项目（IDP）：http://idp.bl.uk

（3）P.t.613

①**基本形态**

梵夹装，共19纸，每纸四行，双面抄写藏文《维摩诘经》，现存内容可分为8个片段，抄写内容无重复，应为原本完整抄本的零散保存页面。本卷19纸中，第1—5、9—12、19纸保存完整，第6—8、13—18纸可能因水浸等原因，仅保存左半部分。现有内容为前四品即《叙述佛国净土缘起品》至《问疾品》之间的片段（图5-7）。抄写文句与现存《甘珠尔·维摩诘经》内容差异之处较多，但文意大体相同。经重新整理，各纸对应中华大藏经《甘珠尔》排列顺序如下：

《叙述佛国净土缘起品》：抄写3个片段，共7纸半：第1—5、6、7—8纸正面；①

《不可思议方便善巧品》：抄写1个片段，共7纸半：第8纸背面—第12纸背面；②

《弟子与菩萨品》：抄写5个片段，共6纸：第13—14、15、16、17、18纸；③

---

① ཆོས་ཉིད་ཚུལ་ཁྲིམས། འཕགས་པ་དྲི་མ་མེད་པར་གྲགས་པས་བསྟན་པ་ཞེས་བྱ་བ་ཐེག་པ་ཆེན་པོའི་མདོ།《中华大藏经·甘珠尔》（藏文对勘本）第60册，第461页中—468页上、第471页上—472页上、第473页中—474页下。

② ཆོས་ཉིད་ཚུལ་ཁྲིམས། འཕགས་པ་དྲི་མ་མེད་པར་གྲགས་པས་བསྟན་པ་ཞེས་བྱ་བ་ཐེག་པ་ཆེན་པོའི་མདོ།《中华大藏经·甘珠尔》（藏文对勘本）第60册，第475页上—479页下。

③ ཆོས་ཉིད་ཚུལ་ཁྲིམས། འཕགས་པ་དྲི་མ་མེད་པར་གྲགས་པས་བསྟན་པ་ཞེས་བྱ་བ་ཐེག་པ་ཆེན་པོའི་མདོ།《中华大藏经·甘珠尔》（藏文对勘本）第60册，第481页上—483页中、第489页上—第490页上、第492页中—第493页中、第499页中—第500页中、第503页下—第505页上。

《问疾品》：抄写 1 个片段，共 1 纸：第 19 纸。①

②抄写起止

第 1 纸开始于《叙述佛国净土缘起品》中介绍护持毗耶离城三万二千菩萨的名称：

དགའ་དགོང་དབང་པོ་དང་རབ་ཏུ་དགའ་བའི་རྒྱལ་པོ་དང་། ལྷའི་རྒྱལ་པོ་དང་སྨོན་ལམ་ལ་རབ་ཏུ་ཞུགས་ལ་ཐོབ་པ་དང་།

སོ་སོ་ཡང་དག་པར་རིག་པ་རབ་ཏུ་བསྐྱངས་པ་ཐོབ་པ་དང་། ནམ་མཁའི་མཛོད་དང་རིན་ཅེན་སྒྲོན་མ་འཛིན་དང་རིན་ཅེན་དཔའ་དང་།

རིན་ཅེན་དགའ་དང་། རིན་ཅེན་དཔལ་དང་།

翻译：喜天菩萨、喜王菩萨、天王菩萨、能行愿菩萨、无障碍菩萨、虚空藏菩萨、执宝炬藏菩萨、宝勇菩萨、宝喜菩萨、宝吉祥菩萨……

对应鸠摩罗什译本《佛国品》内容："喜王菩萨、辩音菩萨、虚空藏菩萨、执宝炬菩萨、宝勇菩萨、宝见菩萨、帝网菩萨、明网菩萨、无缘观菩萨、慧积菩萨、宝胜菩萨、天王菩萨……"②

第 19 纸背面结束语：

དེ་ལ་འཇམ་དཔལ་ནྱུང་ཚུལ་སེམས་དཔའ་ན་བའ། དེ་ལྟར་ཚོས་དེ་དག་ལ་འཇལ་པར་བསམ་པར་བྱ་སྟེ། གང་ལུས་དང་སེམས་དང་།

ནད་ལ་མི་རྟག་པ་དང་། སྡུག་བསྔལ་བ་དང་། སྟོང་པ་དང་ཁདག་མེད་པར་རྟོག་པ་དེ་ནི་དེ་ཤེས་རབ་བོ། །གང་ཡང་ལུས་ཀྱི་ནད་ཡོངས་སུ་སྦྱོང་བས།

མི་སྐྱོ་སྟེ། འཁོར་བའི་རྒྱུན་མི་གཅོད་ཅིང་སེམས་ཅན་གྱི་དོན་སྤྱོད་ལ་རྩོལ་བ་ནི་འདི་ན་དེའི་ཐབས་སོ། །གཞན་ཡང་ལུས་དང་སེམས་དང་།།

翻译：因此，文殊，那些患病菩萨应该像这样真正的思考佛法。以无常、苦、空、无我思考任何身、心、疾病呢，即是智慧。不厌倦消除任何身体的一切疾病，不切断轮回的连续性，而致力于众生的共同利益呢，即是方便。另外，身体和内心……

对应鸠摩罗什译本《文殊师利问疾品》内容："文殊师利！彼有疾菩萨，应如是观诸法。又复观身无常、苦、空、非我，是名为慧，虽身有疾，常在生死，饶益一切，而不厌倦，是名方便；又复观身，身不离病……"③

③写本特征

本卷存在大量反写元音"ི"和基字中清浊音替换的现象，时代上应早于 11 世纪。经比对，本卷与《甘珠尔·维摩诘经》内容基本一致。通过整体内容梳理，本卷内容可能与英藏IOL.Tib.J.VOL.19-4 为同一写本的分散收藏编号，具体详见下文"法藏P.t.613

---

① ཚོས་ཞིང་ཚུལ་ཁྲིམས་འཕགས་པ་དོ་མི་མེད་པར་གྲགས་པས་བསྒྱུར་བ་ཞེས་བྱ་བ་བ་ཞུག་པ་ཆེན་པོའི་མདོ《中华大藏经·甘珠尔》（藏文对勘本）第 60 册，第 522 页下—第 523 页下。

② （后秦）鸠摩罗什译：《维摩诘所说经》，《大正新修大藏经》第 14 册，第 537 页中。

③ （后秦）鸠摩罗什译：《维摩诘所说经》，《大正新修大藏经》第 14 册，第 545 页中。

与英藏IOL.Tib.J.VOL.19-4 的缀合整理"部分。

（4）P.t.2203

①基本形态

卷轴装，共1个长卷，首尾残破，中间保存完好，分30栏单面连续抄写藏文《维摩诘经》第一品《叙述佛国净土缘起品》中部至第三品《声闻和菩萨推辞问疾品》中部的内容，与现存《甘珠尔·维摩诘经》内容大体一致（图5-8）。

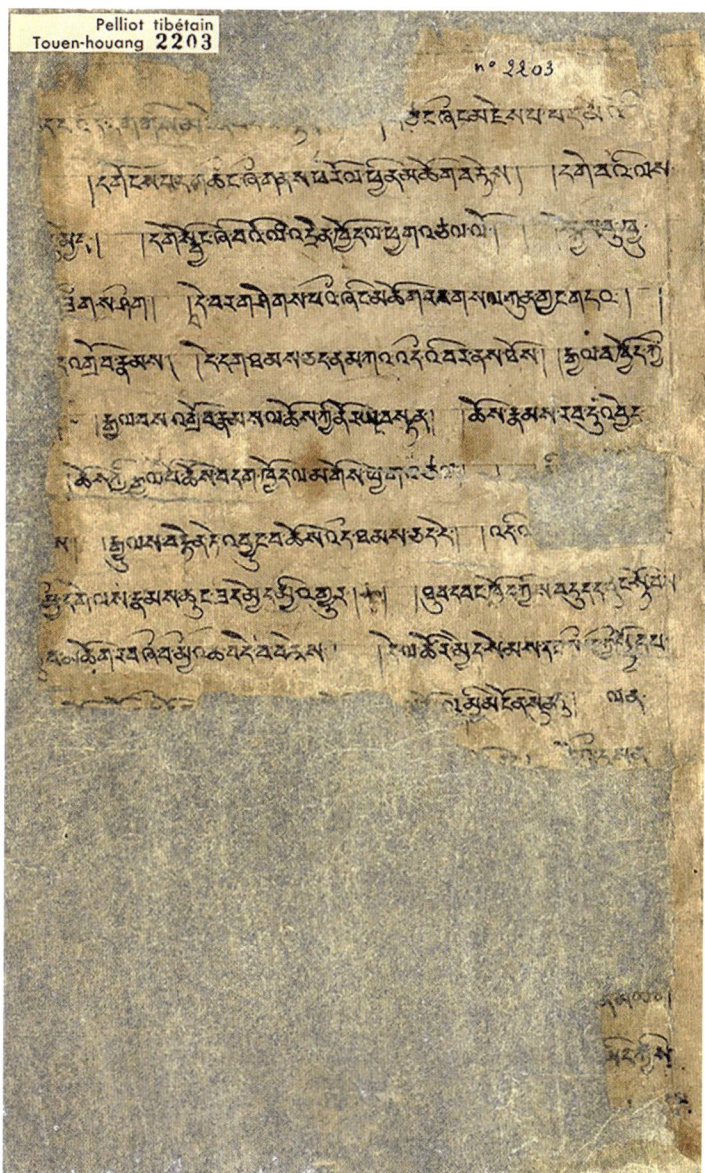

图 5-8　法藏敦煌遗书P.t.2203
藏文《维摩诘经》卷首

②抄写起止

开始于《叙述佛国净土缘起品》中长者子宝积以偈言赞颂佛的开端部分：བཅད་པ་འདི། དག་གིས་མཛེས་□□□□□ ॥རང་ཞིང་མཛེས་པ་དང་□□□□□ ॥ དགོངས་པ་དག་ཅིན་ཞི་གནས་པ་རོ་ཕྱིན་མཆོག་བརྩེས། །དགེ་བའི་ལམ་□□ □□□□ཉིད། །དགེ་སློང་ཞ་བ་བའི་འདྲེན་ཁྱོད་ལ་ཕྱག་འཚལ་ལོ།॥

翻译：赞颂：清净且庄严的莲花……，思想清净并且到达庄严的寂静彼岸。善行……无法，沙门解脱的向导，向您顶礼！

对应鸠摩罗什译本《佛国品》内容："（于是长者子宝积即于佛前），以偈颂曰：目净修广如青莲，心净已度诸禅定，久积净业称无量，导众以寂故稽首。"①

结束于《声闻和菩萨推辞问疾品》五百声闻弟子向佛推辞不堪前往维摩诘处问疾：དེ་བཞིན་དུ། ཉན་ཐོས་ལྔ་བརྒྱ་ཚམས་ཁྱི་སྐྱེ། □□□ □□□ གིས། །རང་གི་སློབས་པ་བཅོམ་ལྟན་འདས་ལ་གསོལ་ཏེ། །གང་ལོང་ཚ་ཕྱི་དེ་མ་ཁྱད་པར། □□□ གཏམ་ཆ་བ་དེ་ཐམས་ཅད་ཀྱང་བཅོམ་ལྟན་འདས་ལ་གསོལ་ཏོ།॥

翻译：如此，大约五百声闻向佛禀告，自己的辩材不□□，同样向佛禀告毗耶离城无垢称所有的谈话。

དེ་བཞིན་དུ། ཉན་ཐོས་ལྔ་བརྒྱ་ཚམས་ཁྱི་སྐྱེ། □□□ གིས། །རང་གི་སློབས་པ་བཅོམ་ལྟན་འདས་ལ་གསོལ་ཏེ། །གང་ལོང་ཚ་ཕྱི་དེ་མ་ཁྱད་པར། □□□ གཏམ་ཆ་བ་དེ་ཐམས་ཅད་ཀྱང་བཅོམ་ལྟན་འདས་ལ་གསོལ་ཏོ།॥

对应鸠摩罗什译本《弟子品》结束部分："如是五百大弟子个个向佛说其本缘，称述维摩诘所言，皆曰不任诣彼问疾。"②

③写本特征

和前述各卷大体相同，本卷中出现大量反写元音"ཨ"、基字中清浊音替换的用法，抄写时代早于11世纪。经比对，本卷抄写内容及若干语句结合用词与P.t.613有较多相似之处，二者可能依据了同一译本。

三、法藏P.t.613与英藏IOL.Tib.J.VOL.19-4的缀合整理

通过整体内容梳理，我们认为法藏P.t.613与英藏IOL.Tib.J.VOL.19-4应当为同一抄本的两处分散收藏编号。理由如下：

①（后秦）鸠摩罗什译：《维摩诘所说经》，《大正新修大藏经》第14册，第537页中。
②（后秦）鸠摩罗什译：《维摩诘所说经》，《大正新修大藏经》第14册，第542页上。

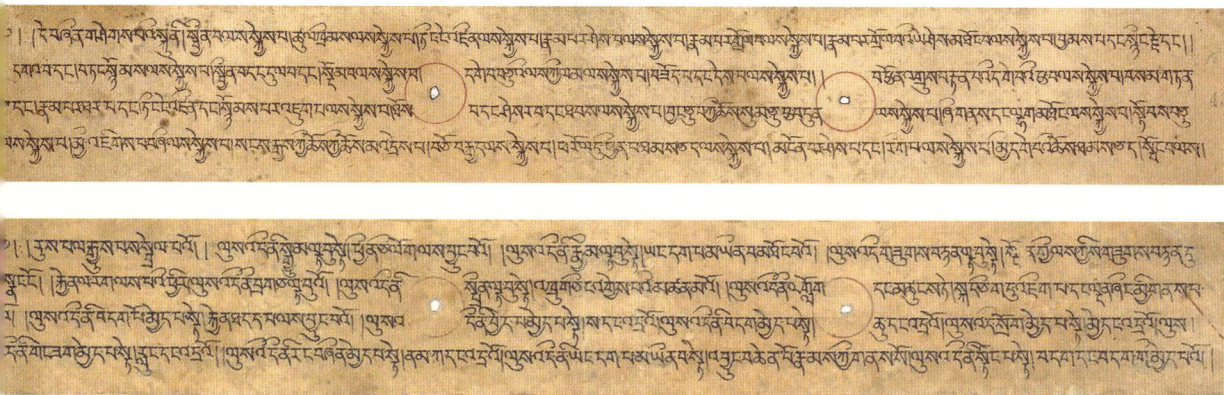

图 5-9　IOL.Tib.J.VOL.19-4 第 12 纸正面、P.t.613 第 15 纸正面对比

采自 国际敦煌项目（IDP）：http://idp.bl.uk

1.本卷书写形态和抄写方式与IOL.Tib.J.VOL.19 基本一致，皆为双面抄写、每纸四行、每纸两孔、每纸正面右侧有竖分界栏（图 5-9）；

2.P.t.613 全部 19 纸内容与IOL.Tib.J.VOL.19-4 几乎无重合之处；

3. P.t.613 所抄写内容较为分散，可区分为 8 个片段，与IOL.Tib.J.VOL.19 有相似之处，且两个抄本的片段之间存在多达 11 处的衔接处，经缀合整理，参照《中华大藏经·甘珠尔·维摩诘经》，相关内容大体可分为《叙述佛国净土缘起品》至《问疾品》之间的五个片段：

《叙述佛国净土缘起品》

1.IOL.Tib.J.VOL.19-4 第 1 纸[①]；

2.P.t.613 第 1—5 纸[②]；

3.IOL.Tib.J.VOL.19-4 第 17 纸+P.t.613 第 6 纸[③]；

[①] ཆོས་ཉིད་ཆུལ་ཁྲིམས། འདགགས་པ་དྟེ་མ་མེད་པར་གྲགས་པས་བསྒྱུན་པ་ཞེས་བ་ཐེག་པ་ཆེན་པོའི་མདོ།《中华大藏经·甘珠尔》第60册，第458—460页上。

[②] ཆོས་ཉིད་ཆུལ་ཁྲིམས། འདགགས་པ་དྟེ་མ་མེད་པར་གྲགས་པས་བསྒྱུན་པ་ཞེས་བ་ཐེག་པ་ཆེན་པོའི་མདོ།《中华大藏经·甘珠尔》第60册，第461页中—468页上。

[③] ཆོས་ཉིད་ཆུལ་ཁྲིམས། འདགགས་པ་དྟེ་མ་མེད་པར་གྲགས་པས་བསྒྱུན་པ་ཞེས་བ་ཐེག་པ་ཆེན་པོའི་མདོ།《中华大藏经·甘珠尔》第60册，第470页上—472页上。

4.第 7 纸+P.t.613 第 8 纸正面①。

《不可思议方便善巧品》完整：

P.t.613 第 8 纸背面+P.t.613 第 9—12 纸+IOL.Tib.J.VOL.19–4 第 18 纸②。

《弟子与菩萨品》

1.P.t.613 第 13、14 纸+IOL.Tib.J.VOL.19–4 第 11、10 纸③；

2.IOL.Tib.J.VOL.19–4 第 13 纸+P.t.613 第 15 纸+IOL Tib L 181 第 12、5 纸+P.t.613 第 16 纸+IOL.Tib.J.VOL.19–4 第 20、21 纸④；

3.IOL.Tib.J.VOL.19–4 第 6、7 纸+P.t.613 第 17 纸⑤；

4.P.t.613 第 18 纸+IOL Tib L 181 第 8、9、15、22、4、3、19 纸⑥。

《问疾品》

1.IOL.Tib.J.VOL.19–4 第 25 纸⑦；

2.IOL.Tib.J.VOL.19–4 第 26、23、14、2 纸+P.t.613 第 19 纸⑧。

综上，P.t.613 应与 IOL.Tib.J.VOL.19–4 为同一卷的分散保存形态。从书写形态观察，二者都存在大量反写元音"ཱི"、清音浊音替换以及前后重复字母简写的用法。诸如将"菩萨"一词"བྱང་ཆུབ་སེམས་དཔའ"，全部写为"བྱང་ཆུབ་སེམས་དཔ"，全部一词"ཐམས་ཅད"写为"ཐམས་ཆད"等，

① ཆོས་ཉིད་ཚུལ་ཁྲིམས། འཕགས་པ་དྲི་མ་མེད་པར་གྲགས་པས་བསྟན་པ་ཞེས་བྱ་བ་ཐེག་པ་ཆེན་པོའི་མདོ《中华大藏经·甘珠尔》第 60 册，第 473 页中—474 页下。

② ཆོས་ཉིད་ཚུལ་ཁྲིམས། འཕགས་པ་དྲི་མ་མེད་པར་གྲགས་པས་བསྟན་པ་ཞེས་བྱ་བ་ཐེག་པ་ཆེན་པོའི་མདོ《中华大藏经·甘珠尔》第 60 册，第 475 页上—481 页上。

③ ཆོས་ཉིད་ཚུལ་ཁྲིམས། འཕགས་པ་དྲི་མ་མེད་པར་གྲགས་པས་བསྟན་པ་ཞེས་བྱ་བ་ཐེག་པ་ཆེན་པོའི་མདོ《中华大藏经·甘珠尔》第 60 册，第 481 页上—485 页下。

④ ཆོས་ཉིད་ཚུལ་ཁྲིམས། འཕགས་པ་དྲི་མ་མེད་པར་གྲགས་པས་བསྟན་པ་ཞེས་བྱ་བ་ཐེག་པ་ཆེན་པོའི་མདོ《中华大藏经·甘珠尔》第 60 册，第 488 页上—496 页上。

⑤ ཆོས་ཉིད་ཚུལ་ཁྲིམས། འཕགས་པ་དྲི་མ་མེད་པར་གྲགས་པས་བསྟན་པ་ཞེས་བྱ་བ་ཐེག་པ་ཆེན་པོའི་མདོ《中华大藏经·甘珠尔》第 60 册，第 497 页上—500 页中。

⑥ ཆོས་ཉིད་ཚུལ་ཁྲིམས། འཕགས་པ་དྲི་མ་མེད་པར་གྲགས་པས་བསྟན་པ་ཞེས་བྱ་བ་ཐེག་པ་ཆེན་པོའི་མདོ《中华大藏经·甘珠尔》第 60 册，第 503 页下—512 页下。

⑦ ཆོས་ཉིད་ཚུལ་ཁྲིམས། འཕགས་པ་དྲི་མ་མེད་པར་གྲགས་པས་བསྟན་པ་ཞེས་བྱ་བ་ཐེག་པ་ཆེན་པོའི་མདོ《中华大藏经·甘珠尔》第 60 册，第 514 页上—515 页上。

⑧ ཆོས་ཉིད་ཚུལ་ཁྲིམས། འཕགས་པ་དྲི་མ་མེད་པར་གྲགས་པས་བསྟན་པ་ཞེས་བྱ་བ་ཐེག་པ་ཆེན་པོའི་མདོ《中华大藏经·甘珠尔》第 60 册，第 517 页中—523 页下。

属于浊音ᦴ和清音ᦴ的替换使用；将"年轻的"一词"གཞིན་ནུ"简写为"གཞིནུ"等，属于前后重复字母简写的用法。这些都是典型的吐蕃时期藏文书写方式，书写时代早于 11 世纪，可能为吐蕃或晚唐时期的抄本。

四、敦煌藏文遗书《维摩诘经》抄本的分期

前述 8 件藏文《维摩诘经》的抄本，多数与《甘珠尔·维摩诘经》中相应内容保持一致，甚至大体可以逐句对应，依据其对应方式和书写习惯，可将之分为三期：

第一期，共 1 件：P.t.610

抄本逐段与《甘珠尔·维摩诘经》相应内容对应，具体文句，甚至专有名词译法与《翻译名义大集》中的通行规范有异。抄写内容中出现大量反写元音"ི"、基字中清浊音替换及再后加字等，应当代表了藏文《维摩诘经》中最早的一种翻译版本，可能不晚于 9 世纪初，抄写时间应当也距此不远。

书写方式和此前诸抄本相同，较多出现 11 世纪前期常见的反写元音"ི"、基字中清浊音互换和使用再后加字的用法。在内容上也出现较明显不同，正如上一部分关于开始和结束部分的记录，不同于此前英藏诸抄本，本卷与鸠摩罗什译本相应内容不能完全对应，将之与玄奘及黄宝生先生的汉译本对照，也是类似的情形。与《甘珠尔》中收录的《维摩诘经》相比对，亦是大体接近，且用词差异较大，翻译过程似乎以整段意译为主。其中较为明显的部分，诸如涉及舍利塔供养方式的描述时，本卷为：

ཐུའི་བ་ཐམས་ཅད་ཀྱིས་མཆོད་པ་བྱས། སིལ་སྙན་དང་དཀྲོལ་བ་དང་ཞེན་པ་དང་བཏུང་བ་ཐམས་ཅད་ཀྱིས་ཀུང་མཆོད་པ་བྱས་ན།①

翻译：一切天人皆击钹、摇铃、吟唱、击鼓进行供养。

《甘珠尔·维摩诘经》相应内容则较为简略：

ﾃ་དང་སིལ་སྙན་རྣམས་བཏུངས་ཏེ་མཆོད་ན།②

翻译：击打各种鼓和钹进行供养。

再如涉及佛的名号时，本卷所述内容不及《甘珠尔·维摩诘经》完备，以释迦向帝释天讲述药王如来时为例，本卷为：

---

① 西北民族大学，上海古籍出版社，法国国家图书馆编：《法国国家图书馆藏敦煌藏文文献》(7)，2015 年，第 165 页。

② ཆོས་ཞེན་ཚུལ་ཁྲིམས་འཕགས་པ་དེ་མ་མེད་པར་གྱགས་པས་བསྟེན་པ་ཞེས་བྱ་ཟེག་པ་ཆེན་པོའི་མདོ《中华大藏经·甘珠尔》第 60 册，第 606 页中。

འདི་སླད་ཅིའི་དབང་པོ་སྨན་གྱི་རྒྱལ་པོ། ཡང་དག་པར་གཤེགས་པ་དགྲ་བཅོམ་པ་གཡུང་དུང་རྟོགས་པའི་སངས་རྒྱས། དེ་སྐུའི་ཚེ་ཚད་ནི། བསྐལ་པ་བར་མ་ཉེ་ཤུའི་བར་དུ་ཐུབ།①

翻译：因此，帝释天，药王、如来、应供、正等觉，其寿命能至二十劫。

同处内容，《甘珠尔·维摩诘经》中为：

དེ་བཞིན་གཤེགས་པ་དགྲ་བཅོམ་པ་ཡང་དག་པར་རྟོགས་པའི་སངས་རྒྱས་སྨན་གྱི་རྒྱལ་པོ་དེའི་ཚེའི་ཚད་ནི་བར་གྱི་བསྐལ་པ་ཉི་ཤུར་གྱུར་ཏོ།།②

翻译：如来、应供、正等觉、药王的寿命能至二十劫。

在佛名号的翻译上，将"如来"译为"ཡང་དག་པར་གཤེགས་པ"，《甘珠尔》中为"དེ་བཞིན་གཤེགས་པ"；将"应供、正等觉"译为"ཡང་དག་པར་གཤེགས་པ་དགྲ་བཅོམ་པ་གཡུང་དུང་རྟོགས་པའི་སངས་རྒྱས"，《甘珠尔》中为"དགྲ་བཅོམ་པ་ཡང་དག་པར་རྟོགས་པའི་སངས་རྒྱས"。此外，还有将"明行足"译为མཆེན་པ་དང་ཁང་བར་ལྡན་པ，《甘珠尔》中为རིག་པ་དང་ཞབས་སུ་ལྡན་པ，将"天人师"译为ལྷ་དང་མི་མཁན་པོ，《甘珠尔》中为དང་མི་རྣམས་ཀྱི་སྟོན་པ。在涉及佛的名号的翻译时，如此众多的差异，表明本卷所抄写之译本应为早期翻译规范尚未完全确立之时所作。佛的名号作为规范术语，吐蕃译经早期即制定过规范性文本进行说明，赤祖德赞（赤热巴坚）在位时期（815—841），邀请印度高僧和藏地著名译师对此前的译经进行修订，并对翻译方法和用词进行了规范，将当时藏文佛教典籍中词汇进行收集整理，编成梵藏对照佛学词典《བྱེ་བྲག་ཏུ་རྟོགས་པར་བྱེད་པ་ཆེན་པོ》即《翻译名义大集》③。诸佛名号为该词典开篇最先说明的部分，在词条中第 7 条"明行足"对应为རིག་པ་དང་ཞབས་སུ་ལྡན་པ；第 11 条"天人师"对应为དང་མི་རྣམས་ཀྱི་སྟོན་པ④。因此，P.t.610 所据译本的翻译时间应当早于《翻译名义大集》的编订，类似的情形在其他各卷相对不甚明显，因此P.t.610 的抄写时间可能也早于英法藏其他各卷。

综上，该卷虽与其余各卷内容无重叠之处，但所抄写内容与现存传世汉藏译本有明显的出入，应当为另一种翻译版本。若将前述英藏各卷与传世《甘珠尔》文本进行对照，二者之间虽有出入，但《甘珠尔》本多为对IOL.Tib.J.VOL.19-4、IOL.Tib.J.182 等卷在用词方面的修订，类似于汉译本中鸠摩罗什译本和玄奘译本的关系。而本卷P.t.610 与《甘

① 西北民族大学，上海古籍出版社，法国国家图书馆编：《法国国家图书馆藏敦煌藏文文献》第 7 册，第 165 页。

② ཚེས་ཉིད་རྒྱལ་ཁྲིམས། འཕགས་པ་དྲི་མ་མེད་པར་གྲགས་པས་བསྟན་པ་ཞེས་བྱ་བ་ཐེག་པ་ཆེན་པོའི་མདོ《中华大藏经·甘珠尔》第 60 册，第 607 页中。

③ 张运珍：《〈翻译名义大集〉一藏文双语辞书的发端》，《中国藏学》2013 年第 1 期，第 177—178 页。

④（日）石滨裕美子、福田洋一：《新訂翻訳名義大集》，东京：东洋文库，1989 年，第 1 页。

珠尔》相比，则更多表现为用词甚至表述方式的差异，类似于汉译本中支谦译本和鸠摩罗什、玄奘译本之间的关系。因此，我们初步认为，P.t.610 的抄写应当是基于非英藏诸抄本的版本，时代也更早，应为 8 世纪上半叶。

第二期，共 6 件：英藏IOL.Tib.J.VOL.19-4、IOL.Tib.J.182、IOL.Tib.J.VOL.34-5 和法藏P.t.611、P.t.613、P.t.2203

抄本大体逐句与《甘珠尔·维摩诘经》相应内容对应，但具体的表述方式和用词方面存在较多差异。其中IOL.Tib.J.VOL.19-4 中保留了经名《འཕགས་པ་དྲི་མ་མེད་པར་གྲགས་པས་བསྟན་པ་ཞེས་བྱ་བ་ཐེག་པ་ཆེན་པོའི་མདོ》与《甘珠尔》所收录经名完全一致，不同于《旁塘目录》（དཀར་ཆག་འཕང་ཐང་མ）所记录的《འཕགས་པ་དྲི་མ་མེད་པར་གྲགས་པས་བསྟན་པ》。因此，现在《甘珠尔》中收录的《维摩诘经》的译本应当是在第二期抄本所据译本的基础上修订而来。另外，本分期下各卷之间的重复部分虽然大体相似，但句尾结束词存在差异，诸如各品结束部分，以第二品结束部分为例，IOL Tib J 181 为གཉིས་སྩོ，IOL Tib J 182 为གཉིས་སོ，P.t.2203 为གཉིས་པའོ，现存《甘珠尔·维摩诘经》为གཉིས་པའོ。这种差异可能缺乏严格的抄写规范，受不同时期的抄写习惯影响所致。这些抄本中同样出现大量反写元音"ྀ"、基字中清浊音替换及再后加字等，因此其时代下限不晚于第三次藏文书写规范厘定的 11 世纪初，上限则应当晚于P.t.611 书写的 9 世纪初，整体应当是吐蕃统治敦煌后期至晚唐五代宋之间，多次抄写活动的内容留存。

本期内容虽与传世《甘珠尔·维摩诘经》大体相同，但并非同一个版本。文中有若干处异文可资比较，我们以IOL.Tib.J.VOL.19-4《叙述佛国净土缘起品》开端部分较为明显的一处异文进行说明：

བཅོམ་ལྡན་འདས་ཡངས་པའི་གྲོང་ཁྱེར་གྱི་ཨ་འབྲ་ལྡུང་བའི་ཚལ་ན། དགེ་སློང་བརྒྱད་སྟོང་གི་དགེ་སློང་གི་དགེ་འདུན་ཆེན་པོ་དང་

ཐབས་གཅིག་ཏུ་བཞུགས་སོ། །བྱང་ཆུབ་སེམས་དཔའ་སུམ་ཁྲི་ཉི་སྟོང་དང་ཡང་ཐབས་གཅིག་སྟེ།[1]

翻译：那时佛在"广大城"（首都）有护卫的芒果树园，和八千比丘的大僧团一起居住。三万二千菩萨也共一处，……

鸠摩罗什译本对应为："一时，佛在毗耶离庵罗树园，与大比丘众八千人俱，菩萨三万二千……"[2]

---

① 西北民族大学、上海古籍出版社、英国国家图书馆编：《英国国家图书馆藏敦煌西域藏文文献》第2册，第193页。

② （后秦）鸠摩罗什译：《维摩诘所说经》，《大正新修大藏经》第14册，第537页上。

《甘珠尔·维摩诘经》相应部分，在ཤིང་རྫ་ཆེན་སེམས་དཔའ་སུམ་ཁྲི་ཉིས་སྟོང་དང་ཡང་ཐབས་གཅིག་སྟེ（三万二千菩萨也共一处）之前，增加一段异文，内容如下：

ཐམས་ཅད་ཀྱང་དགྲ་བཅོམ་པ། ཟག་པ་ཟད་པ། ཉོན་མོངས་པ་མེད་པ། དབང་དང་ལྡན་པར་གྱུར་པ། སེམས་ཤིན་ཏུ་རྣམ་པར་གྲོལ་བ།

ཤེས་རབ་ཤིན་ཏུ་རྣམ་པར་གྲོལ་བ། ཅང་ཤེས་པ། གླང་པོ་ཆེན་པོ། བྱ་བ་བྱས་པ། བྱེད་པ་བྱས་པ། ཁུར་བོར་བ། བདག་གི་དོན་རྗེས་སུ་ཐོབ་པ།

སྲིད་པར་ཀུན་ཏུ་སྦྱོར་བ་ཡོངས་སུ་ཟད་པ། ཡང་དག་པའི་ཤེས་པས་སེམས་ཤིན་ཏུ་རྣམ་པར་གྲོལ་བ།

སེམས་ཀྱི་དབང་ཐམས་ཅད་ཀྱི་དམ་པའི་ཕ་རོལ་ཏུ་སོན་པ་ཤ་སྟག་གོ།①

翻译：以及一切阿罗汉，烦恼已尽，离诸杂染，成就自在，使内心完全解脱，使智慧非常完全解脱。如最好的大象已将工作完成，重担已卸，自我目标业已实现，所有的轮回彻底终结。然后令清净的智慧心得到非常完全解脱，到达到了唯一的所有精神力量的最妙彼岸。

此处异文部分，并没在保留第一品的敦煌藏文及传世汉译诸版本的《维摩诘经》中出现，但见于布达拉宫所藏梵文本，黄宝生先生翻译如下：

　　"全都是阿罗汉，灭尽烦恼，清除污染，获得自在，心解脱，智慧解脱，犹如驯良的大象，完成职责，完成应做的事，卸下重担，实现自己的目的，断除生死束缚，心凭正智获得解脱，彻底控制一切思想。"②

除此之外，第二期敦煌藏文《维摩诘经》中其他异文多是翻译方面用词的差异，但出现数量较多，再以IOL.Tib.J.VOL.19-4第19纸（44）正面《弟子和菩萨推辞问疾品》中维摩诘向长者子善德（ལེགས་པར་བྱིན）解说法施之会时，提及：

མོས་པ་དང་ར་དུ་དགའ་བས་མཆོན་པར་བསྒྲུབས་པའི་འཕགས་པ་ལ་བསྙེན་བཀུར་བྱེད་པ་དང་།③

翻译：以虔诚和无上的欢喜供养圆满修行的圣贤。

对应鸠摩罗什译本内容："心净欢喜，起近贤圣。"④

这一部分《甘珠尔·维摩诘经》中表述内容基本一致，但用词有所不同，将མོས་པ་དང་རབ་ཏུ་དགའ་བས（以虔诚和无上的欢喜）转述为དད་པ་དང་མཆོག་ཏུ་དགའ་བ་ལ་བརྟེན་ནས（凭借信念和无上的欢喜）：

① ཆོས་ཉིད་ཆུལ་ཁྲིམས། འཕགས་པ་དྲི་མ་མེད་པར་གྲགས་པས་བསྟན་པ་ཞེས་བྱ་བ་ཐེག་པ་ཆེན་པོའི་མདོ《中华大藏经·甘珠尔》第60册，第458—459页。

② 黄宝生译注：《梵汉对勘维摩诘所说经》，第4页。

③ 西北民族大学、上海古籍出版社、英国国家图书馆编：《英国国家图书馆藏敦煌西域藏文文献》第2册，第193页。

④（后秦）鸠摩罗什译：《维摩诘所说经》，《大正新修大藏经》第14册，第543页下。

དད་པ་དང་མཆོག་ཏུ་དགའ་བ་ལ་བརྟེན་པས་མཆོན་པར་བསྒྲུབས་པའི་འཕགས་པ་ལ་བརྟེན་བཀུར་ཕྱེད་པ་དང་། ①

翻译：凭借信念和无上的欢喜供养圆满修行的圣贤。

类似的用词差异在同期其他各件也有多处出现，这应当并非抄写过程中的随意改写，表明这些抄本相应的底本是不同于现存《甘珠尔·维摩诘经》的另外一种译本，与鸠摩罗什、玄奘译本之原本可能较为接近，而现存《甘珠尔·维摩诘经》原本则与布达拉宫藏梵文本《维摩诘经》更为接近。但整体而言，由于IOL.Tib.J.VOL.19-4等第二期敦煌藏文《维摩诘经》和《甘珠尔·维摩诘经》的相似之处仍是主流，二者之间应为鸠摩罗什译本和玄奘译本的关系，《甘珠尔·维摩诘经》可能是以类似现存布达拉宫梵文本为主，对早期的译本进行了新的修订和翻译。因此，IOL.Tib.J.VOL.19-4等第二期抄本应当代表了现存《甘珠尔》以外的另一种藏文《维摩诘经》相对完备的早期版本形态。

第三期，共1件，IOL.Tib.J.VOL.12-3、5

抄本几乎逐字与《甘珠尔·维摩诘经》相应内容完全对应。该卷30纸双面抄写的藏文《维摩诘经》和《圣稻秆大乘经》（འཕགས་པ་ས་ལུ་ལྗང་པ་ཞེས་བྱ་བའི་ཐེག་པ་ཆེན་པོ་མདོ），在正文抄写中无一处出现吐蕃藏文常见的反写元音"ཨི"的用法，仅最后一页背面的题记中出现1处反写的ཨི，基字中清浊音替换和使用再后加字的用法也出现较少。因此，该卷应当为11世纪第三次藏文书写规范厘定后的抄本，但结合其具体书写方式和藏经洞的封闭时间，可以将该抄本的抄写时间确定为11世纪初以后不久。同时亦由此可知现存《甘珠尔》中收录的《维摩诘经》译本，在11世纪初已经修订完成。

不同于吐蕃时期的抄本，本卷书体较为规范，通览全卷，正文皆未出现吐蕃时期藏文常见的将元音i反写为"ཨི"的现象，仅在IOL.Tib.J.VOL.12-5第3纸（73）正面书写的一行字中出现反写的元音"ཨི"：ཆོས་དཀོན་མཆོག་གི་ལོ་རྒྱུས་ཀྱི་གཞུང（稀有佛法的历史经典）②。同时仍存在大量将ཧ和元音"ཨི"和"ཨུ"拼写的现象，如表示"没有"之意的ཧྱ和ཧྱད，以及在基字中将ད和ཏ、在前加字中将ད和ཏ互换使用等情形，诸如前述IOL.Tib.J.VOL.12-3第4纸（47）和IOL.Tib.J.VOL.12-5第2纸（71）衔接处为ཡོན་གྱི་དོག（最胜光、明相）阐述入不二法门之意：

① ཆོས་ཉིད་ཆུལ་ཁྲིམས་ འཕགས་པ་ཏེ་མ་མེད་པར་གྲགས་པས་བསྒྱུར་བ་ཞེས་བྱ་བ་ཐེག་པ་ཆེན་པོའི་མདོ《中华大藏经·甘珠尔》第60册，第511页。

② 西北民族大学、上海古籍出版社、英国国家图书馆编：《英国国家图书馆藏敦煌西域藏文文献》第2册，第207页。

བྱང་ཆུབ་སེམས་དཔའ་འོད་ཀྱི་ཏོག་གིས་སྨྲས་པ། །ཁམས་བཞི་པོ་ཡང་གཞན་ལ། ནམ་མཁའི་ཁམས་ཀྱང་གཞན་ཏོ་ཞེས་བྱ་བ་དེ་ནི་གཉིས་ཏེ།

།ཁམས་བཞི་པོ་ནི་ནམ་མཁའི་རང་བཞིན་ཏོ། །སྔོན་གྱི་མཐའ་ཡང་ནམ་མཁའི་རང་བཞིན་ཏོ། །ཕྱི་མའི་མཐའ་ཡང་ནམ་མཁའི་རང་བཞིན་ཏོ། །

དེ་བཞིན་དུ་ད་ལྟར་ཡུ་ནམ་མཁའི་རང་བཞིན་ནོ། །གང་དེ་ལྟར་ཁམས་ལ་འཇུག་པའི་ཡེ་ཤེས་ནི་གཉིས་སུ་མྱེད་པར་འཇུག་པའོ། །①

翻译：最胜光菩萨说道：所谓四大世界（地、水、火、风）以外的和空界以外的是二，四大世界自身（自性）是空的，复次过去的边界的自身是空的，未来的边界的自身也是空的，同样现在的自身也是空的。那些现在领悟并进入到这个境界的，就是进入了不二法门。

对应鸠摩罗什译本内容："明相菩萨曰：四种异、空种异为二。四种性即是空种性，如前际、后际空故，中际亦空。若能如是知诸种性者，是为入不二法门。"②

上述整段几乎完全逐字相同于《甘珠尔·维摩诘经》，仅དེ་བཞིན་དུ་ད་ལྟར་ཡུ་ནམ་མཁའི་རང་བཞིན་ནོ།（同样现在的自性也是空的）一句最后一词ནོ，在《甘珠尔》中为ཏོ③，这种将基字ད、ཏ互换的用法和前加字འ都不再出现于 11 世纪后的藏文当中。

11 世纪初第三次藏文书写规范厘定以后，废除了反写元音"ꞏ"、ཡ与元音i、e拼写、清音和浊音交替使用等用法④。IOL.Tib.J.VOL.12 的这些书写特点，尤其全卷仅第 30 纸（72）在经典抄写结束后书写的句子中出现"ꞏ"表明，该卷的抄写时间可能为 11 世纪初第三次藏文厘定后不久，一方面在正文的抄写大体遵守新的厘定规则，将外观较为明显"ꞏ"全部写为"ꞏ"；另一方面又在具体抄写中保留了纸面上看起来不太明显的ཡ与元音拼写和清浊音替换的传统，这些特点都较为接近新规范制定初期的表现形态。

藏经洞封闭时间的下限一般认为不晚于西夏统治敦煌的 1036 年⑤，因此我们可将 IOL.Tib.J.VOL.12 的书写时间确定为 11 世纪初期的二三十年以内。又由于该卷的内容与现存《甘珠尔·维摩诘经》完全一致，仅在书写特点上存在将ཡ和元音"ꞏ"和"ꞏ"拼写的情形，表明IOL.Tib.J.VOL.12 的抄写时间可能要略早于现存《甘珠尔·维摩诘经》的最后一次修订。

① 西北民族大学、上海古籍出版社、英国国家图书馆编：《英国国家图书馆藏敦煌西域藏文文献》第 2 册，第 206 页。

② （后秦）鸠摩罗什译：《维摩诘所说经》，《大正新修大藏经》第 14 册，1934 年，第 551 页上。

③ ཆོས་ཉིད་ཀྱང་ཁྱིམ། འཕགས་པ་དྲི་མ་མེད་པར་གྲགས་པས་བསྟན་པ་ཞེས་བྱ་བ་ཐེག་པ་ཆེན་པོའི་མདོ།《中华大藏经·甘珠尔》第 60 册，第 565 页。

④ 陈践：《吐蕃文献解读及古藏文厘定疏释》，《民族翻译》2017 年第 4 期，第 9 页。

⑤ 刘进宝：《20 世纪敦煌藏经洞封闭时间及原因研究的回顾》，《敦煌研究》2000 年第 2 期，第 29—35 页。

综上所梳理，藏译本《维摩诘经》（འཕགས་པ་དྲི་མ་མེད་པར་གྲགས་པས་བསྟན་པ་ཞེས་བྱ་བ་ཐེག་པ་ཆེན་པོའི་མདོ།）至晚在 9 世纪初已被译出，我们通过将藏经洞出土 8 件藏译本《维摩诘经》的内容及书写特征与《甘珠尔》中《维摩诘经》相比对，得知其中最早的抄本 P.t.610 早于 9 世纪初的《翻译名义大集》，其内容应当为对梵文原文的整段意译。最晚的 IOL.Tib.J.VOL.12 则在 11 世纪初，其内容及书写特点，都与传世本《甘珠尔·维摩诘经》相一致，表明其抄写于第三次藏文书写规范厘定后至藏经洞封闭之前的时间。其余 6 件抄本除吐蕃藏文书写特点以外，在内容上多能与《甘珠尔》逐句对应，但用词不一致处较多，表明现存世的《甘珠尔·维摩诘经》译本应是在此基础上修订而来。

五、藏文《维摩诘经》的抄写与经变中蕃装人物的绘制

维摩诘经变作为敦煌石窟中出现吐蕃装人物最多的壁画题材，其在中唐吐蕃统治时期的出现场景主要表现为两处：一是维摩诘下方的赞普及侍从听法图，诸如莫高窟第 360 窟的维摩诘经变（图 5–10）；二是在部分洞窟《菩萨行品》维摩诘掌擎大众的情节中，出现微型的赞普及侍从听法图，如莫高窟第 159（图 5–11）、第 231 窟的维摩诘经变。吐蕃统治结束以后，维摩诘经变中的蕃装人物开始出现不同程度的变化，维摩诘下方的赞

图 5-10　莫高窟第 360 窟东壁维摩诘经变

普像要么不再绘出,诸如莫高窟第 156 窟(图 5-12),更多则是以单身像的形式表现,诸如莫高窟第 9 窟(图 5-13)的维摩诘经变等,《菩萨行品》掌擎大众情节中蕃装人物的组合则仅在晚唐第 9 窟出现一次(图 5-14)。

蕃装人物在中唐以后延续存在的现象,既表明吐蕃统治之于相当部分的敦煌民众而言,并非完全是憎恶的状态,同时也反映出晚唐五代宋留居敦煌对周边地区吐蕃遗民的影响仍然不容忽视。如前所述,藏译本《维摩诘经》在敦煌的流传应当不晚于 P.t.610 抄写的 9 世纪初,其余抄本均是在此之后,甚至晚至 11 世纪初的藏经洞封闭前夕,在时间跨度上与维摩诘经变中蕃装人物的出现时间大体一致,也是吐蕃文化及族群在敦煌长期存在并保持活力的体现。自中唐至宋,蕃装人物在维摩诘经变中持续出现和藏文《维摩诘经》的抄写,既是吐蕃统治历史的反映,可能也是吐蕃族群关于维摩诘相关信仰的持续存在,以及敦煌与吐蕃故地或族群一直有密切往来的体现。

图 5-11　莫高窟第 159 窟主室东壁维摩诘经变(南侧)

采自贺世哲主编:《敦煌石窟全集·法华经画卷》,香港:商务印书馆有限公司,1999 年,第 230 页

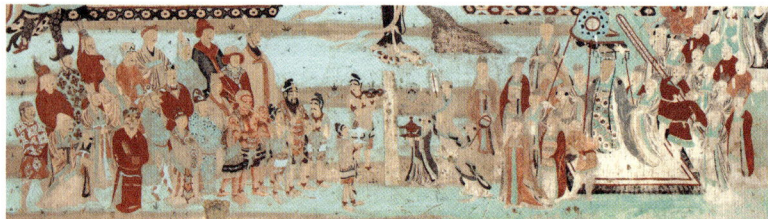

图 5-12　莫高窟第 156 窟北壁维摩诘经变《方便品》·诸王听法图

采自 敦煌研究院编:《敦煌石窟艺术·莫高窟第 156 窟》,南京:江苏美术出版社,1994 年,第 172 页

图 5-13　莫高窟第 9 窟北壁维摩诘经变（局部）

采自 敦煌研究院编：《敦煌石窟艺术　莫高窟第 9、12 窟》，南京：江苏美术出版社，
1994 年，第 108 页

图 5-14　莫高窟第 9 窟北壁维摩诘经变·微型维摩诘经变

　　有唐一代，唐蕃时战时和，战争和会盟贯穿唐蕃关系始终，安史之乱后，吐蕃乘势尽占河西陇右，同时亦遣使赴唐廷请和，双方于光宅寺盟誓。几乎不论双方战事几何，一方赞普或皇帝驾崩，另一方都要派专人前往悼念，犹以唐为最，每赞普卒时，无不废朝一至三日，并派专人前往吊祭，战争侵略和礼仪慰问并行不悖。"中宗神龙元年（705），吐蕃使来告丧。中宗为之举哀，废朝一日。""（贞元）二十年（804）三月上旬，赞普卒，废朝三日，命工部侍郎张荐吊祭之。""（永贞）十五年（820）二月，以秘书少监兼御史中丞田洎入吐蕃告哀。并告册立。三月，（吐蕃）攻掠我青塞堡。七月遣使来吊祭。十月，侵逼泾州。"①类似记载在史籍中屡见不鲜，可见唐蕃双方并非完全封闭断绝往来。在吐蕃统治时期，即使普通居民在一定情形下，亦有回归

---

①（宋）宋祁、欧阳修撰：《新唐书·吐蕃传》，北京：中华书局，1975 年，第 5226、5261、5263 页。

唐朝之可能,敦煌遗书P.2259V《龙勒乡部落管见在及向东人户田亩历》载:"龙勒乡部落,合当部落管见在及向东人户总二百十(?)五户。九十二全家向东,□廿八有田。"长庆会盟之后,唐蕃"甥舅二主商议社稷如一",①会盟后的百余年间,唐蕃之间基本未再发生大的冲突,即使张议潮率沙州等十一州归唐亦未有大的动荡发生。正由此,可能由于吐蕃在敦煌统治时期这种相对开放的态度,使得敦煌民众对吐蕃统治的感情并非完全如藏经洞出土遗书中记载的那样抵触。

晚唐归义军政权建立以后,敦煌地区留居有大量吐蕃人,归义军将游牧者编入吐谷浑部落,其他则安置在各个乡变成归义军政权管理下的

① 王尧:《王尧藏学文集二·吐蕃金石录》,北京:中国藏学出版社,2012年,第47页。

编户。①一方面，作为敦煌及周边地区的管理者，归义军政权与吐蕃族群或地区存在官方的往来活动；另一方面，民间的吐蕃族群在延续吐蕃统治时期文化传统的同时，也继续受到青藏高原本土的文化影响。这在IOL.Tib.J.VOL.12《维摩诘经》和《圣稻秆大乘经》的抄写特点有直观反映，直至11世纪初，藏文在敦煌地区仍然使用较多，并迅速遵守了第三次藏文厘定的规范。这表明吐蕃统治敦煌结束以后，敦煌与青藏地区的文化交流一直处于较为紧密的状态。

维摩诘经变中相关的蕃装人物图像和三种藏译本的《维摩诘经》文本长期在敦煌出现，可能是在吐蕃族群的推动下，将新兴的吐蕃佛教文化引入敦煌，并在敦煌固有佛教传统的影响下，吐蕃族群也开始接受以维摩诘信仰为代表的敦煌佛教文化。这些图像和文本出现的时间跨度长达三个世纪，既是维摩诘相关信仰在敦煌及周边地区吐蕃族群延续的写照，也是多种文化交流的载体，反映出晚唐五代宋时期，吐蕃族群仍然作为重要参与者，活跃于敦煌的社会和文化层面，敦煌佛教的区域化特色也由此进一步增强。

六、汉藏维摩诘信仰的融合所见敦煌与青藏地区的文化交流

关于吐蕃统治时期敦煌石窟维摩诘经变中赞普和侍从听法图的整体出现时间，参考樊锦诗、赵青兰先生吐蕃统治时期莫高窟洞窟分期研究，大致以9世纪初为界，将吐蕃统治时期洞窟分为早晚两期，涉及维摩诘经变的相关洞窟中，仅有第133和第186窟属于早期洞窟，其余基本都属晚期作品，在时间段上大约相当于9世纪初前五十年的时间段②。罗世平先生则将吐蕃统治时期绘制维摩诘经变的洞窟全部划入长庆会盟（821年）以后，认为长庆会盟解开了洞窟营建者在功德祈愿与身份认同上造成的现实困扰与心理纠结，因而各类蕃装人物可以在"唐蕃一家"的图像语义中出现于洞窟之中③。由此可见，藏文《维摩诘经》的抄写活动和壁画维摩诘经变中蕃装人物绘制，在9—11世纪长期共存，共同作为吐蕃文化及相关族群在敦煌长期存在并保持活力的生动体现。

蕃装人物在中唐吐蕃统治时期及此后晚唐五代宋时期的维摩诘经变中持续出现，同时藏文《维摩诘经》也多次被翻译并在敦煌抄写，这些既是吐蕃统治敦煌历史的反映，

① 郑炳林：《晚唐五代敦煌地区的吐蕃居民初探》，《中国藏学》2005年第2期，第43页。

② 樊锦诗、赵青兰：《吐蕃占领时期莫高窟洞窟的分期研究》，《敦煌研究》1994年第4期，第90页。

③ 罗世平：《身份认同：敦煌吐蕃装人物进入洞窟的条件、策略与时间》，《美术研究》2011年第4期，第62页。

也是吐蕃族群中持续存在维摩诘相关信仰的形象记录。关于中唐吐蕃统治时期维摩诘经变中出现吐蕃装人物的现象，以往研究者多将之视作吐蕃统治敦煌历史的反映，却相对较少探讨吐蕃装人物主要出现于维摩诘经变的原因。我们认为，吐蕃装人物主要出现于维摩诘经变中，可能与吐蕃的居士佛教发展形态有关。《维摩诘经》及相关的居士佛教发展形态，在汉传佛教中素来受到重视，也是各种研究关注的重点，而西藏佛教由于后弘期阶段以寺院作为佛教的核心传播机构，且以僧侣作为核心知识阶层，使得佛教虽具有广泛的信众基础，但居士概念相对弱化，《维摩诘经》缺乏流行和传播的社会基础，也因此相对较少受到关注，可能受此影响，前弘期吐蕃的居士佛教发展形态在研究中多被忽略。我们以此作为起点，若仅考察维摩诘经变中的吐蕃装人物，或可将之视为吐蕃人对敦煌地区维摩诘信仰传统的接受，但结合对藏文《维摩诘经》多次翻译和抄写活动的分析，又可更明显地感受到在对敦煌传统的接受之外，吐蕃自身的居士佛教思想可能更不容被忽视。毕竟敦煌佛教的影响力，并不足以使《维摩诘经》至少三次由梵文被译为藏文，并都被传入敦煌。相对而言，若将之视为吐蕃也流行类似于汉地强调居士佛教的思想，应当可以更全面地认识藏文《维摩诘经》被多次由梵文翻译，并在敦煌抄写的现象。

因此，中唐以来吐蕃装人物相对较为普遍的在维摩诘经变中出现，应当是留居敦煌的吐蕃族群对维摩诘信仰持续认同的体现。吐蕃统治结束以后，维摩诘经变中的蕃装人由赞普和侍从听法组合缩减至赞普单身像，一般多将之解释为吐蕃在敦煌统治的终结，但蕃装人物形象并未永久消失，则一方面表明敦煌人对吐蕃统治的憎恶程度相对有限①，另一方面更是留居敦煌的吐蕃族群在晚唐五代宋时期仍然保持维摩诘信仰的体现。在此基础上，我们进一步认识到，中唐吐蕃统治时期以来，藏文《维摩诘经》的抄写和壁画维摩诘经变中吐蕃装人物的绘制，应当也体现了吐蕃佛教中强调居士思想的维摩诘信仰和敦煌固有维摩诘信仰传统的合流，形成一种类似汉藏佛教共同影响下的维摩诘信仰形态。

在对藏文《维摩诘经》抄本及吐蕃族群维摩诘信仰的探讨过程，也促使我们认识到吐蕃族群在延续吐蕃统治时期文化传统的同时，还继续受到相近时期青藏高原本土的文

---

① 魏健鹏：《归义军时期吐蕃遗民家窟——敦煌莫高窟第9窟研究》，兰州：甘肃文化出版社，2020年，第143—147页。

化影响，这在藏经洞封闭前夕仍有新版本和抄写方式的藏文《维摩诘经》出现可得到印证。IOL.Tib.J.VOL.12 中抄写的《维摩诘经》内容与现存《甘珠尔·维摩诘经》完全一致，表明西藏佛教中《维摩诘经》相关的信仰在吐蕃王朝覆灭后仍然处于较为活跃的状态，并对周边地区不断产生影响，这应当也是敦煌吐蕃族群保持维摩诘信仰的动力重要来源之一。IOL.Tib.J.VOL.12 上的藏文《维摩诘经》和其后《圣稻秆大乘经》抄本，在书写方式上都遵从了 11 世纪初的藏文厘定规范，既表明藏文仍是敦煌地区使用较多的语言，也反映出敦煌与吐蕃故地或族群似乎一直保持有密切的联系。

　　敦煌与西藏的交流，自中唐吐蕃统治以来大体一直处于较为通畅的状态。长庆会盟之后，正如《唐蕃会盟碑》上所言"甥舅二主，商议社稷如一"①，此后唐蕃之间基本再未生剧烈冲突。张议潮本人在年轻时前往拉萨觐见赞普，在此后推翻吐蕃统治的过程中，又联合吐蕃尚婢婢势力②，建立归义军政权后，更迎请吐蕃高僧法成由甘州修多寺移锡敦煌③。这些都为此后敦煌与西藏之间的往来奠定良好的基础。归义军时期，将留居敦煌吐蕃遗民的游牧者编入吐谷浑部落，其他则安置在各个乡变成归义军政权管理下的编户④。莫高窟晚唐第 9 窟营建于 9 世纪末，其主室北壁的维摩诘经变在《方便品》和《菩萨行品》中对吐蕃装人物做了格外强调（图 5–15），表明该窟的营建家族中可能有吐蕃成员⑤。此后直至五代宋的曹氏归义军时期，敦煌周边仍然留居有大量的吐蕃部众，归义军使节经过吐蕃部落区时尚需征得其同意，P.4525V《归义军节度使曹致书蕃官首领书》："□蕃官首领：夏热，想汝好，在部族已□□得安健否？当道今差使人入贡阙庭，经过路途，到汝部落界之时，□仰准例差遣人力仿（防）援，般次首公在路，勿致滞留踈失。今赐汝斜褐□段、牦牛尾三株，到可领也，不具。归义军节度使曹委屈俯首领。"⑥

---

① 王尧：《王尧藏学文集二·吐蕃金石录》，北京：中国藏学出版社，2012 年，第 47 页。

② 陆离、陆庆夫《张议潮史迹新探》，《中国边疆史地研究》2011 年第 1 期，第 99—103 页。

③ 王尧：《藏族翻译家管·法成对民族文化的交流的贡献》，《文物》1980 年第 7 期，第 51 页。

④ 郑炳林：《晚唐五代敦煌地区的吐蕃居民初探》，《中国藏学》2005 年第 2 期，第 43 页。

⑤ 魏健鹏：《新发现晚唐敦煌赞普听法图研究 兼谈莫高窟第 9 窟功德主的族属》，《藏学学刊》第十四辑，北京：中国藏学出版社，2016 年，第 14—29 页。

⑥ 上海古籍出版社、法国国家图书馆编：《法国国家图书馆藏敦煌西域文献》第 31 册，上海：上海古籍出版社，2005 年，第 369 页。

图 5-15　莫高窟第 9 窟北壁维摩诘经变·微型经变化《菩萨行品》(上)、维摩
诘 (中)、诸王听法图中的吐蕃赞普像 (徐铭君 绘)

如前所述，从晚唐至宋，敦煌及周边地区始终聚居着数量可观的吐蕃人，他们既构
成了藏文《维摩诘经》抄写流通，以及维摩诘经变中吐蕃装人物持续出现的基本民众基
础，同时也应该是推动敦煌与吐蕃故地各种交流往来的实际承担者。在吐蕃统治结束后
半个世纪的 10 世纪初，敦煌仍与吐蕃故地或相关族群保持着较为明显的往来关系，敦

煌遗书P.3633《沙州百姓一万人上回鹘大圣天可汗状》作为金山国向甘州回鹘的求和状文①，其中有较多辩解未与吐蕃勾结的内容："吐蕃不论今生，万岁千秋，莫闻莫见……耆寿百姓等誓愿依凭大圣可汗，不看吐蕃为定。两地既为子父，更莫信馋。"而回鹘的发兵，则从实际上反映出敦煌与吐蕃故地或族群应存在明显的交流。西北民族大学才让先生在对敦煌藏文密教文献IOL Tib J 771《第三续》释文的研究中指出，吐蕃统治结束以后，敦煌与阿里地区流传着相同的《第三续》教法，表明两地之间存在着一定的联系②。IOL.Tib.J.VOL.12藏文《维摩诘经》抄本及P.3633《沙州百姓一万人上回鹘大圣天可汗状》都从多个维度表明敦煌与吐蕃故地的某个区域或族群保持着实质性的联系，虽未必与阿里有关，但在一定程度上反映出中晚唐以来，敦煌与西藏的交流大体处于较为通畅的状态。

因此，在维摩诘信仰为代表的居士佛教思想凝聚下，维摩诘经变中吐蕃装人物和藏文《维摩诘经》抄写活动的共同持续存在，既是吐蕃人与其他族群融洽相处的形象记录，也是敦煌与吐蕃故地存在有效来往的见证。

小　结

综上所梳理，藏译本《维摩诘经》（འཕགས་པ་དྲི་མ་མེད་པར་གྲགས་པས་བསྟན་པ་ཞེས་བྱ་བ་ཐེག་པ་ཆེན་པོའི་མདོ）至晚在9世纪初已译出，藏经洞出土敦煌遗书中有8件藏译本《维摩诘经》。我们通过8件文本的内容及书写特征与《甘珠尔》中《维摩诘经》相比对，得知其中最早的抄本P.t.610早于9世纪初的《翻译名义大集》，内容应当为对梵文原文的整段意译。最晚的IOL.Tib.J.VOL.12则在11世纪初，内容及书写特点，都与《甘珠尔·维摩诘经》相一致，表明其应抄写于第三次藏文书写规范厘定与藏经洞封闭之间。其余6件抄本除吐蕃藏文书写特点以外，在内容上多能与《甘珠尔》逐句对应，但用词不一致处较多，表明《甘珠尔·维摩诘经》译本可能是在此基础上修订而来。

---

① 颜廷亮：《〈沙州百姓一万人上回鹘天可汗状〉新校并序》，《兰州教育学院学报》（社会科学版）1994年第1期，第3页。

② 才让：《敦煌藏文密教文献〈第三续〉和相关注释初探》，《第二届敦煌吐蕃文化学术研讨会提要集》，敦煌研究院，2021年，第10页。

或因后弘期藏传佛教以寺院和僧侣作为核心传播机构和人员，致使居士观念淡薄，《维摩诘经》和相关信仰在青藏缺乏发展的土壤，目前也暂未发现相关图像遗存。尽管如此，自 9 世纪初至 11 世纪初，藏文《维摩诘经》多次被翻译并传至敦煌，仍然显示出在吐蕃佛教及后弘期藏传佛教兴起以前，《维摩诘经》和相关的信仰在藏地的流行程度。吐蕃相关族群将新兴的西藏佛教文化不断引入敦煌，两种语言背景下的汉藏维摩诘信仰得以融合，这应当既是该经被不断翻译、传播和抄写的原始驱动力，同时也是壁画维摩诘经变中出现吐蕃赞普及侍从听法图像的深层次原因。这些文本和图像在敦煌延续两个多世纪，既是维摩诘相关信仰在敦煌及青藏地区吐蕃族群延续的写照，也是汉藏文化交流的载体，反映出从中唐至五代宋时期，作为重要参与者的吐蕃族群始终活跃于敦煌社会的各个领域，共同成就了敦煌文化的多姿多彩。

结 语

形象的历史——从图像与文本看敦煌维摩诘信仰的变迁

敦煌石窟的维摩诘图像根据表现内容，可以分为两类：一是以表现《文殊师利问疾品》为主的维摩诘文殊对坐图；二是表现《维摩诘经》三品甚至更多内容的维摩诘经变。由于多数石窟内部建筑结构保存完整，维摩诘图像绘制位置的不同，影响到其内容及相应信仰在洞窟营建思想中表达方式的不同。因此，我们根据不同的绘制位置，将敦煌的维摩诘图像分为隔空式对称和单幅式对称两种类型，并根据其绘制位置和内容结构演变的阶段性特征，将之划分为两个大的时段：一是北朝隋至唐前期；二是中晚唐至五代宋。本文即在此基础上，以敦煌石窟的维摩诘图像及藏经洞出土《维摩诘经》各类写本为中心，结合其他地区相关图像和文献记载，对敦煌维摩诘图像及相应信仰思想的演变进行研究。

一、早期敦煌维摩诘信仰的发展及文本与图像的互动

《维摩诘经》相关文本的抄写活动在时间上与莫高窟的创建时间相当，此后根据抄写文本的纪年题记整理，隋以前有纪年的《维摩诘经》相关抄本约有10件，实际抄写数量远不止于此。版本上也同中原经典流行的潮流相一致，在鸠摩罗什译本《维摩诘所说经》出现以后，基本即以之为主要抄写底本。在《维摩诘经》相关各类抄本的题记中，其功德诉求多为一般经典抄写中常见的祈愿亡者往生净土、生者延年益寿等相关内容，并未明显体现出维摩诘主题相关的信仰，反而在日本书道博物馆藏西魏废帝元年（552）《妙法莲华经》的抄经题记中出现"不思议力如维摩诘，行如文殊，得道成佛。"的内容，就此而言，《维摩诘经》文本的抄写活动可能对维摩诘相关信仰的体现多为间接的状态，而表达对维摩诘精神的崇拜，也出现于其他经典的抄写中。

北朝隋至唐前期，敦煌基本一直处于中原王朝的治理之下，这一时期的维摩诘图像，不论是北朝隋时期的维摩诘文殊对坐图，还是唐前期的维摩诘经变，在图像绘制位置和内容结构方面，都与中原、川渝、山西等地不同时期的相关图像表现出较多一致性，表明各地图像的绘制应当处于较为统一中原范式的主导之下。整体而言，这一时段敦煌相关信仰应当和维摩诘图像一样，都处于中原的统一影响之下，但相关的文本抄写活动对图像绘制的影响相对较弱。

1.文本抄写与图像绘制的关联

通过对这一时期《维摩诘经》相关的文本抄写活动的梳理，我们认为这一时期文本抄写对图像绘制的实际推动作用可能较为有限，主要基于三个方面得出这一认识：首先，《维摩诘经》相关图像的绘制时间远晚于文本抄写活动。其次，高昌地区同样出现类似的文本抄写活动，同样未出现维摩诘图像的绘制；最后，藏经洞出土敦煌遗书中《金光明最胜王经》的抄写在数量上与《维摩诘经》相当，而敦煌石窟却仅出现8处金光明经变。前述单纯的文本抄写活动对维摩诘信仰体现有限，可能是造成这种有限性的重要因素。通过对文本抄写与图像绘制关联的梳理，我们认为自北朝至唐前期，维摩诘图像的绘制，可能受到相关文本抄写活动影响的现象约有两次：

一是在西魏第249窟覆斗顶西披维摩诘图像的绘制，其出现可能是东阳王元荣出资抄写《维摩疏》一事，在文本抄写和图像绘制方面的两种体现方式。理由如下：第一，普泰二年（532），元荣出资抄写百部《维摩疏》，功德诉求仅为祈祷其子叔和由洛阳平安归来，不同于其在其他抄经活动中以天王成佛和延年益寿为主的功德内容；第二，第249窟覆斗顶新出现的升仙与狩猎图组合的类似表现方式，多次在山西、河北等地东魏以后的鲜卑贵族墓中出现，反映出鲜卑贵族对这一题材的共同偏好；第三，相近的时间，敦煌与中原最重要往来记载，当为元荣之子叔和肩负"谒阙修定"的使命前往洛阳一事；第四，第249窟各壁图像设计及供养人的排列，都较第285窟更为有序整齐，更为符合东阳王元荣的身份。因此，我们认为第249窟可能兼具表达东阳王元荣还愿和庆祝叔和完成使命平安归来的双重功能。

二是唐前期玄奘取经回国经过敦煌并短暂停留，可能他的事迹和影响在敦煌长期存在。玄奘将《维摩诘经》新译为《说无垢称经》以后，敦煌也出现少量玄奘译本《说无垢称经》的抄写，同时在莫高窟初唐第68、341窟西壁龛内的维摩诘经变中，维摩诘前方皆出现榜题"无垢称菩萨"，表明此绘制应当受到玄奘译本的影响。由于西壁龛内作为整个唐前期维摩诘经变的主流布局类型，但其他维摩诘经变中皆未出现相关榜题，因此，对玄奘译本抄写活动对图像的影响仍然难以具体评价。

2.隋代维摩诘图像在敦煌流行的原因试析

《维摩诘经》虽然出自印度或周边地区，但自传入中国以来经过历代高僧注疏和弘扬，其相关信仰已经发展成较为成熟的形式。现存维摩诘相关造像最早出现于炳灵寺西秦第169窟，其后在云冈石窟第三期、龙门及周边地区的石窟和造像碑中开始大量出现。在该图像绘制历史上，敦煌作为出现最西端的地区，敦煌以西的新疆乃至中亚或南亚地区，目前尚无维摩诘相关图像实例出现。因此，维摩诘图像的产生属于中国本土化创造，这一点亦为金维诺和邹清泉等先生注意。但以往学者对维摩诘图像在敦煌出现的原因的探讨关注较少，目前所见，仅有何剑平先生对该图像在敦煌至隋代才开始大量出现的原因，解释以凉州为中心的佛教信仰异于中原，在一定程度上阻碍了维摩诘图像的向西传播。[1]关于维摩诘相关图像在敦煌出现的动因，我们此前的分析表明，单纯的交通通畅，以及思想或个人的交流，似乎并不能对图像的绘制产生实质性的推动作用。考察维摩诘图像在敦煌出现的历史背景，我们认为应当在于随着中原王朝对西域深入控制，大量汉文化或风格传入敦煌，并开始在实质上占据主流地位。

（1）敦煌石窟西域传统与南朝风格的消长

我们注意到，在敦煌石窟营建早期的十六国北朝时期，洞窟壁画的绘制题材主要为各类千佛图像、说法图和本生及佛传故事等。与维摩诘图像相比，这些题材的共性应当在于，相关的文本和图像框架大体都是来自印度或中亚地区原汁原味的风貌，多数内容并未经过明显的改造，相关图像遗存在中国广大地区和中亚印度皆有出现。虽然传世历史文献记载，这一时期敦煌的政治、社会面貌都向中原看齐，但就洞窟图像的题材与风格而言又反映出文化面貌上保留了较多西域风格。与印度传统佛教题材和风格无关的图像在这一时期较难获得长足发展。诸如中原图像上表现为"秀骨清相、褒衣博带"的南朝造像风格，在云冈早至5世纪末期490年前后的第3窟即已出现，此后不久即大体成为造像的主流风格。麦积山地区亦在之后的西魏时期开始大量出现南朝风格，今天第127窟就是其中的重要代表。然而在敦煌，虽然南朝造像的风格在西魏时期第249、285

---

① 何剑平：《中古中国维摩诘信仰研究》，成都：巴蜀书社，2009年，第323—325页。

窟一开始就以成熟的面貌出现，但仍然难逃昙花一现的命运，反映出南朝风格为代表的中原气象在这一时期仍然难以融入本土化的造像活动中。维摩诘造像不论风格或题材都具有典型的中原风格，因而在两个方面都难以进入这一时期敦煌石窟营建的选择范畴。类似的状态可能不局限于敦煌，在河西走廊乃至西域地区这一时期的佛教造像都呈现出类似的特点。

（2）丝路畅通与中原风格及题材的全面发展

隋代随着大一统王朝的建立，开始对西域再次实行有效治理。历史上敦煌作为经营西域的前沿基地，其地位始终与中原王朝经营西域的力度密切关联。隋代文帝时期出于减轻北部边防漠北突厥的压力，与西域地区的室点密系西突厥势力建立往来联系，客观上推进了隋与西域在政治、军事等方面的相互了解。[①]炀帝时期由于突厥边患的消除，裴矩为协助炀帝"方勤远略"，撰写《西域图记》三卷，提出开始建立与西域地区的全面往来关系，"帝由是甘心，将通西域，四夷经略，咸以委之。"[②]自此以后，河西走廊成为中原与西域交往的重要区域，张掖是西域诸地与隋互市的所在地："时西域诸蕃，多至张掖，与中国交市。"[③]大业三年（607）炀帝巡视张掖，"高昌王、伊吾等及西蕃胡二十七国，谒于道左。"[④]中原与西域的往来进入常态化阶段，这一时期敦煌则被称为通往西域的咽喉之地："伊吾、高昌、鄯善，并西域之门户也。总凑敦煌，是其咽喉之地。"[⑤]炀帝在大业年间（605—618）设置西域校尉，保障中原与西域往来通畅，丝绸之路再次回归畅通兴盛的局面，西魏时期元荣在《维摩疏》尾题中担忧的敦煌与中原"天地妖荒，王路否塞"的局面一去不返。

敦煌在隋代的发展应当主要在于文帝晚年和炀帝时期。文帝在仁寿元年（601）、二年（602）和四年（604）三次下诏在全国若干州分发舍利起塔供养。仁寿元年第一批分发舍利的三十州之中即有瓜州敦煌，[⑥]慧远弟子智嶷奉诏送舍利至瓜州崇教寺，建塔供

① 余太山主编：《西域通史》，郑州：中州古籍出版社，2003 年，第 134—135 页。

② （唐）魏征：《隋书·裴矩传》，北京：中华书局，1997 年，第 1580 页。

③ （唐）魏征：《隋书·裴矩传》，第 1578 页。

④ （唐）魏征：《隋书·裴矩传》，第 1580 页。

⑤ （唐）魏征：《隋书·裴矩传》，第 1580 页。

⑥ （唐）道宣撰：《广弘明集·隋国立舍利塔诏》，《大正新修大藏经》52 册，第 213 页上。

养后住于寺中，直至唐初卒于敦煌。《续高僧传·智嶷传》载："仁寿置塔，敕召送于瓜州崇教寺。……嶷住寺多年，常思定慧，……唐初卒也，七十余矣。"[1]贺世哲先生推测认为，隋代敦煌莫高窟第420窟的法华经变可能是精通《法华经》《涅槃经》的智嶷所建，或是受其佛学思想而营建。[2]第420窟龛外两侧同时绘有维摩诘与文殊对坐图，天台宗判教思想中《法华经》与《维摩诘经》之间有重要关联，可能该窟维摩诘图像的出现也同样是受到智嶷的影响。

在这一历史背景下，敦煌石窟营建也进入了新的阶段，隋代洞窟在开皇九年（589）之后，营建了74个洞窟。在题材上，新出现有维摩、法华、涅槃、弥勒上生、药师、西方净土等结构较为简约的早期经变类图像，本生故事逐渐消失；[3]在风格上，以南朝风格为代表的中原造像特点开始大量出现，并迅速成为风尚。诸多维摩诘造像即在这一潮流中出现并被大量绘制，其在敦煌石窟出现的过程也成为敦煌石窟在新时期对于造像风格与题材选择方面的缩影。

3.中原范式主导下敦煌维摩诘图像与信仰的发展

（1）北朝隋时期

北朝隋时期敦煌石窟的维摩诘图像制作基本处于中原范式的主导之下，主要通过两个方面体现：一是图像绘制以佛龛为中心，且龛外两侧偏上部居多；二是图像内容以维摩诘和文殊对坐图为主。以上两大特征与云冈、龙门石窟维摩诘造像基本一致，表明维摩诘图像在敦煌石窟出现之时，基本延续了中原石窟的主流造像传统。因此，图像的性质与中原北朝维摩诘造像相同，同为龛内主尊佛像的胁侍者，在观者视觉上具有仰视和保持一定观看距离的特点，属于尊像崇拜的功能。

（2）唐前期

唐前期敦煌石窟的维摩诘经变主体仍处于北朝中原造像传统的影响之下，但可能也开始出现调整。主要表现如下：

---

① （唐）道宣撰：《续高僧传》，《大正新修大藏经》，第50册，第676页中。

② 贺世哲：《敦煌石窟全集·法华经画卷》，香港：商务印书馆有限公司，1999年，第16—18页；贺世哲：《敦煌壁画中的法华经变》，《敦煌研究文集·敦煌经变篇》，兰州：甘肃民族出版社，2000年，第136页；沙武田：《敦煌画稿研究》，北京：中央编译出版社，2007年，第387页。

③ 樊锦诗、关友惠、刘玉权：《莫高窟隋代洞窟分期》，敦煌文物研究所编著：《中国石窟·敦煌莫高窟》第二卷，北京：文物出版社，1984年，第176页。

一是西壁佛龛仍然对图像的主流绘制位置具有重要影响，表明其仍处于北朝隋时期造像传统的影响之下。西壁龛内作为唐前期主流布局位置，5处维摩诘经变统一采用背朝主尊面向龛外的对称方式，表明其绘图像开始尝试将对称中心从原有的佛龛内主尊佛像替换为佛龛前的人，与此相应维摩诘图像的功能可能也因此转变，开始处于由尊像崇拜向入世度人的居士精神变化。同一时期出现东壁门两侧和北壁的布局类型，可能是这一变化影响下的新尝试。

二是在图像内容及结构上，唐前期敦煌维摩诘经变新出现的内容，大多可在中原及周边地区的北朝石窟或造像碑的维摩诘经变中找到渊源，这种现象的发生可能受长安维摩诘经变新图样的影响。据《历代名画记》等相关画史画论中记载，长安地区寺院中有吴道子等名家绘制的维摩诘经变。敦煌与川渝地区中晚唐至五代宋的摩崖石刻、山西平顺大云院弥陀殿的维摩诘经变，都有较多相近之处，表明这些图像应当是共同受到同类画稿的影响。安史之乱和黄巢之乱的发生，使包括画家在内的大量文化阶层随玄宗和僖宗由长安入蜀，《益州名画录》中即记载有由长安寓居益州（成都）绘制维摩诘图像的画家。

因此，维摩诘经变可能在唐初形成新的构图以后，敦煌由于处于丝绸之路要冲，可在之后不久受到影响并将之绘于洞窟之中，川渝地区则是在中晚唐时期玄宗和僖宗入蜀时，伴随各类文化交流而出现。虽然长安和中原唐代维摩诘经变已不存，且维摩诘川渝地区由于摩崖石刻作为载体，对图像表现的精细程度造成约束，但唐前期敦煌由于丝绸之路的畅通，和长安及中原保持有密切关系，因此石窟中的维摩诘经变则应当更好地反映中原范式基本形态。

二、中晚唐以后敦煌维摩诘信仰的发展及文本与图像的互动

中唐以后由于吐蕃的相对封闭治理，以及河西民众在敦煌的大量聚集，维摩诘信仰相关的内容出现重要变化，主要有两个方面，一是《维摩诘经》注疏本和俗文学类抄本数量增加，表明相关僧讲和俗讲类讲经活动较为流行，有助于维摩诘信仰的拓展，并可能影响到图像的绘制；二是石窟壁画维摩诘经变的情节数量和描绘精细程度都大为增加，并出现若干超越经典描述的情节。以上维摩诘相关的文本和图像大体都不见于其他地区，表明中唐以后由于吐蕃统治，以及文本与图像互动的程度加深，敦煌的维摩诘信仰开始具备越来越明显的区域性属性。

1.中唐以后《维摩诘经》文本抄写与图像绘制

八九世纪之交，敦煌遗书中有纪年题记的《维摩诘经》相关文本数量明显增加，尤其是注疏和讲经文一类的俗文学抄本增长更为明显。注疏和讲经文抄本具有明显的时代性特征，多为讲经学习笔记性质的抄本，抄写书体多数较为随意，尾题一般仅出现抄写者名称，个别包含有讲经者及时间地点等信息，较少出现《维摩诘经》佛经类抄本中常见的祈愿亡者往生净土等功德性诉求。整体而言，注疏类抄本题记所记录抄写者多为出家人，表明相应讲经活动的参与主体以出家僧尼为主，押座文和讲经文由于本身属于俗文学范畴，因而应当是面向以世俗者为主的说讲活动。中唐以后，两类讲经文本明显增加，相应讲经活动的展开应当大大拓展了僧俗二众对维摩诘信仰的接受程度，进而影响到壁画的绘制。

另外，藏经洞出土敦煌遗书中有 8 件藏文《维摩诘经》的抄本，根据其书写特点并将相关内容与《甘珠尔·维摩诘经》进行比对，可将其抄写时代界定于 9 世纪初至 11 世纪初。和《甘珠尔》、梵文本及汉译本内容相比，8 件藏文本《维摩诘经》涵盖了三个翻译阶段：早期主要为整段意译，仅见于 P.t.610；其他多数抄本则主要为逐句翻译，基本可与《甘珠尔》本逐句对应，但较多用词有所差异；最晚的抄本 IOL.Tib.J.VOL.12 不仅内容与《甘珠尔》收录文本完全一致，并且在抄写书体上遵守了第三次藏文厘定规范，表明其抄写时间应当介于 11 世纪以后至藏经洞封闭之间。藏文本《维摩诘经》的抄写反映出中唐以后，吐蕃族群可能受到了敦煌维摩诘信仰的影响，将藏文本《维摩诘经》传至敦煌。维摩诘经变作为敦煌石窟中出现蕃装人物最多的题材，三种译本的抄写活动大体伴随壁画中绘制蕃装人物始终，文本和图像共同反映出中唐及以后留居敦煌地区的吐蕃族群持续参与到维摩诘相关信仰活动中，更表明在吐蕃统治结束以后的晚唐五代宋时期，敦煌始终与青藏地区保持有效的往来。

2.敦煌石窟维摩诘图像及相关信仰区域属性的形成

中唐吐蕃统治时期开始，敦煌石窟的维摩诘经变出现新变化：

一是隔空对称类型中，隔窟门对称的位置布局类型完全成为此后的主流绘制位置，维摩诘经变完全脱离佛龛的影响，更为独立的参与到洞窟营建思想的构建之中，与此同时，维摩诘经变中毗耶离城城门的图像被一分为二，分别绘于窟门两侧，在以人为图像对称中心的基础上，赋予窟门进入毗耶离城的象征意义。宋代维摩诘经变的主流布局类型开始向外转移到洞窟前室西壁窟门两侧，表明洞窟营建者更加重视将窟门作为毗耶离城的象征意义，进入洞窟则有进入毗耶离城的象征意味。

二是图像结构上增加了相当数量的情节，尤其注重对发生于文殊问疾前的《方便品》《弟子品》和《菩萨品》相关情节进行大量描绘，中晚唐时期主要绘于经变下方屏风画中，作为对主体画面的补充，晚唐后期开始进入画面主体部分，以补白的方式在主要情节之间的空隙及画面周边位置，注重表现《维摩诘经》的细节性内容。

三是注重对具体图像情节进行更为细致的描绘，诸如文殊问疾随行者当中四天王像在形象上趋于稳定，并同相应时代的单体四天王图像基本保持一致。

四是维摩诘坐姿出现变化，唐前期维摩诘重心前移，靠近画面内侧的肘部支撑于隐几，手持麈尾自然下垂，外侧一手自然抚膝。中唐开始，人物重心后移，隐几可能随之移于身体后方，靠近画面内侧的肘部多支撑于左膝上，手中食指和中指上扬，应当为表现其演说不二法门的场景，外侧一手多执麈尾自然下垂，这一坐姿成为中唐以后敦煌石窟维摩诘的主流表现方式，唐前期身体重心前倾的坐姿仅见于个别洞窟。

以上四处变化皆不见于唐前期敦煌石窟的维摩诘经变中，同样亦不见于川渝、山西平顺大云院的维摩诘经变中，表明中唐以后，中原范式的影响在敦煌的图像绘制中开始趋于弱化。中唐以后，敦煌继续受到中原影响的最明显之处，当属维摩诘新形象的出现，其身体重心后移及一手双指上扬的手姿，以极为相似的形态同样出现于两处与宋画家李公麟有关的绘画作品，即北京故宫博物院藏《维摩演教图》和美国大都会博物馆藏《维摩不二图》中，表明二者之间存在至少间接的交流关系。鉴于敦煌本身的影响力及中唐以后敦煌与中原的交流程度弱化，我们倾向于认为敦煌石窟维摩诘新形象的出现，应当是受到中原相关作品变化的影响。除此之外，敦煌石窟维摩诘经变中其他新出变化则基本不见于其他地区的相关图像中，表明更可能主要源自本地画家的创造，这与敦煌中唐以后特殊的历史背景有关。

3.维摩诘图像及信仰地域属性之成因

以往研究者注意到中唐以后敦煌石窟新出现的现象，但涉及变化背后的背景多以吐蕃统治带过，我们以中唐维摩诘经变出现的新变化为个案，对中唐以后包括维摩诘经变在内敦煌壁画出现新特点的原因进行分析尝试。

安史之乱以后，河西陇右因兵力多被调集至长安平叛而空虚，吐蕃则在此后占领了河西地区。由于吐蕃的攻占方式上具有单线自东向西和渐进的特点，因而其攻占造成包括河西节度使在内的大量人口与相应文化西移，最终由凉州经甘州移至敦煌，使敦煌在事实上成为整个河西人口和文化实力的凝聚点。敦煌降于吐蕃"勿徙他境"的盟誓，以及此后相对封闭的治理形式，使这种凝聚的状态极大地增加了敦煌文化面貌的多样性。同时，大量人口的迁入及对吐蕃统治的因素，使寺院和僧众数量较吐蕃统治以前都有明显增加。这些因素综合起来，则很可能影响敦煌石窟营建和包括维摩诘经变在内的壁画绘制。

藏经洞出土绢纸类绘画品中，有两处形态完整的中唐维摩诘经变图像，ch.00350 中维摩诘为唐前期常见的维摩诘身体前倾的形象，该绢画与纸本画 MA6277+Ch.0054 维摩诘经变中世俗诸王听法图部分，吐蕃赞普及侍从听法图及其他诸王形象，都不同于洞窟壁画维摩诘经变中大量重复出现的相应内容，可能表明其具有同样传播的功能。经分析，我们认为，中唐及以后包括维摩诘经变在内敦煌石窟中出现的新特征，其来源可能有三个方面：一是中原以维摩诘形象变化为主要特征的新图像的影响；二是吐蕃统治下其他地区画样或画家的影响；三是河西人口和文化在敦煌的聚集，为图像在敦煌产生新变化提供了最根本的发展动力。

中唐以后，由于河西诸地汉文化凋敝，周边瓜州有吐蕃聚居、以东甘州有回鹘聚居，加上唐中央虚弱，地方割据化程度较深，使中唐以来聚集敦煌的河西人口多未东迁，此后敦煌在归义军政权的治理下，包括维摩诘经变在内的佛教整体面貌也进入区域化属性的发展阶段。

以上就是我们基于图像和文本，分北朝隋至唐前期和中晚唐至五代宋两个大的时段，对敦煌《维摩诘经》相关的图像绘制、文本抄写、二者的关联，以及背后所体现出的维摩诘信仰的发展等问题所进行的尝试性探讨。虽然维摩诘图像和文本的内容都较为明确，但涉及分析和讨论二者各自在不同时代发展特征及相互的关联度，并对其背后相应信仰形态进行勾勒时，仍非一时可以达成。本文将是我们进行这一问题关注的阶段性成果，随着今后相关认识的不断深入，期待可以达到令人满意的状态。

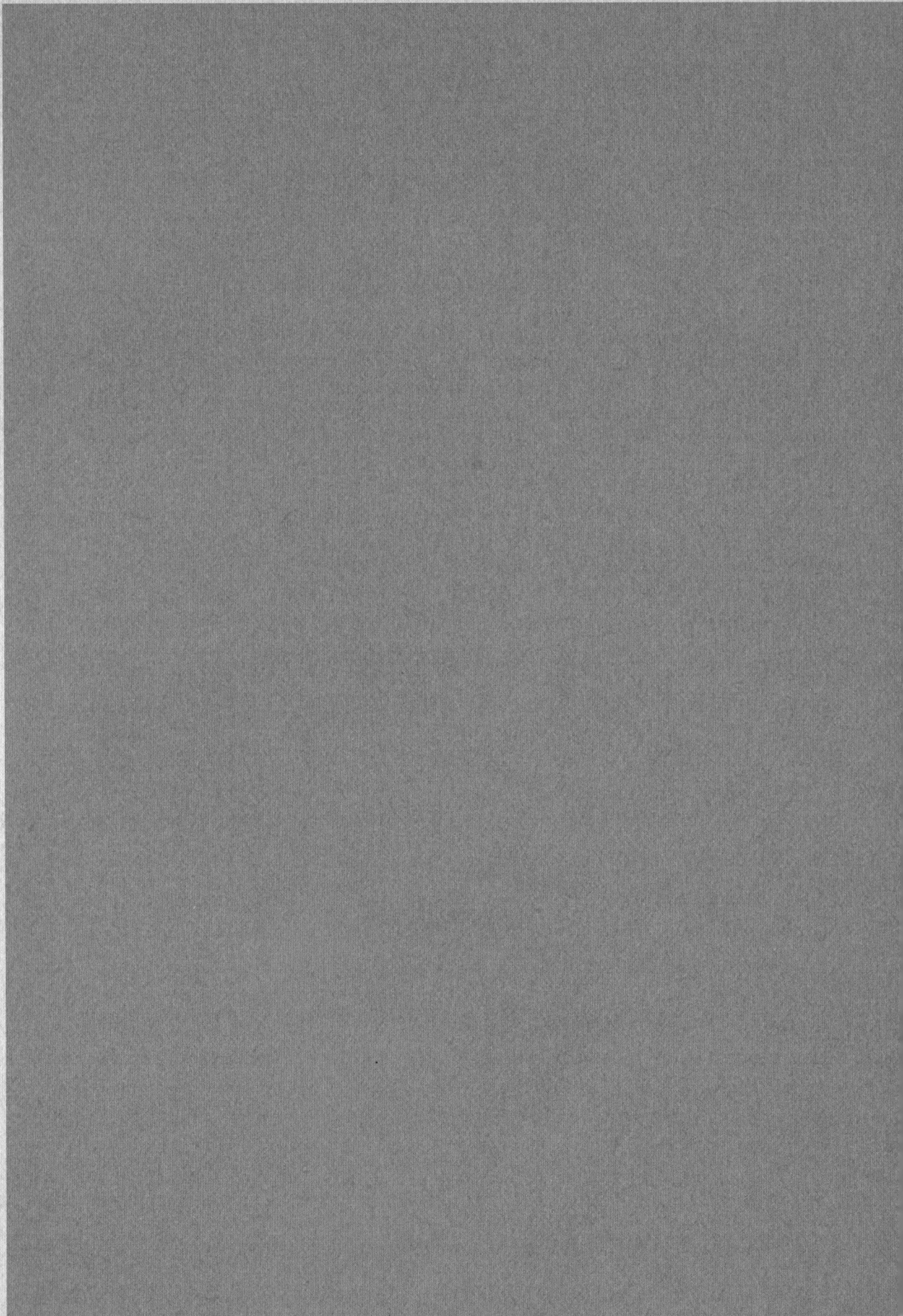

附　录

附录一　各地敦煌遗书《维摩诘经》相关抄本内容统计

一、《维摩诘经》相关抄本

1.中国国家图书馆

序号	编号	1佛国品	2方便品	3弟子品	4菩萨品	5文殊师利问疾品	6不思议品	7观众生品	8佛道品	9入不二法门品	10香积佛品	11菩萨行品	12见阿佛品	13法供养品	14嘱累品
1	BD.00009					1	1								
2	BD.00010		1	1											
3	BD.00018							1	1	1					
4	BD.00052					1	1	1	1	1					
5	BD.00057										1	1	1	1	1
6	BD.00061A							1	1						
7	BD.00081		1	1	1										
8	BD.00083					1	1								
9	BD.00100	1	1	1	1										
10	BD.00102										1	1	1	1	1
11	BD.00131							1	1	1					
12	BD.00137										1	1			
13	BD.00142							1	1	1					
14	BD.00144												1	1	1
15	BD.00155											1	1	1	1
16	BD.00157			1	1										

续表

序号	编号	1佛国品	2方便品	3弟子品	4菩萨品	5文殊师利问疾品	6不思议品	7观众生品	8佛道品	9入不二法门品	10香积佛品	11菩萨行品	12见阿佛品	13法供养品	14嘱累品
17	BD.00158	1	1	1	1										
18	BD.00180					1	1	1	1	1					
19	BD.00181					1	1	1							
20	BD.00189					1									
21	BD.00235					1	1	1	1	1					
22	BD.00250						1	1							
23	BD.00261						1	1							
24	BD.00275							1							
25	BD.00296							1	1	1					
26	BD.00326	1	1												
27	BD.00337					1									
28	BD.00369	1	1	1	1										
29	BD.00374	1	1	1	1										
30	BD.00379										1	1	1	1	1
31	BD.00386						1								
32	BD.00397			1	1										
33	BD.00421									1					
34	BD.00442					1									
35	BD.00446					1	1	1	1	1					
36	BD.00463	1	1	1	1										
37	BD.00470						1	1							
38	BD.00474					1	1	1	1	1					
39	BD.00479										1	1	1	1	1
40	BD.00482										1	1	1	1	1
41	BD.00494										1	1	1	1	1
42	BD.00505										1	1	1	1	1
43	BD.00510				1										
44	BD.00513				1										
45	BD.00514				1										
46	BD.00515			1											
47	BD.00523							1							
48	BD.00536	1													
49	BD.00538		1												
50	BD.00542					1									

续表

序号	编号	1佛国品	2方便品	3弟子品	4菩萨品	5文殊师利问疾品	6不思议品	7观众生品	8佛道品	9入不二法门品	10香积佛品	11菩萨行品	12见阿佛品	13法供养品	14嘱累品
51	BD.00550	1	1												
52	BD.00552							1	1						
53	BD.00556				1										
54	BD.00564	1	1	1											
55	BD.00568								1	1					
56	BD.00571					1	1	1	1	1					
57	BD.00585				1										
58	BD.00601	1	1	1											
59	BD.00604		1	1											
60	BD.00625								1						
61	BD.00627							1							
62	BD.00634	1	1	1	1										
63	BD.00636					1	1	1	1	1					
64	BD.00652		1												
65	BD.00710			1	1										
66	BD.00731						1								
67	BD.00733					1	1								
68	BD.00742					1									
69	BD.00751							1	1	1					
70	BD.00760									1					
71	BD.00761					1		1	1	1					
72	BD.00765						1								
73	BD.00768										1	1	1	1	1
74	BD.00790		1	1											
75	BD.00814	1	1	1	1										
76	BD.00821			1	1										
77	BD.00835											1			
78	BD.00839						1	1		1					
79	BD.00856									1					
80	BD.00910	1	1	1	1										
81	BD.00938				1										
82	BD.00946	1													
83	BD.01002	1	1												
84	BD.01041											1	1		
85	BD.01044	1	1	1	1										

续表

序号	编号	1佛国品	2方便品	3弟子品	4菩萨品	5文殊师利问疾品	6不思议品	7观众生品	8佛道品	9入不二法门品	10香积佛品	11菩萨行品	12见阿佛品	13法供养品	14嘱累品
86	BD.01052	1													
87	BD.01076										1	1	1	1	1
88	BD.01081												1	1	1
89	BD.01103					1	1	1	1	1					
90	BD.01132					1	1	1	1						
91	BD.01166	1	1												
92	BD.01172		1	1											
93	BD.01176			1	1										
94	BD.01189						1	1	1						
95	BD.01200		1	1											
96	BD.01206							1	1	1					
97	BD.01221					1	1	1	1	1					
98	BD.01231	1	1												
99	BD.01242										1	1	1	1	1
100	BD.01251										1	1	1	1	1
101	BD.01252			1	1										
102	BD.01315						1	1	1	1					
103	BD.01353										1	1	1		
104	BD.01370										1	1	1	1	1
105	BD.01379	1													
106	BD.01384						1	1							
107	BD.01413												1		
108	BD.01442		1	1											
109	BD.01526							1							
110	BD.01558					1									
111	BD.01561	1	1	1	1										
112	BD.01566		1												
113	BD.01568								1						
114	BD.01570												1	1	
115	BD.01579					1									
116	BD.01586												1		
117	BD.01588	1	1	1	1										
118	BD.01591			1											
119	BD.01592												1		
120	BD.01596										1	1	1	1	1

续表

序号	编号	1佛国品	2方便品	3弟子品	4菩萨品	5文殊师利问疾品	6不思议品	7观众生品	8佛道品	9入不二法门品	10香积佛品	11菩萨行品	12见阿佛品	13法供养品	14嘱累品
121	BD.01600			1											
122	BD.01604						1	1	1	1					
123	BD.01635	1													
124	BD.01637													1	
125	BD.01638				1										
126	BD.01639											1			
127	BD.01640			1											
128	BD.01655											1	1		
129	BD.01671														1
130	BD.01674			1	1										
131	BD.01684												1		
132	BD.01702							1	1						
133	BD.01710					1	1	1	1	1					
134	BD.01729					1	1								
135	BD.01739											1	1		
136	BD.01740			1											
137	BD.01751					1	1								
138	BD.01762							1	1						
139	BD.01784			1											
140	BD.01794			1	1										
141	BD.01809													1	1
142	BD.01820	1	1	1	1										
143	BD.01828					1	1								
144	BD.01831					1	1								
145	BD.01840										1	1	1		
146	BD.01870	1	1	1	1	1	1	1	1	1	1	1	1	1	1
147	BD.01871					1	1	1	1	1	1	1	1	1	1
148	BD.01881												1	1	1
149	BD.01892			1	1										
150	BD.01900	1	1												
151	BD.01917		1	1											
152	BD.01932	1	1	1	1										
153	BD.01933	1	1	1	1										
154	BD.01951											1	1	1	
155	BD.01952	1	1	1	1										

续表

序号	编号	1佛国品	2方便品	3弟子品	4菩萨品	5文殊师利问疾品	6不思议品	7观众生品	8佛道品	9入不二法门品	10香积佛品	11菩萨行品	12见阿佛品	13法供养品	14嘱累品
156	BD.01967	·1	1	1											
157	BD.02005												1	1	1
158	BD.02033										1	1	1	1	1
159	BD.02040			1	1										
160	BD.02043												1	1	1
161	BD.02049						1	1	1	1					
162	BD.02062								1	1					
163	BD.02069	1	1	1	1										
164	BD.02135			1	1										
165	BD.02139		1	1											
166	BD.02159	1	1	1	1										
167	BD.02160		1	1											
168	BD.02167	1	1	1	1										
169	BD.02190					1	1								
170	BD.02210							1	1	1					
171	BD.02259					1	1	1	1	1					
172	BD.02303				1										
173	BD.02349	1													
174	BD.02367													1	
175	BD.02426														1
176	BD.02471				1										
177	BD.02474										1	1	1	1	1
178	BD.02500			1											
179	BD.02522			1											
180	BD.02553			1	1										
181	BD.02559		1	1											
182	BD.02587			1											
183	BD.02593	1													
184	BD.02598				1										
185	BD.02603												1	1	
186	BD.02605			1	1										
187	BD.02619		1	1											
188	BD.02638			1	1										
189	BD.02641								1	1					
190	BD.02660	1	1												

续表

序号	编号	1 佛国品	2 方便品	3 弟子品	4 菩萨品	5 文殊师利问疾品	6 不思议品	7 观众生品	8 佛道品	9 入不二法门品	10 香积佛品	11 菩萨行品	12 见阿佛品	13 法供养品	14 嘱累品
191	BD.02751													1	1
192	BD.02754			1	1										
193	BD.02758			1											
194	BD.02774					1	1	1	1	1					
195	BD.02784												1	1	
196	BD.02803										1	1			
197	BD.02860							1	1	1					
198	BD.02887							1							
199	BD.02900					1	1	1	1	1					
200	BD.02953	1	1	1	1										
201	BD.02978	1	1	1	1										
202	BD.03015						1	1	1	1	1	1	1	1	1
203	BD.03051			1	1										
204	BD.03052					1	1	1							
205	BD.03065							1	1	1					
206	BD.03084					1									
207	BD.03098			1											
208	BD.03101											1	1	1	
209	BD.03116	1	1	1	1										
210	BD.03164		1	1											
211	BD.03171										1	1			
212	BD.03184			1											
213	BD.03194A					1	1								
214	BD.03196										1	1	1	1	1
215	BD.03200					1									
216	BD.03206			1	1										
217	BD.03212							1	1	1					
218	BD.03224					1	1	1	1	1				1	1
219	BD.03252			1	1										
220	BD.03311												1	1	1
221	BD.03324A					1	1	1	1	1					
222	BD.03329							1	1	1	1	1	1	1	1
223	BD.03396	1	1	1	1										
224	BD.03412	1	1	1	1										
225	BD.03439											1	1	1	1

续表

序号	编号	1佛国品	2方便品	3弟子品	4菩萨品	5文殊师利问疾品	6不思议品	7观众生品	8佛道品	9入不二法门品	10香积佛品	11菩萨行品	12见阿佛品	13法供养品	14嘱累品
226	BD.03472								1	1					
227	BD.03535	1	1	1	1										
228	BD.03595			1	1										
229	BD.03605	1													
230	BD.03635										1	1	1	1	1
231	BD.03663					1	1	1	1	1					
232	BD.03666										1	1	1	1	1
233	BD.03682+ BD.03683	1	1	1	1										
234	BD.03691					1	1	1	1						
235	BD.03710										1	1	1	1	1
236	BD.03742												1	1	1
237	BD.03752							1	1	1					
238	BD.03755							1	1	1					
239	BD.03758										1				
240	BD.03893	1	1												
241	BD.03898						1	1	1	1					
242	BD.03954			1											
243	BD.03967										1	1			
244	BD.04020					1	1	1	1	1					
245	BD.04048				1										
246	BD.04107										1	1	1	1	1
247	BD.04135										1	1	1	1	1
248	BD.04145					1	1	1	1	1					
249	BD.04154		1	1											
250	BD.04193				1										
251	BD.04232				1										
252	BD.04261					1	1	1	1	1					
253	BD.04293			1											
254	BD.04318					1	1	1	1	1					
255	BD.04377					1	1	1	1	1					
256	BD.04379	1													
257	BD.04389	1													
258	BD.04390														1
259	BD.04397			1											

续表

序号	编号	1佛国品	2方便品	3弟子品	4菩萨品	5文殊师利问疾品	6不思议品	7观众生品	8佛道品	9入不二法门品	10香积佛品	11菩萨行品	12见阿佛品	13法供养品	14嘱累品
260	BD.04411		1	1											
261	BD.04414	1	1	1	1										
262	BD.04421	1	1												
263	BD.04423	1	1	1	1										
264	BD.04501			1											
265	BD.04526					1	1								
266	BD.04557			1	1										
267	BD.04617												1	1	1
268	BD.04619		1	1											
269	BD.04622			1	1										
270	BD.04641			1											
271	BD.04646						1	1							
272	BD.04647			1											
273	BD.04682					1	1	1	1	1					
274	BD.04683	1	1	1	1										
275	BD.04758		1	1											
276	BD.04791									1					
277	BD.04823						1								
278	BD.04826						1	1	1						
279	BD.04829		1	1											
280	BD.04857													1	1
281	BD.04913	1	1												
282	BD.04961					1	1	1	1	1					
283	BD.04994					1	1	1	1	1					
284	BD.04997										1	1	1	1	
285	BD.05006+ BD.04931+ BD.04904+ BD.04871+ BD.05171		1	1	1										
286	BD.05007		1	1											
287	BD.05015+ BD.05014					1	1								

续表

序号	编号	1佛国品	2方便品	3弟子品	4菩萨品	5文殊师利问疾品	6不思议品	7观众生品	8佛道品	9入不二法门品	10香积佛品	11菩萨行品	12见阿佛品	13法供养品	14嘱累品
288	BD.05018+ BD.04978+ BD.05079					1	1	1							
289	BD.05028	1	1												
290	BD.05035+ BD.04477+ BD.04589+ BD.04648+ BD.04615+ BD.04500+ BD.04524+ BD.04652+ BD.04681+ BD.04656					1	1	1	1	1					
291	BD.05043										1	1	1	1	1
292	BD.05094			1	1										
293	BD.05124					1	1	1	1	1					
294	BD.05126					1	1	1	1	1					
295	BD.05131					1	1								
296	BD.05205							1	1	1					
297	BD.05281					1	1	1	1						
298	BD.05300	1	1	1	1										
299	BD.05317			1	1										
300	BD.05328											1	1	1	1
301	BD.05360							1	1	1					
302	BD.05366							1							
303	BD.05398				1										
304	BD.05408	1	1	1	1										
305	BD.05419											1	1	1	1
306	BD.05466										1	1	1	1	1
307	BD.05512	1	1	1	1										
308	BD.05542						1								
309	BD.05545								1	1	1	1	1	1	1
310	BD.05546							1	1	1					

续表

序号	编号	1 佛国品	2 方便品	3 弟子品	4 菩萨品	5 文殊师利问疾品	6 不思议品	7 观众生品	8 佛道品	9 入不二法门品	10 香积佛品	11 菩萨行品	12 见阿佛品	13 法供养品	14 嘱累品
311	BD.05551+ BD.05554+ BD.05555					1	1								
312	BD.05552+ BD.07096			1	1										
313	BD.05568					1	1	1	1	1					
314	BD.05582	1	1	1	1										
315	BD.05605					1	1	1							
316	BD.05651+ BD.05307+ BD.05539+ BD.05562+ BD.05273+ BD.05290+ BD.05327						1	1	1	1					
317	BD.05672		1	1	1										
318	BD.05711											1			
319	BD.05828			1	1										
320	BD.05838	1	1			1		1	1			1	1		
321	BD.05860				1										
322	BD.05869	1	1	1	1										
323	BD.05912											1	1		
324	BD.05930					1	1								
325	BD.05936				1										
326	BD.05944 ②					1									
327	BD.05966	1	1												
328	BD.05987	1	1	1	1										
329	BD.06062	1	1												
330	BD.06148													1	
331	BD.06190			1	1										
332	BD.06233									1					
333	BD.06274	1													
334	BD.06291					1	1	1							
335	BD.06300							1	1	1					

续表

序号	编号	1佛国品	2方便品	3弟子品	4菩萨品	5文殊师利问疾品	6不思议品	7观众生品	8佛道品	9入不二法门品	10香积佛品	11菩萨行品	12见阿佛品	13法供养品	14嘱累品
336	BD.06309+BD.06357	1	1	1	1										
337	BD.06315					1	1	1							
338	BD.06319	1	1	1	1										
339	BD.06342		1	1											
340	BD.06369					1	1	1	1	1					
341	BD.06376			1	1	1									
342	BD.06379+BD.06368	1	1	1	1										
343	BD.06409	1	1	1	1										
344	BD.06496					1	1								
345	BD.06534										1	1	1	1	1
346	BD.06537			1	1										
347	BD.06557			1	1	1	1	1	1	1	1	1	1	1	1
348	BD.06581	1	1	1	1										
349	BD.06582	1	1	1	1										
350	BD.06619										1	1	1	1	1
351	BD.06624					1	1	1	1	1					
352	BD.06626	1	1	1	1	1	1	1	1	1	1	1	1	1	1
353	BD.06631	1													
354	BD.06648										1	1	1	1	1
355	BD.06651+BD.06652	1	1												
356	BD.06703			1	1										
357	BD.06729+BD.06511										1	1	1	1	1
358	BD.06749+BD.05219	1													
359	BD.06804									1					
360	BD.06832					1	1								
361	BD.06840+BD.06829	1	1	1	1										
362	BD.06864	1	1												
363	BD.06866					1									
364	BD.06893					1									

续表

序号	编号	1佛国品	2方便品	3弟子品	4菩萨品	5文殊师利问疾品	6不思议品	7观众生品	8佛道品	9入不二法门品	10香积佛品	11菩萨行品	12见阿佛品	13法供养品	14嘱累品
365	BD.06896														1
366	BD.06964					1	1								
367	BD.06978					1									
368	BD.06980			1											
369	BD.07353													1	1
370	BD.07354					1									
371	BD.07355		1	1											
372	BD.07359													1	1
373	BD.07470	1	1												
374	BD.07528	1	1												
375	BD.07540		1												
376	BD.07607					1									
377	BD.07616				1										
378	BD.07643	1													
379	BD.07646	1													
380	BD.07686						1	1							
381	BD.07756	1	1	1											
382	BD.07785	1													
383	BD.07813											1			
384	BD.07830										1				
385	BD.07834	1													
386	BD.07878	1													
387	BD.07909										1				
388	BD.07917	1													
389	BD.07921	1													
390	BD.07937					1	1								
391	BD.07996					1									
392	BD.08016										1				
393	BD.08031			1											
394	BD.08123						1								
395	BD.08130										1	1			
396	BD.08132												1	1	
397	BD.08173			1											
398	BD.08180										1	1	1	1	1
399	BD.08194	1													

续表

序号	编号	1 佛国品	2 方便品	3 弟子品	4 菩萨品	5 文殊师利问疾品	6 不思议品	7 观众生品	8 佛道品	9 入不二法门品	10 香积佛品	11 菩萨行品	12 见阿佛品	13 法供养品	14 嘱累品
400	BD.08198												1		
401	BD.08234										1	1			
402	BD.08269										1				
403	BD.08278												1	1	
404	BD.08298					1	1								
405	BD.08345									1					
406	BD.08360	1													
407	BD.08365				1										
408	BD.08371						1	1							
409	BD.08484			1											
410	BD.08507					1									
411	BD.08581	1													
412	BD.08896	1													
413	BD.08897										1				
414	BD.08898										1				
415	BD.08899			1											
416	BD.08900			1											
417	BD.08901		1	1											
418	BD.08902	1													
419	BD.08903	1													
420	BD.08904	1													
421	BD.08905					1									
422	BD.08906														1
423	BD.08907	1													
424	BD.08908										1				
425	BD.08909			1											
426	BD.08910	1													
427	BD.08911					1									
428	BD.08912	1													
429	BD.08913					1									
430	BD.08914			1											
431	BD.08915														1
432	BD.08916					1									
433	BD.08917	1													

续表

序号	编号	1佛国品	2方便品	3弟子品	4菩萨品	5文殊师利问疾品	6不思议品	7观众生品	8佛道品	9入不二法门品	10香积佛品	11菩萨行品	12见阿佛品	13法供养品	14嘱累品
434	BD.08918			1											
435	BD.08919									1					
436	BD.08920				1										
437	BD.08921	1													
438	BD.08922					1									
439	BD.08923	1													
440	BD.08924												1		
441	BD.08925			1											
442	BD.08926	1													
443	BD.08927												1		
444	BD.09133												1		
445	BD.09134	1													
446	BD.09135	1													
447	BD.09214			1											
448	BD.09215							1							
449	BD.09504+ BD.09505+ BD.09506	1													
450	BD.09518	1											1		
451	BD.09529+ BD.09530							1							
452	BD.09667					1									
453	BD.09740					1									
454	BD.09888	1													
455	BD.09903			1											
456	BD.09916												1		
457	BD.09921														
458	BD.09976									1					
459	BD.09992	1													
460	BD.10012					1									
461	BD.10015					1									
462	BD.10034	1													
463	BD.10048	1													
464	BD.10072	1													
465	BD.10190	1													

续表

序号	编号	1佛国品	2方便品	3弟子品	4菩萨品	5文殊师利问疾品	6不思议品	7观众生品	8佛道品	9入不二法门品	10香积佛品	11菩萨行品	12见阿佛品	13法供养品	14嘱累品
466	BD.10209					1									
467	BD.10237					1									
468	BD.10240				1										
469	BD.10294	1													
470	BD.10340					1									
471	BD.10414					1									
472	BD.10424	1													
473	BD.10430					1									
474	BD.10468					1									
475	BD.10601	1													
476	BD.10624	1													
477	BD.10626	1													
478	BD.10627										1				
479	BD.10764					1									
480	BD.10795											1			
481	BD.10837					1									
482	BD.10893					1									
483	BD.10936					1									
484	BD.10954				1										
485	BD.10973												1		
486	BD.11039										1				
487	BD.11058										1				
488	BD.11076	1													
489	BD.11079		1												
490	BD.11084	1													
491	BD.11086												1		
492	BD.11089												1		
493	BD.11093+BD.11094	1													
494	BD.11105					1									
495	BD.11184					1									
496	BD.11209							1							
497	BD.11236							1							
498	BD.11325				1										
499	BD.11371														1

续表

序号	编号	1佛国品	2方便品	3弟子品	4菩萨品	5文殊师利问疾品	6不思议品	7观众生品	8佛道品	9入不二法门品	10香积佛品	11菩萨行品	12见阿佛品	13法供养品	14嘱累品
500	BD.11450		1												
501	BD.11458	1													
502	BD.11464A+ BD.11464B+ BD.11464C											1			
503	BD.11466					1									
504	BD.11467					1									
505	BD.11524+ BD.11525	1													
506	BD.11555												1		
507	BD.11563				1										
508	BD.11636	1													
509	BD.11688+ BD.11689												1		
510	BD.11781	1													
511	BD.11788	1													
512	BD.11793			1											
513	BD.11833												1		
514	BD.11845					1									
515	BD.11846	1													
516	BD.11847											1			
517	BD.11873														
518	BD.11882					1									
519	BD.11890													1	
520	BD.11908	1													
521	BD.11925											1			
522	BD.11964														
523	BD.12006			1											
524	BD.12009														1
525	BD.12010	1													
526	BD.12021											1			
527	BD.12099													1	
528	BD.12100							1							
529	BD.12140						1								
530	BD.12141					1									

续表

序号	编号	1佛国品	2方便品	3弟子品	4菩萨品	5文殊师利问疾品	6不思议品	7观众生品	8佛道品	9入不二法门品	10香积佛品	11菩萨行品	12见阿閦佛品	13法供养品	14嘱累品
531	BD.12158	1													
532	BD.12200					1									
533	BD.12205	1													
534	BD.12337			1											
535	BD.12343											1			
536	BD.12348					1									
537	BD.12360								1						
538	BD.12369	1													
539	BD.13642	1													
540	BD.13656												1	1	
541	BD.13657		1	1											
542	BD.13661	1													
543	BD.14068+ BD.14069+ BD.14070	1	1	1	1	1	1	1	1	1	1	1	1	1	1
544	BD.14071	1	1												
545	BD.14072+ BD.14073					1	1	1	1	1	1	1	1	1	1
546	BD.14074					1	1	1	1	1					
547	BD.14075								1	1					
548	BD.14076									1					
549	BD.14077											1	1	1	1
550	BD.14078										1	1	1	1	1
551	BD.14079										1	1	1		
552	BD.14080										1	1	1	1	1
553	BD.14186					1	1	1	1	1	1	1	1	1	1
554	BD.14423										1	1	1	1	1
555	BD.14458										1	1	1	1	1
556	BD.14463			1	1										
557	BD.14473					1	1	1	1	1					
558	BD.14626	1	1	1											
559	BD.14627					1	1	1	1	1					
560	BD.14722				1										
561	BD.14759	1	1	1	1										
562	BD.14817									1					

续表

序号	编号	1佛国品	2方便品	3弟子品	4菩萨品	5文殊师利问疾品	6不思议品	7观众生品	8佛道品	9入不二法门品	10香积佛品	11菩萨行品	12见阿佛品	13法供养品	14嘱累品
563	BD.14844										1	1	1	1	1
564	BD.14860												1	1	1
565	BD.14875						1								
566	BD.14881						1	1	1	1					
567	BD.14884					1		1	1	1					
568	BD.14913										1				
569	BD.15019						1								
570	BD.15057										1	1	1	1	1
571	BD.15084					1	1	1	1	1					
572	BD.15086					1	1	1	1	1					
573	BD.15179										1	1	1	1	1
574	BD.15181					1	1	1	1	1					
575	BD.15186										1	1	1	1	1
576	BD.15217								1						
577	BD.15218								1						
578	BD.15304					1	1	1	1	1					
579	BD.15330										1	1			
580	BD.15557	1													
581	BD.15657										1				
582	BD.15705	1													
583	BD.15743					1									
584	BD.15750												1		
585	BD.15751	1													
586	BD.15767										1				
587	BD.15784												1		
588	BD.15787+BD.15824	1													
589	BD.16093	1													
590	BD.16143		1												
591	BD.16463D+BD.16463E										1				
592	BD.16475	1													
各品数量小计		140	101	139	103	124	101	105	91	90	87	84	84	76	74

2.中国其他

序号	编号	1 佛国品	2 方便品	3 弟子品	4 菩萨品	5 文殊师利问疾品	6 不思议品	7 观众生品	8 佛道品	9 入不二法门品	10 香积佛品	11 菩萨行品	12 见阿閦佛品	13 法供养品	14 嘱累品
1	北大D060	1	1	1	1										
2	北大D061						1								
3	北大D062											1	1	1	1
4	北大D207					1									
5	北大附J4													1	1
	各品数量小计	1	1	1	1	1	1	0	0	0	0	1	1	2	2
1	敦研 008							1							
2	敦研 113	1													
3	敦研 117+176+302				1										
4	敦研 148+159+285+288+敦博 031			1											
	各品数量小计	1	0	1	1	0	0	1	0	0	0	0	0	0	0
1	傅斯年图书馆 188092	1	1	1	1										
2	傅斯年图书馆 188093	1	1	1	1										
	各品数量小计	2	2	2	2	0	0	0	0	0	0	0	0	0	0
1	甘博 054											1	1	1	
2	甘博 078							1							
	各品数量小计	0	0	0	0	0	0	1	0	0	0	1	1	1	0
1	津艺 025(60·5·1701)										1	1	1	1	1
2	津艺 061A（77·5·4402①）+津艺 061F（77·5·4402⑥）		1												
3	津艺 065(77·5·4406⑨)											1			
4	津艺 079(77·5·4421)					1	1	1	1	1					
5	津艺 084(77·5·4427)					1	1	1	1	1					
6	津艺 110(77·5·4449)	1	1	1	1	1	1					1	1	1	1
7	津艺 122(77·5·4461)							1	1	1					
8	津艺 134(77·5·4473)											1	1		
9	津艺 135(77·5·4474)					1	1	1	1	1					
10	津艺 139(77·5·4478)													1	

续表

序号	编号	1 佛国品	2 方便品	3 弟子品	4 菩萨品	5 文殊师利问疾品	6 不思议品	7 观众生品	8 佛道品	9 入不二法门品	10 香积佛品	11 菩萨行品	12 见阿閦佛品	13 法供养品	14 嘱累品
11	津艺 157(77·5·4496)					1	1								
12	津艺 162(77·5·4501)	1	1	1	1	1	1	1	1	1	1	1	1	1	1
13	津艺 163(77·5·4502)					1	1	1	1	1	1	1	1	1	1
14	津艺 164(77·5·4503)					1	1	1	1	1	1	1	1	1	1
15	津艺 194(77·5·4533)					1	1	1	1						
16	津艺 221(77·5·4560)											1	1	1	1
17	津艺 222(77·5·4561)					1	1	1	1						
18	津艺 231(77·5·4570)														
19	津艺 286(77·5·4625)							1	1				1	1	1
20	津艺 288(77·5·4627)												1	1	1
	各品数量小计	2	2	3	3	9	12	11	10	10	7	9	8	8	8
1	上博 01(2045)			1	1	1	1								
2	上博 45(40794)					1	1	1	1	1					
3	上博 71(51614)					1	1								
	各品数量小计	0	0	1	1	3	3	1	1	1	0	0	0	0	0
1	上图 035(812441)		1	1	1										
2	上图 072(812517)			1	1										
3	上图 105(812555)⑥	1													
4	上图 126(812576)	1	1	1	1										
5	上图 127(812577)					1	1	1	1	1					
6	上图 128(812578)			1	1										
7	上图 153(812604)										1	1	1	1	1
8	上图 168(822626)											1	1	1	1
9	上图 177(826088)												1	1	1
	各品数量小计	2	2	4	4	1	1	1	1	1	1	2	3	3	3
1	甘肃中医学院 003										1				
	各品数量小计	0	0	0	0	0	0	0	0	0	1	0	0	0	0

3.英国国家图书馆

序号	编号	1佛国品	2方便品	3弟子品	4菩萨品	5文殊师利问疾品	6不思议品	7观众生品	8佛道品	9入不二法门品	10香积佛品	11菩萨行品	12见阿閦佛品	13法供养品	14嘱累品
1	S.0012					1	1	1	1	1					
2	S.0021									1					
3	S.0030	1	1	1	1	1									
4	S.0041	1	1												
5	S.0143								1	1					
6	S.0145						1	1	1						
7	S.0148								1	1					
8	S.0159			1	1										
9	S.0168						1	1	1						
10	S.0171			1											
11	S.0241								1	1					
12	S.0350											1			
13	S.0471	1													
14	S.0624					1	1								
15	S.0639											1	1	1	1
16	S.0648					1	1	1	1	1					
17	S.0669			1	1										
18	S.0686											1	1	1	1
19	S.0688	1	1	1	1										
20	S.0715					1	1	1	1	1					
21	S.0753		1	1	1										
22	S.0765					1	1	1	1	1					
23	S.0769											1	1	1	1
24	S.0774					1	1	1	1	1					
25	S.0780											1	1	1	1
26	S.0827					1	1	1	1	1					
27	S.0828												1	1	
28	S.0845	1				1									
29	S.0866	1	1	1	1										
30	S.0871		1	1											
31	S.0905						1	1	1	1					

续表

序号	编号	1 佛国品	2 方便品	3 弟子品	4 菩萨品	5 文殊师利问疾品	6 不思议品	7 观众生品	8 佛道品	9 入不二法门品	10 香积佛品	11 菩萨行品	12 见阿閦佛品	13 法供养品	14 嘱累品
32	S.0913										1	1	1	1	1
33	S.0929					1	1	1	1	1					
34	S.0961								1	1					
35	S.0975	1	1	1	1										
36	S.0978				1										
37	S.1005	1	1	1											
38	S.1013											1	1		
39	S.1031										1	1	1	1	1
40	S.1036					1	1	1	1	1					
41	S.1046											1	1	1	
42	S.1145	1													
43	S.1206					1									
44	S.1219	1	1	1	1										
45	S.1239	1	1	1	1										
46	S.1248										1	1			
47	S.1258												1	1	1
48	S.1266										1				
49	S.1268	1													
50	S.1304			1	1										
51	S.1328										1	3	1	1	1
52	S.1373				1										
53	S.1429												1	1	1
54	S.1463		1	1											
55	S.1471					1	1	1	1	1					
56	S.1531										1	1	1	1	1
57	S.1533						1	1	1						
58	S.1564										1	1		1	
59	S.1616					1									
60	S.1633		1												
61	S.1692									1					
62	S.1694					1	1	1	1						
63	S.1709										1				

续表

序号	编号	1佛国品	2方便品	3弟子品	4菩萨品	5文殊师利问疾品	6不思议品	7观众生品	8佛道品	9入不二法门品	10香积佛品	11菩萨行品	12见阿閦佛品	13法供养品	14嘱累品
64	S.1739	1													
65	S.1753					1	1	1	1	1					
66	S.1782	1													
67	S.1788	1	1	1	1										
68	S.1864	1	1	1	1	1	1	1	1	1	1	1	1	1	1
69	S.1865					1	1	1	1						
70	S.1932										1	1			
71	S.1951	1	1	1	1										
72	S.2024										1	1	1	1	1
73	S.2025					1	1	1	1	1					
74	S.2035										1	1	1	1	1
75	S.2162					1	1	1	1						
76	S.2206												1	1	1
77	S.2235			1											
78	S.2282					1	1	1	1	1					
79	S.2300	1													
80	S.2307	1	1	1	1	1	1	1	1	1	1	1	1	1	1
81	S.2348	1	1												
82	S.2433	1	1	1	1										
83	S.2479	1	1	1											
84	S.2508												1	1	1
85	S.2523	1													
86	S.2572										1	1	1	1	1
87	S.2600	1													
88	S.2608							1	1	1					
89	S.2609					1	1	1	1	1					
90	S.2838											1	1	1	1
91	S.2871							1	1	1					
92	S.2878							1	1	1					
93	S.2884								1	1					
94	S.2946						1	1							
95	S.2991	1	1	1	1										

续表

序号	编号	1佛国品	2方便品	3弟子品	4菩萨品	5文殊师利问疾品	6不思议品	7观众生品	8佛道品	9入不二法门品	10香积佛品	11菩萨行品	12见阿閦佛品	13法供养品	14嘱累品
96	S.2994					1									
97	S.3069												1	1	
98	S.3143			1											
99	S.3151	1													
100	S.3165	1	1	1	1										
101	S.3168							1	1	1					
102	S.3187	1	1	1	1										
103	S.3197										1	1	1	1	1
104	S.3211	1	1												
105	S.3256					1	1								
106	S.3305					1	1	1	1	1					
107	S.3358	1													
108	S.3376	1													
109	S.3377							1	1	1					
110	S.3394							1	1	1					
111	S.3415					1	1	1	1						
112	S.3422										1	1	1	1	1
113	S.3424				1										
114	S.3434			1											
115	S.3437	1	1	1	1	1									
116	S.3445					1									
117	S.3458												1	1	1
118	S.3471										1	1	1	1	1
119	S.3486	1	1	1	1										
120	S.3488										1	1	1	1	1
121	S.3517	1	1	1	1										
122	S.3561	1													
123	S.3569	1	1	1	1										
124	S.3578			1	1										
125	S.3617			1											
126	S.3647				1										
127	S.3650									1					

续表

序号	编号	1佛国品	2方便品	3弟子品	4菩萨品	5文殊师利问疾品	6不思议品	7观众生品	8佛道品	9入不二法门品	10香积佛品	11菩萨行品	12见阿閦佛品	13法供养品	14嘱累品
128	S.3680					1	1	1	1	1	1				
129	S.3723					1	1	1	1	1					
130	S.3743					1	1								
131	S.3801										1	1	1	1	1
132	S.3806	1													
133	S.3822					1									
134	S.3828											1		1	1
135	S.3856						1	1	1	1					
136	S.3888V							1							
137	S.3928					1	1	1	1	1					
138	S.3963			1	1										
139	S.4015										1	1	1	1	1
140	S.4045	1	1												
141	S.4148	1	1												
142	S.4153			1	1	1	1	1	1	1	1	1	1	1	1
143	S.4154					1	1	1	1	1					
144	S.4246										1	1	1	1	1
145	S.4258		1		1										
146	S.4310													1	1
147	S.4317					1	1	1	1						
148	S.4321										1	1	1	1	1
149	S.4350		1	1											
150	S.4386									1	1				
151	S.4387										1	1	1		1
152	S.4519							1							
153	S.4550										1	1			
154	S.4602					1									
155	S.4719										1				
156	S.4771					1	1	1	1	1					
157	S.4780	1													
158	S.4789		1												
159	S.4796			1		1	1	1	1	1					

续表

序号	编号	1佛国品	2方便品	3弟子品	4菩萨品	5文殊师利问疾品	6不思议品	7观众生品	8佛道品	9入不二法门品	10香积佛品	11菩萨行品	12见阿閦佛品	13法供养品	14嘱累品
160	S.4837			1											
161	S.4856		1												
162	S.4859	1	1	1	1										
163	S.4879										1				
164	S.4951	1	1	1	1										
165	S.4957	1	1	1	1	1	1	1	1	1	1				
166	S.4983												1	1	1
167	S.5000					1	1	1	1	1					
168	S.5001					3	1	1	1	1					
169	S.5004										1				
170	S.5030										1	1			
171	S.5031										1	1	1	1	1
172	S.5056					1	1	1	1	1					
173	S.5057							1	1	1					
174	S.5105		1	1	1	1	1	1	1	1	1	1	1	1	1
175	S.5112		1	1	1										
176	S.5133					1	1	1	1	1					
177	S.5147					1	1	1	1	1					
178	S.5184										1				
179	S.5246										1	1	1	1	1
180	S.5254							1	1	1					
181	S.5255					1	1	1	1	1					
182	S.5306	1													
183	S.5340					1	1	1	1	1					
184	S.5353					1	1	1							
185	S.5368	1													
186	S.5371	1	1	1	1										
187	S.5395										1	1	1	1	
188	S.5635	1													
189	S.5661	2	1	1	1	1	1	1	1	1	1	1	1	1	1
190	S.5665		1												
191	S.5749					1	1								

续表

序号	编号	1佛国品	2方便品	3弟子品	4菩萨品	5文殊师利问疾品	6不思议品	7观众生品	8佛道品	9入不二法门品	10香积佛品	11菩萨行品	12见阿閦佛品	13法供养品	14嘱累品
192	S.5963				1										
193	S.6231												1		1
194	S.6350	1	1	1	1										
195	S.6358										1	1	1	1	1
196	S.6370					1	1	1	1	1					
197	S.6392	1	1	1	1										
198	S.6398										1	1	1	1	1
199	S.6409					1	1	1	1	1					
200	S.6420											1	1	1	1
201	S.6425							1	1	1					
202	S.6426	1	1	1	1										
203	S.6449										1	1	1	1	1
204	S.6472						1	1	1	1	1				
205	S.6473						1	1	1	1					
206	S.6507												1	1	
207	S.6508				1	1	1								
208	S.6516	1	1	1	1										
209	S.6529											1	1	1	
210	S.6532	1	1	1	1										
211	S.6539										1	1	1	1	1
212	S.6548	1	1	1											
213	S.6575					1	1	1	1	1					
214	S.6586	1	1	1	1										
215	S.6587										1	1	1	1	1
216	S.6595					1	1	1	1						
217	S.6603						1	1	1						
218	S.6620	1													
219	S.6665					1	1	1	1	1					
220	S.6740							1	1						
221	S.6772	1	1	1	1	1									
222	S.6780					1	1	1	1						
223	S.6847					1	1	1	1	1					

续表

序号	编号	1佛国品	2方便品	3弟子品	4菩萨品	5文殊师利问疾品	6不思议品	7观众生品	8佛道品	9入不二法门品	10香积佛品	11菩萨行品	12见阿閦佛品	13法供养品	14嘱累品
224	S.6864										1	1	1	1	1
225	S.6865					1	1	1	1	1					
226	S.6869							1	1	1					
227	S.6875										1	1	1	1	1
228	S.6890					1	1	1	1	1					
229	S.6906					1	1	1	1	1					
230	S.6918	1	1	1	1										
231	S.6922										1	1	1	1	1
232	S.6991										1				
233	S.7051	1													
234	S.7123	1	1												
235	S.7149													1	
236	S.7158											1			
237	S.7206										1				
238	S.7235						1								
239	S.7264	1													
240	S.7245		1												
241	S.7264	1													
242	S.7265				1										
243	S.7271	1													
244	S.7280										1				
245	S.7286							1							
246	S.7349						1								
247	S.7355							1							
248	S.7385					1									
249	S.7388	1													
250	S.7410	1													
251	S.7469										1				
252	S.7544					1									
253	S.10546	1													
各品数量小计		67	52	52	49	69	65	73	72	74	59	53	51	49	48

4.法国国家图书馆

序号	编号	1佛国品	2方便品	3弟子品	4菩萨品	5文殊师利问疾品	6不思议品	7观众生品	8佛道品	9入不二法门品	10香积佛品	11菩萨行品	12见阿閦佛品	13法供养品	14嘱累品
1	P.2088	1	1	1	1	1	1	1	1	1	1	1	1	1	1
2	P.2786										1	1	1	1	1
3	P.3324							1							
4	P.4646	1	1	1	1	1	1	1	1	1	1	1	1	1	1
5	P.4573	1													
6	P.4603					1	1	1	1	1	1				
7	P.4755										1				
8	P.4849	1													
9	P.4859					1									
10	P.4866										1				
11	P.4932							1							
12	P.5588(5)	1													
13	P.6036					1									
各品数量小计		5	2	2	2	5	3	5	3	3	6	3	3	3	3

5.俄藏

序号	编号	1佛国品	2方便品	3弟子品	4菩萨品	5文殊师利问疾品	6不思议品	7观众生品	8佛道品	9入不二法门品	10香积佛品	11菩萨行品	12见阿閦佛品	13法供养品	14嘱累品
1	Дх.00034	1													
2	Дх.00069							1							
3	Дх.00113	1													
4	Дх.00124					1									
5	Дх.00167					1									
6	Дх.00193B							1							
7	Дх.00286						1								
8	Дх.00371		.1												
9	Дх.00475					1									
10	Дх.00511+Дх.01212	1													
11	Дх.00596					1									

续表

序号	编号	1佛国品	2方便品	3弟子品	4菩萨品	5文殊师利问疾品	6不思议品	7观众生品	8佛道品	9入不二法门品	10香积佛品	11菩萨行品	12见阿閦佛品	13法供养品	14嘱累品
12	Дx.00622						1								
13	Дx.00648	1													
14	Дx.00683		1	1											
15	Дx.00711			1											
16	Дx.00724	1													
17	Дx.00751+Дx.00761A	1													
18	Дx.00799+Дx.00800				1										
19	Дx.00802	1													
20	Дx.00816			1											
21	Дx.00851+Дx.10799				1										
22	Дx.00859					1									
23	Дx.00879+Дx.00880												1		
24	Дx.00912					1									
25	Дx.00916									1					
26	Дx.01094	1													
27	Дx.01096					1									
28	Дx.01112											1			
29	Дx.01137					1									
30	Дx.01139	1													
31	Дx.01167						1								
32	Дx.01241+Дx.01242											1			
33	Дx.01546				1										
34	Дx.01636+Дx.01637											1			
35	Дx.01641											1			
36	Дx.01644+Дx.01645					1									

续表

序号	编号	1佛国品	2方便品	3弟子品	4菩萨品	5文殊师利问疾品	6不思议品	7观众生品	8佛道品	9入不二法门品	10香积佛品	11菩萨行品	12见阿閦佛品	13法供养品	14嘱累品
37	Дх.01667+ Дх.02446+ Дх.02491+ Дх.02508	1	1												
38	Дх.01707	1													
39	Дх.01709		1												
40	Дх.01720						1								
41	Дх.01740										1				
42	Дх.01812							1							
43	Дх.01922+ Дх.01923	1	1												
44	Дх.01926+ Дх.01927											1			
45	Дх.01934														
46	Дх.01947+ Дх.02044					1									
47	Дх.02029+ Дх.03822+ Дх.03827A+ Дх.03831+ Дх.03841+ Дх.03846+ Дх.03884+ Дх.03891+ Дх.03892 Дх.03893A+ Дх.04252	1													
48	Дх.02050				1										
49	Дх.02053										1				
50	Дх.02066										1				
51	Дх.02111					1									
52	Дх.02180			1											
53	Дх.02187+ Дх.02518						1								

续表

序号	编号	1佛国品	2方便品	3弟子品	4菩萨品	5文殊师利问疾品	6不思议品	7观众生品	8佛道品	9入不二法门品	10香积佛品	11菩萨行品	12见阿閦佛品	13法供养品	14嘱累品
54	Дx.02198+ Дx.02641+ Дx.02646	1													
55	Дx.02228					1									
56	Дx.02289												1		
57	Дx.02291					1									
58	Дx.02350+ Дx.02998+ Дx.10808		1	1											
59	Дx.02372+ Дx.03847+ Дx.03924	1													
60	Дx.02380	1													
61	Дx.02426	1													
62	Дx.02433					1									
63	Дx.02500												1		
64	Дx.02535					1									
65	Дx.02616	1													
66	Дx.02645										1				
67	Дx.02671		1												
68	Дx.02775											1			
69	Дx.02789			1											
70	Дx.02793	1													
71	Дx.02797					1									
72	Дx.02798	1													
73	Дx.02799+ Дx.02757+ Дx.02893	1													
74	Дx.02803+ Дx.02806+ Дx.02807A					1									
75	Дx.02808											1			
76	Дx.02861							1							
77	Дx.02925					1									
78	Дx.02925					1									

续表

序号	编号	1佛国品	2方便品	3弟子品	4菩萨品	5文殊师利问疾品	6不思议品	7观众生品	8佛道品	9入不二法门品	10香积佛品	11菩萨行品	12见阿閦佛品	13法供养品	14嘱累品
79	Дх.02952									1					
80	Дх.02983						1								
81	Дх.02988+Дх.03059					1									
82	Дх.03006				1										
83	Дх.03171	1													
84	Дх.03289								1						
85	Дх.03290												1		
86	Дх.03389								1						
87	Дх.03393			1	1										
88	Дх.03426				1										
89	Дх.03449						1								
90	Дх.03489					1									
91	Дх.03570							1							
92	Ф.098	1	1	1											
93	Ф.099					1	1	1	1	1					
94	Ф.100					1									
95	Ф.118										1	1	1	1	1
96	Ф.282	1													
97	Ф.292	1													
98	Ф.298								1						
99	Ф.300													1	
各品数量小计		25	8	8	8	23	8	6	4	4	9	5	3	2	1

6.日本各地公私收藏（部分）

序号	编号	1佛国品	2方便品	3弟子品	4菩萨品	5文殊师利问疾品	6不思议品	7观众生品	8佛道品	9入不二法门品	10香积佛品	11菩萨行品	12见阿閦佛品	13法供养品	14嘱累品
1	羽024V1							1		1					1
2	北三井082						1	1	1	1					
3	北三井083						1	1	1	1					

续表

序号	编号	1佛国品	2方便品	3弟子品	4菩萨品	5文殊师利问疾品	6不思议品	7观众生品	8佛道品	9入不二法门品	10香积佛品	11菩萨行品	12见阿閦佛品	13法供养品	14嘱累品
4	北三井084												1		
5	北三井085														
6	北三井086					1	1	1	1	1	1	1	1	1	1
7	招提14												1		
8	大东急107-12-1				1					1					
9	大东急107-5-1-1														
10	大东急107-11-1-1										1	1	1	1	1
11	中村不折066											1	1	1	1
12	天理图书馆183-イ177											1	1	1	1
	各品数量小计	0	0	0	1	1	3	4	3	5	4	4	4	4	5

二、《维摩诘经》注疏相关抄本

1.中国国家图书馆

序号	编号	名称	序言	1佛国品	2方便品	3弟子品	4菩萨品	5文殊师利问疾品	6不思议品	7观众生品	8佛道品	9入不二法门品	10香积佛品	11菩萨行品	12见阿閦佛品	13法供养品	14嘱累品
1	BD.00411	道液《净名经关中释抄（批）》					1	1	1	1							
2	BD.00414	道液《净名经集解关中疏》					1										
3	BD.00434	道液《净名经集解关中疏》				1	1										
4	BD.00923	佚名《维摩经疏》													1		
5	BD.00924	佚名《维摩经疏》										1	1	1	1		
6	BD.00926	佚名《维摩经疏》							1	1	1						
7	BD.00950V	佚名《维摩经疏》		1	1												

续表

序号	编号	名称	序言	1佛国品	2方便品	3弟子品	4菩萨品	5文殊师利问疾品	6不思议品	7观众生品	8佛道品	9入不二法门品	10香积佛品	11菩萨行品	12见阿閦佛品	13法供养品	14嘱累品
8	BD.01032	佚名《维摩经义记》						1	1	1							
9	BD.01791	道液《净名经集解关中疏》			1												
10	BD.01872	道液《净名经集解关中疏》				1	1										
11	BD.02102+BD.02300	道液《净名经关中释抄（批）》				1	1	1	1	1	1	1	1	1	1	1	1
12	BD.02296	道液《净名经关中释抄（批）》	1														
13	BD.02517	道液《净名经集解关中疏》	1	1													
14	BD.02796	慧远《维摩义记》				1	1										
15	BD.03147	佚名《净名经科要》							1	1	1	1	1	1	1	1	1
16	BD.03262	佚名《净名经科要》		1	1	1	1	1									
17	BD.03271	道液《净名经集解关中疏》	1	1	1	1	1										
18	BD.03272	道液《净名经集解关中疏》	1	1	1	1	1										
19	BD.03686	佚名《维摩经疏》			1	1											
20	BD.03716	道液《净名经集解关中疏》			1	1											
21	BD.03909	佚名《维摩诘所说经义记》			1												
22	BD.03924	道液《净名经关中释抄（批）》	1														
23	BD.04499	道液《净名经关中释抄（批）》	1														
24	BD.04562	道液《净名经集解关中疏》			1												
25	BD.05243	佚名《维摩经疏》		1	1	1											

续表

序号	编号	名称	序言	1 佛国品	2 方便品	3 弟子品	4 菩萨品	5 文殊师利问疾品	6 不思议品	7 观众生品	8 佛道品	9 入不二法门品	10 香积佛品	11 菩萨行品	12 见阿閦佛品	13 法供养品	14 嘱累品
26	BD.05271	道液《净名经集解关中疏》			1												
27	BD.05620	道液《净名经关中释抄（批）》						1	1	1	1	1					
28	BD.05782	道液《净名经集解关中疏》						1	1	1	1	1	1	1	1	1	1
29	BD.05920	道液《净名经集解关中疏》									1						
30	BD.06170	道液《净名经集解关中疏》											1	1	1		
31	BD.06194	道液《净名经集解关中疏》						1									
32	BD.06378V	慧远《维摩义记》	1	1													
33	BD.06453	道液《净名经集解关中疏》			1	1											
34	BD.06480	道液《净名经关中释抄（批）》	1														
35	BD.06499	佚名《维摩诘经杂释》			1	1	1										
36	BD.06499V	佚名《维摩经疏》			1	1											
37	BD.06551	道液《净名经集解关中疏》	1	1													
38	BD.06576	昙旷《维摩经疏》			1	1	1										
39	BD.06743	佚名《维摩诘经杂释》			1												
40	BD.06798	道液《净名经集解关中疏》												1			
41	BD.06819	吉藏《维摩经义疏》											1	1	1		
42	BD.07177	佚名《维摩经疏》				1											
43	BD.07241	佚名《维摩经疏》				1											
44	BD.07286	佚名《维摩诘经杂释》		1	1	1	1	1									

续表

序号	编号	名称	序言	1 佛国品	2 方便品	3 弟子品	4 菩萨品	5 文殊师利问疾品	6 不思议品	7 观众生品	8 佛道品	9 入不二法门品	10 香积佛品	11 菩萨行品	12 见阿閦佛品	13 法供养品	14 嘱累品
45	BD.07290	道液《净名经集解关中疏》													1		
46	BD.07387	佚名《维摩经疏》		1													
47	BD.07603	道液《净名经集解关中疏》			1												
48	BD.07713	道液《净名经集解关中疏》		1													
49	BD.07736	道液《净名经集解关中疏》		1													
50	BD.07778	佚名《维摩诘经杂释》		1													
51	BD.07832	道液《净名经集解关中疏》		1	1												
52	BD.07941	道液《净名经关中释抄（批）》				1											
53	BD.08053	道液《净名经集解关中疏》		1													
54	BD.08154	道液《净名经集解关中疏》		1													
55	BD.08291	佚名《维摩诘经杂释》			1												
56	BD.08405	佚名《维摩经疏》				1											
57	BD.08473	道液《净名经集解关中疏》				1											
58	BD.08473V	维摩诘所说经同会菩萨解义纲要	1														
59	BD.08648	道液《净名经集解关中疏》	1	1													
60	BD.08928	道液《净名经集解关中疏》						1									
61	BD.09249	道液《净名经集解关中疏》				1											

续表

序号	编号	名称	序言	1佛国品	2方便品	3弟子品	4菩萨品	5文殊师利问疾品	6不思议品	7观众生品	8佛道品	9入不二法门品	10香积佛品	11菩萨行品	12见阿閦佛品	13法供养品	14嘱累品
62	BD.09250	道液《净名经关中释抄（批）》	1														
63	BD.09605	道液《净名经集解关中疏》				1											
64	BD.10256	道液《净名经关中释抄（批）》	1														
65	BD.10258	道液《净名经集解关中疏》															1
66	BD.10300	道液《净名经集解关中疏》			1												
67	BD.10347	道液《净名经集解关中疏》					1										
68	BD.10427	道液《净名经集解关中疏》			1												
69	BD.10728	道液《净名经集解关中疏》			1												
70	BD.11389	佚名《维摩经义记》															1
71	BD.11559	道液《净名经集解关中疏》				1											
72	BD.11897	吉藏《维摩经义疏》	1														
73	BD.11903	慧远《维摩义记》										1					
74	BD.12989	道液《净名经关中释抄（批）》护首															
75	BD.12382	道液《净名经集解关中疏》					1										
76	BD.14091/大谷家二乐庄旧藏	道液《净名经关中释抄（批）》		1	1	1	1	1	1	1	1	1	1	1	1	1	1
77	BD.14092	道液《净名经集解关中疏》			1	1	1	1	1	1	1	1	1	1	1	1	1

续表

序号	编号	名称	序言	1佛国品	2方便品	3弟子品	4菩萨品	5文殊师利问疾品	6不思议品	7观众生品	8佛道品	9入不二法门品	10香积佛品	11菩萨行品	12见阿閦佛品	13法供养品	14嘱累品
78	BD.14093	道液《净名经集解关中疏》						1	1	1	1	1	1	1	1	1	1
79	BD.14730	道液《净名经关中释抄（批）》	1														
80	BD.14943	道液《净名经集解关中疏》											1	1	1	1	1
81	BD.15074	道液《净名经集解关中疏》						1	1	1	1	1	1				
82	BD.15100	僧肇集《注维摩诘经》					1										
83	BD.15421A	吉藏《维摩经义疏》	1														
84	BD.15699	道液《净名经集解关中疏》	1														
85	BD.15699A	僧肇集《注维摩诘经》	1														
86	BD.15699B	道液《净名经集解关中疏》	1														
87	BD.15719	道液《净名经集解关中疏》						1									
88	BD.16408	道液《净名经集解关中疏》											1				

2.中国其他

序号	编号	名称	序言	1佛国品	2方便品	3弟子品	4菩萨品	5文殊师利问疾品	6不思议品	7观众生品	8佛道品	9入不二法门品	10香积佛品	11菩萨行品	12见阿閦佛品	13法供养品	14嘱累品
1	北大D.097	道液《净名经关中释抄（批）》				1											

续表

序号	编号	名称	序言	1佛国品	2方便品	3弟子品	4菩萨品	5文殊师利问疾品	6不思议品	7观众生品	8佛道品	9入不二法门品	10香积佛品	11菩萨行品	12见阿閦佛品	13法供养品	14嘱累品
2	北大D.161	道液《净名经集解关中疏》				1											
3	北大D162	佚名《维摩诘经注释》						1									
4	北大D.245	佚名《注维摩诘经序疏释》	1														
5	上图036（812443）	吉藏《维摩经义疏》													1	1	1
6	上图111（812561）	佚名《维摩疏》					1	1	1	1	1	1	1	1	1	1	1
7	上图130（812580）	道液《净名经集解关中疏》							1	1							
8	津艺030（60·5·1706）	道液《净名经集解关中疏》											1	1	1	1	1
9	敦研066	佚名《维摩诘经疏释》				1											
10	敦研067	佚名《维摩诘经疏释》						1									
11	敦研247	佚名《维摩诘经疏释》					1										
12	敦研248	佚名《维摩诘经疏释》						1									
13	敦研249	佚名《维摩诘经疏释》								1							
14	敦研250	佚名《维摩诘经疏释》									1						
15	敦研251	佚名《维摩诘经疏释》										1	1				
16	敦研252	佚名《维摩诘经疏释》											1	1			
17	敦研375	佚名《维摩诘经疏释》				1											

续表

序号	编号	名称	序言	1佛国品	2方便品	3弟子品	4菩萨品	5文殊师利问疾品	6不思议品	7观众生品	8佛道品	9入不二法门品	10香积佛品	11菩萨行品	12见阿閦佛品	13法供养品	14嘱累品
18	甘博129	僧肇《维摩诘经解》				1											
20	中121敦煌卷子一一五二	道液《净名经集解关中疏》				1	1										
21	中122（散0016号2）	道液《净名经关中释抄（批）》	1														
22	中123（散0544）	道液《净名经关中释抄（批）》	1														
23	中124（散0016号3）	道液《净名经关中释抄（批）》	1														
24	中126（散0741）	道液《净名经集解关中疏》						1									

3.英国国家图书馆

序号	编号	名称	序言	1佛国品	2方便品	3弟子品	4菩萨品	5文殊师利问疾品	6不思议品	7观众生品	8佛道品	9入不二法门品	10香积佛品	11菩萨行品	12见阿閦佛品	13法供养品	14嘱累品
1	S.00706V	佚名《维摩经疏》				1											
2	S.00721	慧远《维摩义记》				1	1	1									
3	S.00721V1	佚名《维摩经疏》(待考)				1											
4	S.00721VC	慧远《维摩义记》					1	1									
5	S.00914	契真述、体清记《维摩疏释前小序抄·释肇断序抄义》	1														
6	S.01310	佚名《维摩经抄》	1														

续表

序号	编号	名称	序言	1 佛国品	2 方便品	3 弟子品	4 菩萨品	5 文殊师利问疾品	6 不思议品	7 观众生品	8 佛道品	9 入不二法门品	10 香积佛品	11 菩萨行品	12 见阿閦佛品	13 法供养品	14 嘱累品
7	S.01347+ S.02496	契真述、体清记《维摩疏释前小序抄·释肇断序抄义》	1														
8	S.01357	道液《净名经关中释抄（批）》	1														
9	S.01378	道液《净名经集解关中疏》			1	1											
10	S.01412	道液《净名经集解关中疏》	1	1													
11	S.01482	道液《净名经集解关中疏》		1													
12	S.01513V	契真述、体清记《维摩疏释前小序抄·释肇断序抄义》	1														
13	S.01813	道液《净名经集解关中疏》											1	1			
14	S.01983	道液《净名经集解关中疏》			1	1											
15	S.01985	道液《净名经集解关中疏》		1													
16	S.02096V	佚名《维摩诘经品名录》	1														
17	S.02106	僧肇集《维摩义记》				1	1	1	1	1	1	1	1	1	1	1	1
18	S.02113	道液《净名经集解关中疏》				1	1										
19	S.02206	维摩义记	1														
20	S.02342	道液《净名经集解关中疏》			1	1	1										
21	S.02432	道液《净名经集解关中疏》				1											
22	S.02496	契真述、体清记《维摩疏释前小序抄·释肇断序抄义》	1														

续表

序号	编号	名称	序言	1佛国品	2方便品	3弟子品	4菩萨品	5文殊师利问疾品	6不思议品	7观众生品	8佛道品	9入不二法门品	10香积佛品	11菩萨行品	12见阿閦佛品	13法供养品	14嘱累品
23	S.02552	道液《净名经集解关中疏》				1	1										
24	S.02552V	佚名《维摩经疏》(待考)							1								
25	S.02584	道液《净名经关中释抄（批）》	1	1													
26	S.02596	道液《净名经集解关中疏》			1	1											
27	S.02661	佚名《维摩诘经提文书》				1	1	1	1	1	1	1	1	1	1		
28	S.02670V	道液《净名经集解关中疏》						1									
29	S.02688	慧远《维摩义记》		1													
30	S.02701	道液《净名经集解关中疏》				1	1										
31	S.02702	道液《净名经集解关中疏》	1	1	1												
32	S.02731	维摩诘经义记卷四															
33	S.02732	佚名《维摩经义记》								1	1	1	1	1	1	1	1
34	S.02739	道液《净名经关中释抄（批）》	1														
35	S.03475	道液《净名经集解关中疏》			1	1	1										
36	S.03481	道液《净名经关中释抄（批）》	1														
37	S.03765	道液《净名经集解关中疏》	1	1													
38	S.03770	道液《净名经集解关中疏》	1	1													
39	S.03773	道液《净名经集解关中疏》			1												
40	S.03878	佚名《维摩诘经义记》	1														

续表

序号	编号	名称	序言	1佛国品	2方便品	3弟子品	4菩萨品	5文殊师利问疾品	6不思议品	7观众生品	8佛道品	9入不二法门品	10香积佛品	11菩萨行品	12见阿閦佛品	13法供养品	14嘱累品
41	S.03920	佚名《维摩经疏》		1	1												
42	S.04101	慧远《维摩义记》							1								
43	S.04455	契真述、体清记《维摩疏释前小序抄·释肇断序抄义》	1														
44	S.04834	道液《净名经集解关中疏》									1						
45	S.05972	佚名《维摩经疏》					1										
46	S.06192	佚名《维摩经疏》（待考）				1											
47	S.06237V	道液《净名经集解关中疏》						1									
48	S.06284	僧肇集《注维摩诘经》	1														
49	S.06381	佚名《维摩经疏》				1	1										
50	S.06391	道液《净名经集解关中疏》	1	1													
51	S.06418	道液《净名经集解关中疏》								1	1	1	1	1	1	1	1
52	S.06458	道液《净名经集解关中疏》								1	1	1	1	1	1	1	1
53	S.06462	道液《净名经关中释抄（批）》							1	1	1	1	1	1	1		
54	S.06503	道液《净名经集解关中疏》	1	1	1	1	1										
55	S.06568	道液《净名经集解关中疏》	1	1	1	1	1										
56	S.06580	道液《净名经集解关中疏》	1	1	1	1											
57	S.06583	吉藏《维摩经义疏》						1	1	1	1	1	1				
58	S.06610	道液《净名经集解关中疏》													1	1	1

续表

序号	编号	名称	序言	1佛国品	2方便品	3弟子品	4菩萨品	5文殊师利问疾品	6不思议品	7观众生品	8佛道品	9入不二法门品	10香积佛品	11菩萨行品	12见阿閦佛品	13法供养品	14嘱累品
59	S.06712	道液《净名经关中释抄（批）》	1														
60	S.06713	道液《净名经集解关中疏》						1	1	1	1	1	1	1	1	1	1
61	S.06809	净名经集解关中疏卷上															
62	S.06810	道液《净名经集解关中疏》	1	1	1	1	1										
63	S.06870	道液《净名经集解关中疏》						1	1	1	1	1					
64	S.07703	道液《净名经集解关中疏》	1														
65	S.08316	佚名《维摩经疏》（待考）	1	1													
66	S.08471	佚名《维摩经疏》（待考）		1													
67	S.08774	道液《净名经集解关中疏》				1											
68	S.09408V	道液《净名经集解关中疏》						1									
69	S.09435B	佚名《维摩经疏》（待考）			1												
70	S.09507A	佚名《维摩经疏》（待考）	1														
71	S.09508	佚名《维摩经疏》（待考）			1												
72	S.09516	道液《净名经集解关中疏》				1											
73	S.09991A	慧远《维摩义记》															
74	S.10272	佚名《维摩经疏》（待考）	1														
75	S.10301	道液《净名经集解关中疏》			1												

续表

序号	编号	名称	序言	1佛国品	2方便品	3弟子品	4菩萨品	5文殊师利问疾品	6不思议品	7观众生品	8佛道品	9入不二法门品	10香积佛品	11菩萨行品	12见阿閦佛品	13法供养品	14嘱累品
76	S.10590	佚名《维摩经疏》(待考)										1	1				
77	S.10594	佚名《维摩经疏》(待考)				1											
78	S.10762	道液《净名经关中释抄(批)》							1								
79	S.10819	道液《净名经集解关中疏》						1									
80	S.11460JB+JC	佚名《维摩经疏》(待考)											1				
81	S.11460JD	佚名《维摩经疏》(待考)									1						
82	S.12130	道液《净名经集解关中疏》		1													
83	S.12170	佚名《维摩经疏》(待考)		1													
84	S.12317	佚名《维摩经疏》(待考)									1						
85	S.12707	道液《净名经集解关中疏》		1													
86	S.12870	道液《净名经集解关中疏》		1													
87	S.12873	道液《净名经集解关中疏》			1												
88	S.12968	道液《净名经集解关中疏》		1													
89	S.13033	道液《净名经集解关中疏》		1													
90	S.13132	道液《净名经集解关中疏》		1													
91	S.13267	道液《净名经集解关中疏》		1													

4.法国国家图书馆

序号	编号	名称	序言	1佛国品	2方便品	3弟子品	4菩萨品	5文殊师利问疾品	6不思议品	7观众生品	8佛道品	9入不二法门品	10香积佛品	11菩萨行品	12见阿閦佛品	13法供养品	14嘱累品
1	P.2032	昙旷《维摩经疏》							1	1	1	1					
2	P.2032VA	昙旷《维摩经疏》							1	1	1	1					
3	P.2040	昙旷《维摩经疏》											1	1	1	1	1
4	P.2049	昙旷《维摩经疏》				1											
5	P.2076	道液《净名经关中释抄（批）》	1														
6	P.2079	道液《净名经关中释抄（批）》	1														
7	P.2095	僧肇集《注维摩诘经》							1								
8	P.2122VC	佚名《维摩经疏》					1										
9	P.2128V	佚名《维摩经疏》(待考)	1														
10	P.2149	契真述、体清记《维摩疏释前小序抄·释肇断序抄义》	1														
11	P.2154	道液《净名经关中释抄（批）》						1	1	1	1	1	1	1	1	1	1
12	P.2188	道液《净名经集解关中疏》	1	1	1	1	1										
13	P.2191	道液《净名经集解关中疏》						1	1	1	1	1	1	1	1	1	1
14	P.2191VB	佚名《维摩经疏》		1													
15	P.2202	佚名《维摩诘经疏》						1									
16	P.2214	僧肇集《注维摩诘经》					1										
17	P.2218	慧远《维摩义记》							1	1							
18	P.2222A	佚名《维摩诘经疏》	1														
19	P.2222B	佚名《维摩经疏》						1									
20	P.2222D	道液《净名经集解关中疏》					1										

续表

序号	编号	名称	序言	1佛国品	2方便品	3弟子品	4菩萨品	5文殊师利问疾品	6不思议品	7观众生品	8佛道品	9入不二法门品	10香积佛品	11菩萨行品	12见阿閦佛品	13法供养品	14嘱累品
21	P.2222D2	佚名《维摩诘经言八众者》	1														
22	P.2222DV	佚名《维摩经疏》(待考)		1													
23	P.2222EV	佚名《维摩经疏》(待考)		1													
24	P.2222FV	佚名《维摩诘经品名录》	1														
25	P.2244	道液《净名经关中释抄（批）》	1														
26	P.2273	佚名《维摩经义记》		1	1												
27	P.2275	佚名《维摩经抄》		1													
28	P.2288	道液《净名经关中释抄（批）》	1														
29	P.2335VA	佚名《维摩经疏》(待考)				1											
30	P.2339	僧肇集《注维摩诘经》	1														
31	P.2344V	佚名《维摩诘经杂释》		1	1												
32	P.2414	佚名《维摩诘经杂释》				1	1										
33	P.2419V	道液《净名经关中释抄（批）》	1														
34	P.2469V	佚名《维摩经疏》(待考)		1													
35	P.2580	道液《净名经关中释抄（批）》	1														
36	P.2595	佚名《维摩诘经疏释》		1				1	1								
37	P.2595①	僧肇集《注维摩诘经》							1								

续表

序号	编号	名称	序言	1佛国品	2方便品	3弟子品	4菩萨品	5文殊师利问疾品	6不思议品	7观众生品	8佛道品	9入不二法门品	10香积佛品	11菩萨行品	12见阿閦佛品	13法供养品	14嘱累品
38	P.2595②	道液《净名经集解关中疏》				1											
39	P.2595VA+P.2595VB+P.2595VC	佚名《维摩经疏》	1														
40	P.2688V	佚名《维摩经疏》		1													
41	P.3006	道安?《注维摩诘经》														1	
42	P.3021V	佚名《维摩经疏》(待考)	1														
43	P.3055	佚名《维摩诘经杂释》													1		
44	P.3198B+P.3198BV	佚名《维摩经疏》(待考)	1	1													
45	P.3267A	僧肇集《注维摩诘经》	1														
46	P.3432V	道液《净名经关中释抄（批）》	1														
47	P.3488V	契真述、体清记《维摩疏释前小序抄·释肇断序抄义》	1														
48	P.3736	契真述、体清记《维摩疏释前小序抄·释肇断序抄义》	1														
49	P.3789V	佚名《维摩经疏》		1													
50	P.3876V3	佚名《维摩经疏》(待考)		1													
51	P.4088	僧肇集《注维摩诘经》					1										
52	P.4684	僧肇集《注维摩诘经》							1								
53	P.4695	道液《净名经关中释抄（批）》	1														

5.俄藏

序号	编号	名称	序言	1佛国品	2方便品	3弟子品	4菩萨品	5文殊师利问疾品	6不思议品	7观众生品	8佛道品	9入不二法门品	10香积佛品	11菩萨行品	12见阿閦佛品	13法供养品	14嘱累品
1	Дx.00016	道液《净名经集解关中疏》				1											
2	Дx.00021	佚名《维摩经疏》（待考）												1	1		
3	Дx.00352+ Дx.00463+ Дx.00464+ Дx.00466	昙旷《维摩经疏》														1	
4	Дx.00832	道液《净名经集解关中疏》				1											
5	Дx.01229	道液《净名经集解关中疏》	1														
6	Дx.01626+ Дx.01819+ Дx.01861	僧肇集《注维摩诘经》				1											
7	Дx.01822+ Дx.01862＋ Дx.01863+ Дx.01903	道液《净名经集解关中疏》		1													
8	Дx.01828+ Дx.01840	僧肇集《注维摩诘经》		1													
9	Дx.01872	僧肇集《注维摩诘经》	1														
10	Дx.02224	道液《净名经集解关中疏》													1		
11	Дx.03184	净名经集解关中疏	1														
12	Дx.03266	佚名《维摩经疏》（待考）				1									1		
13	Дx.2177A+ Дx.2177V	佚名《维摩经疏》（待考）		1													

续表

序号	编号	名称	序言	1佛国品	2方便品	3弟子品	4菩萨品	5文殊师利问疾品	6不思议品	7观众生品	8佛道品	9入不二法门品	10香积佛品	11菩萨行品	12见阿閦佛品	13法供养品	14嘱累品
14	Φ.068	吉藏《维摩经义疏》								1	1						
15	Φ.102	慧远《维摩义记》	1	1	1	1	1	1	1	1	1	1	1	1	1	1	1
16	Φ.165	道液《净名经关中释抄（批）》					1	1	1	1	1	1	1	1	1	1	1
17	Φ.299	道液《净名经集解关中疏》	1														

6.日本各地公私收藏（部分）

序号	编号	名称	序言	1佛国品	2方便品	3弟子品	4菩萨品	5文殊师利问疾品	6不思议品	7观众生品	8佛道品	9入不二法门品	10香积佛品	11菩萨行品	12见阿閦佛品	13法供养品	14嘱累品
1	羽081	《净名经集解关中疏》摘抄									1						
2	羽002	《维摩义记》				1	1	1									
3	北三井108	道液《净名经集解关中疏》						1	1	1	1	1	1	1	1	1	1
4	国会图书馆WB32	《净名经关中释抄卷上》															
5	中村不折155（5）					1											
6	大谷家二乐庄藏	佚名《维摩义记》卷四														1	
9	中村不折氏旧藏	佚名《注维摩诘经》				1											
10	散0808（中村不折藏）	佚名《维摩经疏》			1												

续表

序号	编号	名称	序言	1佛国品	2方便品	3弟子品	4菩萨品	5文殊师利问疾品	6不思议品	7观众生品	8佛道品	9入不二法门品	10香积佛品	11菩萨行品	12见阿閦佛品	13法供养品	14嘱累品
11	Filn No.051（浜田旧藏 No.111）	道液《净名经关中释抄（批）》	1														
12	［日］龙谷大学 533 号	昙旷《维摩经疏》	1														

三、《维摩诘经》俗文学相关抄本

序号	编号	名称	序言	1佛国品	2方便品	3弟子品	4菩萨品	5文殊师利问疾品	6不思议品	7观众生品	8佛道品	9入不二法门品	10香积佛品	11菩萨行品	12见阿閦佛品	13法供养品	14嘱累品
1	BD.09518	维摩诘因缘															
2	S.04571	佚名《维摩诘经讲经文》		1													
3	S.08167	佚名《维摩诘经讲经文》		1													
4	φ.101	佚名《维摩诘经讲经文》		1													
5	S.03872	佚名《维摩诘经讲经文》		1	1												
6	Д x .684	佚名《维摩诘经讲经文》		1													
7	P.2122V②	佚名《维摩诘经讲经文》			1												
8	P.2292②	佚名《维摩诘经讲经文》				1											
9	P.3079	佚名《维摩诘经讲经文》				1											

续表

序号	编号	名称	序言	1佛国品	2方便品	3弟子品	4菩萨品	5文殊师利问疾品	6不思议品	7观众生品	8佛道品	9入不二法门品	10香积佛品	11菩萨行品	12见阿閦佛品	13法供养品	14嘱累品
10	BD.05394	佚名《维摩诘经讲经文》持世菩萨二					1										
11	φ.252	佚名《维摩诘经讲经文》					1										
12	散0684（罗振玉旧藏）	佚名《维摩诘经讲经文》						1									
13	S.04443	佚名《维摩诘经讲经文》	1														
1	S.02440①	佚名《维摩经押座文》	1														
2	S.02440⑤	佚名《维摩经押座文》	1														
3	P.3210②	佚名《维摩经押座文》	1														
4	S.01441V③	佚名《维摩经押座文》	1														
5	P.2122V①	佚名《维摩经押座文》	1														
1	P.3600②	佚名《维摩诘经十四品诗》	1	1	1	1	1	1	1	1	1	1	1	1	1	1	1
2	BD.06803	佚名《维摩诘经十四品诗》	1	1	1	1	1	1	1	1	1	1	1	1	1	1	1
1	S.02454	佚名《维摩五更转十二时》	1	1	1												
2	P.3141V	佚名《维摩五更转十二时》			1	1	1	1		1							
3	S.06631V	佚名《维摩五更转十二时》	1	1	1	1	1	1	1	1	1	1	1	1	1	1	1
1	P.2191V①	谈广《维摩经手记》	1														
2	P.2222D①	谈广《维摩经手记》															

附录二 各地敦煌遗书《维摩诘经》相关抄本纪年题记

一、《维摩诘经》相关抄本

时 代		卷 号	题 记
后凉	麟嘉五年（393）	上博 01（2045）	麟嘉五年六月九日王相高写竟，疏拙见者莫□也。
北魏	天安二年（467）	敦研 113	天安二年八月廿三日，令狐□儿课、王三典、张演虎等三人共作课也。
	神龟元年（518）	上图 035（812441）	神龟元年岁次戊戌七月十三日经生张凤鸾写，用帋廿九张。
唐前期	凉安乐二年（619）	中村不折旧藏66号《维摩诘经》	写妙法功德，普施于一切。同证会真如，速成无上道。窃闻如来出于经教，金口所说十二部尊经，演导群生，心中浪悟，成想炳然，光影即现。非形有相，睹瑞应而除僭，圣僧行教，众生无不归伏。然阎硕兄弟等，生在阎浮，一形已来，恶业所钟，不能舍利。遂即归投佛海，寻经听义。但闻此经一句一偈，即除五浊之名。弟子等减割一米之余，奉为亡考亡妣七世先灵，敬造维摩经一部、华严十恶经一卷。弟子烧香，远请经生朱令辩，用心斋戒。香汤洗浴身着净衣，在于静室，六时行道。写经成就，金章玉轴瑠璃七宝庄严具足。又愿弟子兄弟合门眷属诸亲知识等，百恶从兹并灭，十善还来补处。法轮恒晖，三宝无难，耶摩归正六道，众生俱时成佛。安乐三年三月十四日写讫，弟子阎硕供养。沙门玄叡受持。
	高昌延寿十四年（637）	S.2838、日本天理图书馆183-イ177①	经生令狐善愿写，曹法师法慧校，法华斋主大僧平事沙门法焕定。延寿十四年岁次丁酉五月三日，清信女 稽首归命常住三宝，盖闻剥皮折骨，记大士之半言，丧体捐躯，求般若之妙旨，是知金文玉牒，圣教真风，难见难闻既尊且贵。弟子托生宗胤，长自深宫，赖王父之仁慈，蒙妃母之训诲，重沾法润，为写斯经，冀以日近归依，朝夕诵念，以斯微福，持奉父王，愿圣体休和，所求如意，先亡久远，同气连枝，见佛闻法，往生净土。增太妃之余算，益王妃之光华，世子诸公，惟延惟寿，寇贼退散，疫病消亡，百姓被煦育之慈，苍生蒙荣润之乐，含灵抱识，有气之伦，等出苦源，同升妙果。

---

① 天理图书馆藏《维摩诘经》相关信息参见王三庆：《日本天理大学天理图书馆典藏之敦煌写卷》，中国文化大学中国文学系编：《第二届敦煌学国际研讨会论文集》，台北：汉学研究中心编印，1991年，第89—90页。

续表

时　代		卷　号	题　记
唐前期	贞观十八年（644）	上图 168（822626）	唐贞观十有八年花月中旬徐孝德奉诏译。
	永徽三年（652）	S.3394	永徽三年五月十五日，佛弟子郑元受持。
	咸亨三年（672）	BD.14884	咸亨三年六月上旬，弟子氾师僧为亡妻索敬写。
	垂拱四年（688）	大谷大学图书馆藏	大唐垂拱四年岁次戊子十二月一日，清信优婆夷王伯美，为身染病瘥、及为一切法界苍生，敬写维摩经一部。愿使从今已去，三宝助口，疫厉消除。普愿众生共生佛道。
	大约 8 世纪①	S.0765	索宝集妻为合家大小写。廿二纸。
中唐·吐蕃统治时期前后	甲戌（794）年	S.1864	岁次甲戌（794）年九月卅日，沙州行人部落百姓张玄逸，奉为过往父母及七世先亡当家夫妻男女亲者及法界众生，敬写小字维摩经一部，普愿住西方净土，一时成佛。
	9 世纪前期②	S.2991	奉为僧者道萼写记，经生王瀚。③
		BD.00018	奉为西州僧昔道萼写记，经生王瀚。
		BD.01820	道京书《维摩经》一卷。
		BD.01952	比丘尼莲花心为染患得痊发愿写。
		BD.03196	戊年四月一日写维摩经一部毕，切记之也。
		S.4153	申年四月五日，比丘法济共福胜，点勘了。
	9 世纪以后	S.2871	金光明寺④祝阇梨集经供养记。
		BD.00157	背面有藏文便物例
		BD.01052	背面有藏文杂写。
晚唐		S.2282	僧道斌写。⑤
	不早于 10 世纪	P.2786	末尾及背面抄有《于阗使臣上于阗朝廷书》，可能时间相近。⑥

① 池天温先生认为此卷书写时间约在八世纪，见：（日）池田温：《中国古代写本识语集录》，第 325 页。

② 池天温先生将 BD.00018、BD.01820、BD.01952、BD.03196、S.4153 等《维摩诘经》抄本界定为九世纪初，见（日）池田温：《中国古代写本识语集录》，第 377 页。

③ 敦煌遗书中有大量抄经生王瀚所抄经书，但皆未明时代，诸如此处 S.2991、BD.00018 等，池天温先生将王瀚所抄经书全部归于九世纪初，见：（日）池田温：《中国古代写本识语集录》，东京：东京大学东洋文化研究所，1990 年，第 378 页。

④ 在敦煌遗书纪年材料中，在吐蕃统治时期辰年（788）至北宋天禧三年（1019）见该寺名称。参见季羡林主编：《敦煌学大辞典》，上海：上海辞书出版社，1998 年，第 630 页。

⑤ P.2274《金光明经》抄写者尾题为"大中八年（854）五月十五日奉为先亡敬写，弟子比丘尼德照记。比丘道斌写。"邹清泉先生据此将 S.2282 抄写时代比定为 847—859 年，参见：邹清泉：《中古敦煌〈维摩诘经〉的书写——以藏经洞维摩写卷为中心》，《敦煌学辑刊》2012 年第 1 期，第 66 页。

⑥ 张广达、荣新江：《关于敦煌出土于阗文献的年代及其相关问题》，《于阗史丛考》，上海：上海书店，1993 年，第 129—130 页。

续表

时 代		卷 号	题 记
晚唐	天复二年（902）	BD.06840	天复二年写生索奇记。
	天复四年（904）前后	P.3324	背面有《天复四年八月八日应总管押前衙兵马使子弟随身等状》。
五代	后周广顺八年（958）前后	BD.02062	大周广顺八年岁次七月十一日，西川善兴大寺西院法主大师法宗往于西天取经流□（与）郡主，大□（传？）。

二、《维摩诘经》注疏相关抄本

时代		编号	文本名称	题记
前秦	甘露二年（360）	羽002	《维摩义记》	甘露二年正月廿七日，沙门静志写记。
北魏	景明元年（500）	S.02106	僧肇集《维摩义记》	景明元年二月廿二日，比丘昙兴于定州丰乐寺写记。
	普泰元年（531）	上图111（812561）	佚名《维摩疏》	大代普泰二年岁次壬子，三月乙丑朔，廿五日己丑，弟子使持节散骑常侍都督领西诸军事车骑大将军开府仪同三司瓜州刺史东阳王元荣。惟天地妖荒，王路否塞，军臣（事）失利，于兹多载，天子中兴，是得遣息叔和、谒阙修定（受）。弟子年老疹（疴）患，冀望叔和早得回还。敬造维摩疏百部供养。
西魏	大统三年（537）	BD.01032	佚名《维摩经义记》	一校流通。释琼许 琼琼。大统三年正月十九日写记。
	大统五年（539）	S.02731		龙华二儒共校定也。更比字一校也。……大统五年四月十二日，比丘惠龙写记流通。
	大统十四年（548）	P.2273		释法鸾。共校经道人昙朗、李师即竟。僧法师释。大统十四年十月五日，普济寺僧法鸾写记。
	高昌建昌二年（556）	大谷家二乐庄藏		建昌二年丙子。
北周	保定二年（562）	S.02732	佚名《维摩诘经义记》	保定二年岁次壬午，于尔绵公斋上榆树下，大听僧雅讲维摩经一遍私记。
隋至唐前期	约7世纪①	S.03878		空藏禅师修。
	仪凤三年（678）	Φ.068	吉藏《维摩经义疏》	仪凤三年八月十二日，令狐思约勘定。
	证圣元年（695）	上图036（812443）		证圣元年闰二月十八日，大云寺僧录澄。

---

① 池田温先生认为大约七世纪，见：(日) 池田温：《中国古代写本识语集录》，第254页。

续表

时代	编号	文本名称	题记
约8世纪①	BD.06499	佚名《维摩诘经杂释》	张厶宗呈此一纸，计廿纸。
隋至唐前期 永泰二年（766）	P.2149	契真述、体清记《维摩疏释前小序抄·释肇断序抄义》	余永泰二年时居资圣，传经之暇，命笔真书。自为补其阙遗，岂敢传诸册事。
大历二年（767）	S.01347+S.02496		余以大历二年春正月于资圣寺传经之次，记其所闻，以补多忘，庶来悟义伯，无诮斐然矣，崇福寺沙门体清记。
788	S.03475	道液《净名经集解关中疏》	巨唐大历七年（772）三月廿八日，沙门体清于虢州开元寺，为僧尼道俗敷演此经，写此疏以传来学。愿秘藏常开，广布真如之理，莲宫永丽，弘分般若之源矣。又至辰年（788）九月十六日，俗弟子索游岩，于大蕃管沙州，为普光寺比丘尼普意，转写此卷讫。
788	津艺030		蕃中二年五月十七日于沙州金光明寺写讫，比丘利济。
794	BD.14091	道液《净名经关中释抄（批）》	蕃中甲戌年四月七日勘讫，比丘惠照记
中唐吐蕃统治时期 约9世纪前期②	S.06610	道液《净名经集解关中疏》	戌年二月五日写了。
	S.06810		酉年十一月十五日，比丘海清记。
	S.06580		比丘谭议疏卷记。
	BD.00434		沙门法昙疏。
805	S.06503		时蕃中岁次乙酉冬末月下旬二日，于报恩寺写讫。比丘神应记。
817	S.06568		丁酉年闰五月十五日勘定。
818	S.02701		戊戌年四月一日，比丘神威记。
825	BD.03272		乙巳年三月廿日比丘谈哲记。
827	S.02432		丁未年三月廿日，莲僧庆会自手书。
845	S.06418		乙丑年二月十四日。
845	BD.00414		乙丑年三月六日捷。
845	Filn.051	道液《净名经关中释抄（批）》	乙丑（845）年常兴记。

① 池田温先生认为大约八世纪，见（日）池田温：《中国古代写本识语集录》，第325页。

② 池田温先生认为九世纪前期，见（日）池田温：《中国古代写本识语集录》，第378—379页。

续表

时代	编号	文本名称	题记
849	中 123	道液《净名经关中释抄（批）》	己巳年四月廿三日，京福寿寺沙门维秘，于沙州报恩寺为僧尼道俗，敷演此净名经。已传来学之徒，愿秘藏不绝者矣。龙兴寺僧明真写，故记之也。
857—860 ①	BD.14730		□（丁？）□年正月廿一日比丘明照记。
857 年后 ②	Φ.165		卯年十月□生三日比丘一真写记。
860	P.2222D	道液《净名经集解关中疏》	岁次庚辰年十月六日，比丘归真写并受持记。
咸通八年（867）	BD.14943		咸通八年四月二十二日就开元寺曹僧政说维摩经。
壬辰年（872）	P.2079	道液《净名经关中释抄（批）》	壬辰年正月一日，河西管内都僧政京城进论朝天赐紫大德曹和尚，就开元寺为城隍攘灾。僧讲维摩经，当寺弟子僧智惠并随听写此上批，至二月廿三日写讫。
884 年以前 ③	S.05972	佚名《维摩经疏》	河西管内京城讲论临坛供奉大德赐紫都僧政香号法镜手记，前后三会，说此经百法九遍、接踵孝徒。燉煌释门讲百法论大法师兼释门都法律沙门法海，恳切传受时。
883	BD.14093	道液《净名经集解关中疏》	癸卯年三月十日，灵图寺僧苾蒭道广故记之耳。癸年三月一日，曹僧政和尚说经已，至四月尽说了。
938	中 124（散0016 号 3）	道液《净名经关中释抄（批）》	戊戌年夏五月廿日、三界寺沙门道真念记。俗姓张氏。
后蜀广政十年（947）	P.2292 ②	佚名《维摩诘经讲经文》	广政十年八月九日，在西川静真禅院写此第廿卷文书。恰遇［扌互］墨书了。不知如何得到乡地去。
不明	Φ.101		灵州龙兴寺讲经沙门匡胤记。被原宗坚来，尤泥累日，写尽文书。缘是僧家，不欲奉阻，朔方释客众。

归义军时期 / 归义军时期

① 明照抄经题记多见于大中十一年至十三年（857—860 年）。见（日）池田温：《中国古代写本识语集录》，第416—418 页。

② 敦煌遗书大谷二乐庄藏《瑜伽师第论》尾题"大中九年（855 年）十月沙弥一真书记。"BD.14032 尾题"丁丑年（857）七月十日说毕。沙弥一真随听本。"

③ 法镜卒于中和四年（884），敦煌遗书P.2838《中和四年（884 年）正月上座比丘体圆等斛斗破除见在牒》："麦贰斗，油壹胜，曹和尚迁化煮粥用。"

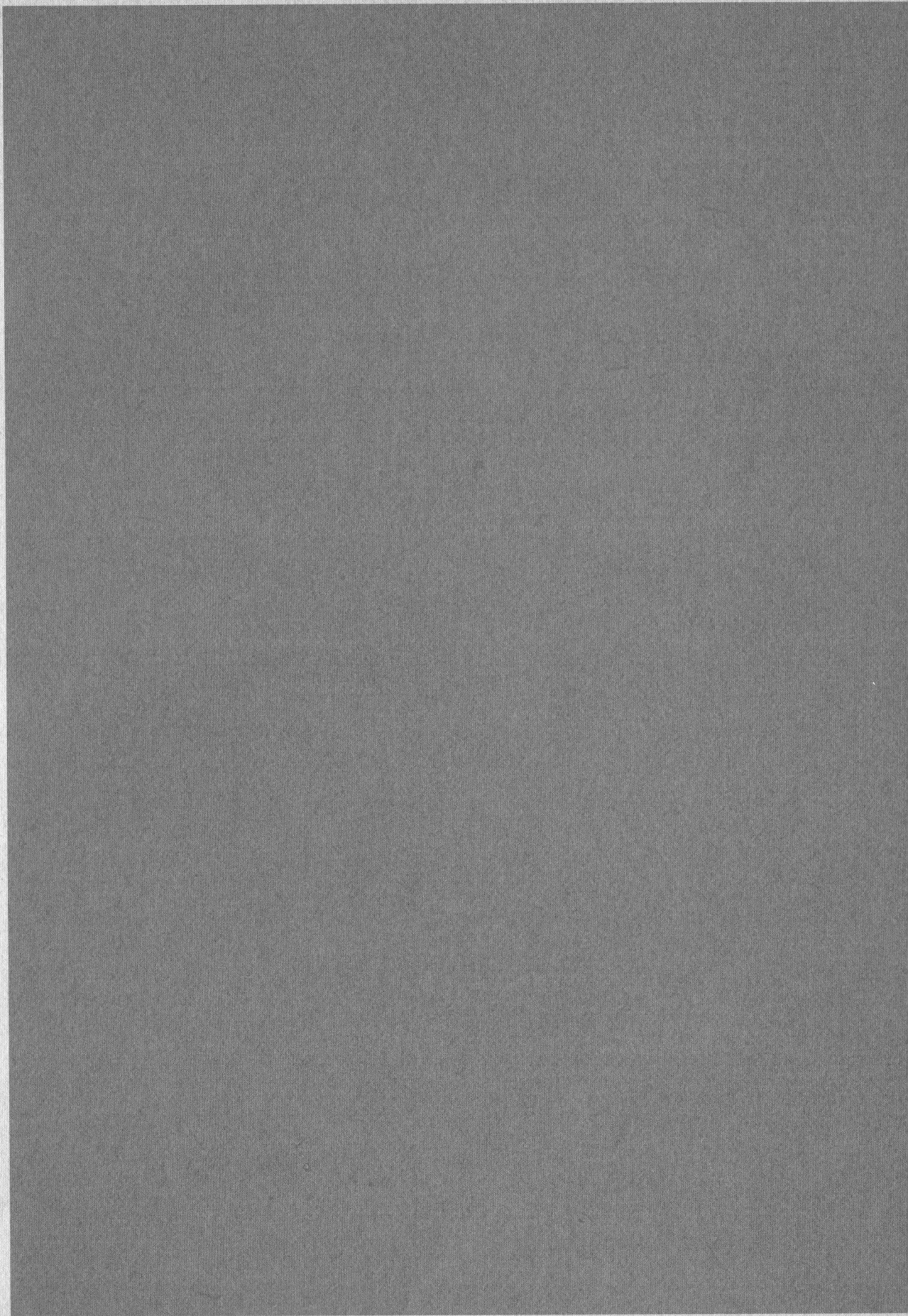

参考文献

一、古籍文献及资料汇编

1.古籍

[1]（唐）魏征:《隋书》,北京:中华书局,1997 年。

[2]（后晋）刘昫等撰:《旧唐书》,北京:中华书局,1975 年。

[3]（宋）欧阳修等撰:《新唐书》,北京:中华书局,1975 年。

[4]（宋）司马光:《资治通鉴》,北京:中华书局,1954 年。

[5]（宋）钱易撰,黄寿成点校:《南部新书》,北京:中华书局,2002 年。

2.画史画论

[6]（唐）张彦远著,俞剑华注释:《历代名画记》,上海:上海人民美术出版社,1964 年。

[7]（宋）郭若虚著,俞剑华注释:《图像见闻志》,南京:江苏美术出版社,2007 年。

[8]（宋）黄休复撰,何韫若、林孔翼注:《益州名画录》,成都:四川人民出版社,1982 年。

[9]（宋）佚名撰,潘运告编著:《宣和画谱》,长沙:湖南美术出版社,1999 年。

3.文学作品集

[10]郁贤皓校注:《李太白全集校注》,南京:凤凰出版社,2015 年。

[11]谢思炜撰:《白居易诗集校注》,北京:中华书局,2006 年。

4.敦煌变文集

[12]王重民等编:《敦煌变文集》,北京:人民文学出版社,1957 年。

［13］潘重规：《敦煌变文集新书》，台北：文津出版社，1994 年。

［14］黄征、张涌泉校注：《敦煌变文校注》，北京：中华书局，1997 年。

［15］项楚：《敦煌变文选注》（增订本），北京：中华书局，2010 年。

5.资料汇编

［16］（宋）宋敏求编：《唐大诏令集》，北京：商务印书馆，1959 年。

［17］周绍良、赵超主编：《唐代墓志汇编续集》，上海：上海古籍出版社，2001 年。

二、佛教文献

1.经典

［18］（东汉）昙果、康孟详译：《中本起经》，（日）高楠顺次郎编：《大正新修大藏经》第 4 册，东京：大正行一切经会，1934 年。

［19］（三国·吴）支谦译：《佛说维摩诘经》，《大正新修大藏经》第 14 册。

［20］（西晋）法炬、法立译：《法句譬喻经》，《大正新修大藏经》第 4 册。

［21］（东晋）迦留陀伽译：《佛说十二游经》，《大正新修大藏经》第 4 册。

［22］（后秦）鸠摩罗什译：《维摩诘所说经》，《大正新修大藏经》第 14 册。

［23］（后秦）佛陀耶舍等译：《四分律》，《大正新修大藏经》第 22 册。

［24］（北凉）昙无谶译：《大般涅槃经》，《大正新修大藏经》第 12 册。

［25］（北凉）昙无谶译：《佛所行赞》，《大正新修大藏经》第 4 册。

［26］（北魏）慧觉等译：《贤愚经》，《大正新修大藏经》第 4 册。

［27］（唐）玄奘译：《说无垢称经》，《大正新修大藏经》第 14 册。

［28］（唐）义净译《根本说一切有部毗奈耶破僧事》，《大正新修大藏经》第 24 册。

［29］（唐）道宣撰：《中天竺舍卫国祇洹寺图经》，《大正新修大藏经》第 45 册。

［30］（吐蕃）ཆོས་ཉིད་ཚུལ་ཁྲིམས：《འཕགས་པ་དྲི་མ་མེད་པར་གྲགས་པས་བསྟན་པ་ཞེས་བྱ་བ་ཐེག་པ་ཆེན་པོའི་མདོ》，中国藏学研究中心《大藏经》对勘局对勘、编辑：《中华大藏经·甘珠尔》（藏文对勘本）第 60 册，北京：中国藏学出版社，2005 年。

［31］（宋）法贤译：《众许摩诃帝经》，《大正新修大藏经》第 3 册。

［32］（清）佚名译：《维摩诘所说大乘经》，传正有限公司编辑部编：《乾隆大藏经》第

33 册，彰化:宝印佛经流通处、传正有限公司、乾隆版大藏经刊印处，1997 年。

［33］河口慧海:《汉藏对照国译维摩经》，《河口慧海著作集》第 10 卷，日本新潟县:うしお書店，2001 年。

［34］Étienne Lamotte，*L'Enseignement de Vimalakīrti Vimalakīrtinirdeśa*，Louvain-la-Neuve: Institut Orientaliste，Université Catholique de Louvain，1962. Sara Boin译，*The Teaching of Vimalakīrti Vimalakīrtinirdeśa*，Bristol: The Pali Text Society，1976.

［35］Robert A. F. Thurman，*The Holy Teaching of Vimalakīrti: A Mahāyāna Scripture*，Delhi: Motilal banarsidass publishers，1991.

［36］黄宝生译注:《梵汉对勘维摩诘所说经》，北京:中国社会科学出版社，2011 年。

［37］(日)大正大学综合佛教研究所、梵语佛典研究会:《梵汉藏对照〈维摩经〉》，东京:大正大学出版会，2004 年。

［38］(日)大正大学综合佛教研究所、梵语佛典研究会编辑:《梵文维摩経:ボタラ宫所藏写本に基づく校订》，东京:大正大学出版会，2006 年。

2. 注疏、讲经文

［39］(后秦)僧肇撰:《注维摩诘经》，《大正新修大藏经》第 38 册。

［40］(唐)窥基:《说无垢称经疏》，《大正新修大藏经》第 38 册。

［41］(隋)吉藏:《净名玄论》，《大正新修大藏经》第 38 册。

［42］(唐)道液:《净名经集解关中疏》，《大正新修大藏经》第 85 册。

［43］(隋)吉藏撰:《金刚般若疏》，《大正新修大藏经》第 33 册。

［44］(唐)佚名:《维摩经押座文》，《大正新修大藏经》第 85 册。

［45］(唐)地婆诃罗撰:《金刚般若波罗蜜经破取著不坏假名论》，《大正新修大藏经》第 25 册。

3. 经录

［46］(吐蕃)དཔལ་བརྩེགས等编纂:《པོ་བོང་སྟོང་ཐང་ལྷན་དཀར་གྱི་ཆོས་འགྱུར་རོ་ཅོག་གི་དཀར་ཆག་བཞུགས།》(《兰噶目录》)，中国藏学研究中心《大藏经》对勘局对勘、编辑:《中华大藏经·丹珠尔》(藏文对勘本)第 116 册，北京:中国藏学出版社，2005 年。

［47］西藏博物馆编:《旁塘目录、声明要领二卷》，北京:民族出版社，2003 年。

［48］（唐）常晓：《常晓和尚请来目录》，《大正新修大藏经》第 55 册。

［49］（唐）静泰撰：《众经目录》，《大正新修大藏经》第 55 册。

［50］（唐）道宣撰：《大唐内典录》，《大正新修大藏经》第 55 册。

4.僧传

［51］（梁）慧皎撰，汤用彤校注：《高僧传》，北京：中华书局，1992 年。

［52］（唐）道宣撰：《续高僧传》，《大正新修大藏经》，第 50 册。

［53］（唐）释慧立、释彦悰撰：《大唐大慈恩寺三藏法师传》，《大正新修大藏经》第 50 册。

［54］（宋）释赞宁撰，范祥雍点校：《宋高僧传》，北京：中华书局，1987 年。

［55］郭忠生译：《维摩诘经序论》，南投：谛观出版社，1990 年。

［56］（日）释圆仁著，白化文、李鼎霞、许德楠校注：《入唐求法巡礼行记》，石家庄：花山文艺出版社，1992 年。

［57］（日）释圆著，白化文、李鼎霞、许德楠校注：《入唐求法巡礼行记》，石家庄：花山文艺出版社，1992 年。

5.著述

［58］张富春：《支遁集校注》，成都：巴蜀书社，2014 年。

［59］（唐）道宣编撰：《广弘明集》，《大正新修大藏经》第 52 册。

三、考古简报与报告（集）

［60］（日）水野清一、长广敏雄：《河南洛阳龙门石窟の研究》，东京：座右宾刊行会，1941 年。

［61］（日）水野清一、长广敏雄：《云冈石窟》，京都：京都大学人文科学研究所云冈刊行会，1952 年。

［62］樊锦诗、关友惠、刘玉权：《莫高窟隋代洞窟分期》，敦煌文物研究所编著：《中国石窟·敦煌莫高窟》第二卷，北京：文物出版社，1984 年。

［63］宁夏固原博物馆：《固原北魏墓漆棺画》，银川：宁夏人民出版社，1988 年。

［64］胡文和:《四川邛崃石笋山唐代摩崖造像》,《文博》1990年第6期。

［65］邓仲元、高俊英:《仁寿县牛角寨摩崖造像》,《四川文物》1990年第5期。

［66］樊锦诗、刘玉权:《敦煌莫高窟唐代前期洞窟分期》,敦煌研究院编:《敦煌研究文集·敦煌石窟考古篇》,兰州:甘肃民族出版社,2000年。

［67］山西省考古研究所忻州市文物管理处:《山西忻州市九原岗北朝壁画墓》,《考古》2015年第7期。

四、论文集与专著

［68］松本荣一:《燉煌畫の研究·图像篇》,东京:东方文化学院东京研究所,1937年。

［69］松本荣一著,林保尧、赵声良、李梅译:《敦煌画研究》,杭州:浙江大学出版社,2019年。

［70］苏莹辉:《敦煌论集》,台北:学生书局,1983年。

［71］王重民:《敦煌遗书论文集》,北京:中华书局,1984年。

［72］郑炳林:《敦煌碑铭赞辑释》,兰州:甘肃教育出版社,1992年。

［73］印顺:《说一切有部为主的论书与论师之研究》,《印顺法师佛学著作集》第36册,新竹:正闻出版社,1992年。

［74］宿白:《中国石窟寺研究》,北京:文物出版社,1996年。

［75］余太山主编:《西域通史》,郑州:中州古籍出版社,2003年。

［76］Ning Qiang: *Art, Religion and Politics in Medieval China: The Dunhuang Cave of the Zhai Family*, Honolulu: University of Hawaii Press, 2004.

［77］巫鸿:《礼仪中的美术——巫鸿中国古代美术史文编》,北京:生活·读书·新知三联书店,2005年。

［78］沙武田:《敦煌画稿研究》,北京:民族出版社,2006年。

［79］李正宇:《古本敦煌乡土志八种笺证》,兰州:甘肃人民出版社,2008年。

［80］何剑平:《中古中国维摩诘信仰研究》,成都:巴蜀书社,2009年。

［81］于向东:《敦煌变相与变文研究》,兰州:甘肃教育出版社,2009年。

［82］陆离:《敦煌的吐蕃时代》,兰州:甘肃教育出版社,2010年。

［83］张同标:《中印佛教造像探源》,南京:东南大学出版社,2011年。

[84] 林冠群著:《唐代吐蕃史研究》,台北:联经出版事业股份有限公司,2011 年。

[85] 梁红、沙武田:《敦煌石窟个研究——归义军首任节度使张议潮功德窟莫高窟第 156 窟》,2011 年度国家社科基金青年项目报告。

[86] 王尧:《王尧藏学文集二·吐蕃金石录》,北京:中国藏学出版社,2012 年。

[87] 邹清泉:《虎头金粟影——维摩诘变相研究》,北京:北京大学出版社,2013 年。

[88] 王惠民:《敦煌佛教与石窟营建》,兰州:甘肃教育出版社,2013 年。

[89] 沙武田:《吐蕃统治时期敦煌石窟研究》,北京:中国社会科学出版社,2013 年。

[90] 肖建军:《图像与信仰——中古中国维摩诘变相研究》,成都:巴蜀书社,2015 年。

[91] 张云、林冠主编:《西藏通史·吐蕃卷》,北京:中国藏学出版社,2015 年。

[92] 邹清泉:《文殊堂:曹元忠时代佛教文化与视觉形象个案研究》,兰州:甘肃教育出版社,2016 年。

[93] 荣新江:《归义军史研究——唐宋时代敦煌历史考索》,上海:上海古籍出版社,2015 年。

五、研究论文

[94] 向达:《唐代俗讲考》,《燕京学报》第 16 期,1934 年。

[95] 向达:《西征小记——瓜沙谈往之一》,《国学季刊》第七卷第 1 期,1950 年。

[96] 金维诺:《敦煌壁画祇园图记考》,《文物参考资料》1958 年第 10 期。

[97] 金维诺:《祇园记图与变文》,《文物参考资料》1958 年第 11 期。

[98] 金维诺:《敦煌壁画维摩变的发展》,《文物》1959 年第 2 期。

[99] 金维诺:《敦煌晚期的维摩变》,《文物》1959 年第 4 期。

[100] 陈清香:《维摩诘经变相》,张锡坤主编:《佛教与东方艺术》,长春:吉林教育出版社,1989 年。原载陈清香:《佛经变相美术创作之研究》,台湾中华丛书编审委员会,1977 年。

[101] 罗宗涛:《降魔变文画卷》,静宜文理学院中国古典小说研究中心编:《中国古典小说研究专集》1,台北:联经出版事业公司,1979 年。

[102] 罗宗涛:《〈贤愚经〉与〈祇园因由记〉〈降魔变文〉之比较研究》,《中国古典小说研究专集》2,1980 年。

［103］王尧:《藏族翻译家管·法成对民族文化的交流贡献》,《文物》1980 年第 7 期。

［104］施萍亭:《敦煌与莫高窟》,《敦煌研究》1982 年第 1 期。

［105］段文杰:《张议潮时期的敦煌艺术》,《敦煌学辑刊》1982 年第 1 期。

［106］张乃翥《龙门石窟维摩变造像及其意义》,《中原文物》1982 年第 3 期。

［107］贺世哲:《敦煌莫高窟壁画中的〈维摩诘经变〉》,《敦煌研究》试刊第 2 期, 1982 年。

［108］余熙:《一位思辨神灵的历史沉积相——从〈维摩诘经变〉看敦煌艺术的民族性》,《江汉大学学报》(社会科学版)1986 年第 1 期。

［109］李永宁、蔡伟堂:《〈降魔变文〉与敦煌壁画中的劳度叉斗圣变》,《1983 年全国敦煌学术讨论会文集·石窟艺术编》,兰州:甘肃人民出版社,1985 年。

［110］胡文和:《四川摩崖造像中的 "维摩变"》,《考古》1988 年第 6 期。

［111］宁强:《上士登仙图与维摩诘经变——莫高窟第 249 窟窟顶壁画再探》,《敦煌研究》1990 年第 1 期。

［112］龙晦:《敦煌与五代两蜀文化》,《敦煌研究》1990 年第 2 期。

［113］王三庆:《日本天理大学天理图书馆典藏之敦煌写卷》,中国文化大学中国文学系编:《第二届敦煌学国际研讨会论文集》,台北:汉学研究中心编印,1991 年。

［114］陈清香:《敦煌壁画中的维摩诘经变》,《第二届敦煌学国际研讨会论文集》,台北:汉学研究中心,1991 年。

［115］颜廷亮:《〈沙州百姓一万人上回鹘天可汗状〉新校并序》,《兰州教育学院学报》(社会科学版)1994 年第 1 期。

［116］段文杰:《玄奘取经图研究》,段文杰等编:《1990 年敦煌学国际研讨会文集·石窟艺术编》,沈阳:辽宁美术出版社,1995 年。

［117］孙修身:《中国新样文殊与日本文殊三尊五尊像之比较研究》,《敦煌研究》1996 年第 1 期。

［118］林昭益:《舍利弗在〈维摩经〉中的性格与角色》,《中华佛学研究》第一期, 1997 年。

［119］杨晓东:《张胜温〈梵像卷〉述考》,《美术研究》1997 年第 7 期。

［120］孙修身:《四川地区文殊菩萨信仰述论》,《敦煌研究》1997 年第 4 期。

［121］项一峰:《〈维摩诘经〉与维摩诘经变——麦积山 127 窟维摩诘经变壁画试探》,

《敦煌学辑刊》1998 年第 2 期。

　　[122] 郭俊叶:《莫高窟第 454 窟窟主再议》,《敦煌研究》1999 年第 2 期。

　　[123] 贺世哲:《敦煌壁画中的法华经变》,《敦煌研究文集·敦煌经变篇》,兰州:甘肃民族出版社, 2000 年。

　　[124] 沙武田:《S.P.76〈维摩诘经变稿〉试论——敦煌壁画底稿研究之四》,《敦煌研究》2000 年第 4 期。

　　[125] 何剑平:《〈维摩诘经讲经文〉的撰写年代》,《敦煌研究》2003 年第 4 期。

　　[126] 王小盾:《从莫高窟第 61 窟维摩诘经变看经变画和讲经文的体制》,《2000 年敦煌学国际学术讨论会文集——纪念敦煌藏经洞发现暨敦煌学百年·石窟考古卷》,兰州:甘肃民族出版社, 2003 年。

　　[127] 沙武田、段小强:《莫高窟第 454 窟窟主的一点补充意见》,《敦煌研究》2003 年第 3 期。

　　[128] 宁强:《大足石刻中的绘画性因素试析——兼谈敦煌艺术对大足石刻的影响》,胡文和编:《中国西南文献丛书·西南石窟文献》第六卷,兰州:兰州大学出版社, 2003 年。

　　[129] 张元林:《净土思想与仙界思想的合流——关于莫高窟第 249 窟窟顶西披壁画定名的再思考》,《敦煌研究》2003 年第 4 期。

　　[130] 罗丰:《北魏漆棺中的波斯风格》,《胡汉之间——"丝绸之路"与西北历史考古》,北京:文物出版社, 2004 年。

　　[131] 许忠陵:《〈维摩演教图〉及相关问题讨论》,《故宫博物院院刊》2004 年第 4 期。

　　[132] 般若:《舍利弗在佛教中性格与角色的转变》,《佛教文化》2004 年第 6 期。

　　[133] 王团战:《大周沙州刺史李无亏墓及征集到的三方唐代墓志》,《考古与文物》2004 年第 1 期。

　　[134] 郑炳林:《晚唐五代敦煌地区的吐蕃居民初探》,《中国藏学》2005 年第 2 期。

　　[135] 沙武田:《敦煌 P.4049 "新样文殊" 画稿及相关问题研究》,《敦煌研究》2005 年第 3 期。

　　[136] 张华:《云冈石窟中维摩诘和文殊菩萨造像的探讨》,《2005 年云冈国际学术研讨会论文集研究卷》,北京:文物出版社, 2006 年。

　　[137] 施萍婷、贺世哲:《莫高窟第 148 窟涅槃经变榜题抄录》,见贺世哲:《敦煌壁画中的涅槃经变》,敦煌研究院编:《敦煌研究文集·石窟经变篇》,兰州:甘肃民族出版社,

2006 年。

[138]张景峰:《敦煌莫高窟第 85 窟与塑绘结合的金刚经变》,《敦煌学辑刊》2007 年第 4 期。

[139]王冀青:《国宝流散——藏经洞纪事》,兰州:甘肃教育出版社,2007 年。

[140]钱伯泉:《敦煌遗书S.2838〈维摩诘经〉的题记研究》,《敦煌研究》2007 年第 1 期。

[141]释大参:《敦煌异乡人写经题记中的"乡愁与宗教救度"》,《敦煌学》第二十七辑,2008 年。

[142]郑怡楠:《瓜州石窟群唐玄奘取经图研究》,《敦煌学辑刊》2009 年第 4 期。

[143]李晓青、沙武田:《劳度叉斗圣变未出现于敦煌吐蕃时期洞窟原因试析》,《西藏研究》2010 年第 2 期。

[144]邹清泉:《维摩诘变相研究述评》,《文艺研究》2010 年第 5 期。

[145]于向东:《敦煌维摩诘经变以窟门为中心的设计意匠——以莫高窟第 103 窟为例》,《敦煌学辑刊》2010 年第 3 期。

[146]旺多:《管·法成对汉藏佛经翻译的重大贡献》,《宗教学研究》2010 年第 2 期。

[147]沙武田:《莫高窟吐蕃期洞窟第 359 窟供养人画像研究——兼谈粟特九姓胡人对吐蕃统治敦煌的态度》,《敦煌研究》2010 年第 5 期。

[148]罗世平:《身份认同:敦煌吐蕃装人物进入洞窟的条件、策略与时间》,《美术研究》2011 年第 4 期。

[149]邹清泉:《中古敦煌〈维摩诘经〉的书写——以藏经洞维摩写卷为中心》,《敦煌学辑刊》2012 年第 1 期。

[150]王中旭:《赞普的威仪——试论敦煌吐蕃时期赞普及随从像的演进》,《艺术设计研究》2012 年第 4 期。

[151]蒋方亭:《故宫藏〈维摩演教图〉创作年代小考》,《文物鉴定与鉴赏》2012 年第 4 期。

[152]张同标:《阿弥陀佛三尊五十菩萨像源流考》,《民族艺术》2012 年第 7 期。

[153]王中旭:《故宫博物院藏〈维摩演教图〉的图本样式研究》,《故宫博物院院刊》2013 年第 1 期。

[154]邹清泉:《莫高窟第 61 窟〈维摩经变〉新识》,《美术学报》2013 年第 2 期。

［155］潘亮文：《敦煌唐代的文殊菩萨图像试析》，《敦煌研究》2013 年第 3 期。

［156］卢少珊：《北朝隋代维摩诘经图像的表现形式与表述思想分析》，《故宫博物院院刊》2013 年第 1 期。

［157］杨佳蓉：《敦煌〈降魔变文〉与经变壁画之探析》，《育达科技大学学报》第 37 期，2014 年。

［158］卢少珊：《四川唐代摩崖浮雕维摩诘经变分析》，《故宫博物院院刊》2014 年第 4 期。

［159］郭俊叶：《莫高窟第 454 窟窟主及其甬道重修问题》，《敦煌研究》2014 年第 1 期。

［160］林纯瑜：《〈维摩经〉藏译本周边文献考察》，《佛光学报》新一卷第 2 期，2015 年。

［161］米德昉：《大足北山宋刻〈维摩诘经变〉及其相关问题考察》，《艺术史研究》2015 年第 3 期。

［162］卢少珊：《河西地区唐宋时期洞窟维摩诘经变与其他图像组合分析》，《敦煌学辑刊》2016 年第 1 期。

［163］顾淑彦：《敦煌石窟中牢度叉斗圣变消失与再现原因再探》，《敦煌研究》2016 年第 3 期。

［164］王瑟：《吐鲁番发现 3 米长佛经长卷》，《光明日报》2016 年 4 月 14 日第 9 版。

［165］严胜英：《近百年来〈维摩诘经〉研究综述》，《哈尔滨工业大学学报》（社会科学版）2016 年第 2 期。

［166］霍巍：《从于阗到益州：唐宋时期毗沙门天王图像的流变》，《中国藏学》2016 年第 1 期。

［167］德吉卓玛：《吐蕃时期的敦煌观音修行院之考》，《西藏研究》2017 年第 4 期。

［168］陈践：《吐蕃文献解读及古藏文厘定疏释》，《民族翻译》2017 年第 4 期。

［169］邵强军：《莫高窟第 98 窟〈维摩诘经变〉新探》，《敦煌学辑刊》2017 年第 1 期。

［170］霍巍：《齐梁之变：成都南朝纪年造像风格与范式源流》，《考古学报》2018 年第 3 期。

［171］常红红：《西夏玄奘取经图像研究——以东千佛洞第二窟为主例》，《观念·技术·视野·视角——敦煌石窟研究方法论国际学术研讨会论文集》，2018 年。

［172］滨田瑞美著，马歌阳译《敦煌石窟壁画的窟内配置与图像研究》，《观念·技术·视野·视角——敦煌石窟研究方法论国际学术研讨会论文集》，敦煌：敦煌研究院，

2018 年。

［173］简佩琦：《敦煌维摩诘经变之研究进程与方法》，《观念·技术视野·视角——敦煌石窟研究方法论国际学术研讨会论文集》，敦煌：敦煌研究院，2018 年。

［174］何剑平：《维摩诘变相与讲经文及通俗佛经注疏之关系新证——以莫高窟第 9 号窟的阿难乞乳图的榜题为中心》，《宝鸡文理学院学报》2018 年第 3 期。

［175］李雅君：《山西平顺大云院壁画维摩诘经变图像研究》，《美术与设计，》2018 年第 3 期。

［176］陈爱峰：《高昌回鹘新样文殊图像研究——以柏孜克里克第 34、39 窟为例》，《西域研究》2019 年第 4 期。

［177］朱天舒：《一佛五十菩萨图新探》，《丝绸之路研究集刊》第三辑，北京：商务印书馆，2019 年。

［178］罗世平：《谁主沉浮：敦煌莫高窟〈维摩变〉的图式与语境》，《长江学术》2020 年第 1 期。

六、学位论文

［179］Chonghua Ho: *Tunhuang Cave 249: A Representation of The Vimalakirtinirdesa*, Ph. D dissertation of Yale University, 1985.

［180］萧玉真：《中国维摩造像的起源与开展——以隋唐敦煌维摩变壁画为研究重心》，台南艺术学院文学硕士学位论文，1999 年。

［181］何剑平：《敦煌维摩诘文学研究》，扬州大学中国古代文学博士学位论文，2000 年。

［182］吴文星：《敦煌莫高窟壁画中的维摩诘经变研究——莫高窟维摩诘经变对〈维摩诘经〉的文化选择与时代解读》，华南师范大学美术学硕士学位论文，2002 年。

［183］景盛轩：《敦煌本〈大般涅槃经〉研究》，浙江大学中国古典文献学博士学位论文，2004 年。

［184］Fan Lin: *Visual Images of Vimalakirti in the Mogao Caves (581-1036)*, Magill University, Montreal, Canada, 2006.

［185］陈菊霞：《敦煌翟氏研究》，兰州大学历史学博士学位论文，2008 年。

［186］曾晓红：《敦煌本〈维摩经〉注疏叙录》，上海师范大学历史学硕士学位论文，2008 年。

［187］卢少珊：《佛教寺院维摩诘经图像研究》，清华大学艺术学博士学位论文，2014 年。

［188］郑怡楠：《敦煌法荣窟研究》，中央美术学院美术学博士学位论文，2014 年。

［189］武洁：《山西平顺大云院弥勒殿五代壁画艺术研究》，山西大学美术学硕士学位论文，2015 年。

［190］何宇琛：《敦煌石窟劳度叉斗圣变图像研究》，兰州大学中国史硕士学位论文，2016 年。

［191］邵强军：《敦煌曹议金第 98 窟研究》，兰州大学中国史（敦煌学）博士学位论文，2017 年。

［192］杜维茜：《敦煌文献中的〈维摩诘经讲经文〉研究》，四川师范大学中国古典文献学硕士学位论文，2017 年。

［193］王倩：《从佛典到变文：论〈降魔变文〉的文学化》，四川师范大学中国古典文献学硕士学位论文，2018 年。

七、图录与工具书

1.图像画册

［194］（日）香川默识编：《西域考古图谱》下卷，东京：国华社，1915 年。

［195］Misooion: *Les Grottoes De Touen-Houang Pelliot*, Paris: Libraire Paul Geuthner, 1920.

［196］Aurel Stain: *Seridia*, Oxford: Oxford University Press, 1921.

［197］敦煌文物研究所编：《中国石窟·敦煌莫高窟》，北京：文物出版社，东京：平凡社，1982—1987 年。

［198］敦煌研究院编：《敦煌石窟鉴赏丛书》，兰州：甘肃人民美术出版社，1990 年。

［199］敦煌研究院编：《敦煌石窟艺术》，南京：江苏美术出版社，1994 年。

［200］敦煌研究院编：《敦煌石窟全集》，香港：商务印书馆有限公司，1999—2005 年。

［201］贺世哲：《敦煌石窟全集》，上海：上海人民出版社，2000 年

［202］吴健编著：《中国敦煌壁画全集》，天津：天津人民美术出版社，2002年。

［203］段文杰、樊锦诗主编：《中国敦煌壁画全集》，沈阳：辽宁美术出版社，2006年。

［204］郑炳林、高国祥主编：《敦煌莫高窟百年图录》，兰州：甘肃人民出版社，2008年。

［205］敦煌研究院编：《中国石窟·安西榆林窟》，北京：文物出版社，2012年。

2.文献图录

［206］甘肃藏敦煌文献编委会等编：《甘肃藏敦煌文献》，兰州：甘肃人民出版社，1999年。

［207］黄永武主编：《敦煌宝藏》，台北：新文丰出版公司，1981年。

［208］俄罗斯科学院东方研究所圣彼得堡分所、俄罗斯科学出版社东方文学部、上海古籍出版社编：《俄罗斯科学院东方研究所圣彼得堡分所藏敦煌文献》，上海：上海古籍出版社，2000年。

［209］中国社会科学院历史研究所等编：《英藏敦煌文献》（汉文佛经以外部分），成都：四川人民出版社，1990年。

［210］上海古籍出版社等编：《法国国家图书馆藏敦煌西域文献》，上海：上海古籍出版社，1995年。

［211］任继愈主编：《国家图书馆藏敦煌遗书》，北京：北京图书馆出版社，2005年。

［212］北京大学图书馆、上海古籍出版社编：《北京大学图书馆藏敦煌文献》，上海：上海古籍出版社，1995年。

［213］上海图书馆、上海古籍出版社编：《上海图书馆藏敦煌吐鲁番文献》，上海：上海古籍出版社，1999年。

［214］上海古籍出版社、上海博物馆编：《上海博物馆藏敦煌吐鲁番文献》，上海：上海古籍出版社，1993年。

［215］上海古籍出版社、天津市艺术博物馆编：《天津市艺术博物馆藏敦煌文献》，上海：上海古籍出版社，1996年。

3.工具书

［216］敦煌研究院编：《敦煌莫高窟供养人题记》，北京：文物出版社，1986年。

［217］（日）石滨裕美子、福田洋一：《新訂翻訳名義大集》，东京：东洋文库，1989年。

［218］（日）池田温:《中国古代写本识语集录》，东京:东京大学东洋文化研究所，1990 年。

［219］江素云:《维摩诘所说经敦煌写本综合目录》，台北:东初出版社，1991 年。

［220］敦煌研究院编:《敦煌石窟内容总录》，北京:文物出版社，1996 年。

［221］敦煌研究院编:《敦煌莫高窟内容总录》，北京:文物出版社，1982 年。

［222］方广锠主编:《中国国家图书馆藏敦煌遗书总目录·新旧编号对照卷》，北京:中国人民大学出版社，2013 年。

［223］徐自强、张永强、陈晶编著:《敦煌莫高窟题记汇编》，北京:文物出版社，2014 年。

八、网络资源

［224］国际敦煌项目International Dunhuang Project（IDP）: http://idp.bl.uk/

［225］数字敦煌:https://www.e-dunhuang.com/

［226］敦煌研究院:https://www.dha.ac.cn/

［227］北京故宫博物院:https://www.dpm.org.cn/Home.html

［228］台湾中研院历史文物陈列馆网站:http://museum.ihp.sinica.edu.tw/

［229］波士顿美术馆:https://www.mfa.org/collections

［300］大都会博物馆:https://www.metmuseum.org/art/collection